द
मिरेकल
मॉर्निंग

संशोधित एवं विस्तारित संस्करण

द मिरेकल ईवनिंग और द मिरेकल लाइफ़ के साथ

सुबह 8 बजे से पहले
आपकी ज़िंदगी को बदल
देने वाली 6 आदतें

हैल एलरॉड

अनुवाद : मनीष शर्मा

MANJUL

मंजुल पब्लिशिंग हाउस

MANJUL

मंजुल पब्लिशिंग हाउस

कॉरपोरेट एवं संपादकीय कार्यालय

• द्वितीय तल, उषा प्रीत कॉम्प्लेक्स, 42 मालवीय नगर, भोपाल-462 003

विक्रय एवं विपणन कार्यालय

• सी-16, सेक्टर 3, नोएडा, उत्तर प्रदेश, 201301

वेबसाइट : www.manjulindia.com

वितरण केन्द्र

अहमदाबाद, बेंगलुरू, कोच्चि, कोलकाता, चेन्नई,
हैदराबाद, मुम्बई, नई दिल्ली, पुणे

हैल एलरॉड द्वारा लिखित मूल अंग्रेजी पुस्तक
द *मिरेकल मॉर्निंग* का हिन्दी अनुवाद

The Miracle Morning by Hal Elrod – Hindi edition

द मिरेकल मॉर्निंग का प्रथम अंग्रेजी संस्करण हैल एलरॉड
द्वारा 2023 में प्रकाशित

हिन्दी संस्करण सर्वप्रथम 2025 में मंजुल पब्लिशिंग हाउस प्रा. लि. द्वारा प्रकाशित

यह हिन्दी संस्करण 2025 में पहली बार प्रकाशित

ISBN 978-81-981844-2-9

अनुवाद : मनीष शर्मा

मुद्रण व जिल्दसाज़ी : रेप्रो इंडिया लिमिटेड

वास्तविक जीवन में परिवर्तन की कहानियाँ

(मिरेकल मॉर्निंग का अनुसरण करने वालों के द्वारा)

बस कुछ कहानियाँ पढ़ें और देखें कि आपके लिए क्या संभव है...

''*मिरेकल मॉर्निंग* ने मेरी ज़िंदगी पूरी तरह बदल दी। मुझे सुबहें बिलकुल पसंद नहीं थीं, यह मेरे लिए दिन का सबसे ख़राब हिस्सा था। फिर मेरी बहन ने मुझे इस किताब के बारे में बताया, और मुझे पता था कि यह सबकुछ बदलने का मेरा मौक़ा है। तो, मैंने 30-दिन की चुनौती पूरी की, और अब यहाँ हूँ – हर सुबह ख़ुश, बेहद उत्पादक, सकारात्मक, और जीवन के लगभग सभी पहलुओं से संतुष्ट!''

–जेन बावरोवा (3 साल से मिरेकल मॉर्निंग कर रही हैं)

''जब मेरी 40 साल की पत्नी कैंसर से चल बसी, मैंने संघर्ष करना छोड़ दिया और हार मान ली। मुझे भविष्य की कोई उम्मीद या परिकल्पना नहीं थी। मिरेकल मॉर्निंग और S.A.V.E.R.S. ने मुझे ख़ुद पर तरस खाने और अतीत में जीने से निकालकर, मेरी ज़िंदगी का एक नया अध्याय शुरू करने में मदद की। आज मेरा 255वाँ मिरेकल मॉर्निंग दिन है, और मैं आज और कल के लिए उत्साहित हूँ। तो, आगे बढ़ो। तुम कर सकते हो। और हाई-फ़ाइव! तुम विजेता हो।''

–डैन कोपेलिन (10 महीने से मिरेकल मॉर्निंग कर रहे हैं)

'मैं चार लड़कों की माँ हूँ और मुझे लगता था कि मैं अपने पूरे सामर्थ्य तक नहीं पहुँच पा रही हूँ। फिर किसी ने मुझे मिरेकल मॉर्निंग पढ़ने की सलाह दी, जो मैंने पढ़ी, और साथ में डॉक्यूमेंट्री भी देखी। बस, मैं इसमें पूरी तरह खो गई! यह मेरी ज़िंदगी में एक बहुत बड़ा बदलाव लाया। अब मैं हर चीज़ के लिए और अधिक आभारी हूँ, अपना ख़ुद का बिज़नेस शुरू कर चुकी हूँ, एक किताब प्रकाशित करने वाली हूँ, अपने बेटों के साथ पहले से कहीं अधिक धैर्यशील हूँ, और यहाँ तक कि मैंने उन्हें भी S.A.V.E.R.S. करना सिखा दिया है! मुझे अपने मिरेकल मॉर्निंग्स से प्यार है!''

–जैकी एमेट (2 साल से मिरेकल मॉर्निंग कर रही हैं)

''मैं पिछले छह महीनों से मिरेकल मॉर्निंग कर रहा हूँ। मैं दो छोटे बच्चों का पिता हूँ, फुल-टाइम इंजीनियर के रूप में काम करता हूँ, और लंबे समय से मुझे नाइट आउल माना जाता था। किताब पढ़ने के बाद, मैंने जानबूझकर बदलाव करने का फ़ैसला किया, और अब हर सुबह, जब बाक़ी सब सो रहे होते हैं, मैं असाधारण रूप से बहुत कुछ कर लेता हूँ। हर दिन पढ़ाई को प्राथमिकता देने से मेरा ज्ञान बहुत तेज़ी से बढ़ा है, और स्क्राइबिंग (जर्नलिंग) ने मुझे लगातार स्पष्टता हासिल करने और अपने विचारों को रचनात्मक तरीक़े से विकसित करने में मदद की है। *मिरेकल मॉर्निंग* एक संपूर्ण मानसिकता परिवर्तन है!''

–चार्ली असरी (6 महीने से मिरेकल मॉर्निंग कर रहे हैं)

''मैं अपनी मिरेकल मॉर्निंग्स के लगातार साठवें दिन पर हूँ। इससे पहले, मैंने कभी भी किसी आदत को लगातार 60 दिनों तक नहीं निभाया था, जो अपने आप में एक उपलब्धि है।

यहाँ कुछ लाभ दिए गए हैं :

1. मेडिटेशन और शांति के कारण मेरा मन पहले से अधिक स्थिर और संतुलित हो गया है।
2. मैं अपनी भावनाओं के प्रति अधिक जागरूक हो गया हूँ।
3. मेरी शारीरिक फ़िटनेस में सुधार हुआ है; अब तक मैंने 200 किलोमीटर से अधिक साइक्लिंग की है।
4. मैं अपनी दैनिक गतिविधियों में अधिक व्यवस्थित हूँ और अनावश्यक कार्यों को हटा देता हूँ।
5. मैं अपने परिवार के साथ अधिक समय बिता रहा हूँ और अपनी पत्नी और बच्चों को भी मिरेकल मॉर्निंग अपनाने के लिए प्रेरित किया है।

मैं हैल का इस शानदार किताब के लिए आभारी हूँ।''

–दयानंत वरुण (2 महीने से मिरेकल मॉर्निंग कर रहे हैं)

''मैं पिछले सात वर्षों से मिरेकल मॉर्निंग का अभ्यास कर रही हूँ। इसने मुझे अवसाद और चिंता के समय, बाँझपन के इलाज के दौरान, मेरे ट्रिपलेट्स में से दो के दुःखद निधन के दौरान, और मेरे चार साल के बेटे की जटिल चिकित्सा

प्रक्रिया में संबल दिया है। जब लोग मुझसे पूछते हैं कि मैंने पिछले पाँच वर्षों की भयावह विपरीत परिस्थितियों के बावजूद कैसे एक सकारात्मक मानसिकता बनाए रखी, तो मेरा जवाब हमेशा एक ही होता है– *मिरेकल मॉर्निंग*। इसके बिना, मैं पूरी तरह से हार जाती।''

–जेसिका गुडाइन (2 साल से मिरेकल मॉर्निंग कर रही हैं)

''मिरेकल मॉर्निंग ने मुझे अंदर से बदल दिया है। मैं कभी भी सुबह जल्दी उठने वाला या अनुशासित व्यक्ति नहीं था। मैं 100 बार तक स्नूज़ दबा देता था। लेकिन *मिरेकल मॉर्निंग* के साथ, मुझे कभी एक दिन भी छोड़ने का मन नहीं हुआ, क्योंकि मुझे डर था कि मैं फिर से पुरानी आदतों में लौट जाऊँगा। मैं ख़ुद को जानता हूँ, और मुझे पता है कि अगर मैं इसे हर दिन नहीं करूँगा, तो मैं इसे जारी नहीं रख पाऊँगा। लेकिन अब मैं इतना पूर्ण, इतना उत्पादक और इतना गर्वित महसूस करता हूँ कि मैं कह सकता हूँ कि मैंने इसे 150 दिनों से अधिक समय तक किया है! हर सुबह मैं अद्भुत महसूस करता हूँ।''

–एलेनी ब्रूक्स (150 दिन से मिरेकल मॉर्निंग कर रहे हैं)

''मैंने स्वीकार कर लिया था कि मैं सुबह का व्यक्ति नहीं हूँ। मिरेकल मॉर्निंग पढ़ने और अपनाने के बाद,अब हर सुबह का मुझे इंतज़ार रहता है, क्योंकि अब मेरे पास ख़ुद के लिए एक घंटा होता है। मेरे सभी सकारात्मक गुण बढ़ रहे हैं। मैं देखता हूँ कि मैं पहले से अधिक ख़ुशमिजाज, ऊर्जावान, सतर्क और बहुत कुछ बन गया हूँ। मैं बेहतर पिता, बेहतर पति, बेहतर दोस्त और बेहतर सहयोगी बन गया हूँ। मैंने सिर्फ़ चार हफ़्ते पहले इसे शुरू किया था, और अब तक मुझे ये लाभ मिले हैं। मुझे पता है कि मैं और भी आगे बढ़ूँगा और निष्क्रिय रूप से जीवन जीने के बजाय अपने जीवन का स्वयं करूँगा।''

–बास बोस्का (30 दिन से मिरेकल मॉर्निंग कर रहे हैं)

''*मिरेकल मॉर्निंग* को अपनाने से पहले, मैं सुबह जल्दी उठने वाली व्यक्ति नहीं थी। मुझे याद है कि जब मैंने किताब पढ़ी थी, तो मैंने सोचा था कि हर दिन अपने सर्वश्रेष्ठ रूप में जीने के लिए प्रेरित और उत्साहित महसूस करना कितना अद्भुत होगा। उस समय, मैं अपनी दिनचर्या और आदतों को लेकर असंगत थी, जिसके कारण मुझे अक्सर निराशा और थकान महसूस होती थी। लेकिन जब मैंने S.A.V.E.R.S. को अपनाया, तो सब कुछ बदल गया। अब, डेढ़

साल बाद, मैं हर सुबह 5:15-5:30 बजे उठती हूँ, यहाँ तक कि वीकेंड पर भी! मैं चार क्षेत्रों में लेवल 10 जीवन जीने की कोशिश करती हूँ : स्वास्थ्य, धन, आत्म-विकास, और दूसरों के लिए योगदान।

यह एक जीवन बदल देने वाला अनुभव रहा है!! मैंने 33 पाउंड वज़न कम किया, दो क्रेडिट कार्ड के कर्ज़ चुका दिए, और अब हर दिन दूसरों पर सकारात्मक प्रभाव डालने के लिए दयालुता के कार्य करती हूँ। दूसरों को आशीर्वाद देना एक सच्ची ख़ुशी है! मुझे बहुत ख़ुशी है कि मैंने विश्वास की छलांग लगाई और मिरेकल मॉर्निंग और S.A.V.E.R.S. को अपनाया।''

—कैथी बिंगामनव (18 महीने से मिरेकल मॉर्निंग कर रही हैं)

मिरेकल मॉर्निंग के लिए प्रशंसा

''*मिरेकल मॉर्निंग* सिर्फ़ एक किताब नहीं है, बल्कि एक सिद्ध विधि है, जो आपको अपनी पूरी क्षमता को पूरा करने और वह जीवन बनाने में मदद करेगी जिसकी आपने हमेशा इच्छा की है।''

—मेल रॉबिन्स, *न्यू यॉर्क टाइम्स* की बेस्टसेलिंग लेखिका, *द हाई 5 हैबिट,*
और पुरस्कार विजेता *द मेल रॉबिन्स पॉडकास्ट* की होस्ट

''एक अद्भुत पुस्तक, जो यह दर्शाती है कि एक प्रभावी सुबह की दिनचर्या कैसे लगातार उत्कृष्ट दिनों की ओर ले जाती है, जो अंततः एक अद्भुत जीवन का निर्माण करती है।''

—रॉबिन शर्मा, #1 विश्वव्यापी बेस्टसेलिंग लेखक,
द मोंक हू सोल्ड हिज़ फ़ेरारी* और *द 5AM क्लब

''हैल एलरॉड एक जीनियस हैं, और उनकी पुस्तक मिरेकल मॉर्निंग मेरे जीवन में जादुई साबित हुई है। हैल ने अपने S.A.V.E.R.S. एक्रोनिम के माध्यम से मानव चेतना विकास के सदियों पुराने सर्वोत्तम अभ्यासों को एक प्रभावशाली सुबह की दिनचर्या में संकलित कर दिया है। अब यह पद्धति मेरे जीवन का एक अभिन्न हिस्सा है।''

—रॉबर्ट कियोसाकी, बेस्टसेलिंग लेखक, *रिच डैड पुअर डैड*–
अब तक की #1 व्यक्तिगत वित्त पुस्तक

''एक माँ, उद्यमी, और पेशेवर एथलीट के रूप में, मिरेकल मॉर्निंग वह एकमात्र दिनचर्या रही है, जिसने मुझे हर दिन अपनी सर्वश्रेष्ठ स्थिति में रहने में मदद की है, चाहे मैं किसी भी भूमिका में हूँ।''

—लैला अली, 18 बार की अपराजित विश्व चैंपियन बॉक्सर
और अमेरिकी टेलीविज़न हस्ती

''हैल एलरॉड का जीवन वह जीवन है, जो अधिकांश लोगों को तोड़ सकता था, लेकिन उन्होंने अपनी सभी त्रासदियों को एक ऐसे दृष्टिकोण में बदल दिया, जिसने उन्हें व्यक्तिगत और पेशेवर जीवन में अविश्वसनीय रूप से सफल

बना दिया। वे हम सभी को याद दिलाते हैं कि यदि हम मेहनत करने के लिए तैयार हैं, तो हम सच्ची महानता हासिल करने में सक्षम हैं, चाहे हालात हमारे ख़िलाफ़ ही क्यों ना हों।''

–टॉम बिल्यू, प्रगतिशील उद्यमी, *इम्पैक्ट थ्योरी* के होस्ट और निर्माता, कोच, वक्ता, और पुरस्कार विजेता पटकथा लेखक

''*मिरेकल मॉर्निंग* पढ़ें, ताकि आप वह व्यक्ति बन सकें, जिसे आपको अपने सपनों का जीवन बनाने के लिए बनने की ज़रूरत है। समय आ गया है। आप इसके योग्य हैं।''

–जे.जे. वर्जिन, *न्यू यॉर्क टाइम्स* की बेस्टसेलिंग लेखिका, *द वर्जिन डाइट*, और *वेल बियॉन्ड 40 विद जे.जे. वर्जिन* पॉडकास्ट की होस्ट

''मैं कई वर्षों से हैल को जानता हूँ। कई बार मृत्यु के क़रीब पहुँचने के बाद भी जीवित बचना और अपनी किताबों के माध्यम से लाखों लोगों के जीवन को बदलना–यह इस बात का जीता–जागता प्रमाण है कि हम सभी अपने जीवन की चुनौतियों को पार कर सकते हैं और दुनिया में वह प्रभाव छोड़ सकते हैं, जो हम चाहते हैं। यह पुस्तक आपको बताती है कि वह कैसे किया जा सकता है।''

–लुईस हॉवेस, *न्यू यॉर्क टाइम्स* के बेस्टसेलिंग लेखक, *द ग्रेटनेस माइंडसेट*

''मुझे हैल की सबसे पसंदीदा बात यह लगती है कि वह दूसरों की कितनी परवाह करते हैं। *मिरेकल मॉर्निंग* इसी करुणा से जन्मी है, और यही कारण है कि यह सिर्फ़ एक किताब से आगे बढ़कर एक आंदोलन बन गई है–क्योंकि यह हैल के दिल से निकली है। यदि आप उन लोगों में से हैं, जिन्होंने अभी तक इस किताब को नहीं पढ़ा है, तो आप किसका इंतज़ार कर रहे हैं? यह केवल आपकी सुबह ही नहीं, बल्कि आपका पूरा जीवन बदल सकती है।''

–जो पॉलिश, जीनियस नेटवर्क के संस्थापक और *वॉल स्ट्रीट जर्नल* के बेस्टसेलिंग लेखक, *व्हाट्स इन इट फ़ॉर देम?*

''मैं हैल एलरॉड से अधिक दयालु और करुणाशील व्यक्ति को नहीं जानता, और उनकी यह करुणा इस पुस्तक के हर पन्ने में झलकती है। *मिरेकल मॉर्निंग* एक अभूतपूर्व विचारधारा बन गई है, ना केवल हैल के व्यावहारिक दृष्टिकोण

के कारण, बल्कि उनके मिशन की सच्चाई के कारण भी। यदि आप अपनी सुबह और अपना जीवन चमत्कारी बनाना चाहते हैं, तो इस किताब को ज़रूर पढ़ें!

–एना डेविड, *न्यू यॉर्क टाइम्स* की बेस्टसेलिंग लेखिका, *मिरेकल मॉर्निंग फ़ॉर एडिक्शन रिकवरी* सहित आठ पुस्तकों की लेखिका

''*मिरेकल मॉर्निंग* व्यक्तिगत परिवर्तन के लिए एक सिद्ध विधि है, और मैंने ना केवल इसे अपने जीवन में अपनाया है, बल्कि हैल से इसे अपने छात्रों को भी सिखाने के लिए कहा है। इस पुस्तक को पढ़ें, और आप अपने जीवन के हर पहलू को बेहतर बनाने की क्षमता प्राप्त करेंगे।''

–डॉ. बेंजामिन हार्डी, मनोवैज्ञानिक और लेखक, *बी योर फ़्यूचर सेल्फ़ नाउ*

''अपने स्वास्थ्य को बेहतर बनाने के लिए सबसे महत्त्वपूर्ण क़दमों में से एक है अपनी सुबह की दिनचर्या में महारत हासिल करना। *मिरेकल मॉर्निंग* वह पुस्तक है, जिसकी मैं हर किसी को सलाह देती हूँ, ताकि वे एक प्रभावी, चरण-दर-चरण प्रक्रिया सीख सकें और सूरज उगने से पहले ही अपने जीवन को बदल सकें! मैं हैल के दिल, उनके मिशन और दुनिया को हर सुबह के साथ बेहतर बनाने की उनकी इच्छा को पसंद करती हूँ।

–डॉ. मिन्डी पेल्ज, अंतरराष्ट्रीय बेस्टसेलिंग लेखिका, *फ़ास्ट लाइक ए गर्ल*, और *द मेनोपॉज रीसेट*

''यदि आपको चमत्कारों के बारे में किसी की बात सुननी चाहिए, तो वह हैल एलरॉड होने चाहिए।''

–डेव एस्प्रे, बुलेटप्रूफ़ कॉफ़ी के संस्थापक और चार बार *न्यू यॉर्क टाइम्स* के बेस्टसेलिंग लेखक, *द बुलेटप्रूफ़ डाइट* और *सुपर ह्यूमन*

''मैं हैल एलरॉड के शब्दों, उनके जीवन और उनकी प्रेरणा का अनुसरण तब से कर रहा हूँ जब उन्होंने पहली बार *मिरेकल मॉर्निंग* के बारे में लिखना शुरू किया था। लाखों लोगों के जीवन को बदलने के बाद, जिनमें मेरा जीवन भी शामिल है, हैल ने इस नए और विस्तारित संस्करण को लिखकर हमें वास्तव में एक उपहार दिया है। *मिरेकल मॉर्निंग* ने सच में मेरा जीवन बदल दिया है।''

–जेम्स अल्टुचर, *वॉल स्ट्रीट जर्नल* के बेस्टसेलिंग लेखक, *चूज़ योरसेल्फ़* और *द जेम्स अल्टुचर शो* के होस्ट

आप अपने जीवन में जो सफलता पाना चाहते हैं, उसके लिए सुबह की एक अच्छी दिनचर्या बहुत महत्त्वपूर्ण हो सकती है। *मिरेकल मॉर्निंग* आपको उन आदतों को विकसित करने में सक्षम बनाएगी, जिन पर आप अपनी परिकल्पना को साकार करते समय भरोसा कर सकें।''

–ऑनरे कॉर्डर, प्रकाशन रणनीतिकार, 50+ पुस्तकों की लेखिका, *राइट योर फ़र्स्ट नॉनफ़िक्शन* बुक सहित

''हर दिन मेरे कैलेंडर पर सबसे पहला कार्य मेरी *मिरेकल मॉर्निंग* दिनचर्या होती है। मैं आपको यह बताना भी शुरू नहीं कर सकता कि इस दैनिक प्रक्रिया ने मेरे जीवन को कितना रूपांतरित किया है। यह सरल है, विज्ञान-आधारित है, और इसके परिणाम स्वयं बोलेंगे! यदि आप अपने जीवन का नियंत्रण अपने हाथों में लेना चाहते हैं और वह कहानी लिखना चाहते हैं, जो आप चाहते हैं, तो *मिरेकल मॉर्निंग* उसकी रूप रेखा है।''

–शॉन स्टीवेन्सन, बेस्टसेलिंग लेखक, *ईट स्मार्टर और स्लीप स्मार्टर*

''हैल एलरॉड वह व्यक्ति हैं, जो वही जीते हैं, जो वह कहते हैं और उन्होंने असंभव चुनौतियों को पार किया है, यह साबित करते हुए कि आप भी ऐसा कर सकते हैं और अपने सपनों का जीवन जी सकते हैं। अपने आप को *मिरेकल मॉर्निंग* पढ़ने का उपहार दें और अपने इच्छित जीवन का निर्माण करें!

–नेका पसक्वाले, संस्थापक और चीफ़ प्रोडक्ट ऑफ़िसर, अर्बन रेमेडी

''प्रबुद्धता की खोज में लगे साथियों, मुझे उस व्यक्ति के बारे में बात करने दें, जिसने मानवता की चेतना को ऊपर उठाने के लिए अपना जीवन समर्पित कर दिया है। हैल एलरॉड ने कई ज्ञानवर्धक रचनाएँ लिखी हैं, लेकिन उनकी नवीनतम कृति वास्तव में एक मास्टरपीस है। जो चीज़ मुझे सबसे अधिक प्रभावित करती है, वह यह है कि हैल ऐसे लिखते हैं, जैसे वे आपसे सीधे बात कर रहे हों। यह ऐसा है मानो हम एक साथ बैठे हों, गर्म चाय की चुस्कियों के बीच मैं उनसे पूछूँ कि मैं अपने जीवन को कैसे बदल सकता हूँ। मेरे मित्र, यह पुस्तक उनका उत्तर है। इसके पन्नों में आपके सच्चे स्वरूप को प्रकट करने और अपने इच्छित जीवन का निर्माण करने की रूपरेखा छुपी है। उनके शिक्षण के माध्यम से, लाखों लोग अपनी आंतरिक शक्ति को पहचानने और हर दिन अपनी चेतना को ऊँचा उठाने के लिए सशक्त हुए हैं। हैल एलरॉड इस दुनिया में प्रकाश का स्तंभ हैं, जो हम सभी का एक उज्जवल भविष्य की ओर मार्गदर्शन कर रहे हैं। इस पवित्र पुस्तक में दिए गए उनके ज्ञान को अपनाएँ,

अपनी सच्ची क्षमता को उजागर करें, और इसे अपने जीवन को उसी तरह बदलने दें जैसे इसने मेरा बदला है।''

–ड्रू कैनोले, पिता, और संस्थापक व सीईओ, ऑर्गनिफ़ाइ

''*मिरेकल मॉर्निंग* एक महत्त्वपूर्ण पुस्तक है, क्योंकि हर किसी की सुबह महत्त्वपूर्ण होती है, और यह हमेशा एक ही समय पर नहीं होती। हैल ने विज्ञान का अध्ययन किया है, अपनी कुछ नई खोजें की हैं, और अपनी नींद में सुधार के लिए मेरे साथ काम किया है, जिसका प्रतिबिंब हमें इस शानदार अपडेटेड संस्करण में देखने को मिलता है। एक शीर्ष स्लीप एक्सपर्ट के रूप में, मैं इसे सभी की समग्र स्वास्थ्य के लिए एक महत्त्वपूर्ण क़दम मानता हूँ। मैं विशेष रूप से इस नए सेक्शन को लेकर उत्साहित हूँ, जिसमें एक सुबह में एक स्तर पर चेतना को ऊँचा उठाने की बात की गई है। यही वह तरीक़ा है, जिससे वास्तव में सपने सच होते हैं, और मुझे यह अच्छी तरह पता है, क्योंकि मैं एक स्लीप डॉक्टर हूँ।''

–माइकल जे. ब्रूस, PhD संस्थापक, thesleepdoctor.com

''हैल एलरॉड को व्यक्तिगत रूप से जानने के बाद अगली सबसे अच्छी चीज़ है उनकी किसी पुस्तक को पढ़ना। *मिरेकल मॉर्निंग* पढ़ना ऐसा है, जैसे हैल आपके साथ खड़े होकर आपके जीवन को रूपांतरित करने में मदद कर रहे हों।''

–कोडी सांचेज, संस्थापक, कॉन्ट्रेरियन थिंकिंग

''*मिरेकल मॉर्निंग* आपको जीवन के हर क्षेत्र में सफलता के लिए तैयार करती है, क्योंकि यह एक सरल और प्रमाणित रूपरेखा प्रदान करता है, जो व्यक्तिगत विकास के लिए प्रमाणित है–चाहे आप ख़ुद को सुबह जल्दी उठने वाला व्यक्ति मानते हों या नहीं।''

–डैन मार्टेल, वॉल स्ट्रीट जर्नल के बेस्टसेलिंग लेखक, *बाय बैक योर टाइम*

''जब से मैंने यह पुस्तक पढ़ी है, मैंने अपनी सुबह की दिनचर्या में हैल द्वारा सिखाई गई हर चीज़ को शामिल कर लिया है। *मिरेकल मॉर्निंग* मेरे लिए पूरी तरह से परिवर्तनकारी रही है। यह आपके लिए भी वैसा ही करेगी। जो कुछ भी आपको चाहिए, वह इस पुस्तक में है। आपका सबसे अच्छा जीवन अब शुरू होता है।''

–माइक मिकालोविज़, बेस्टसेलिंग लेखक, *प्रॉफ़िट फ़र्स्ट और ऑल इन*

''*मिरेकल मॉर्निंग* मेरे जीवन से प्रेम करने, संतुष्टि महसूस करने, कौशल विकसित करने, आत्म-जागरूकता बढ़ाने और व्यक्तिगत शक्ति को मज़बूत करने की कुंजी रही है। इस तरीक़े से अपना दिन शुरू करके, मैंने अधिक समृद्धि प्राप्त की है और कुछ सबसे कठिन परिस्थितियों और समयों को सँभालने में सक्षम हुआ हूँ। *मिरेकल मॉर्निंग* की बदौलत मेरे जीवन में अधिक धन-संपदा आई है।''

—गैरेट गुंडरसन, *न्यू यॉर्क टाइम्स* और *वॉल स्ट्रीट जर्नल* के बेस्टसेलिंग लेखक

''लाखों लोग, जिन्होंने *मिरेकल मॉर्निंग* पढ़ने के बाद अपने जीवन को रूपांतरित किया है, इस बात का प्रमाण हैं कि आप सिर्फ़ अपनी सुबह की शुरुआत के तरीक़े को बदलकर अपना जीवन बदल सकते हैं। और जो कुछ भी हैल करते हैं, वह एक गेम-चेंजर होता है, क्योंकि वे बहुत नेकदिल व्यक्ति हैं।''

—कैथी हेलर, बेस्टसेलिंग लेखिका, *डोंट कीप योर डे जॉब*,
और होस्ट, *द कैथी हेलर पॉडकास्ट*

''मैं हमेशा एक रात में जागने वाला व्यक्ति रहा हूँ, इसलिए सुबह की दिनचर्या बनाने का विचार मेरे लिए कभी विकल्प नहीं था और ना ही यह मुझे आकर्षित करता था। मेरी मौजूदा दिनचर्या पहले से ही अच्छी चल रही थी, तो अगर कुछ टूटा ही नहीं है तो उसे ठीक करने की क्या ज़रूरत? लेकिन मैं बार-बार सुनता रहा कि कैसे लोगों की सुबह की दिनचर्या उनके व्यक्तिगत जीवन और पेशेवर सफलता के लिए अमूल्य होती है। इसलिए, मैंने मिरेकल मॉर्निंग को आज़माने का संकल्प लिया। अब मैं इसे कई वर्षों से कर रहा हूँ और मैंने अपने ध्यान/ अपनी एकाग्रता, मनोदशा और अपनी उत्पादकता में बड़े सकारात्मक बदलाव देखे हैं।''

—पैट फ़्लिन, *वॉल स्ट्रीट जर्नल* के बेस्टसेलिंग लेखक,
***विल इट फ़्लाई?* और होस्ट, *स्मार्ट पैसिव इनकम* पॉडकास्ट**

''हैल ने *मिरेकल मॉर्निंग* के माध्यम से लाखों लोगों की मदद की है। ना केवल इस पुस्तक ने इसे पढ़ने वालों का जीवन बदला है, बल्कि इसका प्रभाव इसलिए और भी बढ़ गया, क्योंकि इसने पाठकों को अपने सर्वश्रेष्ठ रूप में दूसरों के लिए उपस्थित होने में सक्षम बनाया। यह एक पुस्तक आपको अपने

जीवन से अधिकतम लाभ प्राप्त करने में मदद करेगी ताकि आप अपने प्रियजनों और जिनका आप नेतृत्व/अगुआई करते हैं, उनकी भी मदद कर सकें।''

–कैमरून हेरोल्ड, लेखक, *विविड विज़न* और *द सेकंड इन कमांड;* सह–लेखक, *मिरेकल मॉर्निंग फ़ॉर एंटरप्रेन्योर्स*

''हैल एलरॉड ने ऐसी बाधाओं का सामना किया है, जो असंभव लगती थीं, फिर भी उन्होंने उन सभी को पार करते हुए असाधारण लक्ष्यों को प्राप्त किया। *मिरेकल मॉर्निंग* में, आप सीखेंगे कि आप भी अपनी चुनौतियों को कैसे पार कर सकते हैं और अपने जीवन में वह सब कुछ हासिल कर सकते हैं, जो आप चाहते हैं।''

–वसावी कुमार, वॉइसओवर आर्टिस्ट और लेखिका, *से इट आउट लाउड*

''यदि आप दुनिया के सबसे सफल लोगों का अध्ययन करेंगे, तो पाएँगे कि उनकी सफलता की कुंजी में से एक यह है कि वे अपने दिन की शुरुआत एक सुनियोजित सुबह की दिनचर्या से करते हैं। *मिरेकल मॉर्निंग* आपको भी वही करने में सक्षम बनाएगी, भले ही आपने कभी ख़ुद को 'सुबह का व्यक्ति' नहीं माना हो।''

–रॉब डायल, होस्ट, *द माइंडसेट मेंटर* पॉडकास्ट और लेखक, *लेवल अप*

''वाह! अगर आप अपने जीवन में सुधार लाना चाहते हैं, तो यह पुस्तक अवश्य पढ़ें। हैल ने आदर्श सुबह की दिनचर्या की नींव को शानदार तरीक़े से प्रस्तुत किया है और पाठकों को दिखाया है कि इसे लागू करना कितना आसान है। इसने मेरे लिए खेल ही बदल दिया, और मुझे पूरा विश्वास है कि यह आपके लिए भी वैसा ही करेगी!

–डेविड नर्स, विश्व प्रसिद्ध माइंडसेट स्पेशलिस्ट, WSJ के बेस्टसेलिंग लेखक, टॉप 50 में शामिल प्रमुख वक्ता (रियल लीडर्स)

''मैं एक 'सुबह का व्यक्ति' नहीं हूँ, लेकिन *मिरेकल मॉर्निंग* ने मुझे वे उपकरण दिए जिनकी मुझे बेहतर सुबह बनाकर बेहतर जीवन बनाने के लिए ज़रूरत थी। इस पुस्तक को पढ़ें... भले ही आप सुबह से नफ़रत करते हों।''

–रायन डाइस, उद्यमी, निवेशक, और इंक.5000 में सूचीबद्ध तीन कंपनियों के संस्थापक, जिनमें डिजिटलमार्केटर.कॉम और द स्केलेबल कंपनी शामिल हैं

''क्या आप अपनी वीरता की क्षमता को सक्रिय करना चाहते हैं और हर सुबह यह महसूस करना चाहते हैं कि आज का दिन एक उत्कृष्ट कृति बनने वाला है? हैल एलरॉड ही वह मार्गदर्शक हैं जो आपको यह करने में मदद करेंगे। *मिरेकल मॉर्निंग* के मूल संस्करण ने मेरा जीवन बदल दिया और मेरे कार्यों को गहराई से प्रेरित किया। यह अद्यतन और विस्तारित संस्करण पहले से भी अधिक प्रभावशाली है। इस पुस्तक को लें। इसे पढ़ें। इसमें दिए गए ज्ञान को अपनाएँ। और अपना जीवन बदलें–कल सुबह से ही।''

–ब्रायन जॉनसन, संस्थापक और सीईओ, हीरोइक;
लेखक, *अरेते : एक्टिवेट योर हीरोइक पोटेंशियल*

''बचपन से ही मेरे भीतर असाधारण महत्त्वाकांक्षा थी, लेकिन स्कूल में मेरा प्रदर्शन उस स्तर तक नहीं पहुँचा, इसलिए मैं हमेशा ख़ुद को सुधारने के तरीक़े तलाशता रहा। अंततः सफलता का स्वाद चखने के बावजूद, मैं आत्म–सुधार की खोज में निरंतर लगा रहा। आज, *मिरेकल मॉर्निंग* उन कुछ पुस्तकों में से एक है, जिन्हें मैं नियमित रूप से दोबारा पढ़ता हूँ, जब भी मुझे लगता है कि मैं अपने मार्ग से भटक गया हूँ–जैसा कि हम सभी के साथ कभी न कभी होता है–ताकि मुझे यह याद दिलाया जा सके कि मुझे वहाँ पहुँचने के लिए क्या करने की ज़रूरत है, जहाँ मैं जाना चाहता हूँ।''

–डैन कॉल्डवेल, सह–संस्थापक, टैपआउट
(वैश्विक कॉम्बैट स्पोर्ट्स ब्रांड); होस्ट, *द प्रिटी ऐंड पंक पॉडकास्ट*

''*मिरेकल मॉर्निंग* एक चमत्कारी जीवन बनाने का सूत्र है। पिछले 12 वर्षों से मैं हैल की शक्तिशाली सुबह की दिनचर्या को दुनिया भर में अपने छात्रों के साथ साझा कर रहा हूँ। मुझे S.A.V.E.R.S. तकनीक बेहद पसंद है, जिसने मेरे सपनों को साकार करने में महत्त्वपूर्ण भूमिका निभाई है। इस पुस्तक को पढ़ें, जो कुछ भी आप सीखते हैं उसे लागू करें, और देखें कि आपके सारे सपने कैसे सच होने लगते हैं। *मिरेकल मॉर्निंग* वास्तव में एक ऐसा उपहार है, जो लगातार देता रहता है।''

–डशामा, संस्थापक, फ़्लो स्टेट इंस्टीट्यूट और ब्राइट माइंड फ़ाउंडेशन;
लेखिका, *जर्नी टु जॉयफुल;* निर्माता, 30–डे योगा चैलेंज'

‘‘हर बार जब मैं हैल और उनके परिवार के साथ समय बिताता हूँ, तो मुझे हमेशा यह याद आता है कि ख़ुशी, सफलता और संतोष से भरा जीवन संयोग से नहीं बनता। यदि आप इस तरह का जीवन बनाना चाहते हैं, तो *मिरेकल मॉर्निंग* एक उत्कृष्ट मार्गदर्शिका है, जो आपको दिखाएगी कि इसे कैसे किया जाए।’’

–जेपी सीअर्स, पति, पिता,
लेखक और हास्य कलाकार

‘‘यह शायद सबसे महत्त्वपूर्ण पुस्तक हो सकती है, जो आप कभी पढ़ेंगे, क्योंकि यह आपको हर दिन जीतने के लिए तैयार करती है। और यही वह तरीक़ा है, जिससे आप एक असाधारण जीवन बनाते हैं–एक सुबह और एक दिन करके।’’

–जैरेक रॉबिंस, लेखक, *लिव इट!;*
पुरस्कार विजेता प्रदर्शन कोच

‘‘इस पुस्तक को उठाकर और उसमें वर्णित *मिरेकल मॉर्निंग* की विधियों को अपनाकर, जैसा कि हैल एलरॉड ने बहुत सुंदरता से प्रस्तुत किया है, आप अपने जीवन को पूरी तरह बदल सकते हैं। *मिरेकल मॉर्निंग* ना केवल अपने दिन की शुरुआत करने का एक अनिवार्य और शानदार तरीक़ा है, बल्कि यह एक पूरी तरह से नए जीवन और एक नए ‘आप’ की भी शुरुआत है।’’

–मार्क ग्रोव्स, संस्थापक, क्रिएट द लव;
सह–लेखक, *लिबरेटेड लव*

FULL TITLE

COPYRIGH PAGE

उर्सुला को समर्पित, मेरी जीवनसंगिनी, मेरी प्रेरणा,
और सबसे असाधारण व्यक्ति जिसे मैं जानता हूँ।

सोफ़िया और हाल्स्टन, तुम मेरे जीवन के सबसे बड़े आशीर्वाद हो,
और तुम्हारा पिता होना मेरे लिए सबसे अधिक मायने रखता है।

विषय सूची

भूमिका

हैल एलरॉड एक प्रतिभाशाली व्यक्ति हैं, और उनकी पुस्तक द *मिरेकल मॉर्निंग* मेरे जीवन में जादुई साबित हुई है।

मैं 1973 से मानव क्षमता/व्यक्तिगत विकास आंदोलन से जुड़ा हुआ हूँ, जब मैंने अपना पहला ईएसटी प्रशिक्षण किया और संभावनाओं की एक नई दुनिया देखी। तब से, मैंने धर्म, प्रार्थना, ध्यान, योग, पुष्टिकरण (अफर्मेशन), मानसिक अभ्यास (विज़ुअलाइज़ेशन), और एनएलपी (न्यूरोलिंग्विस्टिक प्रोग्रामिंग) का अध्ययन किया है। मैंने आग पर चलने का अनुभव किया है और कई अन्य ''परंपरागत से हटकर'' दर्शन भी खोजे हैं, जिनमें से कुछ का उल्लेख करना भी कठिन है।

हैल ने अपने संक्षिप्त रूप S.A.V.E.R.S. के माध्यम से सदियों से विकसित सर्वोत्तम प्रथाओं को लिया है और उन्हें एक दैनिक सुबह की दिनचर्या में संकलित किया है। यह एक ऐसी विधि है, जो अब मेरे जीवन का हिस्सा बन गई है।

बहुत से लोग प्रतिदिन S.A.V.E.R.S. में से कोई एक अभ्यास करते हैं। उदाहरण के लिए, कई लोग E (एक्सरसाइज़) करते हैं – हर सुबह व्यायाम करते हैं। कुछ S (साइलेंस) यानी ध्यान करते हैं, जबकि कुछ S (स्क्राइबिंग) यानी हर सुबह डायरी लिखते हैं। लेकिन जब तक हैल ने S.A.V.E.R.S. को एक रूप में प्रस्तुत नहीं किया था, तब तक कोई भी इन छह प्राचीन सर्वोत्तम प्रथाओं को एक साथ, हर सुबह नहीं कर रहा था।

मिरेकल मॉर्निंग बहुत व्यस्त और सफल लोगों के लिए एक आदर्श विधि है। हर सुबह S.A.V.E.R.S. का अभ्यास करना मेरे शरीर, मन और

आत्मा में शक्ति भरने जैसा है... मेरे दिन की शुरुआत से पहले, हर दिन। मेरे अमीर पिता अक्सर कहा करते थे, ''मैं हमेशा एक और डॉलर कमा सकता हूँ, लेकिन मैं एक और दिन नहीं बना सकता।'' यदि आप अपने जीवन के हर दिन को अधिकतम उपयोग करना चाहते हैं, तो *मिरेकल मॉर्निंग* अवश्य पढ़ें।

रॉबर्ट कियोसाकी

रॉबर्ट कियोसाकी *न्यू यॉर्क टाइम्स* के बेस्टसेलिंग लेखक हैं और उनकी पुस्तक *रिच डैड पुअर डैड* अब तक की #1 व्यक्तिगत वित्तीय पुस्तक है। वे वित्तीय शिक्षा आधारित रिच डैड कंपनी के संस्थापक भी हैं।

नया क्या है?

इस विस्तारित संस्करण में कई महत्त्वपूर्ण सुधार शामिल हैं

जब मैंने 2008 में, महान मंदी के दौरान, एक सुबह की दिनचर्या बनाने का फ़ैसला किया, तो यह पूरी तरह से हताशा में किया था। मैंने अपनी आधी से अधिक आय खो दी थी और अपने जीवन के लगभग हर क्षेत्र में संघर्ष कर रहा था। हालाँकि मैं कभी भी ''सुबह का व्यक्ति'' नहीं था और ना ही मुझे विश्वास था कि मैं ऐसा बन सकता हूँ, फिर भी मैंने जल्दी उठना शुरू किया और अपने जीवन को बदलने के प्रयास में छह सबसे कालातीत और प्रमाणित व्यक्तिगत विकास कार्यप्रणालियों को अपनाया। उस समय मेरे दिमाग़ में यह ख़याल भी नहीं आया था कि यह एक दिन किताब बन जाएगी, और ना ही यह कि यह लाखों लोगों की मदद करेगी।

यह इस पुस्तक में सिखाई गई छह-चरणीय सुबह की दिनचर्या का लगातार 15वाँ वर्ष है, जिसका मैं सप्ताह में औसतन छह से सात दिन अभ्यास करता हूँ। (मुझे सात दिन का अभ्यास पसंद है, लेकिन मेरी पत्नी को पसंद है कि हमारी साप्ताहिक डेट नाइट्स के दौरान मुझे देर रात तक जगाए रखा जाए।) मैंने एक दशक से अधिक समय मिरेकल मॉर्निंग कम्युनिटी के सदस्यों के साथ बातचीत करने और उनसे सीखने में भी बिताया है। एक ऐसा व्यक्ति होने के नाते जो अपने जीवन के लगभग हर पहलू को बेहतर बनाने के लिए जुनूनी है, मैंने मूल पुस्तक लिखने के बाद

से बहुत कुछ सीखा है, और उन सीखे हुए पाठों को मैंने इस संस्करण में शामिल किया है।

मैंने अमेज़ॉन, ऑडिबल और गुडरीड्स जैसे प्लेटफ़ॉर्म पर इस किताब की 50,000 से अधिक ऑनलाइन समीक्षाओं में से हज़ारों को पढ़ा है, ताकि आम विषयों को खोज सकूँ। मैं हमेशा यह समझना चाहता था कि कौन से पहलू पाठकों को प्रभावित करते हैं और कौन से नहीं, ताकि मैं किसी भी समस्या का समाधान कर सकूँ और सुधार कर सकूँ।

मेरी व्यक्तिगत प्रगति, पाठकों से मिले फ़ीडबैक, और मिरेकल मॉर्निंग अभ्यासकर्ताओं के अनुरोधों के आधार पर, मैंने इस किताब के प्रत्येक अध्याय और लगभग हर पृष्ठ में महत्त्वपूर्ण संशोधन किए हैं। इसके अलावा, मैंने उन प्रश्नों के उत्तर देने पर ध्यान केंद्रित किया है, जो लोगों के मन में मूल संस्करण पढ़ने और इसे अपनाने के बाद आए, जैसे :

- *अगर मैं कभी भी ''सुबह का व्यक्ति'' नहीं रहा हूँ और मुझे विश्वास नहीं है कि मैं ऐसा बन सकता हूँ, तो क्या करूँ?*
- *अगर मैं लंबे समय से मिरेकल मॉर्निंग कर रहा हूँ और यह अब उबाऊ लगने लगा है, तो इसे फिर से रोमांचक कैसे बनाऊँ?*
- *अगर मैं प्रेरित महसूस नहीं कर रहा हूँ और पहले से ही इतना तनावग्रस्त हूँ कि अपने कार्यक्रम या जीवन में कुछ और जोड़ने की कल्पना भी नहीं कर सकता, तो क्या करूँ?*
- *मैं अपने मिरेकल मॉर्निंग का उपयोग विशिष्ट लक्ष्यों को प्राप्त करने या जिन कठिनाइयों का सामना कर रहा हूँ, उन्हें दूर करने के लिए कैसे कर सकता हूँ?*

मैंने दो बिलकुल नए, पहले कभी ना प्रकाशित किए गए अध्याय भी शामिल किए हैं : ''अध्याय 11 : द मिरेकल ईवनिंग'' और ''अध्याय 12 : द मिरेकल लाइफ़ ।''

''द मिरेकल ईवनिंग'' आपको एक व्यापक, चरण-दर-चरण योजना प्रदान करेगा, जो आपकी संध्या/सायंकाल की दिनचर्या को स्थापित करने में मदद करेगी, ताकि आप सोने से पहले वास्तव में कृतज्ञ, ख़ुश और शांत

महसूस करें–ख़ासतौर पर तब, जब जीवन कठिन हो और आप तनावग्रस्त और दबाव में महसूस कर रहे हों। ''द मिरेकल लाइफ़'' आपको यह सिखाएगी कि अपनी चेतना को एक आंतरिक स्वतंत्रता की स्थिति तक कैसे ऊँचा उठाएँ, ताकि आप सक्रिय रूप से यह नियंत्रित कर सकें कि आप कैसा महसूस करते हैं और अपने जीवन के हर क्षण का अनुभव कैसे करते हैं–चाहे परिस्थितियाँ कैसी भी हों, विशेष रूप से तब जब जीवन कठिन हो।

चाहे आप द *मिरेकल मॉर्निंग* के लिए नए हों या आपने मूल किताब (यहाँ तक कि कई बार) पढ़ी हो, मैंने इस अद्यतन और विस्तारित संस्करण को हर स्तर के पाठकों की आवश्यकताओं को पूरा करने और उनकी अपेक्षाओं से आगे बढ़ने के लिए लिखा है। मुझे आशा है कि इस नए संस्करण में शामिल कहानियाँ और सबक़ आपको अपने जीवन से प्रेम करने और जितना संभव हो उतना असाधारण जीवन बनाने में सक्षम बनाएँगे। आप इससे कम के अधिकारी नहीं हैं।

एक नया मिरेकल मॉर्निंग मिशन : मानवता की चेतना को ऊपर उठाना, एक सुबह और एक समय में एक व्यक्ति के माध्यम से

जब मैंने 12 दिसंबर, 2012 को द *मिरेकल मॉर्निंग* को स्वयं प्रकाशित किया, तो मैंने इस विश्वास के साथ किया कि मेरा दायित्व है कि मैं अपनी सुबह की दिनचर्या, जिसने मेरा जीवन बदल दिया, को यथासंभव अधिक लोगों के साथ साझा करूँ। इस किताब और, अधिक सटीक रूप से, मिरेकल मॉर्निंग अभ्यास के लोगों के जीवन पर गहरे प्रभाव को देखने के बाद, मेरी ज़िम्मेदारी की भावना और बढ़ गई। मैंने बड़ा सोचना शुरू किया और अंततः एक व्यक्तिगत मिशन के लिए प्रतिबद्ध हो गया : *हर सुबह, एक–एक कर एक मिलियन ज़िंदगियों में बदलाव लाना।*

हालाँकि *एक मिलियन* एक हद तक मनमानी संख्या थी, लेकिन यह इतनी महत्त्वपूर्ण लगी कि इसने मेरी कल्पना को उससे आगे बढ़ा दिया, जिसे मैं संभव मानता था। एक अज्ञात, स्वयं–प्रकाशित लेखक के रूप में, मुझे नहीं पता था कि एक मिलियन लोगों तक कैसे पहुँचा जाए। लेकिन

मैंने सोचा कि यह मुझे एक सार्थक लक्ष्य देगा, जिस पर मैं उस वर्ष और संभवतः अपने पूरे जीवन के लिए काम कर सकता हूँ।

इस पुस्तक को दस लाख से अधिक लोगों तक पहुँचाने में लगभग छह साल लगे, जिसमें अटूट विश्वास और असाधारण प्रयास को बनाए रखना शामिल था। इसी दौरान, मुझे कैंसर का पता चला जिसमें जीवित रहने की संभावना केवल 30 प्रतिशत बताई गई (इसके बारे में बाद में और विस्तार से बात करेंगे)। सौभाग्य से, यह मिशन अब केवल मुझ पर निर्भर नहीं था। जब मैं कैंसर को हराने पर ध्यान केंद्रित कर रहा था, तब मिरेकल मॉर्निंग एक वैश्विक समुदाय और एक विश्वव्यापी आंदोलन में बदल चुका था। जैसे-जैसे पाठकों ने व्यक्तिगत रूप से गहरे रूपांतरणों का अनुभव किया, उन्होंने अपनी कहानियों और इस पुस्तक को दूसरों के साथ साझा किया। इसके परिणामस्वरूप, यह मूल पुस्तक 37 भाषाओं में अनुवादित और प्रकाशित हुई और सौ से अधिक देशों में फैले लाखों लोगों तक पहुँची।

जो मिशन एक समय में एक सुबह, एक मिलियन जीवन बदलने के उद्देश्य से शुरू हुआ था, वह अब कुछ ऐसा बन गया है, जो मानवता के भविष्य के लिए कहीं अधिक महत्त्वपूर्ण और अनिवार्य है-और यह अब केवल मेरा मिशन नहीं रहा। यह स्पष्ट हो गया है कि जब आप मिरेकल मॉर्निंग अभ्यास के लिए प्रतिदिन अपना समय देते करते हैं, तो आप अपनी चेतना को ऊँचा उठाते हैं। आप इस बारे में अधिक जागरूक और उद्देश्यपूर्ण बनते हैं कि आपके विचार, शब्द, और कार्य आपके जीवन और उन सभी लोगों के जीवन को कैसे प्रभावित करते हैं, जिनसे आप जुड़ते हैं। जब हममें से प्रत्येक अपनी चेतना को ऊपर उठाता है, तो हम सामूहिक रूप से मानवता की चेतना को ऊँचा उठा रहे होते हैं – **एक सुबह और एक व्यक्ति के माध्यम से।** इस प्रकार, लाखों मिरेकल मॉर्निंग साधकों का सामूहिक प्रभाव, दसियों लाख और जल्द ही सैकड़ों लाखों अन्य लोगों के जीवन को सार्थक रूप से प्रभावित कर रहा होगा।

अब, पहले से कहीं अधिक, मुझे विश्वास है कि हमें यह याद रखना आवश्यक है कि हम सभी मानव परिवार के सदस्य हैं और हमारे बीच कल्पित भिन्नताओं की तुलना में अनगिनत अधिक समानताएँ हैं, जिनसे

कई लोग अत्यधिक चिपके रहते हैं। मेरे परिवार का एक हिस्सा होने के नाते, मैं आपको जितना आप जानते हैं उससे कहीं अधिक प्यार और सराहना करता हूँ। मैं इस अनोखे समय में आपके साथ इस मिशन पर होने के लिए गहराई से आभारी हूँ। मानवता को हमारी ज़रूरत है। आइए हर सुबह को सार्थक बनाएँ।

आपके लिए एक नोट

यह पुस्तक आपके जीवन को कैसे रूपांतरित करेगी

संभावना है कि हम कभी नहीं मिले हैं, और मैं निश्चित रूप से यह नहीं जानता कि इस समय आपका जीवन कैसा है। हो सकता है कि आप असाधारण स्तर की सफलता और संतोष का अनुभव कर रहे हों। या हो सकता है कि आप अपने जीवन के सबसे कठिन समयों में से एक का सामना कर रहे हों। मुझे इसका कोई अंदाज़ नहीं है।

फिर भी, मुझे विश्वास है कि कुछ ऐसी बातें हैं, जो निश्चित रूप से हमारे बीच समान हैं। शायद सिर्फ़ कुछ ही नहीं, बल्कि ज़्यादा हों, लेकिन यह हमें एक साझा आधार देने के लिए काफ़ी है, जिससे हम शुरुआत कर सकते हैं। सबसे पहले, *हम अपने जीवन और ख़ुद को बेहतर बनाना चाहते हैं।* इसका यह अर्थ नहीं है कि हमारे जीवन या हममें कोई कमी है, लेकिन एक इंसान के रूप में, हम सभी के भीतर स्वाभाविक रूप से लगातार बढ़ने और सुधारने की एक इच्छाशक्ति होती है। मेरा मानना है कि यह हम सभी के भीतर मौजूद है।

फिर भी, हममें से अधिकांश लोग हर दिन सुबह उठते हैं, और हमारा जीवन लगभग वैसा ही बना रहता है। जीवन वैसा ही रहता है, क्योंकि हम ख़ुद वैसे ही बने रहते हैं। जैसा कि आप आने वाले पृष्ठों में जानेंगे, अपने जीवन को रूपांतरित करने का सबसे सरल तरीक़ा है पहले स्वयं को रूपांतरित करने के लिए समय देना। जब आप दिन-ब-दिन, हर सुबह के साथ बेहतर बनते जाते हैं, तो आपका जीवन भी अनिवार्य रूप से बेहतर होता चला जाता है।

दूसरा, *हमने अपने जीवन में कई कठिनाइयों का सामना किया है,* और भविष्य में भी हमें और अधिक चुनौतियों का सामना करना पड़ेगा। जीवन कठिन, अनुचित, दर्दनाक हो सकता है और कभी-कभी यह पूरी तरह से असहनीय लग सकता है। हालाँकि, यदि हम इस दृष्टिकोण को बनाए रख सकते हैं कि हर कठिनाई हमारे लिए सीखने, बढ़ने और पहले से बेहतर बनने का एक अवसर है, तो जितनी बड़ी हमारी कठिनाई होगी, उतनी ही बड़ी हमारी नियति होगी।

यदि आप अपने पिछले अनुभवों का अवलोकन करें, तो आपको अहसास हो सकता है कि अंत में चीज़ें आमतौर पर उसी तरह से सुलझती हैं, जैसा उन्हें होना चाहिए। और कभी-कभी वे हमारी कल्पना से भी बेहतर तरीक़े से सुलझ जाती हैं। उन चुनौतियों के बारे में सोचें जिनका आपने कभी सामना किया था और जो उस समय आपको अपार और असहनीय लगी थीं। किसी भी चीज़ के बारे में सोचें-कोई रिश्ता टूटना, नौकरी छूटना, किसी प्रियजन की मृत्यु या कोई अन्य ऐसी स्थिति जिसने आपको मानसिक, भावनात्मक या शारीरिक रूप से अत्यधिक पीड़ा दी हो। क्या आप इन सभी परिस्थितियों से नहीं गुज़रे? मैं उन समस्याओं की बात नहीं कर रहा हूँ, जिनसे आप अभी भी जूझ रहे हैं (हालाँकि वे भी अंततः सही दिशा में सुलझ जाएँगी, और संभवतः आपकी कल्पना से भी बेहतर तरीक़े से)। मैं उन सभी कठिन परिस्थितियों की बात कर रहा हूँ, जिनका आपने अपने जीवन में कभी सामना किया है। आप उन सभी से पार पा चुके हैं, और यह इस बात का एक मज़बूत संकेत है कि आप भविष्य में आने वाली हर कठिनाई से भी पार पा सकेंगे।

इसीलिए, चाहे हमारे जीवन के कुछ पहलू कितने भी निराशाजनक क्यों ना लगें, हमें यह याद रखना चाहिए कि परिस्थितियाँ हमेशा बदलती रहती हैं और हम अपने सामने आने वाली किसी भी चुनौती का सामना कर सकते हैं। ऐसा करने के लिए, आपको इस बिंदु से आगे अपने जीवन के हर पहलू की पूरी ज़िम्मेदारी लेने के लिए तैयार रहना होगा और अपनी शक्ति को दूसरों पर दोषारोपण करके व्यर्थ करने से बचना होगा। हालाँकि दोष तय करना यह समझने में सहायक हो सकता है कि ग़लती किसकी है, लेकिन जब तक हम अपने जीवन की हर *चीज़* की ज़िम्मेदारी स्वीकार करने

के लिए तैयार नहीं होते, तब तक हम अपने जीवन में किसी भी बदलाव या नई रचना की शक्ति को नहीं अपना सकते।

अभी आप अपने जीवन में जहाँ भी हैं, वह अस्थायी है और ठीक वही स्थान है, जहाँ आपको इस समय होना चाहिए। आप इस क्षण पर इसलिए पहुँचे हैं ताकि आप वह सीख सकें जो आवश्यक है, जिससे आप वह व्यक्ति बन सकें, जो आपके वास्तविक इच्छित जीवन को बना सके। भले ही जीवन कठिन हो या निराशाजनक लगे, वर्तमान हमेशा हमारे लिए सीखने, बढ़ने और पहले से बेहतर बनने का एक अवसर होता है।

आप अपने जीवन की कहानी लिखने की प्रक्रिया में हैं, और कोई भी अच्छी कहानी तब तक पूरी नहीं होती जब तक उसका नायक या नायिका अपने हिस्से की चुनौतियों को पार नहीं करता। वास्तव में, जितनी बड़ी चुनौतियाँ होती हैं, उतनी ही बेहतर कहानी बनती है। क्योंकि यहाँ से आपकी कहानी किस दिशा में जाएगी, इस पर कोई सीमा या प्रतिबंध नहीं है, तो आप अपने जीवन का अगला अध्याय कैसा बनाना चाहते हैं?

अच्छी ख़बर यह है कि आप अभी से अपने जीवन में किसी भी चीज़ को बदलने या नया बनाने की क्षमता रखते हैं। मैं यह नहीं कह रहा कि यह बिना प्रयास के होगा, लेकिन आप तुरंत इस प्रक्रिया की शुरुआत कर सकते हैं, बशर्ते आप हर दिन कुछ समय समर्पित करके उन क्षमताओं को विकसित करें जिनकी आपको आवश्यकता है। यही इस किताब का उद्देश्य है–आपको एक ऐसा दैनिक अभ्यास देना, जो सुनिश्चित करे कि आप वह व्यक्ति बनें, जो आपको अपने जीवन में हर वह चीज़ बनाने और अनुभव करने के लिए चाहिए, जो आपने कभी चाही है। उत्साहित हो जाइए, क्योंकि आपके लिए क्या संभव हो सकता है, इसकी सीमाएँ बहुत कम हैं।

यदि आप इस समय किसी कठिनाई का सामना कर रहे हैं–चाहे वह व्यक्तिगत हो या पेशेवर, मानसिक, भावनात्मक, शारीरिक, वित्तीय, संबंधी या कुछ और–मैं आपको बताना चाहता हूँ कि मिरेकल मॉर्निंग ने हर वर्ग के लोगों को असंभव लगने वाली चुनौतियों को पार करने, महत्त्वपूर्ण उपलब्धियाँ हासिल करने और अपनी परिस्थितियों को बहुत कम समय में बदलने में सक्षम बनाया है।

इसका एक गहरा उदाहरण कीथ मिनिक हैं, जो टर्नर ब्रॉडकास्टिंग सिस्टम में बिज़नेस ऑपरेशन्स के पूर्व निदेशक थे। अपने बेटे की मृत्यु के बाद, वे एक साल से अधिक समय तक अवसाद से जूझते रहे। वे कहते हैं कि उनकी पहली ही मिरेकल मॉर्निंग ने सब कुछ बदल दिया। मैं कीथ को उनके शब्दों में बोलने दूँगा :

मई, 2012 में, मेरे बेटे एवरिट का निधन हो गया। वह केवल तीन घंटे जीवित रहा, लेकिन उन तीन घंटों का प्रभाव अविश्वसनीय रूप से गहरा था। यह मेरे जीवन की सबसे कठिन घटना थी। उसके जाने के बाद और अपने काम में असंतोष के कारण, मैं अवसाद की स्थिति में चला गया। ऐसा लग रहा था, जैसे मैं अपने जीवन में कोई प्रगति नहीं कर पा रहा हूँ और ख़ुद को लेकर निराश महसूस कर रहा हूँ। यह प्रयास की कमी से नहीं था; मैंने कई प्रसिद्ध आत्म/स्व–सहायता पुस्तकों को पढ़ा, लेकिन कुछ भी मेरे साथ वास्तव में जुड़ नहीं पाया, जब तक कि मैंने मिरेकल मॉर्निंग नहीं खोजी।

मैंने हैल एलरॉड को एक पॉडकास्ट पर सुना और तुरंत ही दिलचस्पी जागी। मैंने किताब ख़रीदी और एक ही दिन में पढ़ ली। अगला दिन मेरे जीवन को हमेशा के लिए बदलने वाला था। मैंने अलार्म सेट किया, सुबह उठकर S.A.V.E.R.S. फ्रेमवर्क को अपनाया। मेरे शारीरिक और मानसिक स्वास्थ्य में तुरंत बदलाव आया। मैंने अपनी स्थिति की ज़िम्मेदारी ली और एक प्रक्रिया तय की जिससे मैं अपने मनचाहे जीवन को प्राप्त कर सकूँ, जिसका मेरे विज़न बोर्ड और डेली अफर्मेशंस के माध्यम से हर दिन पुष्टीकरण होता रहे।

मिरेकल मॉर्निंग के बाद, मैंने टर्नर में अपनी नौकरी छोड़ दी, दो व्यवसाय शुरू किए, उनमें से एक को बेचा, और अब मैं सचमुच अपना सर्वश्रेष्ठ जीवन जी रहा हूँ। मैं लगभग एक दशक से मिरेकल मॉर्निंग की दिनचर्या का पालन कर रहा हूँ। S.A.V.E.R.S. फ्रेमवर्क मेरे जीवन का एक महत्त्वपूर्ण हिस्सा बना हुआ है। मेरी सफलता का एक प्रमुख कारण इस दिनचर्या को लागू करना, बनाए रखना और समय के साथ उसे विकसित करना रहा है। मैं उन सभी लोगों को इसे पढ़ने और अपनाने की सलाह देता हूँ, जो अपने जीवन में किसी बड़े बदलाव की तलाश में हैं, अवसाद से जूझ रहे हैं, या अपने जीवन में आगे बढ़ने का रास्ता खोज रहे हैं।

कीथ की कहानी इस बात का एक वास्तविक उदाहरण है कि आपका जीवन कितनी तेज़ी से बदल सकता है और कैसे, एक दशक बाद भी, आप अपने सर्वश्रेष्ठ रूप में विकसित हो सकते हैं।

दूसरी ओर, यदि आप पहले से ही एक सार्थक स्तर की सफलता बनाए रख रहे हैं, तो मिरेकल मॉर्निंग ने उच्च उपलब्धि प्राप्त करने वालों को उस मायावी *अगले स्तर* तक पहुँचने और उनके व्यक्तिगत और पेशेवर परिणामों को उनकी पिछली उपलब्धियों से आगे ले जाने में मदद की है। हालाँकि *आपका* अगला स्तर आपकी आय बढ़ाने, करियर में आगे बढ़ने या व्यवसाय को विकसित करने से जुड़ा हो सकता है, लेकिन प्रगति अक्सर उन महत्त्वपूर्ण क्षेत्रों में गहरी संतुष्टि और संतुलन का अनुभव करने के नए तरीकों को खोजने के बारे में होती है, जिन्हें आपने अब तक नज़रअंदाज़ किया हो सकता है। इसका अर्थ आपके शारीरिक या मानसिक स्वास्थ्य, ख़ुशी, संबंधों, आध्यात्मिकता या किसी अन्य प्राथमिकता में महत्त्वपूर्ण सुधार करना हो सकता है।

चाहे आप केवल कुछ प्रमुख क्षेत्रों में बड़े सुधार करना चाहते हों, या फिर आप अपने पूरे जीवन में एक क्रांतिकारी परिवर्तन के लिए तैयार हों–ताकि आपकी वर्तमान परिस्थितियाँ जल्द ही केवल अतीत की एक याद बन जाएँ– तो आपने सही किताब उठाई है। आप एक अद्भुत यात्रा शुरू करने वाले हैं, जिसमें छह दैनिक आदतों पर आधारित एक क्रांतिकारी प्रक्रिया शामिल है, जो आपके जीवन के किसी भी–या हर–क्षेत्र को सुधारने की गारंटी देती है।

मैं जानता हूँ कि ये बड़े वादे हैं, लेकिन मैं पूरे विश्वास के साथ यह कह सकता हूँ, क्योंकि मैंने हज़ारों पाठकों के पत्र और समीक्षाएँ पढ़ी हैं, जिन्होंने बताया कि इस किताब को पढ़ने और इसमें बताए गए तरीक़ों को अपनाने से उनके जीवन में गहरे और सकारात्मक बदलाव आए, और वह भी बहुत जल्दी। यह सभी प्रकार के लोगों के लिए काम कर चुका है, चाहे उनकी उम्र, जाति, लिंग, स्थान, परिस्थितियाँ या सामाजिक–आर्थिक स्थिति कुछ भी रही हो। यह निश्चित रूप से वह एक चीज़ बन सकती है, जो आपको अपने जीवन में उन बदलावों को लाने में सक्षम बनाएगी, जिनकी आपने हमेशा कल्पना की है।

मैं आपको उन पत्रों के कुछ छोटे अंश पढ़ने के लिए प्रेरित कर रहा हूँ, जो मुझे प्राप्त हुए हैं, ताकि आप यह विचार कर सकें कि आपके लिए क्या संभव है। ये वास्तविक जीवन की कहानियाँ हैं, उन लोगों की जो आप

और मेरी तरह ही हैं, जिन्होंने इस किताब को पढ़ा और फिर मिरेकल मॉर्निंग दिनचर्या का उपयोग करके अपने जीवन को बदल दिया।

''मिरेकल मॉर्निंग को पाना मेरे जीवन में हुई सबसे अच्छी चीज़ों में से एक है। मैं लगभग 12 महीनों से इसे समर्पित रूप से अपना रही हूँ। इस किताब को पढ़ने से पहले, मैं अनफ़िट थी और तेज़ी से अपनी ताक़त खो रही थी, नाख़ुश थी, अनुशासनहीन थी, और अपने मूल्यों के अनुसार जीवन नहीं जी रही थी। जीवन का अधिकांश हिस्सा ग़लत लग रहा था। मैं लगभग हर दिन रोती थी। फिर मुझे मिरेकल मॉर्निंग मिली। यह एक संपूर्ण आशीर्वाद था। सकारात्मक यात्रा शुरू हुई। 12 महीने बाद, मैं ख़ुद को फ़िट, मज़बूत, उद्देश्यपूर्ण, केंद्रित, जागरूक और बहुत अधिक ख़ुश महसूस करती हूँ। तीन किशोर बेटियों की माँ होने के नाते और दो छोटे व्यवसायों की मालिक होने के नाते (जिन्हें मैं और मेरे पति साथ में चलाते हैं), मैं बहुत व्यस्त रहती हूँ। मिरेकल मॉर्निंग मुझे केंद्रित और सही मार्ग पर बनाए रखती है। मिरेकल मॉर्निंग की सबसे अच्छी चीज़ों में से एक इसका समुदाय है। मुझे ऐसा लगता है कि मुझे आखिरकार अपना समूह मिल गया है–वे लोग जो सतत सीखने और आत्म-सुधार से प्रेम करते हैं। मैं आपके प्रति बहुत आभारी हूँ, हैल।''

–कैटरीना केली (1 साल से मिरेकल मॉर्निंग का अभ्यास कर रही हैं)

''मेरी पत्नी यात्रा और मैंने दिसंबर, 2016 में मिरेकल मॉर्निंग का अभ्यास शुरू किया। हम दोनों अभी-अभी अपने जीवन के सबसे कठिन दौर से गुज़रे थे और बहुत ही निचले स्तर पर थे। हमने अपना रेस्टोरेंट बंद कर दिया था, यात्रा को मातृत्व अवकाश के दौरान नौकरी से निकाल दिया गया था, और पहली बार, हम दोनों बेरोज़गार थे और भारी क़र्ज़ में डूबे हुए थे। हमने S.A.V.E.R.S. फ्रेमवर्क को अपनाया और कुछ ही हफ़्तों में हमें परिणाम दिखने लगे। हमारा दृष्टिकोण अधिक सकारात्मक हो गया, और व्यक्तिगत और पेशेवर दोनों रूप से नए अवसर सामने आने लगे। द *मिरेकल मॉर्निंग* ने सचमुच हमारे जीवन को बदल दिया और हमें उस निराशा से बाहर निकाला, जिसमें हम फँसे हुए थे, और इसके लिए मैं हैल का हमेशा आभारी रहूँगा! मैं तीन बेटों का पिता हूँ, मेरी एक ख़ूबसूरत पत्नी है, जिसके साथ मेरी 14 साल की शादीशुदा जिंदगी है, और अब मैं एक सफल और बढ़ते हुए व्यवसाय का संचालन कर रहा हूँ!

–क्रिस्टोफ़र मोसकारिनो (5 साल से मिरेकल मॉर्निंग का अभ्यास कर रहे हैं)

मैं एक रियल एस्टेट एजेंट हूँ, शादीशुदा हूँ और तीन बच्चों की माँ हूँ। मेरा सबसे बड़ा संघर्ष अपने लिए समय निकालना था। मेरे जीवन में संतुलन और आत्म-देखभाल की कमी थी। मैंने हर चीज़ और हर किसी के लिए समय निकाला था, लेकिन अपनी मानसिक सेहत के लिए नहीं। द मिरेकल मॉर्निंग ने मेरे जीवन और मेरे व्यवसाय को पहले छह महीनों में ही बदल दिया, जिससे मेरी आय दोगुनी हो गई। इस सुबह की दिनचर्या ने मुझे और मेरे दैनिक दृष्टिकोण को पूरी तरह बदल दिया, क्योंकि मैंने अपने दिन की शुरुआत उद्देश्य के साथ करना शुरू कर दी। पहली बार किशोरावस्था के बाद, मेरी सुबह का केंद्र मैं स्वयं थी, ना कि मेरे बच्चे या काम। इस सोच में बदलाव ने मेरे लिए सब कुछ बदल दिया। मैंने अब तक 15 से अधिक लोगों को यह किताब गिफ़्ट की है, 'जब भी वे मुझसे पूछते हैं, तुम यह सब कैसे कर लेती हो? तुम्हारा राज़ क्या है?' मिरेकल मॉर्निंग मेरा राज़ है। यह मेरे दैनिक जीवन की नींव है। ऐसा लगता है, जैसे मुझे आख़िरकार सही तरीक़ा मिल गया और जीवन को संतुलित तरीक़े से जीने की कुंजी समझ आ गई। धन्यवाद, हैल।''

—मारिया रीटा वेलज़ (2 साल से मिरेकल मॉर्निंग का अभ्यास कर रही हैं)

मैं पिछले चार वर्षों से मिरेकल मॉर्निंग का अभ्यास कर रहा हूँ। इस दौरान मैंने अपने करियर में कई उपलब्धियाँ हासिल की हैं, लेकिन जो मेरे लिए सबसे महत्त्वपूर्ण है, वह हाल ही में हुई और बेहद व्यक्तिगत है। मेरे दो क़रीबी लोग चिंता और अवसाद से जूझ रहे थे, जिनमें से एक आत्महत्या के विचारों से भी ग्रस्त था। यह स्थिति मुझे अपराधबोध, आत्म-दोष और हल्के अवसाद की ओर धकेलने लगी। लेकिन मिरेकल मॉर्निंग समुदाय, अभ्यास, और अपनी सुबह की दिनचर्या को अपनाने की बदौलत, मैं जल्दी ही अपनी मानसिक स्थिति को सुधार सका और उन लोगों के साथ मज़बूती से खड़ा रह सका, जिन्हें मैं प्यार करता हूँ और उनकी मदद कर सका। मैं जानता हूँ कि जब तक मैं अपने S.A.V.E.R.S. अभ्यास के प्रति समर्पित और पूरी तरह से संलग्न रहूँगा, तब तक मैं अपने प्रियजनों के लिए कठिन समय में मज़बूत बना रहूँगा। हैल एलरॉड, आपने मिरेकल मॉर्निंग के माध्यम से जो कुछ भी किया है, उसके लिए धन्यवाद। यह दुनिया के लिए एक बहुत ज़रूरी बदलाव ला रहा है।''

—रॉब स्टीन (2 साल से मिरेकल मॉर्निंग का अभ्यास कर रहे हैं)

''द मिरेकल मॉर्निंग ने मेरे दिन की शुरुआत को एक उद्देश्य दिया है। इसने मुझे ऐसे उपकरण दिए हैं, जिनसे मैं अपने बेटे और पति के जागने से पहले ख़ुद के लिए समय निकाल पाती हूँ। एक उद्यमी के रूप में, इसने मेरी उत्पादकता और

लाभप्रदता में वृद्धि की है, और वह भी केवल मिरेकल मॉर्निंग की एक सरल, लेकिन शक्तिशाली आदत को अपनाने के कारण। इसने मुझे 25 साल से अधिक पुरानी धूम्रपान की आदत को छोड़ने की शक्ति भी दी। कुल मिलाकर, मेरा जीवन पहले से बेहतर और अधिक संतुलित हो गया है।''

—जेनिफ़र कूपर (3 साल से मिरेकल मॉर्निंग का अभ्यास कर रही हैं)

इन पाठकों के अनुभव असामान्य नहीं हैं, बल्कि यह उन सभी के लिए सामान्य हो गए हैं, जो मिरेकल मॉर्निंग का अभ्यास करते हैं। ये इस बात का प्रमाण हैं कि आपके लिए भी क्या संभव हो सकता है, जब आप बस इस किताब को अंत तक पढ़ने और इसमें बताए गए चरणों को लागू करने का संकल्प लेते हैं।

मैं आपको एक क्षण के लिए रुकने और गहरी साँस लेने के लिए आमंत्रित करता हूँ, क्योंकि हम एक साथ एक यात्रा शुरू करने वाले हैं–एक ऐसी यात्रा जो आपको आपके भीतर मौजूद स्वाभाविक मानवीय इच्छा और प्रेरणा को जागृत करने के लिए आमंत्रित करेगी, ताकि आप अपने जीवन को सबसे अधिक संतोषजनक रूप में गढ़ सकें, जैसी आप कल्पना कर सकते हैं। मैं ऐसे जीवन की बात कर रहा हूँ, जहाँ आप वास्तव में शांति में हैं, सच्चे अर्थों में ख़ुश हैं, और दुनिया में वैसा प्रभाव पैदा कर रहे हैं, जैसा आप चाहते हैं। वह जीवन हमेशा आपके लिए उपलब्ध है, बस आपके पूर्ण सामर्थ्य को जागृत करने की प्रतीक्षा कर रहा है, ताकि आप इसे अपना बना सकें। यह पुस्तक आपको इसका रास्ता दिखाएगी।

प्रेम और कृतज्ञता के साथ,

हैल

एक विशेष आमंत्रण

मिरेकल मॉर्निंग समुदाय के लिए

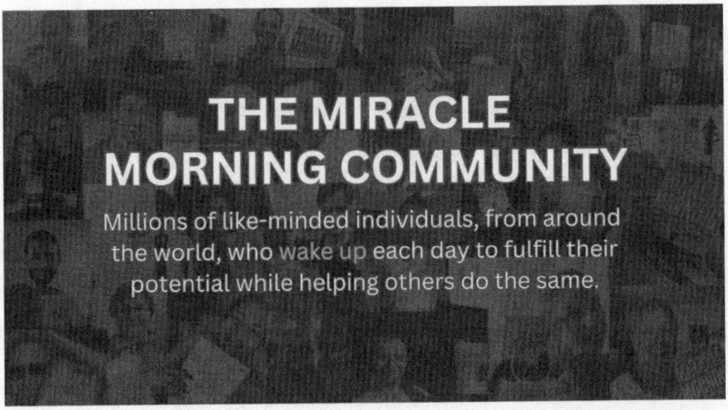

यदि आप इस पुस्तक को पढ़ते समय अन्य समान विचारधारा वाले मिरेकल मॉर्निंग अभ्यासकर्ताओं से जुड़ना चाहते हैं और उनसे समर्थन प्राप्त करना चाहते हैं - चाहे आप प्रश्न पूछना चाहें या केवल देखकर सीखना - तो मैं आपको मिरेकल मॉर्निंग समुदाय से जुड़ने के लिए आमंत्रित करता हूँ।

यह समुदाय एक छोटे से फ़ेसबुक ग्रुप के रूप में शुरू हुआ था जिसमें मैं, मेरे माता-पिता और मेरे पाँच दोस्त थे। आज यह एक वैश्विक ऑनलाइन समुदाय बन चुका है जिसमें सौ से अधिक देशों के 3,00,000 से अधिक सदस्य हैं।

इससे जुड़ना हमेशा मुफ़्त है, और यहाँ आपको कई ऐसे लोग मिलेंगे जो अभी मिरेकल मॉर्निंग की शुरुआत कर रहे हैं, साथ ही ऐसे अनुभवी सदस्य भी मिलेंगे जो वर्षों से इसका अभ्यास कर रहे हैं और सहर्ष आपको

सुझाव, समर्थन और मार्गदर्शन देंगे ताकि आप सफलता की और तेज़ी से बढ़ सकें।

मिरेकल मॉर्निंग के लेखक के रूप में, मैं एक ऐसा स्थान बनाना चाहता था जहाँ हम सभी एक साथ आकर जुड़ सकें, प्रश्न पूछ सकें, सर्वोत्तम अभ्यास साझा कर सकें, एक-दूसरे को समर्थन दे सकें, पुस्तक पर चर्चा कर सकें, वीडियो पोस्ट कर सकें, अपने लिए एक जवाबदेही साथी ढूँढ सकें, यहाँ तक कि स्मूदी की रेसिपी और व्यायाम की दिनचर्या भी आपस में साझा कर सकें।

मैंने कभी नहीं सोचा था कि मिरेकल मॉर्निंग समुदाय दुनिया के सबसे सकारात्मक, सक्रिय और सहायक ऑनलाइन समुदायों में से एक बन जाएगा - लेकिन सच में ऐसा ही हुआ है!

आप भी अब अन्य मिरेकल मॉर्निंग अभ्यासकर्ताओं से जुड़ना शुरू कर सकते हैं। बस MiracleMorningCommunity.com पर जाएँ और शामिल होने का अनुरोध करें। मैं स्वयं भी नियमित रूप से (लगभग हर दिन) वहाँ सक्रिय रहता हूँ, सामग्री साझा करता हूँ और टिप्पणियों में भाग लेता हूँ। मुझे आशा है कि आपसे वहाँ मुलाकात होगी!

मिरेकल मॉर्निंग समुदाय संसाधन : ऐप और फ़िल्म

जब आप अपनी मिरेकल मॉर्निंग यात्रा की शुरुआत करें, तो दो अतिरिक्त संसाधन (दोनों ही निःशुल्क) आपकी मदद कर सकते हैं - मिरेकल मॉर्निंग रूटीन ऐप और द मिरेकल मॉर्निंग मूवी।

मिरेकल मॉर्निंग समुदाय के सदस्यों द्वारा सबसे अधिक माँगा गया संसाधन एक मोबाइल ऐप था, जिससे वे अपनी मिरेकल मॉर्निंग ट्रैक कर सकें और नियमितता व जवाबदेही बनाए रख सकें। इस ऐप में कई अतिरिक्त विशेषताएँ भी हैं - जैसे कि एक इनबिल्ट जर्नल जिसमें लेखन के लिए प्रेरक सुझाव हैं, अफ़र्मेशन्स (सकारात्मक पुष्टियाँ) बनाने का टूल, कस्टमाइज़ेबल टाइमर, और वैकल्पिक गाइडेड ऑडियो ट्रैक्स, जो आपको S.A.V.E.R.S. (साइलेंस, अफ़र्मेशन्स, विज़ुअलाइज़ेशन, एक्सर्साइज़, रीडिंग

और स्क्राइबिंग) की प्रक्रिया के माध्यम से मार्गदर्शन करते हैं। आप बस प्ले बटन दबाकर अपनी मिरेकल मॉर्निंग पूरी कर सकते हैं। यह ऐप आई फ़ोन और एंड्रॉयड दोनों के लिए उपलब्ध है : MiracleMorning.com/app

छह वर्षों की अवधि में फ़िल्माई गई मिरेकल मॉर्निंग फ़िल्म एक प्रेरणादायक फुल-लेंथ डॉक्युमेंट्री है, जो पुस्तक से आगे बढ़कर वास्तव में यह दिखाती है कि लोग कैसे हर सुबह के साथ अपनी ज़िंदगी को रूपांतरित रहे हैं।

यह फ़िल्म आपको विश्वप्रसिद्ध लेखकों, डॉक्टरों, वैज्ञानिकों, उद्यमियों और पेशेवर खिलाड़ियों के घरों तक ले जाती है और दिखाती है कि ये अत्यधिक उत्पादक व्यक्ति अपने दिन की शुरुआत कैसे करते हैं।

यह फ़िल्म मेरे जीवन के सबसे कठिन समय में भी आपको साथ ले जाती है। शूटिंग शुरू होने के दो साल बाद, मुझे एक दुर्लभ प्रकार के कैंसर का पता चला और डॉक्टरों ने मेरे जीवित रहने की केवल 30 प्रतिशत संभावना बताई। हमारे निर्देशक ने कैमरे चालू रखे, ताकि मेरे मानसिक दृष्टिकोण और समग्र उपचार पद्धति (होलिस्टिक एप्रोच) को रिकॉर्ड किया जा सके - इस आशा में कि यह कैंसर या किसी अन्य बीमारी से जूझ रहे किसी और को प्रेरणा दे सके। आप इसका विस्तारित ट्रेलर देख सकते हैं और पूरी फ़िल्म तक पहुँच सकते हैं : MiracleMorning.com/movie

अब तक, ऐप को 5 में से 4.9 स्टार की रेटिंग मिली है और फ़िल्म को 4.6 स्टार - इसलिए मुझे उम्मीद है कि ये निःशुल्क संसाधन आपके लिए भी उतने ही उपयोगी सिद्ध होंगे जितने औरों के लिए रहे हैं।

मिरेकल मॉर्निंग समुदाय में आपका स्वागत है!

''अपने जीवन को जीने के केवल दो ही तरीक़े हैं। एक यह मानकर कि कुछ भी चमत्कार नहीं है। दूसरा यह मानकर कि सब कुछ एक चमत्कार है।''

—अल्बर्ट आइंस्टीन

''चमत्कार प्रकृति के विपरीत नहीं होते, बल्कि वे केवल हमारे प्रकृति के ज्ञान के विपरीत होते हैं।''

—सेंट ऑगस्टीन

''हर सुबह हम फिर से जन्म लेते हैं। जो हम आज करते हैं, वही सबसे अधिक मायने रखता है।''

—बुद्ध

प्रस्तावना

कैसे प्रतिकूलता को अवसर में बदलें

3 दिसंबर, 1999 को, मेरी ज़िंदगी अच्छी थी। दरअसल, यह *शानदार* थी। 20 साल की उम्र में, मेरा पहला कॉलेज वर्ष पूरा हो चुका था, और पिछले 18 महीनों से मैं एक अप्रत्याशित करियर को अपना रहा था– एक अंतरराष्ट्रीय कटलरी कंपनी कटको के लिए शीर्ष सेल्स प्रतिनिधियों में से एक बनने का। एक मेंटर और अपने परिवार के सहयोग की बदौलत, मैंने कंपनी के कई सेल्स रिकॉर्ड तोड़े थे और उस उम्र में जितना मैंने कभी सोचा भी नहीं था, उससे कहीं अधिक पैसा कमा रहा था।

मैं एक प्यार भरे, प्रतिबद्ध रिश्ते में था, एक ऐसी लड़की के साथ जिसे मैं बेहद चाहता था। मेरा परिवार मेरे साथ था, और मेरे पास वैसे दोस्त थे, जिनकी कोई भी व्यक्ति कामना कर सकता है। मैं वास्तव में ख़ुद को धन्य महसूस करता था। आप कह सकते हैं कि मैं अपनी दुनिया के शिखर पर था; इसीलिए मैं यह कभी सोच भी नहीं सकता था कि यही वह रात होगी, जब मेरी दुनिया समाप्त हो जाएगी।

रात 11:32 बजे / हाईवे 99 पर 70 मील प्रति घंटे की रफ़्तार से दक्षिण की ओर जाते हुए

शायद यह अच्छा ही हुआ कि मैंने उन हेडलाइट्स को नहीं देखा, जो हाईवे पर सीधे मेरी कार की ओर आ रही थीं। टक्कर से पहले के उन पलों में मैंने क्या अनुभव किया, यह आज भी मेरे लिए एक रहस्य है।

सच कहूँ तो, मुझे यह भी स्पष्ट नहीं है कि मेरे दोस्तों और परिवार द्वारा सुनाई गई कहानियाँ कहाँ समाप्त होती हैं और मेरी वास्तविक यादें

कहाँ से शुरू होती हैं। सब कुछ धुँधला सा लगता है। मुझे ये सभी विवरण केवल पुलिस रिपोर्ट, चश्मदीद गवाहों की बातों और अपनी मेडिकल रिपोर्ट से पता चले हैं।

3 दिसंबर की एक ठंडी सर्द रात थी, उत्तरी कैलिफ़ोर्निया में। मैं कटको के नॉर कैल डिवीजन कॉन्फ्रेंस में एक भाषण देने के बाद घर लौट रहा था। मुझे अपने जीवन की पहली स्टैंडिंग ओवेशन मिली थी, और मैं ख़ुशी से फूला नहीं समा रहा था!

मैं एक फ़ोर्ड मस्टैंग चला रहा था, जब अचानक एक फुल-साइज़ शेवी सिल्वराडो ट्रक, जिसे एक नशे में धुत चालक चला रहा था, हाईवे की सेंटर लाइन पार कर गया और 80 मील प्रति घंटे से अधिक की रफ़्तार से मेरी कार से आमने-सामने टकरा गया। हमारी दोनों गाड़ियों की धातु की फ्रेम तेज़ आवाज़ के साथ टकराई-चीख़ती, चिल्लाती, मुड़ती और टूटती हुई। मस्टैंग के केबिन के अंदर, एयरबैग इतनी तेज़ी से फटे कि मैं बेहोश हो गया और मेरे सिर पर गहरी चोट लगी। मेरा मस्तिष्क, जो अभी भी 70 मील प्रति घंटे की रफ़्तार से आगे बढ़ रहा था, मेरी खोपड़ी के अगले हिस्से से टकराया, जिससे फ्रंटल लोब के महत्त्वपूर्ण ऊतक नष्ट हो गए। लेकिन सबसे बुरा तो अभी बाक़ी था।

सामने से हुई इस टक्कर का प्रभाव थोड़ा तिरछा था, जिससे मेरी कार संतुलन खो बैठी और दूसरी ओर से आती ट्रैफ़िक में घुस गई। एक दूसरी कार- सैटर्न सेडान, जो 70 मील प्रति घंटे की रफ़्तार से चल रही थी-मेरी कार के ड्राइवर साइड के दरवाज़े से टकराई। मस्टैंग का बायाँ दरवाज़ा पूरी तरह ध्वस्त हो गया और मेरे शरीर के बाएँ हिस्से को कुचल दिया, जिससे 11 हड्डियाँ टूट गईं। मेरी जाँघ की फ़ीमर बोन-जो मानव शरीर की सबसे बड़ी हड्डी होती है-इतनी ज़ोर से टूटी कि उसका एक सिरा मेरी त्वचा को चीरते हुए बाहर निकल गया और उस काले ड्रेस पैंट में छेद कर दिया, जो मैंने भाषण के लिए पहनी थी। मेरी ह्यूमरस बोन, जो मेरे बाएँ बाजू के भीतर थी, दो टुकड़ों में बँट गई, और उसका एक सिरा मेरी त्वचा के बाहर आ गया। मेरी बाईं कोहनी का जोड़ पूरी तरह चकनाचूर हो गया। मेरी बाँह की कलाई की रेडियल नस कट गई, जिससे मेरे मस्तिष्क और बाएँ हाथ के बीच संचार पूरी तरह बंद हो गया।

मेरा बायाँ कान भी लगभग कट चुका था, सिर्फ़ एक इंच से भी कम त्वचा के सहारे मेरे सिर से जुड़ा हुआ था। मेरी बाईं आँख का सॉकेट चकनाचूर हो गया था, जिससे मेरी आँख को कोई सहारा नहीं बचा था। धातु की छत का ढाँचा मेरे सिर पर धँस गया था, जिससे मेरी खोपड़ी के ऊपरी हिस्से में वी-आकार का गहरा घाव हो गया था। अंत में, मेरी श्रोणि (पेल्विस बोन) को कार के दरवाज़े और सेंटर कंसोल के बीच दबाव सहने की चुनौती मिली, लेकिन वह नाकाम रही और तीन अलग-अलग जगहों से टूट गई।

यह सब कुछ सिर्फ़ कुछ सेकंड के भीतर हुआ। जब मस्टैंग रुक गई, तो चमकता हुआ पूरा चाँद आकाश में था और उसने इस भयानक दृश्य को रोशन कर दिया। मैं अपने सिर के ऊपरी हिस्से से लेकर हाथ और पैर के गहरे घावों तक ख़ून से लथपथ था। और मैं फँस चुका था। मस्टैंग के दरवाज़े का मुड़ा हुआ धातु का ढाँचा मेरे शरीर के बाईं ओर इतनी मज़बूती से दबा हुआ था कि मैं हिल भी नहीं सकता था। असहनीय दर्द को सहन करने में असमर्थ, आत्म-संरक्षण की एक स्वचालित प्रक्रिया में, मेरा शरीर ख़ुद ही शिथिल हो गया, और मैं कोमा में चला गया।

मेरा सबसे अच्छा दोस्त जेरेमी, जो मेरे कुछ ही मिनटों बाद कान्फ्रेंस से निकला था, इस भयावह दृश्य पर आ पहुँचा। जेरेमी ने तुरंत अपनी कार सड़क किनारे रोकी और मुझे देखने के लिए दौड़ा। उसने जो कुछ भी देखा, वह किसी हॉरर फ़िल्म से कम नहीं था। जैसे ही वह मेरी कार के पास पहुँचा, उसने मुझे निर्जीव पाया। मेरा चेहरा बुरी तरह क्षतिग्रस्त था और ख़ून से ढँका हुआ था। उसने बार-बार मेरा नाम पुकारा, लेकिन मैं बिलकुल प्रतिक्रिया नहीं दे रहा था। उसने मेरी नब्ज जाँची, मुझसे बने रहने को कहा और तुरंत 9-1-1 पर कॉल किया।

जीवन एक नहीं, दो मौक़े देता है?

इसके बाद जो हुआ, वह अविश्वसनीय था-और कुछ लोग इसे एक *चमत्कार* मानते हैं। दमकल विभाग और पैरामेडिकल कर्मचारी मौक़े पर पहुँचे और मुझे गाड़ी से निकालने और मेरी हालत स्थिर करने के लिए पूरी ताक़त से जुट गए। समय बहुत क़ीमती था, क्योंकि मेरा ख़ून लगातार बह

रहा था। लगभग 50 मिनट तक मुझे वाहन से निकालने की कोशिश करने के बाद, वे अंततः जॉज़ ऑफ़ लाइफ़ उपकरण का उपयोग करके कार की छत को हटाने और मुझे बाहर खींचने में सफल हुए। लेकिन तब तक, मैं ख़ून से पूरी तरह लथपथ हो चुका था। मेरा दिल धड़कना बंद कर चुका था, मेरी साँसें थम चुकी थीं। क्लिनिकली, मैं मर चुका था।

पैरामेडिक्स ने मेरे निर्जीव शरीर को उठाकर एक मेडिकल इवैक्युएशन हेलीकॉप्टर में रखा, जो मुझे निकटतम अस्पताल ले जाने के लिए पहुँचा था। उन्होंने मुझे आईवी से जोड़ा, सीपीआर दिया, और मेरे दिल को बिजली के झटके देने के लिए डिफ़िब्रिलेटर का उपयोग किया। छह लंबे मिनटों तक मेरा दिल नहीं धड़क रहा था, लेकिन आख़िरकार, उन्होंने मुझे फिर से जीवित कर दिया। जीवित रहने की कठिन लड़ाई अब शुरू हो चुकी थी।

मैंने अगले छह दिन कोमा में गंभीर हालत में बिताए। इस दौरान, दो बार मेरा दिल फिर से धकड़ना बंद हो गया। मेरे बेचारे माता-पिता ने एक पल के लिए भी मेरा साथ नहीं छोड़ा, वे ख़ुद को बिलकुल असहाय महसूस कर रहे थे और सबसे बुरी संभावना से डर रहे थे, क्योंकि वे मुझे जीवन के लिए संघर्ष करते देख रहे थे। वे पहले ही एक बच्चा खो चुके थे। जब मैं आठ साल का था, मेरी छोटी बहन, एमरी, जो सिर्फ़ 18 महीने की थी, हृदय गति रुक जाने के कारण चल बसी थी। अपने सबसे छोटे बच्चे को खोने के बाद, अब मेरे माता-पिता को अपने पहले जन्मे बेटे को खोने का डर सताने लगा था।

डॉक्टरों ने मेरी टूटी हुई हड्डियों को ठीक करने के लिए कई सर्जरी कीं। उन्होंने टाइटेनियम रॉड्स लगाई, कोहनी में स्क्रू डाले, और मेरी आँख के सॉकेट में टूटे हुए हड्डियों की जगह टाइटेनियम प्लेट्स लगा दीं। जब आख़िरकार मैं कोमा से बाहर आया और मुझे हक़ीक़त बताई गई, तो यह एक अकल्पनीय सच्चाई थी। जो कुछ मेरे साथ हुआ था, उसे समझने की कोशिश करना एक सपने जैसा लग रहा था। लेकिन सबसे दर्दनाक ख़बर जो मैंने सुनी, वह यह थी कि डॉक्टरों ने भविष्यवाणी की थी कि मैं शायद अब कभी चल नहीं पाऊँगा। उनके नज़रिए से, मुझे अपनी बाक़ी ज़िंदगी व्हीलचेयर पर बितानी थी।

अपनी नई परिस्थितियों को स्वीकार करना मेरे लिए अकल्पनीय था। लेकिन अब तक जो कुछ हुआ था, वह मेरे नियंत्रण से बाहर था। अब मेरे पास सिर्फ़ एक अनिवार्य चुनाव बचा था, जिसका सामना हम सभी को किसी न किसी मोड़ पर करना पड़ता है, जब हम कठिनाइयों से घिरे होते हैं : *अब मैं इस पर कैसी प्रतिक्रिया दूँगा?*

हमारा दृष्टिकोण हमारी वास्तविकता तय करता है

अपनी नई हक़ीक़त को स्वीकार करना आसान नहीं था। यह सुनना कि मैं शायद कभी चल नहीं पाऊँगा और यह कल्पना करना कि मेरी ज़िंदगी अब कैसी होगी, निश्चित रूप से कठिन था। मस्तिष्क की चोट के कारण जो असर पड़ा–हर समय यह भूल जाना कि मैं कहाँ हूँ, पाँच मिनट पहले क्या हुआ था, या अभी–अभी क्या कहा गया था–वह भी हिम्मत तोड़ने वाला था। मैं अपने बाएँ हाथ का भी उपयोग नहीं कर पा रहा था, और डॉक्टरों को नहीं पता था कि मैं इसे कभी वापस पा सकूँगा या नहीं। फिर मेरी टूटी हुई बाईं आँख की हड्डी, *जिसे सर्जरी से ठीक कर पट्टी बाँध दी गई थी, लेकिन डॉक्टरों ने कहा कि जब वे पट्टी हटाएँगे, तो संभव है कि मैं हमेशा के लिए अपनी बाईं आँख से ना देख सकूँ।*

रात के समय, जब मेरे सभी मेहमान चले जाते थे, तब मेरे लिए सबसे कठिन समय होता था। मैं जागता रहता, मेडिकल उपकरणों की बीप–बीप की आवाज़ सुनता, और इस पूरी स्थिति से डरा हुआ और अभिभूत महसूस करता। क्या मुझे अपनी पूरी ज़िंदगी व्हीलचेयर में बितानी होगी? क्या दूसरों को मेरा ख़याल रखना पड़ेगा? क्या मैं फिर कभी ख़ुद से जी पाऊँगा? क्या मैं अपने लक्ष्यों को फिर से हासिल कर सकूँगा? ऐसा मेरे साथ क्यों हुआ? मैंने ऐसा कुछ नहीं किया, जिससे मैं इस सज़ा का हक़दार बनूँ। यह न्यायसंगत नहीं है!

लेकिन जल्द ही, मैंने यह समझ लिया कि यह पीड़ित मानसिकता मेरे किसी काम की नहीं थी और ख़ुद पर तरस खाने का कोई फ़ायदा नहीं था। मेरे पास केवल एक तार्किक विकल्प था–जो किसी के पास भी होता है– वास्तविकता को वैसा ही स्वीकार करना, जैसी वह है।

जिसे बदला नहीं जा सकता, उसके साथ शांति बनाकर रखना। जो मेरे पास है, उसके लिए आभार व्यक्त करना। अपनी मौजूदा परिस्थितियों के बावजूद, उस जीवन को सक्रिय रूप से वैसा बनाना, जिसकी मैं कल्पना करता हूँ। मैंने निष्कर्ष निकाला कि अगर डॉक्टर सही थे और मुझे अपनी पूरी ज़िंदगी व्हीलचेयर में बितानी थी, तो मेरे पास दो ही विकल्प थे- या तो मैं ख़ुद को दुखी महसूस करने दूँ, या फिर मैं ख़ुश रहना चुनूँ। क्योंकि किसी भी हाल में, मैं व्हीलचेयर में ही रहने वाला था। इसलिए, मैंने यह तय किया कि मैं व्हीलचेयर में बैठा दुनिया का सबसे ख़ुश, सबसे आभारी इंसान बनूँगा।

मैंने यह भी तय किया कि मुझे इस भविष्यवाणी को निष्क्रिय रूप से स्वीकार करने की ज़रूरत नहीं थी कि मैं कभी चल नहीं पाऊँगा। यदि डॉक्टर ग़लत हुए तो? जबकि मैंने सबसे बुरे हालात को स्वीकार करने का फ़ैसला किया ताकि वह मेरी मानसिक और भावनात्मक स्थिति पर हावी ना हो सके, लेकिन साथ ही, मैंने अपनी पूरी ऊर्जा उस परिणाम के सृजन में लगाई, जो मैं चाहता था। मैंने ख़ुद को चलते हुए देखा। मैंने अपनी कल्पना में अपने शरीर को ठीक होते हुए देखा। मैंने शक्ति और एक चमत्कार के लिए प्रार्थना की। और मैंने मेहनत की। मैं हर दिन व्हीलचेयर में फ़िजिकल थेरेपी सेंटर जाता और पूरे जोश के साथ अपने थैरेपिस्ट से कहता कि मैं फिर से चलने वाला हूँ!

तीन कठिन और दर्दनाक हफ़्तों के स्वास्थ्य लाभ और सुधार के बाद, जब मैं पूरे समय अस्पताल में भर्ती था, मेरे एक डॉक्टर मेरे कमरे में आए। उन्होंने एक दिन पहले कराए गए रूटीन एक्स-रे रिपोर्ट्स के साथ, हैरानी भरे स्वर और भाव-भंगिमा के साथ कहा कि मेरा शरीर अविश्वसनीय गति से ठीक हो रहा था और उनके अनुसार मैं अब अपना पहला क़दम उठाने के लिए तैयार था।

मैं चकित था! भले ही मैं आशावादी था, फिर भी मैंने सोचा था कि कम से कम छह महीने से एक साल लग जाएगा। लेकिन उस दोपहर, मैंने अपना पहला क़दम रखा। असल में, उस दिन मैं तीन क़दम चला।

मुझे व्हीलचेयर से चार-पैर वाली वॉकिंग स्टिक तक पहुँचने में सात हफ़्ते लगे। मैंने अपनी बाईं आँख की दृष्टि भी वापस पा ली। हालाँकि, मैं

अभी भी अपने बाएँ हाथ का उपयोग नहीं कर पा रहा था और डॉक्टरों ने निष्कर्ष निकाला कि मैं अपनी देखभाल के लिए मानसिक रूप से सक्षम नहीं था। इसलिए, मुझे अपने माता-पिता की देखभाल में भेज दिया गया। हालाँकि दो साल से ख़ुद के दम पर रहने के बाद माता-पिता के साथ वापस जाना मेरा पहला चुनाव नहीं था, लेकिन इन परिस्थितियों में, मैं बेहद आभारी था कि वे मेरी देखभाल करने के लिए तैयार और सक्षम थे। माँ को यह बहुत पसंद आया कि मैं वापस घर आ गया था! अपने माता-पिता के साथ रहते हुए और काम करने में असमर्थ होने के कारण, मेरे पास सोचने के लिए बहुत समय था।

मैंने इस पर विचार किया कि कैसे मैं अपने कार एक्सीडेंट का उपयोग दूसरों की मदद के लिए कर सकता हूँ। जब मेरी छोटी बहन एमरी 18 महीने की उम्र में हृदय गति रुकने के कारण चल बसी, तो मेरे माता-पिता ने अपने दर्द को एक उद्देश्य में बदल दिया। उन्होंने उन माता-पिता के लिए सहायता समूह बनाए, जिन्होंने अपने बच्चे खो दिए थे, और उस अस्पताल के लिए अनुदान इकट्ठा करने के लिए मुहिम चलाई, जिसने एमरी की जान बचाने की पूरी कोशिश की थी। उनके इस उदाहरण ने मुझे प्रेरित किया कि मैं भी कुछ ऐसा ही कर सकता हूँ।

एक दिन मेरे पिता मुझे फ़िजिकल थेरेपी के लिए ले जा रहे थे, जब मैंने उन्हें आश्वस्त किया कि हर चीज़ किसी न किसी कारण से होती है, लेकिन यह हमारी ज़िम्मेदारी है कि हम उस कारण को स्वीकार करें। मैंने उनसे कहा, ''डैड, क्या आपको याद है कि एक्सीडेंट से पहले मैं आपसे कह रहा था कि मुझे कटको इवेंट्स में बोलना बहुत पसंद है और मैं एक प्रोफ़ेशनल स्पीकर बनना चाहता हूँ?'' उन्होंने सहमति में सिर हिलाया। उन्हें पता था कि मैं जिम रौन और टोनी रॉबिंस जैसे पेशेवर वक्ताओं को सुन रहा था और मैं भी उसी तरह लोगों की मदद करना चाहता था। ''ख़ैर, एक्सीडेंट से पहले तक, मेरे पास वास्तव में ऐसा कुछ नहीं था, जिसके बारे में भाषण देना सार्थक होता। मेरा मतलब है, आप और माँ शानदार माता-पिता रहे हैं, और अब तक मेरा जीवन काफ़ी सामान्य रहा था। लेकिन शायद यही कारण है कि मेरे साथ यह सब हुआ-ताकि मैं अपनी मुश्किलों पर क़ाबू पाऊँ और फिर लोगों को सिखा सकूँ कि वे अपनी मुश्किलों पर कैसे क़ाबू पाएँ।''

संयोग हो या नहीं, कुछ महीनों बाद ही मुझे अपना पहला अवसर मिला, जब मुझे अपने पूर्व स्कूल, योसेमिटी हाई स्कूल के छात्रों और अध्यापकों के साथ अपनी कहानी साझा करने के लिए आमंत्रित किया गया, जहाँ से मैं दो साल पहले ही स्नातक हुआ था। छात्रों को प्रेरणा मिली, और मुझे पहली बार यह अहसास हुआ कि मेरे माता-पिता ने अपनी कठिनाइयों को दूसरों की मदद के अवसरों में बदलने का निर्णय क्यों लिया था। अब मेरी बारी थी कि मैं भी वही करूँ।

मेरी कहानी साझा करने का उद्देश्य आपको एक वास्तविक जीवन का उदाहरण देना है कि किन परिस्थितियों को पार किया जा सकता है और क्या हासिल किया जा सकता है, और आप कैसे अपनी कठिनाइयों को अवसरों में बदल सकते हैं, चाहे अभी आपका जीवन कैसा भी हो। यह मान लीजिए कि जो कुछ भी किसी अन्य इंसान ने किया है, वह इस बात का प्रमाण है कि वह आपके लिए भी संभव है। *आप इस धरती पर किसी भी अन्य व्यक्ति की तरह ही योग्य, हक़दार और सक्षम हैं कि आप अपने जीवन में जो चाहें, उसे बना सकें।* मैं आपको प्रोत्साहित करता हूँ कि आप इस वाक्य को फिर से पढ़ें (सच में) और इसे गहराई से महसूस करें कि यह आपके लिए उतना ही सच्चा है, जितना किसी और के लिए। और यह सच है, चाहे आपका अतीत या वर्तमान परिस्थितियाँ आपको कुछ भी मानने के लिए मजबूर करें, क्योंकि आपकी क्षमता-आपकी संभावनाएँ-वास्तव में असीमित हैं। यह किताब आपको एक महत्त्वपूर्ण साधन देगी, जिससे आप अपने भीतर की क्षमता को प्रतिदिन और अधिक उपयोग कर सकें।

क़लम उठाएँ

आगे पढ़ने से पहले, कृपया कुछ क्षण निकालकर एक पेन या पेंसिल लें ताकि आप इस किताब में लिख सकें। पढ़ते समय, उन बातों को चिह्नित करें, जो आपको महत्त्वपूर्ण लगती हैं और जिन पर आप बाद में वापस आना चाहेंगे। अंडरलाइन करें, घेरा बनाएँ, हाइलाइट करें, पन्नों के कोने मोड़ें, और मार्जिन में नोट्स लिखें ताकि आप आसानी से सबसे महत्त्वपूर्ण पाठों, विचारों और रणनीतियों को दोबारा देख सकें। ख़ुद को इस तरह

तैयार करें कि यह किताब आपके लिए बार-बार काम आने वाला एक संसाधन बन जाए।

क्या आप तैयार हैं?

ठीक है, अब जब आपके हाथ में पेन है, तो चलिए शुरू करते हैं! आपके जीवन का अगला अध्याय बस शुरू ही होने वाला है।

1

अब समय आ गया है कि आप अपनी पूरी क्षमता का उपयोग करें

'''ज़िंदगी बहुत छोटी है' यह बात इतनी बार दोहराई गई है कि यह एक पुरानी घिसी-पिटी कहावत बन गई है, लेकिन इस बार यह सच है। आपके पास नाखुश और साधारण बने रहने के लिए पर्याप्त समय नहीं है। यह ना केवल निरर्थक है, बल्कि कष्टदायक भी है।''

– सेठ गोडिन

''आपका अतीत आपकी क्षमता नहीं है। किसी भी क्षण, आप अपने भविष्य को मुक्त करने का निर्णय ले सकते हैं।''

– मेरिलिन फ़र्ग्यूसन

क्यों जब कोई बच्चा जन्म लेता है, तो हम अक्सर उसे ''जीवन का चमत्कार'' कहते हैं और उसकी संभावनाओं को असीमित मानते हैं, लेकिन फिर अपनी ही ज़िंदगी में औसत दर्ज़े को स्वीकार कर लेते हैं? रास्ते में कहाँ हम उस चमत्कार को भूल जाते हैं, जिसे हम जी रहे हैं?

जब आप पैदा हुए थे, तो हर कोई आपको यह भरोसा दिलाता था कि आप जो चाहें कर सकते हैं, जो चाहें पा सकते हैं, और जो चाहें बन सकते हैं। लेकिन अब, जब आप बड़े हो चुके हैं, तो क्या आप सच में वही सब कर रहे हैं, वही पा रहे हैं और बन रहे हैं, जो आप हमेशा से चाहते थे? या फिर किसी मोड़ पर, आपने ''कुछ भी और सब कुछ'' की परिभाषा को घटाकर सिर्फ़ ''जो मिल जाए, उसी में संतुष्ट होने'' तक सीमित कर दिया?

मैंने एक बार एक चौंकाने वाला आंकड़ा पढ़ा : औसत अमेरिकी व्यक्ति 20 पाउंड से अधिक वज़नदार है, 10,000 डॉलर से अधिक के क़र्ज़ में डूबा है, अकेला महसूस करता है, अपने काम से असंतुष्ट है, और उसके एक से भी कम क़रीबी दोस्त हैं। मैं यह जानने से ख़ुद को रोक नहीं पाया कि यह इतने सारे लोगों के लिए वास्तविकता क्यों बन जाती है। और, सबसे महत्त्वपूर्ण बात यह है कि हम इसके बारे में क्या कर सकते हैं, ताकि हम इस आंकड़े को पूरी तरह से नकार सकें?

2020 में, कोविड-19 महामारी ने हम सभी की ज़िंदगी उलट-पलट कर रख दी। कई लोगों के लिए, इसके कारण मानसिक स्वास्थ्य समस्याएँ पहले से भी बदतर हो गईं। कुछ ने अपनी आजीविका खो दी और अपने परिवार की देखभाल करने में असमर्थ हो गए। बीते वर्षों में, हमारे भविष्य को लेकर अनिश्चितता अपने चरम पर पहुँच गई है। समस्या यह है कि जब हम उन चीज़ों पर ध्यान केंद्रित करते हैं, जो हमारे नियंत्रण से बाहर हैं, इसलिए हमें ख़ुद पर भी नियंत्रण महसूस नहीं होता, जिससे तनाव, भय, चिंता और यहाँ तक कि अवसाद भी हो सकता है।

दिन की शुरुआत और अंत में, केवल एक ही चीज़ है, जिस पर हमारा पूरा नियंत्रण होता है–हम स्वयं। हम क्या करते हैं, क्या बनते हैं, और

दूसरों के समक्ष ख़ुद को कैसे प्रस्तुत करते हैं–यह सब हमारे अपने नियंत्रण में होता है। मेरा मानना है कि हमें हर दिन अपने सर्वश्रेष्ठ रूप में ढलने और अपनी मनचाही ज़िंदगी बनाने पर ध्यान केंद्रित करना चाहिए।

और आप? क्या आप अपना समय अपनी असीमित संभावनाओं को पूरा करने और उस स्तर की सफलता को पाने में लगा रहे हैं, जिसे आप वास्तव में चाहते और जिसके आप हक़दार हैं–अपने जीवन के हर क्षेत्र में?

या फिर आपके जीवन के कुछ पहलू ऐसे हैं, जहाँ आप अपनी वास्तविक इच्छाओं से कम पर समझौता कर रहे हैं, क्योंकि आप रोज़मर्रा की ज़िम्मेदारियों से दबे हुए हैं, चीज़ों को अलग तरीक़े से करने से डरते हैं, आर्थिक सुरक्षा की ज़रूरत महसूस करते हैं, या फिर यह नहीं जानते कि बड़े और स्थायी बदलाव कैसे किए जाएँ? क्या आप अपनी वास्तविक क्षमता से कम पर संतुष्ट हो रहे हैं और फिर यह तर्क देकर ख़ुद को समझा रहे हैं कि ऐसा करना सही है? या फिर आप समझौता करना छोड़ने और एक ऐसी ज़िंदगी बनाने के लिए तैयार हैं, जो इतनी संतोषजनक हो कि आप हर सुबह उत्साह के साथ जागने और उसे जीने के लिए बेताब रहें?

लेवल 10 की ज़िंदगी बनाएँ

ओपरा द्वारा कही गई मेरी पसंदीदा बातों में से एक यह है : ''सबसे बड़ा रोमांच जो आप ले सकते हैं, वह है अपने सपनों की ज़िंदगी जीना।'' मैं इससे पूरी तरह सहमत हूँ। दुख की बात यह है कि बहुत कम लोग अपने सपनों की ज़िंदगी जीने के क़रीब भी पहुँच पाते हैं, जिसके कारण यह वाक्य ही एक घिसी-पिटी बात बन चुका है। अधिकांश लोग औसत दर्ज़े के जीवन को ही अपनी नियति मान लेते हैं और जो कुछ भी जीवन उन्हें देता है, उसे चुपचाप स्वीकार कर लेते हैं। यहाँ तक कि वे लोग भी, जो किसी एक क्षेत्र में बहुत सफल होते हैं–जैसे कि बिज़नेस–किसी अन्य क्षेत्र में औसत जीवन जीने पर समझौता कर लेते हैं, जैसे कि स्वास्थ्य या रिश्ते।

इसके बावजूद, इंसान के भीतर स्वाभाविक रूप से यह इच्छा होती है कि उसका जीवन जितना अच्छा हो सकता है, उतना अच्छा हो। हम सभी उतने ही ख़ुश, स्वस्थ, संपन्न और सफल बनना चाहते हैं, जितना

संभव हो। हम अधिकतम प्रेम, स्वतंत्रता और संतुष्टि का अनुभव करना चाहते हैं। अगर हम सफलता और संतोष को 1 से 10 के पैमाने पर मापें, तो यह कहना उचित होगा कि हम सभी अपने जीवन के हर क्षेत्र में लेवल 10 पर जीना चाहेंगे।

समस्या यह है कि बहुत कम लोग हर दिन यह सुनिश्चित करने के लिए समय देते हैं कि वे ''लेवल 10 व्यक्ति'' बनें-वह व्यक्ति जो इस स्तर की ज़िंदगी बनाने और बनाए रखने में सक्षम हो। मेरा मानना है कि दैनिक व्यक्तिगत विकास के प्रति प्रतिबद्धता हमारे लिए, एक व्यक्ति के रूप में और एक समाज के रूप में, सबसे बड़ी संभावना हो सकती है।

जो आप जानने वाले हैं, वह यह है कि इस तरह की 'लेवल 10' सफलता हासिल करना न केवल संभव है, बल्कि आसान भी-यह एक ऐसे दैनिक अभ्यास का परिणाम है, जो आपको हर दिन ख़ुद के 'लेवल 10' संस्करण में विकसित होने के लिए एक उद्देश्यपूर्ण समय देता है। अगर मैं आपसे कहूँ कि यह सब कुछ इस बात से शुरू होता है कि आप सुबह कैसे जागते हैं, और यह कि कुछ छोटे, सरल क़दम हैं, जिन्हें आप आज से ही उठाना शुरू कर सकते हैं, जो आपको वह व्यक्ति बनने में मदद करेंगे, जो आपकी मनचाही और योग्य सफलता को हर क्षेत्र में प्राप्त कर सके और बनाए रख सके-तो क्या आप उत्साहित होंगे? क्या आप मुझ पर विश्वास भी करेंगे? कुछ लोग नहीं करेंगे। कई लोग जीवन से निराश हो चुके हैं-और यह स्वाभाविक भी है। उन्होंने अपनी ज़िंदगी और रिश्तों को बेहतर बनाने के लिए हर संभव कोशिश की है, फिर भी वे वहाँ नहीं पहुँचे हैं, जहाँ वे होना चाहते हैं। मैं समझ सकता हूँ-क्योंकि मैं भी उसी स्थिति में था। लेकिन समय के साथ मैंने कुछ ऐसी चीज़ें सीखी, जिन्होंने सब कुछ बदल दिया। अब मैं आपको अपना हाथ बढ़ाकर ज़िंदगी के उस पक्ष की ओर आमंत्रित कर रहा हूँ, जहाँ ना केवल जीवन बेहतर है, बल्कि अविश्वसनीय रूप से असाधारण भी-कुछ ऐसा, जैसा आपने सिर्फ़ कल्पना में देखा होगा।

यह पुस्तक तीन मूलभूत सत्यों पर आधारित है

1. आप इस धरती के किसी भी व्यक्ति की तरह असाधारण स्वास्थ्य, संपत्ति, ख़ुशी, प्रेम और सफलता को पाने और बनाए

रखने के उतने ही योग्य, हक़दार और सक्षम हैं। यह ना केवल आपकी ज़िंदगी की गुणवत्ता के लिए आवश्यक है, बल्कि उन सभी लोगों के लिए भी–आपका परिवार, दोस्त, ग्राहक, सहकर्मी, बच्चे, समुदाय, और हर वह व्यक्ति जिसकी ज़िंदगी पर आप प्रभाव डालते हैं–कि आप इस सच्चाई के अनुरूप जीना शुरू करें।

2. अपने जीवन के किसी भी क्षेत्र में अपेक्षाओं से कम पर समझौता करना बंद करने और व्यक्तिगत, पेशेवर और आर्थिक रूप से वह सफलता पाने के लिए, जिसकी आप वास्तव में चाह रखते हैं, सबसे पहले आपको हर दिन स्वयं को विकसित करने के लिए समय देना होगा–ऐसा व्यक्ति बनने के लिए, जो लगातार उस स्तर की सफलता हासिल करने और बनाए रखने में सक्षम हो।
3. आप हर दिन सुबह कैसे जागते हैं और अपनी सुबह की दिनचर्या (या उसकी कमी) को कैसे अपनाते हैं, यह बेहद महत्त्वपूर्ण है, क्योंकि यह आपके पूरे दिन के लिए आपकी मनोदशा, संदर्भ और दिशा निर्धारित करता है। संगठित, उत्पादक और सफल सुबह आपको संगठित, उत्पादक और सफल दिनों की ओर ले जाती है, जो अंततः एक असाधारण जीवन का निर्माण करती है। लेकिन इसका उल्टा भी सच है– असंगठित, गैर–उत्पादक और साधारण सुबह आपको असंगठित, गैर–उत्पादक और साधारण दिनों की ओर धकेलती है, जिसके परिणामस्वरूप अपूर्ण संभावनाएँ और एक निरंतर संघर्षपूर्ण जीवन बन जाता है।

लेकिन हैल, मैं तो "सुबह जल्दी उठने वाला व्यक्ति" नहीं हूँ

क्या आपने पहले ही सुबह जल्दी उठने की कोशिश की है, और असफल रहे हैं? आप कहते हैं, "मैं सुबह का इंसान नहीं हूँ," या फिर, "मैं रात का उल्लू हूँ," "दिन में समय ही नहीं मिलता," या "मुझे कम नहीं, बल्कि *ज़्यादा* नींद चाहिए!"

यह सब मेरे लिए भी सच था, जब तक मैंने द मिरेकल मॉर्निंग की रचना नहीं की थी। वास्तव में, यह अधिकांश लोगों के लिए सच है। मैंने वैश्विक मिरेकल मॉर्निंग कम्युनिटी के सैकड़ों हज़ारों सदस्यों का लगातार सर्वे किया है, और मैंने हमेशा यह सवाल पूछा : *क्या आप मिरेकल मॉर्निंग किताब पढ़ने से पहले सुबह जल्दी उठने वाले इंसान थे?* नियमित रूप से, हमारे जल्दी उठने वाले समुदाय के 70 से 75 प्रतिशत सदस्य पुष्टि करते हैं कि वे किताब पढ़ने से पहले सुबह के इंसान नहीं थे। उनमें से अधिकांश ख़ुद को रात का उल्लू मानते थे। तो यह एक तरह से ''क्लब में स्वागत है'' जैसा मामला है। आपके पिछले अनुभवों की परवाह किए बिना, भले ही आपको अपनी पूरी ज़िंदगी सुबह जल्दी उठने और दिन की शुरुआत करने में मुश्किल हुई हो, अब चीज़ें बदलने वाली हैं।

मिरेकल मॉर्निंग ना केवल सरल है, बल्कि बेहद मनोरंजक भी है, और यह कुछ ऐसा है, जिसे आप जल्दी ही आसानी से कर पाएँगे और अपनी पूरी ज़िंदगी भर कर सकेंगे।

और, जबकि आप जब चाहें तब सो सकते हैं, आपको यह जानकर हैरानी हो सकती है कि अब आपको ऐसा करने की इच्छा नहीं होगी। मैं आपको नहीं बता सकता कि कितने लोगों ने मुझे बताया कि वे अब सुबह जल्दी उठते हैं-यहाँ तक कि सप्ताहांत पर भी-सिर्फ़ इसलिए, क्योंकि उन्हें अच्छा महसूस होता है और वे जब ऐसा करते हैं, तो ज़्यादा काम भी करते हैं। सोचिए, यह कितना अद्भुत होगा।

आगामी अध्यायों में, मैं आपको लाइफ़ सेवर्स (S.A.V.E.R.S.) से परिचित कराऊँगा, जो आपके मिरेकल मॉर्निंग का इंजन है। यह सरल, यादगार संक्षिप्त रूप छह सबसे प्रभावी, शाश्वत और प्रमाणित व्यक्तिगत विकास की आदतों से बना है। इन छह आदतों को लागू करने के बाद, आप यह चुनने में सक्षम होंगे कि किसे बनाए रखना है और किस क्रम में इनका उपयोग करना है ताकि आप अपने अनुकूल मिरेकल मॉर्निंग बना सकें।

चूँकि मिरेकल मॉर्निंग को व्यक्ति के अनुकूल बनाया जा सकता है, यह किसी भी व्यक्ति की जीवनशैली के साथ काम करता है। भले ही आपकी समय सारणी असामान्य हो या आपकी ज़िंदगी में अप्रत्याशित माँगें हों, जैसे कि नवजात बच्चा जो आपको रात में बीच में जगा देता है

या एक नौकरी जो अनियमित घंटों में काम करने की माँग करती है, आप अपनी मिरेकल मॉर्निंग को अपनी समय सारणी के अनुसार ढाल सकते हैं। मैं आपको इसे ''अध्याय 8 : अपनी मिरेकल मॉर्निंग को अनुकूलित करना'' में सिखाऊँगा।

आप अपने जागने का समय भी चुनने में सक्षम होंगे। इसके लिए कोई विशिष्ट समय की आवश्यकता नहीं है। बल्कि आदर्श जागने का समय वही है, जो आपकी समय सारणी के अनुसार सबसे उपयुक्त हो। मुख्य बात यह है कि आप अपने दिन के पहले 6 से 60 मिनट को अपनी मिरेकल मॉर्निंग दिनचर्या को समर्पित करें ताकि *आप* अपनी लेवल 10 ज़िंदगी को बनाने की क्षमता विकसित कर सकें, चाहे आप इसे जैसे भी परिभाषित करें।

यहाँ कुछ सामान्य लाभ हैं, जिन्हें लोग जीवन के कुछ महत्त्वपूर्ण क्षेत्रों में अनुभव करते हैं, जिन्हें मैं आपको इस पुस्तक के माध्यम से पढ़ते समय ध्यान में रखने के लिए प्रेरित करना चाहता हूँ। जितना अधिक आप इन लाभों के प्रति जागरूक और सचेत होंगे, उतनी ही अधिक संभावना है कि आप इन्हें अनुभव करेंगे।

- **ख़ुशी :** हर सुबह जो समय आप एकांत में बिताते हैं, वह इस जागरूकता को बढ़ाता है कि आपकी ख़ुशी बाहरी ताक़तों पर निर्भर नहीं है (जब तक कि आप इसे ऐसा होने ना दें)। ख़ुशी आपके चुने हुए दृष्टिकोण पर निर्भर करती है, जैसा कि मैंने परिचय में बताया। इसलिए, आप हर दिन ख़ुश होने का चयन कर सकते हैं, चाहे आपकी वर्तमान परिस्थितियाँ कितनी भी कठिन क्यों ना हों।
- **स्वास्थ्य :** जीवन के जिन क्षेत्रों पर आप अपने S.A.V.E.R.S. को ध्यान केंद्रित करेंगे, वहीं आप सुधार देखेंगे। तो, अगर आप अपने स्वास्थ्य या फिटनेस को सुधारने, वज़न घटाने, या ऊर्जा बढ़ाने पर ध्यान केंद्रित करते हैं, तो यही अनुभव करेंगे। मैंने अपनी मिरेकल मॉर्निंग का उपयोग करके एक दुर्लभ प्रकार के कैंसर को हराया, और दूसरों ने इसका उपयोग वज़न घटाने, मैराथन दौड़ने, अन्य स्वास्थ्य चुनौतियों को पार करने, और अपने स्वास्थ्य को अनुकूलित करने के लिए किया है।

- **रिश्ते :** मिरेकल मॉर्निंग ने अनगिनत रिश्तों में सुधार किया है और यहाँ तक कि उन जोड़ों के विवाहों को बचाया है, जो तलाक़ की क़गार पर थे। जब हम यह सुनिश्चित करने के लिए अधिक सचेत होते हैं कि हम कौन बन रहे हैं और हम दूसरों के लिए कैसे प्रतिबद्ध हैं, तो हम अपने रिश्तों को बदलने की शक्ति प्राप्त करते हैं।
- **वित्त :** जैसा कि आप अगले अध्याय में सीखेंगे, मिरेकल मॉर्निंग ने मुझे दिवालियापन से बचने और दशकों में सबसे बड़े आर्थिक मंदी के दौर में अपनी आय को दोगुना करने में मदद की। अपने S.A.V.E.R.S. को अपनी आय बढ़ाने पर ध्यान केंद्रित करके, आप भी वही कर पाएँगे।
- **उत्पादकता :** हर दिन की शुरुआत एक उच्च शारीरिक, मानसिक, भावनात्मक और आध्यात्मिक स्थिति में करने से आपकी उत्पादकता बढ़ती है और आप अपनी प्रमुख प्राथमिकताओं पर केंद्रित रह पाते हैं। यह एक और तरीक़ा है, जिससे आपकी मिरेकल मॉर्निंग आपको अपना जीवन बदलने में मदद करेगी, क्योंकि यह आपको अधिक उत्पादक बना देती है ताकि आप उन बदलावों को कर सकें।
- **नेतृत्व :** जैसे-जैसे आप अपनी जागरूकता को बढ़ाते हैं और स्वयं का बेहतर संस्करण बनते हैं, अपने जीवन में महत्त्वपूर्ण सुधार करते हैं, आप स्वाभाविक रूप से अपने आस-पास के लोगों को प्रेरित करते हैं और उन्हें यह दिखाते हैं कि क्या संभव है। आप ना केवल उदाहरण द्वारा नेतृत्व करते हैं, बल्कि आप दूसरों की मदद करने में भी अधिक सक्षम हो जाते हैं ताकि वे आपका अनुसरण कर सकें।
- **आत्मविश्वास :** जब आपको अहसास होता है कि हर दिन आप स्वयं को कैसे प्रस्तुत करते हैं, यह आपके नियंत्रण में है–और वास्तव में, यही कुछ गिनी-चुनी चीज़ों में से एक है, जो आपके नियंत्रण में हैं–और जब आप अपना सर्वश्रेष्ठ देने लगते हैं, तो आपका आत्मविश्वास बढ़ता है।

मैं समझ सकता हूँ कि ये दावे काफ़ी साहसिक हैं, और इस लाभों की सूची बहुत ज़्यादा ही आशाजनक प्रतीत होती है–कुछ बहुत अच्छा, जो सच होने के लिए थोड़ा असंभव लगता है, है ना? लेकिन मैं आपको आश्वस्त करता हूँ, यहाँ कोई अतिशयोक्ति नहीं है। मिरेकल मॉर्निंग आपको हर दिन बिना किसी रुकावट के समय देगी ताकि आप सीख सकें, बढ़ सकें, और उस व्यक्ति में बदल सकें जिसे आपको अपने सबसे महत्त्वपूर्ण लक्ष्यों और सपनों (विशेषकर जिन्हें आपने टाला है) को प्राप्त करने के लिए बनना है।

चाहे आप अब ख़ुद को सुबह का इंसान मानते हों या नहीं, आप अब यह सीखने वाले हैं कि हर दिन सुबह उठने को कैसे पहले से कहीं अधिक आसान और सुखद बनाया जा सकता है। फिर, जल्दी उठने और असाधारण सफलता के बीच के अविस्मरणीय संबंध का लाभ उठाते हुए, आप पाएँगे कि आपके दिन की शुरुआत कैसे होती है, यह आपकी पूरी क्षमता को उजागर करने और किसी भी क्षेत्र में आप जो सफलता चाहते हैं उसे स्थापित करने की कुंजी बन जाती है। आप जल्दी ही देखेंगे कि जब आप सुबह उठने का तरीक़ा बदलते हैं, तो आप अपना पूरा जीवन बदल सकते हैं।

2

मिरेकल मॉर्निंग की उत्पत्ति

जिसका जन्म निराशा के कारण हुआ

''निराशा ही है, जो बड़े बदलाव का कच्चा माल है। केवल वे लोग ही निराशा से बचने की उम्मीद कर सकते हैं, जो अपने अब तक के हर विश्वास को पीछे छोड़ने का साहस रखते हैं।''

–विलियम एस. बरोज़

''अपने जीवन में गहरे बदलाव लाने के लिए, आपको या तो प्रेरणा की आवश्यकता होती है या फिर निराशा की।''

–टोनी रॉबिंस

हम जितना चाहते हैं कि जीवन आसान और आनंददायक हो, विकास के हमारे सबसे बड़े अवसर अक्सर दुर्भाग्य के पीछे छिपे होते हैं। यह उन परिस्थितियों के दूसरे पहलू हैं, जो पहली नज़र में दुष्कर दिखती हैं, और निराशा की गहराइयों से उठकर, हम अपने बेहतर संस्करण के रूप में उभरते हैं।

मैं भाग्यशाली रहा हूँ कि मैंने अपनी अपेक्षाकृत छोटी सी ज़िंदगी में दो बार वह स्थिति महसूस की, जिसे आप ''रॉक बॉटम'' कह सकते हैं। मैं इसे भाग्यशाली कहता हूँ, क्योंकि यही वह आविर्भाव था, जो मैंने अपने जीवन के सबसे कठिन समय में अनुभव किया और जो पाठ मैंने सीखा, उसी ने मुझे वह व्यक्ति बनने में सक्षम बनाया, जो मुझे वह जीवन बनाने के लिए बनना था, जो मैंने हमेशा चाहा था। मैं आभारी हूँ कि मैं ना केवल अपनी सफलताओं, बल्कि अपनी विफलताओं का उपयोग भी कर सकता हूं, ताकि दूसरों को उनकी अपनी सीमाओं को पार करने और उस सफलता को प्राप्त करने में मदद कर सकूँ, जिसे वे कभी संभव नहीं मानते थे। मिरेकल मॉर्निंग की समझ मुझे तब नहीं आई, जब मैं समुद्र तट पर आराम कर रहा था और मिमोसा पी रहा था (यह निश्चित रूप से कहीं अधिक आसान और सुखद होता)। इसके बजाय, यह असली निराशा से उत्पन्न हुई, जब मैं अपने जीवन के सबसे निचले बिंदु पर था। शायद यही कारण है कि यह लाखों पाठकों के साथ इतनी गहरी और शक्तिशाली तरीक़े से जुड़ी है।

मेरा पहला रॉक बॉटम : घटना स्थल पर मौत से सामना

मैं अपने पहले रॉक बॉटम को उस समय मानता हूँ, जब मुझे एक नशे में धुत ड्राइवर ने टक्कर मारी थी, जिसका जिक्र मैंने प्रस्तावना में किया था। जब मैं कोमा से जागा, तो मुझे एक ऐसी कठोर वास्तविकता का सामना करना पड़ा, जिसकी मैंने कभी कल्पना भी नहीं की थी, और उस समय मुझे लोगों से अपार प्रेम, समर्थन और प्रोत्साहन मिला। अस्पताल में, कोई न कोई हमेशा मेरी देखभाल करने के लिए वहाँ था। मैं हमेशा अपने प्रियजनों से घिरा रहता था, क्योंकि परिवार के लोग और दोस्त रोज़ मुझसे मिलने आते

थे। मेरे पास एक शानदार डॉक्टर और नर्सों की टीम थी, जो मेरी देखभाल और स्वास्थ्य लाभ की हर क़दम पर निगरानी कर रही थी।

मुझे काम और बिलों की चिंता नहीं थी। मेरी एकमात्र ज़िम्मेदारी थी ठीक होना, और उसमें भी मुझे मदद मिल रही थी। हालाँकि मेरी स्वस्थ होने की प्रक्रिया दर्दनाक थी और निश्चित रूप से इसकी अपनी चुनौतियाँ थीं, मैं पूरी तरह से समर्थित महसूस करता था और अस्पताल में जीवन अपेक्षाकृत आसान था।

मेरा दूसरा रॉक बॉटम : क़र्ज़ और गहरे अवसाद में डूबना

मेरा दूसरा रॉक बॉटम 2008 में, महान मंदी के चरम पर हुआ था। अर्थव्यवस्था गिर चुकी थी, और मैं भी इसके साथ गिर गया था। लाखों अमेरिकियों की तरह, मैं व्यक्तिगत वित्तीय संकट का सामना कर रहा था। एक ही रात में, मेरा छोटा सा सफल व्यवसाय अब लाभकारी नहीं रहा था। मेरे ग्राहक मंदी के प्रभावों से जूझ रहे थे और मुझे कोचिंग के लिए भुगतान नहीं कर पा रहे थे। कुछ महीनों के भीतर, मेरी आय आधी से भी कम हो गई थी। अचानक, मैं अपने बिलों का भुगतान करने में असमर्थ हो गया और क्रेडिट कार्ड पर जीने लगा। मैंने हाल ही में अपना पहला घर ख़रीदा था और अब मैं लोन की किस्तों का भुगतान नहीं कर पा रहा था। मैं शादी के लिए सगाई कर चुका था, और हम अपने पहले बच्चे की योजना बना रहे थे। क़र्ज़ और लोन के किस्तें समय पर ना चुका पाने के कारण, मैं अपनी ज़िंदगी में पहली बार गहरे अवसाद में चला गया। मैंने मानसिक, भावनात्मक, और वित्तीय तबाही का पूरी तरह से अनुभव किया।

क़र्ज़ मौत से भी बदतर क्यों था

अगर आप मुझसे पूछें कि मेरे लिए कौन सा अनुभव अधिक कठिन था–मेरा कार एक्सीडेंट या मेरा वित्तीय संकट–तो मैं बिना झिझक कहूँगा कि दूसरा वाला, और वह भी बहुत अधिक। अधिकांश लोग शायद यह मानेंगे कि

एक नशे में धुत ड्राइवर द्वारा सामने से टक्कर मारना, 11 हड्डियों का टूटना, स्थायी मस्तिष्क क्षति झेलना, और कोमा से जागने के बाद यह सुनना कि मैं शायद फिर कभी चल नहीं पाऊँगा-यह सब साधारण वित्तीय समस्याओं की तुलना में कहीं अधिक कठिन होगा। यह एक उचित धारणा हो सकती है। हालाँकि, मेरे लिए ऐसा नहीं था।

अपने बिल ना चुका पाना, अपने व्यवसाय को विफल होते देखना, क़र्ज़ में डूबते जाना, और अपने घर को बैंक द्वारा ज़ब्त होते देखना-ये सभी अनुभव मेरे लिए नए थे, और मैं मानसिक या भावनात्मक रूप से इनके लिए तैयार नहीं था।

मेरे कार एक्सीडेंट के बाद जो भरपूर प्यार और सहारा मुझे मिला था, वह यहाँ कहीं नहीं था। किसी को मेरे लिए अफ़सोस नहीं था। कोई मुझसे मिलने नहीं आया। मेरी देखभाल और पुनर्वास का ध्यान रखने वाला कोई नहीं था। मैं पूरी तरह अकेला था। हर कोई अपनी-अपनी परेशानियों में उलझा हुआ था।

अकेलापन इस समय को और भी कठिन बना रहा था। हाँ, उर्सुला का भावनात्मक सहारा था, और उसने मेरा उत्साह बढ़ाने की पूरी कोशिश की, लेकिन वह मेरे वित्तीय संकट का हल नहीं निकाल सकती थी। वह ना तो अर्थव्यवस्था को ठीक कर सकती थी और ना ही मेरे व्यवसाय को बचा सकती थी। हर दिन एक संघर्ष बन गया था। हर समय डर और अनिश्चितता से घिरा हुआ, मुझे केवल रात में अपने बिस्तर में सुकून मिलता था। यह अस्थायी राहत थी, जहाँ मैं सात-आठ घंटे के लिए अपनी समस्याओं से बच सकता था। लेकिन, ज़ाहिर है, सुबह होते ही मेरी सारी समस्याएँ मेरा इंतज़ार कर रही होती थीं।

मैंने कभी ख़ुद को इतना असहाय महसूस नहीं किया था, और आत्महत्या का विचार हर दिन मेरे मन में घूमता रहता था। मैं सोचता कि इसे ऐसे कैसे किया जाए, जिससे मेरे अपनों को कम से कम दर्द हो। अब जब मैं पीछे मुड़कर देखता हूँ, तो यह एक चरम प्रतिक्रिया लगती है, लेकिन उस समय, मैं ख़ुद को पूरी तरह असहाय और डरा हुआ महसूस कर रहा था। मैं किसी भी तरह उस भावनात्मक दर्द को ख़त्म करना चाहता था, जिससे मैं गुजर रहा था। हालाँकि, यह सोचकर कि मेरी मौत मेरे माता-

पिता को कितना तोड़कर रख देगी, मैंने ख़ुद को सँभाला और आगे बढ़ने का फ़ैसला किया।

मेरे भीतर कहीं न कहीं हमेशा यह विश्वास था कि चाहे हालात कितने भी बुरे क्यों ना हो जाएँ, उन्हें बदलने का कोई न कोई तरीक़ा ज़रूर होता है। लेकिन फिर भी, वे नकारात्मक विचार और भावनाएँ मेरे भीतर बनी रहीं। मुझे अपने वित्तीय संकट से निकलने का कोई रास्ता नहीं दिख रहा था, और यह अहसास कि मैं कुछ भी करने में असमर्थ हूँ, मुझे सबसे ज़्यादा तकलीफ़ दे रहा था।

वह दौड़ जिसने मेरी ज़िंदगी बदल दी

अपनी समस्याओं का बोझ किसी और पर ना डालने की इच्छा से, और शायद इस बात से थोड़ा शर्मिंदा भी होने की वजह से कि मैं अपनी ज़िम्मेदारियाँ सँभाल नहीं पा रहा था, मैंने यह सब अपने तक ही रखा। लेकिन फिर, उर्सुला ने सुझाव दिया कि अब समय आ गया है कि मैं अपना अहंकार छोड़कर किसी दोस्त से मदद माँगूँ।

मैंने अपने पुराने दोस्त जॉन बर्गहॉफ को फ़ोन किया, जो व्यवसाय में बेहद सफल थे और अपनी उम्र से कहीं अधिक समझदार माने जाते थे। जब मैंने आख़िरकार स्वीकार किया कि मैं कितनी बुरी अवस्था में संघर्ष कर रहा हूँ, तो मुझे राहत महसूस हुई। मैंने कुछ भी नहीं छिपाया। हालाँकि उन्होंने मेरी स्थिति को लेकर चिंता व्यक्त की, लेकिन उनका पहला सुझाव चौंकाने वाला था। उन्होंने मुझसे पूछा, ''क्या तुम हर दिन एक्सरसाइज़ कर रहे हो?

मैं उनके सवाल से उलझन में था। मैंने जवाब दिया, ''इसका मेरे बिल ना चुका पाने से क्या लेना-देना?''

''बहुत कुछ।''

जॉन ने बताया कि जब भी वह तनावग्रस्त या परेशान होते, तो दौड़ने से ना केवल उन्हें चीज़ें ज़्यादा स्पष्ट दिखने लगती थीं, बल्कि उनका मूड भी बेहतर हो जाता था और समस्याओं के समाधान खोजने में मदद मिलती थी। मैंने तुरंत आपत्ति जताई, ''जॉन, मुझे दौड़ने से नफ़रत है। इसके अलावा और क्या किया जा सकता है?'' बिना रुके उन्होंने जवाब दिया, ''तुम्हें

किससे ज़्यादा नफ़रत है – दौड़ने से... या अपनी मौजूदा स्थिति से?'' आह! करारा जवाब। ठीक है। मैं हताश था। मेरे पास खोने के लिए कुछ नहीं था। तो, मैंने दौड़ने का फ़ैसला किया।

अगली सुबह, मैंने अपने नाइकी एयर जॉर्डन बास्केटबॉल शूज़ पहने (मैं सच में दौड़ने वाला इंसान नहीं था), अपना आई पॉड उठाया ताकि मैं कुछ सकारात्मक सुन सकूँ, जो मेरे सोचने के तरीक़े को सुधार सके, और अपने घर के दरवाज़े से बाहर निकल पड़ा–वही घर जो जल्द ही बैंक के कब्ज़े में जाने वाला था। मुझे अंदाज़ भी नहीं था कि मेरी पहली ही दौड़ के दौरान मैं एक ऐसा कथन सुनने वाला था, जो मेरी पूरी ज़िंदगी की दिशा बदल देगा।

मैं जिम रॉन का एक पर्सनल डेवलपमेंट ऑडियो सुन रहा था। उन्होंने कुछ ऐसा कहा, जो मैंने पहले भी सुना था, लेकिन कभी सही मायने में समझा या अपनाया नहीं था। आपको पता है, कभी-कभी किसी चीज़ को समझने के लिए उसे सही समय पर सुनना पड़ता है? उस सुबह मैं सही मानसिक स्थिति में था–एक हताश अवस्था में–और बात मेरे दिमाग़ में गहराई तक उतर गई।

जब मैंने जिम को पूरे आत्मविश्वास के साथ यह कहते सुना, ''आपकी सफलता का स्तर शायद ही कभी आपके व्यक्तिगत विकास के स्तर से अधिक होगा, क्योंकि सफलता वह चीज़ है, जिसे आप उस व्यक्ति के रूप में आकर्षित करते हैं, जिसमें आप परिवर्तित होते हैं,'' तो मैं वहीं रुक गया।

मैंने ऑडियो को पीछे किया और उस पंक्ति को फिर से सुना : *''आपकी सफलता का स्तर शायद ही कभी आपके व्यक्तिगत विकास के स्तर से अधिक होगा, क्योंकि सफलता वह चीज़ है, जिसे आप उस व्यक्ति के रूप में आकर्षित करते हैं, जिसमें आप परिवर्तित होते हैं।* ऐसा लगा जैसे सच्चाई की एक बड़ी लहर मुझ पर आ गिरी हो। अचानक, मुझे अहसास हुआ कि मैं ख़ुद को उस व्यक्ति में विकसित करने के लिए समय नहीं दे रहा था, जिसकी मुझे अपने जीवन में इच्छित सफलता को आकर्षित करने, उसका निर्माण करने और बनाए रखने के लिए बनने की आवश्यकता थी। अगर 1 से 10 के पैमाने पर देखा जाए, तो मैं लेवल 10 की सफलता

चाहता था, लेकिन मेरा व्यक्तिगत विकास स्तर मुश्किल से 2 था-कभी-कभी 3 या 4, और वह भी अच्छे दिनों में।

अब सारी बात स्पष्ट हो गईं। मेरी समस्याएँ और मेरी निराशा के कारण बाहरी लग रहे थे-एक असफल होता व्यवसाय, बिल भरने के लिए पर्याप्त पैसे ना होना, बैंक द्वारा घर का जब्त होना, आर्थिक मंदी की स्थिति आदि। लेकिन इनका समाधान आंतरिक था। अगर मुझे लेवल 10 का जीवन जीना था, तो पहले मुझे लेवल 10 का व्यक्ति बनना था, जो उस जीवन का निर्माण कर सके।

सालों बाद, मैंने महसूस किया कि यही वह कमी है, जो अधिकतर लोगों के जीवन में होती है। हम सभी चाहते हैं कि हमारे जीवन के हर पहलू-स्वास्थ्य, ख़ुशी, रिश्ते, आध्यात्मिकता, आर्थिक स्थिरता-सब कुछ लेवल 10 पर हो। कोई भी कम में संतुष्ट नहीं होना *चाहता।* लेकिन, बहुत ही कम लोग ऐसे होते हैं, जो नियमित रूप से व्यक्तिगत विकास पर ध्यान देते हैं, जिससे वे लगातार अपने आप को उस व्यक्ति में बदल सकें, जिसे वैसा जीवन बनाने के लिए बनना ज़रूरी है। उस समय, मेरे पास ऐसा कोई अभ्यास नहीं था। लेकिन मुझे अब यह स्पष्ट हो गया था कि मुझे हर दिन अपने व्यक्तिगत विकास के लिए समय समर्पित करना होगा, ताकि मैं अपने सपनों के जीवन को पाने के सक्षम और योग्य बन सकूँ।

लंबे समय बाद पहली बार, मैं उत्साहित और आशान्वित महसूस कर रहा था। मैं तुरंत मुड़ा और अपने घर की ओर दौड़ पड़ा। अब मैं उस व्यक्ति में बदलने के लिए तैयार था, जैसा मुझे अपने जीवन को रूपांतरित करने के लिए बनना था।

पहली चुनौती : समय निकालना

मेरे लिए यह पूरी तरह से स्पष्ट था कि अपने व्यक्तिगत विकास को अपनी दैनिक दिनचर्या में प्राथमिकता देना ही मेरी अधिकतर समस्याओं का समाधान था-वह कड़ी जो मुझे उस व्यक्ति में विकसित होने में मदद करेगी, जैसा बनकर मैं अपना जीवन बदल सकता था। यह विचार सीधा और स्पष्ट था।

हालाँकि मेरी पहली बाधा वही थी, जो किसी और के लिए भी होगी : *समय निकालना।* जितना महत्त्वपूर्ण मुझे यह लगा, उतना ही यह समझ नहीं आ रहा था कि अपनी पहले से ही व्यस्त दिनचर्या में एक और काम कैसे जोड़ूँ। मैं पहले से ही पूरे दिन की भागदौड़ और तनाव से जूझ रहा था, ऐसे में अपने व्यक्तिगत विकास के लिए ''अतिरिक्त'' समय निकालने का विचार मुझे और अधिक बोझिल लग रहा था। शायद आप भी इससे जुड़ा हुआ महसूस कर सकते हैं?

इससे मुझे मैथ्यू केली की किताब द *रिदम ऑफ़ लाइफ़* में पढ़ी एक बात याद आई : एक तरफ़ हम सभी ख़ुश रहना चाहते हैं। दूसरी तरफ़, हम सभी जानते हैं कि कौन-सी चीजें हमें ख़ुश करती हैं। लेकिन हम वे चीज़ें नहीं करते। क्यों? सीधा जवाब है-हम बहुत व्यस्त हैं। लेकिन किसमें? ''हम ख़ुश रहने की कोशिश में बहुत व्यस्त हैं।''

मैंने अपना प्लानर उठाया, सोफ़े पर बैठा, और इस बात का दृढ़ निश्चय किया कि मैं समय निकालूँगा-बल्कि समय बनाऊँगा-ताकि मैं अपने जीवन में दैनिक व्यक्तिगत विकास की एक नई आदत शामिल कर सकूँ। मैंने अपने विकल्पों पर विचार करना शुरू किया।

शायद शाम को?

मेरा पहला विचार था कि मैं शाम को, या तो काम के तुरंत बाद या फिर देर रात उर्सुला के सोने के बाद, समय निकाल सकता हूँ। लेकिन जल्दी ही मुझे अहसास हुआ कि शाम का समय हमारे सप्ताह भर के व्यस्त कार्यक्रम में एकमात्र समय था, जो हम साथ बिताते थे। इसके अलावा, पूरे दिन के काम के बाद मैं मानसिक और शारीरिक रूप से थका हुआ रहता था। मैं बस थोड़ा आराम करना चाहता था। उस समय मैं मुश्किल से ठीक से सोच पाता था, व्यक्तिगत विकास में संलग्न होने के लिए तो बिलकुल भी उपयुक्त स्थिति में नहीं रहता था। इसलिए, शाम का समय प्रभावी नहीं रहेगा।

शायद दोपहर में?

इसके बाद मैंने दोपहर का समय पर विचार किया। शायद मैं इसे दिन के बीच में, अपने लंच ब्रेक के दौरान, या फिर अपनी अंतहीन टु-डू लिस्ट

के बीच कहीं फ़िट कर सकता था। लेकिन यह भी व्यावहारिक नहीं लगा। दोपहर के समय के आसपास पहले से ही इतनी चीज़ें चल रही होती थीं कि इसे मेरे कार्यक्रम में समायोजित करना संभव नहीं था। इसलिए, दोपहर का समय भी सही विकल्प नहीं था।

अरे यार, सुबह तो नहीं!

आख़िरकार, मैंने सुबह का समय सोचा। तुरंत ही मैंने इसका विरोध किया। ये कहना कि मैं सुबह का व्यक्ति नहीं था, कम बयानी होगा। मैंने हमेशा जल्दी उठने के विचार का विरोध किया था। यह कुछ ऐसा था, जिसे मैं उतना ही नापसंद करता था, जितना कि मैं दौड़ने को नापसंद करता था। आप मुझे सिर्फ़ दौड़ने के मक़सद से दौड़ते हुए कभी नहीं देख पाते, ठीक उसी तरह जैसे आप मुझे सुबह जल्दी उठते हुए कभी नहीं देख पाते, सिवाय इसके कि जब मुझे कहीं ज़रूरी जाना हो। लेकिन जितना ज़्यादा मैंने इसके बारे में सोचा, उतनी ही ज़्यादा कुछ बातें समझ में आने लगीं, जिन्हें नज़रअंदाज़ करना मुश्किल हो रहा था।

मुझे लगा कि अगर मैं हर दिन एक व्यक्तिगत विकास प्रक्रिया से शुरुआत करूँ, तो शायद पूरे दिन के लिए मेरी मानसिक स्थिति बहुत बेहतर होगी। मुझे याद आया कि मैंने StevePavlina.com पर एक ब्लॉग पोस्ट पढ़ी थी, जिसका नाम था ''द रडर ऑफ़ द डे'' (दिन की पतवार)। स्टीव ने सुबह की तुलना एक जहाज की पतवार से की थी : ''अगर मैं जागने के बाद पहले घंटे में आलसी या बिना उद्देश्य के काम करता हूँ, तो मेरा दिन भी काफ़ी आलसी और अस्थिर होता है। लेकिन अगर मैं उस पहले घंटे को अधिकतम उत्पादक बनाने की कोशिश करता हूँ, तो बाक़ी दिन भी उसी तरह से अच्छा गुज़रता है।''

दूसरी बात, अगर मैंने अपनी व्यक्तिगत विकास की गतिविधियों को सुबह सबसे पहले किया, तो मैं दिन भर में पैदा होने वाले सारे बहानों से बच सकता था (*मैं बहुत थक गया हूँ, मेरे पास समय नहीं है, मैं कल करूँगा,* आदि)।

सुबह समय निकालकर, जब बाक़ी जिंदगी और काम बाधा नहीं डाल रहे होते, मैं यह लगभग सुनिश्चित कर सकता था कि यह हर दिन होगा।

सुबह का समय स्पष्ट रूप से सबसे अच्छा विकल्प था। लेकिन हर दिन सुबह 6 बजे ख़ुद को बिस्तर से उठाना पहले ही काफ़ी मुश्किल था, तो एक घंटे पहले उठने का विचार मेरे लिए लगभग असंभव जैसा था। मैं अपना डेली प्लैनर बंद करने और पूरे विचार को भूलने ही वाला था कि तभी मेरे एक मेंटर, केविन ब्रेसी की स्पष्ट आवाज़ मेरे दिमाग़ में गूँज उठी : ''अगर तुम चाहते हो कि तुम्हारी ज़िंदगी अलग हो, तो तुम्हें पहले कुछ अलग करने के लिए तैयार होना होगा!

धत्त तेरी की। मुझे पता था कि केविन सही थे। अब समय आ गया था यह देखने का कि क्या मैं अपने जीवन भर के, हालाँकि स्वयं के द्वारा बनाए गए, अपने को सीमित करने वाले विश्वास को तोड़ सकता हूँ कि मैं ''सुबह का व्यक्ति'' नहीं हूँ। मैंने अगली सुबह अपनी सूची में ''व्यक्तिगत विकास'' को 5 बजे के समय में दर्ज़ किया।

दूसरी चुनौती : जो सबसे प्रभावी हो, वही करना

फिर मुझे एक और चुनौती का सामना करना पड़ा : उस एक घंटे में, मैं ऐसा क्या कर सकता था, जो सबसे बड़ा प्रभाव डाले और मेरी ज़िंदगी को सबसे तेज़ी से सुधार सके? मुझे यह समझना था कि उच्चतम स्तर पर सफल लोग अपने व्यक्तिगत विकास के लिए क्या करते हैं और फिर उसी का पालन करना था। मैं यह पता लगाना चाहता था कि सबसे प्रभावी अभ्यास और विधियाँ कौन सी हैं ताकि मैं अपने समय का अधिकतम लाभ उठा सकूँ।

मैंने अपना कंप्यूटर उठाया और ''सर्वश्रेष्ठ व्यक्तिगत विकास अभ्यास'' और ''दुनिया के सबसे सफल लोग व्यक्तिगत विकास के लिए क्या करते हैं?'' जैसे वाक्य गूगल किए। मैंने एक खाली काग़ज़ निकाला और जो मैंने पाया, उसे लिखने लगा। मुझे जो मिला वह सभी शाश्वत आचरण थे। इनमें से कोई भी नया नहीं था। शुरुआत में, मैं निराश हो गया। मुझे समाज द्वारा हमेशा ''नया'' खोजने के लिए तैयार किया गया था। हम सभी को विपणनकर्ताओं ने यह सिखाया है कि सबसे नए आई फ़ोन, हमारे पसंदीदा शो का नया सीजन, और हमारी समस्याओं के नवीनतम, अत्याधुनिक, पहले कभी ना देखे गए समाधान कितने महत्त्वपूर्ण होते हैं। साथ ही, हमें यह

सिखाया जाता है कि शाश्वत, प्रमाणित और प्रभावी चीज़ों को कम करके आँका जाए, जिन्हें हम ग़लती से पुराना और अप्रचलित मान लेते हैं। जो मैंने खोजा, वह गतिविधियाँ सिर्फ़ पुरानी नहीं थीं, बल्कि वे हज़ारों सालों से *अस्तित्व में थीं। आख़िरकार, मेरे पास छह अभ्यासों की एक सूची बन गई : मेडिटेशन (ध्यान), अफ़र्मेशन (सकारात्मक पुष्टीकरण), विज़ुअलाइज़ेशन (मानसिक अभ्यास), एक्ससाइज़ (व्यायाम), रीडिंग (पढ़ना)* और *जर्नलिंग (डायरी लिखना)।*

मुझे यह अहसास हुआ कि इन सभी अभ्यासों में जो समान बात थी वह यह थी कि दुनिया के सबसे सफल लोग, जो हर क्षेत्र से आते हैं, ने इनमें से एक या अधिक को अपनी सफलता के लिए आवश्यक बताया है। इनमें से प्रत्येक अभ्यास समय पर परखा और जाँचा हुआ था। मुझे यह भी अहसास हुआ कि मैं इनमें से कोई भी अभ्यास नियमित रूप से नहीं कर रहा था। लेकिन मुझे कौन सा अभ्यास करना चाहिए? कौन सा सबसे अच्छा था? इनमें से कौन सा अभ्यास मुझे अपनी ज़िंदगी को सबसे तेज़ी से बदलने में मदद करेगा?

तभी मुझे एक विचार आया : *क्या होगा अगर मैं कल सुबह एक घंटा पहले उठूँ और इन सभी छह अभ्यासों को करूँ?* मैंने सोचा। यह तो एक आदर्श व्यवहार प्रक्रिया होगी! मैंने जल्दी से 60 मिनट को 6 अभ्यासों में विभाजित किया, हर एक को 10 मिनट देने का निर्णय लिया, और अगले दिन सुबह सभी को आजमाने का योजना बनाई।

दिलचस्प बात यह थी कि इस सूची को देखकर मुझे प्रेरणा महसूस हुई! अचानक, जल्दी उठने का विचार जो पहले मैं हमेशा टालता था, अब मैं उसे कुछ ऐसा मानने लगा था, जिसका मैं वास्तव में इंतज़ार कर रहा था। उस रात, मैं चेहरे पर मुस्कान के साथ सो गया। मैं सुबह का इंतज़ार कर रहा था!

वह सुबह जिसने सबकुछ बदल दिया

जब अलार्म घड़ी ने सुबह 5 बजे बजना शुरू किया (जो पहले मेरे लिए उठने का असंभव समय होता), मेरी आँखें एक झटके से खुलीं और मैं बिस्तर से

कूदकर बाहर आ गया, ऊर्जा और उत्साह से भरा हुआ। इसने मुझे क्रिसमस की सुबह एक बच्चे की याद दिला दी। मेरे जीवन में कभी ऐसा समय नहीं आया था, जब उठना इतना आसान और सुखद था... आज के दिन तक।

मैंने दाँत ब्रश किए, चेहरा धोया, और हाथ में एक गिलास पानी लेकर, मैं सुबह 5:07 बजे अपने लिविंग रूम के सोफ़े पर सीधा बैठ गया। लंबे समय के बाद मैं पहली बार अपने जीवन के बारे में वास्तव में उत्साहित महसूस कर रहा था। बाहर अभी भी अंधेरा था, और उस समय में कुछ ऐसा था, जो बहुत सशक्त करने वाला था। मैंने अपनी जीवन बदलने वाली व्यक्तिगत विकास गतिविधियों की सूची निकाली, और एक-एक करके, मैंने प्रत्येक अभ्यास को लागू किया।

ध्यान : मैंने 10 मिनट का टाइमर सेट किया और चुपचाप बैठकर प्रार्थना, ध्यान और श्वास पर ध्यान केंद्रित किया। शुरुआत में, मेरा मन विचारों से भरा हुआ था। *क्या मैं सही कर रहा हूँ? मैं अपने मन को कैसे शांत करूँ? मैं स्वयं को सोचने से क्यों नहीं रोक पा रहा हूँ?!* हालाँकि मैं शुरू में अपने मन की अराजकता से निराशा महसूस कर रहा था, जैसे-जैसे मिनट बीतते गए, समय धीरे-धीरे रुकता हुआ सा महसूस होने लगा। हालाँकि मैंने पहले कभी ध्यान नहीं किया था, और मुझे यक़ीन था कि मैं इसे ग़लत कर रहा था, मुझे महसूस हुआ कि मेरा तनाव घट रहा था और उसकी जगह शांति का अहसास हो रहा था। हर साँस के साथ, मेरा मन और अधिक शांत हो रहा था। यह मेरी सामान्य मानसिक उथल-पुथल और प्रतिक्रियावाद से पूरी तरह से अलग था, जिसके साथ मैं हर दिन शुरुआत करता था। महीनों में पहली बार, मुझे *शांति* का अनुभव हुआ।

सकारात्मक पुष्टीकरण : अगली गतिविधि वह थी, जिसके बारे में, मैं शायद सबसे कम उत्साहित था। जब मैं ख़ुद से ''मैं अमीर हूँ'' कहता था, जबकि मैं कुछ और ही था, तो यह विचार भ्रामक सा लगता था। हालाँकि, पिछली रात अपनी खोज के दौरान, मैंने नेपोलियन हिल की चिरप्रतिष्ठित पुस्तक *थिंक ऐंड ग्रो रिच* से आत्म-विश्वास के सकारात्मक विचारों को पाया था। इन विचारों

ने एक सहज बात याद दिलाई कि हम सभी अपने अंदर मौजूद अनंत क्षमताओं से आत्म-विश्वास प्राप्त कर सकते हैं। उन्होंने इस बात की पुष्टि की कि हम सभी जन्मजात रूप से उतने ही योग्य, सुपात्र और सक्षम हैं, जितना कोई और व्यक्ति पृथ्वी पर किसी भी कार्य को पूरा करने के लिए हो सकता है। यह पढ़कर मैंने स्वयं को काफ़ी सशक्त महसूस किया।

मानसिक अभ्यास : मैंने सोचा कि अगर दुनिया के सबसे उत्कृष्ट एथलीट और प्रदर्शन करने वाले लोग मानसिक रूप से अपने सर्वश्रेष्ठ प्रदर्शन की तैयारी के लिए कल्पना का उपयोग करते हैं, तो कोई कारण नहीं था कि यह मुझे भी उसी तरह मदद नहीं कर सके। मैंने पाया कि अपनी आँखें बंद करके और अपने दिन की कल्पना करते हुए, ख़ुद को केंद्रित, आत्मविश्वासी और ख़ुश महसूस करते हुए देखना उतना ही महत्त्वपूर्ण था, जितना कि जो मैंने चित्रित किया था। मैंने एक प्रेरक भावनात्मक अनुभव उत्पन्न किया, जिसने मुझे उन क्रियाओं को करने की प्रेरणा दी, जो मेरी कल्पना के अनुरूप थीं। इससे मुझे *प्रेरणा* मिली।

पढ़ना : हमेशा इस बात का बहाना बनाने के बाद कि मेरे पास पढ़ने के लिए समय क्यों नहीं है, मैं आज सुबह समय निकालने के लिए उत्साहित था और वह शुरू करना चाहता था, जिसके बारे में मुझे हमेशा से उम्मीद थी कि यह एक आजीवन चलने वाली आदत बन सकती है। मैंने फिर से *थिंक ऐंड ग्रो रिच* किताब उठाई। मेरी अधिकांश किताबों की तरह यह भी एक ऐसी किताब थी, जिसे मैंने शुरू किया था, लेकिन कभी ख़त्म नहीं किया। मैंने 10 मिनट तक इसे पढ़ा और कुछ ऐसे विचार पाए, जिन्होंने तुरंत मेरी मानसिकता में सुधार किया। मुझे याद दिलाया गया कि आपके जीवन को बदलने के लिए केवल एक विचार की आवश्यकता होती है। इससे मुझे *प्रोत्साहन* मिला।

डायरी लिखना : इसके बाद, मैंने उन कई ख़ाली डायरियों में से एक को खोला, जो मैंने पिछले कई सालों में ख़रीदी थीं। बाक़ी सभी डायरियों की तरह, मैंने इसमें केवल कुछ दिनों तक-

अधिकतम एक हफ़्ते तक लिखा था। इस दिन, मैंने उन चीज़ों के बारे में लिखा जिनके लिए मैं अपने जीवन में आभारी था। मैंने भविष्य के लिए कुछ संभावनाओं को भी लिखा, और उन बेहतर जीवन परिस्थितियों के लिए आभार व्यक्त किया, जिन्हें मैं बनाने के लिए प्रतिबद्ध था। लगभग तुरंत, मुझे महसूस हुआ कि मेरा अवसाद जो एक भारी कोहरे की तरह अब तक मुझे दबाए हुए था, अब दूर हो रहा था। वह अभी भी था, लेकिन अब वह हल्का महसूस हो रहा था। अपने जीवन में जो चीज़ें मेरे पास थीं और जिनका मैं अक्सर आभार व्यक्त नहीं करता था, उन्हें लिखने का साधारण सा कार्य मेरे मनोबल को ऊपर उठाने के लिए पर्याप्त था। मुझे *आभार* महसूस हुआ।

व्यायाम : घड़ी में 10 मिनट बचे थे, और मैं अपने शरीर को हिलाने और रक्त प्रवाह बढ़ाने के लिए तैयार था। मैं सोफ़े से उठा और 60 जम्पिंग जैक किए। मेरी फ़िटनेस की हालत ख़राब थी, इसलिए इतने से ही मेरी साँसें तेज़ी से चलने लगीं। फिर, मैं लिविंग रूम के कालीन पर बैठ गया और जितने पुश-अप्स कर सका, किए (वह संख्या मैं अपने तक ही रखूँगा)। फिर मैं अपनी पीठ के बल पलटा और जितने सिट-अप्स कर सका, किए, जितना कि मेरे कमज़ोर एब्स ने साथ दिया। अब केवल छह मिनट बचे थे, इसलिए मैंने एक पाँच मिनट का योग का वीडियो चला दिया, जिसे मैंने पिछली रात यूट्यूब पर खोजा था। मुझे अभी फ़िट होने में लंबा सफ़र तय करना था, लेकिन मैं *तरोताज़ा* महसूस कर रहा था।

साठ मिनट पलक झपकते ही निकल गए, और मैं अविश्वसनीय रूप से अच्छा महसूस कर रहा था! यह मेरे जीवन के सबसे शांत, सशक्त, प्रेरणादायक, उत्साहजनक, कृतज्ञता से भरे और ऊर्जावान दिनों में से एक था-और अभी तो सुबह के सिर्फ़ 6 बजे थे। मुझे आशा की एक नई किरण दिखाई दी। *मैंने सोचा, अगर मैं हर दिन ऐसे शुरू करूँ, तो यह बस कुछ ही समय की बात होगी, जब मैं वह व्यक्ति बन जाऊँगा, जो मुझे अपने जीवन में सब कुछ हासिल करने के लिए बनना है।*

जब उर्सुला जागी, तो मैं उसे अपना पूरा अनुभव सुनाने के लिए उत्साहित था! मैंने जोश में आकर उसे हर क़दम के बारे में बताया और समझाया कि मुझे लगता है कि यह सुबह की दिनचर्या वह एक चीज़ हो सकती है, जो हमारे जीवन को पूरी तरह बदल सकती है। उसने मुझे संदेह भरी नज़रों से देखा।

"तो रुको, मुझे यह साफ़-साफ़ समझने दो। तुम पिछले छह महीने से उदास और हताश महसूस कर रहे थे, और अब, सिर्फ़ एक सुबह के बाद, तुम अचानक से इतना आत्मविश्वास महसूस कर रहे हो कि सबकुछ ठीक कर सकते हो? कहीं तुमने कोई नशा तो नहीं किया?" उसने हँसते हुए पूछा।

"नहीं, लेकिन मैं सच कह रहा हूँ, जान, यह किसी चमत्कार जैसा लग रहा है!"

किसी चमत्कार से कम नहीं

अगले कुछ हफ़्तों तक, मैं लगातार सुबह 5:00 बजे उठता रहा और अपनी नई 60-मिनट की व्यक्तिगत विकास दिनचर्या का पालन करता रहा। मैं अपनी सुबह की इस दिनचर्या से जो प्रगति कर रहा था और जिस तरह से ख़ुद को महसूस कर रहा था, उससे बेहद ख़ुश था-इतना कि मैं और अधिक चाहता था। फिर, एक रात जब मैं सोने की तैयारी कर रहा था, मैंने कुछ ऐसा किया जो उस समय अकल्पनीय था-मैंने अपना अलार्म 4:00 बजे के लिए सेट कर दिया। उस रात सोते समय, मैंने सोचा कि क्या मैं पागल हो गया हूँ? लेकिन आश्चर्यजनक रूप से, सुबह 4:00 बजे उठना उतना ही आसान था, जितना 5:00 बजे उठना, और सच कहूँ तो, इन दोनों समयों पर उठना मेरी पिछली किसी भी सुबह की तुलना में दस गुना आसान था।

मेरा तनाव नाटकीय रूप से कम हो गया था। मेरे पास अधिक ऊर्जा, स्पष्टता और एकाग्रता थी। मैं सच में ख़ुश, प्रेरित और उत्साहित महसूस कर रहा था। अवसाद के विचार धीरे-धीरे बीते समय की धुँधली यादें बनने

लगी थीं। यह कहना ग़लत नहीं होगा कि मैं फिर से अपने पुराने स्वरूप में लौट आया था, बल्कि मैं इतनी तेज़ी से विकसित हो रहा था कि मैंने अपने जीवन के किसी भी पिछले संस्करण को पीछे छोड़ दिया था। और अपनी नई मिली ऊर्जा, प्रेरणा, स्पष्टता और एकाग्रता के साथ, मैं अपने लक्ष्य तय कर सका, रणनीतियाँ बना सका और अपने व्यवसाय को बचाने, अधिक ग्राहक लाने और अपनी आय बढ़ाने की योजना को लागू कर सका। वास्तव में, मेरी मिरेकल मॉर्निंग (चमत्कारी सुबह) की शुरुआत के दो महीनों के भीतर, मेरी मासिक आय दोगुनी हो चुकी थी। ना केवल मेरी आय उस स्तर तक लौट आई थी, जहाँ वह पहले थी, बल्कि यह पहले से कहीं अधिक बढ़ गई थी।

मैं ख़ुद को बार-बार उस परिवर्तन पर विचार करते हुए पाता था, जिसे मैं अनुभव कर रहा था-यह कितना गहरा था और कितनी तेज़ी से हो रहा था। मैंने उर्सुला से कहा कि यह किसी चमत्कार जैसा लग रहा है, और तभी उसने इसे मेरी ''मिरेकल मॉर्निंग'' कहना शुरू कर दिया। यह नाम मेरे मन में गूँजने लगा, इसलिए मैंने अपनी दिनचर्या में ''व्यक्तिगत विकास'' को बदलकर ''मिरेकल मॉर्निंग'' कर दिया।

इसके बाद, मैंने दूसरों के साथ अपनी सुबह की इस दिनचर्या को साझा करने के बारे में सोचना शुरू किया। मैंने सोचा कि अगर यह मेरे लिए इतना अच्छा काम कर रहा है-जबकि मैं शुरू में सुबह जल्दी उठने वाला व्यक्ति भी नहीं था-तो शायद यह दूसरों की भी मदद कर सकता है। इस विचार ने मुझे इसे आगे बढ़ाने के लिए प्रेरित किया। लेकिन इससे पहले कि मैं यह तय कर पाता कि इसे लोगों तक कैसे पहुँचाऊँ, किसी ने ख़ुद आगे आकर मुझसे इसके बारे में पूछ लिया।

अरे, अगर केटी यह कर सकती है...

कुछ हफ़्ते बाद, जब मैं अभी भी यह सोच रहा था कि मैं अपनी खोज को दूसरों के साथ कैसे साझा करूँ ताकि वे इसे आसानी से अपना सकें, तभी मेरी कोचिंग ग्राहक केटी हीनी ने ख़ुद ही इस विषय को उठा लिया। ''हैल, मैं लगातार उन सफल लोगों के बारे में पढ़ रही हूँ, जो अपनी सुबह

की दिनचर्या को लेकर बहुत दृढ़ विश्वास रखते हैं। आप अपनी सुबह कैसे शुरू करते हैं?'' उसने पूछा। मैं अपनी उत्सुकता को रोक नहीं सका और पूरी ऊर्जा के साथ उसे अपनी ''मिरेकल मॉर्निंग'' दिनचर्या और उसके फायदों के बारे में बताया। लेकिन ठीक मेरी ही तरह, उसने भी तुरंत संकोच दिखाया-हाँ, यह सब समझ में आता है, लेकिन मुझे नहीं लगता कि मैं और जल्दी उठना चाहूँगी। मैं कभी भी सुबह जल्दी उठने वाली इंसान नहीं रही हूँ।''

''मैं भी नहीं था!'' मैंने उसे भरोसा दिलाया। मैंने उसे कुछ प्रोत्साहन दिया और स्नूज़ बटन (अलार्म को थोड़ी देर के लिए बंद करने वाला बटन) को हराने के कुछ टिप्स भी बताए। अंततः उसने तय किया कि वह अपने सामान्य समय से एक घंटा पहले, सुबह 6 बजे उठेगी और मिरेकल मॉर्निंग आज़माएगी।

दो हफ़्ते बाद, जब हमारी अगली कोचिंग कॉल हुई, तो केटी पहले से कहीं ज़्यादा उत्साहित लग रही थी! जब मैंने उससे पूछा कि क्या उसने हर दिन सुबह 6 बजे उठकर मिरेकल मॉर्निंग की, तो उसका जवाब सुनकर मैं हैरान रह गया। बिलकुल नहीं! मैंने पहले दिन तो सुबह 6 बजे उठकर इसे किया, लेकिन तुम सही थे-मेरी सुबह इतनी ज़बरदस्त रही कि मैं और भी ज़्यादा चाहती थी! तो मैंने हफ़्ते के बाक़ी दिनों में सुबह 5 बजे उठना शुरू कर दिया! हैल, यह अद्भुत था! उसके अनुभव ने मुझे इतना प्रेरित किया कि मैंने तुरंत अपनी मिरेकल मॉर्निंग दिनचर्या को अपने बाक़ी सभी कोचिंग क्लाइंट्स के साथ साझा करना शुरू कर दिया। केटी की ही तरह, उनमें से अधिकांश ने शुरुआत में इसका विरोध किया और कहा कि वे ''सुबह जल्दी उठने वाले लोग'' नहीं हैं।

हालाँकि थोड़े से संयम और प्रोत्साहन के साथ-और केटी के उदाहरण को इस बात के प्रमाण के रूप में इस्तेमाल करते हुए कि यह कितना प्रभावी हो सकता है-सभी ने कम से कम 30 मिनट पहले जागने और मिरेकल मॉर्निंग को अपनी दिनचर्या में शामिल करने का संकल्प लिया। कुछ ही हफ़्तों में, मेरे 14 में से 13 क्लाइंट्स मिरेकल मॉर्निंग करने लगे और मुझे बताने लगे कि वे भी वही गहरे लाभ अनुभव कर रहे हैं, जो केटी और मैंने महसूस किए थे। यह तथ्य ही अपने आप में उत्सव मनाने लायक़ था कि

वे अब ध्यान कर रहे थे, सकारात्मक संकल्प वाक्य दोहरा रहे थे, मानसिक कल्पना कर रहे थे, व्यायाम कर रहे थे, पढ़ रहे थे और हर दिन डायरी लिख रहे थे। उनमें से कुछ ने गर्व से अपने मित्रों और सहकर्मियों को बताना शुरू कर दिया कि वे मिरेकल मॉर्निंग कर रहे हैं और यह उनके जीवन को बदल रहा है। कुछ लोगों ने इसे लेकर सोशल मीडिया पर रोज़ अपडेट्स पोस्ट करना शुरू कर दिया। अचानक, यह विचार फैलने लगा, और मैंने देखा कि अनजान लोग-जिनसे मैं कभी नहीं मिला था-अपनी मिरेकल मॉर्निंग के बारे में ऑनलाइन पोस्ट कर रहे थे।

अद्भुत, है ना?

आख़िर ये "जो" है कौन?

जो लोग मिरेकल मॉर्निंग के बारे में पहली बार जान रहे थे, उनकी मदद के लिए, मेरे एक दोस्त ने सुझाव दिया कि मैं MiracleMorning.com डोमेन ख़रीद लूँ (मुझे यक़ीन नहीं हो रहा था कि यह अभी भी उपलब्ध था!) और वहाँ कुछ वीडियो ब्लॉग्स पोस्ट करूँ।

मुझे कैमरे के सामने आने में सहज महसूस नहीं होता था, लेकिन मैंने इसे आज़माने का फ़ैसला किया। मैंने छोटे-छोटे वीडियो रिकॉर्ड किए, उन्हें यू ट्यूब पर अपलोड किया और अपनी नई, ख़ुद की बनाई हुई वेबसाइट पर डाला। एक सुबह, जब मैं अपने लिविंग रूम के सोफ़े पर बैठकर यू ट्यूब पर एक वीडियो अपलोड कर रहा था, तो मैंने सोचा कि ज़रा अपने नाम की सर्च करके देखूँ। (अरे, जज मत करो! तुमने भी कभी न कभी ख़ुद को गूगल किया होगा!)

एक वीडियो मेरी स्क्रीन पर उभर आया, जिसका शीर्षक था-जो के यहाँ मिरेकल मॉर्निंग!

यह एक ऐसे आदमी का वीडियो था, जिसे मैंने अपनी पूरी ज़िंदगी में कभी नहीं देखा था। मेरी पहली प्रतिक्रिया ज़्यादा अच्छी नहीं थी। मैं थोड़ा रक्षात्मक हो गया और ज़ोर से कहा-ये जो आख़िर है कौन, और ये मेरी मिरेकल मॉर्निंग की नक़ल क्यों कर रहा है?!" मुझे समझ नहीं आ रहा था कि मुझे क्या सोचना चाहिए। पर जल्द ही मुझे ख़ुश होने वाली एक बड़ी

वजह मिलने वाली थी! मैंने वीडियो प्ले किया, और मेरी स्क्रीन पर यह दिखा- ''नमस्ते, मैं तुम्हारा दोस्त जो डियोसाना हूँ। चलो, समय देखते हैं।'' जो ने अपनी अलार्म घड़ी को कैमरे की तरफ़ घुमाया, जिस पर समय सुबह 5:41 दिख रहा था।

यह सुबह 5:41 का समय है-और वह भी रविवार का दिन! तुम ज़रूर सोच रहे होंगे, 'भाई, जो! तुम रविवार को सुबह 5:41 बजे क्या कर रहे हो?' खैर, MiracleMorning.com देखो। इस पर दी गई जानकारी पढ़ो और इसे डाउनलोड करो। मुझे सच में ऐसा लग रहा है, जैसे आज क्रिसमस है और मेरे अंदर बहुत ज़्यादा ऊर्जा है। अब तो हर दिन ऐसा लगने लगा है, जैसे क्रिसमस हो। इसे ज़रूर देखो, और मैं आशा करता हूँ कि तुम्हारी ज़िंदगी भी धन्य हो जाएगी।''

मैं अपनी कंप्यूटर स्क्रीन को बस देखता ही रह गया, मेरा मुँह खुला रह गया था। मैं अचंभित था और लगभग रोने की कगार पर था। मैं अब यह समझने लगा था कि हालाँकि मैंने कभी मिरेकल मॉर्निंग को अपनी व्यक्तिगत विकास यात्रा से ज़्यादा कुछ नहीं समझा था, लेकिन अब मुझे यह महसूस हो रहा था कि इसे अधिक से अधिक लोगों के साथ साझा करना मेरी ज़िम्मेदारी बन गई थी, ताकि यह उनकी ज़िंदगियों पर वैसा ही प्रभाव डाल सके, जैसा इसने मेरी ज़िंदगी पर डाला था।

अब यह बात स्पष्ट हो रही थी कि- अगर मिरेकल मॉर्निंग मुझे, केटी, जो और उन सभी लोगों के लिए काम कर सकती थी, जिनके साथ मैंने इसे साझा किया था-और हममें से कोई भी ''सुबह जल्दी उठने वाला व्यक्ति'' नहीं था-तो यह किसी के लिए भी काम कर सकती थी!

आप मिरेकल मॉर्निंग का उपयोग कैसे करेंगे?

इस अध्याय में, मैंने आपको यह समझाने में काफ़ी समय लगाया कि मिरेकल मॉर्निंग कैसे अस्तित्व में आई और यह अभ्यास दूसरों के जीवन को कैसे बेहतर बना रहा है। अब, जब आपको यह पता चल गया है कि क्या-क्या संभव है, तो अब समय आ गया है कि हम इस पर ध्यान केंद्रित करें कि मिरेकल मॉर्निंग *आपके* जीवन को कैसे संवार सकती है। आने

वाले अध्याय आपको अपने व्यक्तित्व को अगले स्तर तक ले जाने में मदद करेंगे, ताकि आप अपनी सफलता को भी अगले स्तर तक पहुँचा सकें। ध्यान रखें–यही सही क्रम है।

अगर आप नियमित रूप से प्रतिदिन ख़ुद को लेवल 10 तक पहुँचाने के लिए काम करेंगे, तो आप वही लेवल 10 जीवन बना सकते हैं, जो आप वास्तव में चाहते हैं और जिसके हक़दार हैं। मैं आपसे कम सोने या एक घंटा जल्दी उठने के लिए ज़ोर नहीं डालूँगा। याद रखें, मिरेकल मॉर्निंग पूरी तरह से आपके लाइफ़स्टाइल के अनुसार ढल सकती है।

कई लोग 30–मिनट की मिरेकल मॉर्निंग करते हैं (हर अभ्यास के लिए लगभग 5 मिनट) और यह सिर्फ़ 6 मिनट में भी पूरी की जा सकती है (देखें अध्याय 7 : द 6–मिनट मिरेकल मॉर्निंग)। अगर आपके लिए सुबह जल्दी उठना संभव नहीं है, तो आप इसे दिन के अन्य समय में भी कर सकते हैं।

मैं आपसे बस इतना कहूँगा कि जोख़िम और लाभ के बीच का अंतर ज़रूर सोचें– क्या अपने सपनों से समझौता करना उन 30 मिनट की अतिरिक्त नींद के लिए उचित है? या फिर, क्या अपने जीवन को अपने सपनों के अनुसार बनाने के लिए थोड़ा जल्दी उठना ज़्यादा फ़ायदेमंद होगा? इसका उत्तर अभी मत दीजिए। बस इसे याद रखें, और अगले अध्याय को पढ़ते समय इस पर विचार करें।

3

95% वास्तविकता परीक्षण

''जीवन में सबसे दुखद बातों में से एक है अंत समय में पहुँचकर पछतावे में पीछे देखना और यह महसूस करना कि आप बहुत कुछ हो सकते थे, कर सकते थे और आपके पास और भी बहुत कुछ हो सकता था।''

– रॉबिन शर्मा

''मानवता की कहानी उन पुरुषों और महिलाओं कि कहानी है, जो ख़ुद को बहुत कम आँकते हैं।''

– अब्राहम मास्लो

हर दिन, आप और मैं जागते हैं और एक समान सार्वभौमिक चुनौती का सामना करते हैं; उस प्रलोभन को पार करना, जो हमें अपनी क्षमताओं से कम पर संतोष करने के लिए मजबूर करता है, ताकि हम अपनी पूरी क्षमता के साथ जीवन जी सकें। यह लगभग हर व्यक्ति के जीवन की सबसे बड़ी चुनौती है- औसत दर्ज़े की ओर गुरुत्वाकर्षण जैसे खिंचाव से ऊपर उठना और हर दिन अपना सर्वश्रेष्ठ प्रदर्शन करना, ताकि हम ऐसा जीवन बना सकें, जिसे लेकर हम सुबह उठने के लिए उत्साहित महसूस करें।

सामाजिक सुरक्षा प्राधिकरण के अनुसार, यदि आप कोई भी सौ लोगों को उनके कार्यकाल की शुरुआत में लें और अगले 40 वर्षों तक उनका अनुसरण करें, जब तक कि वे सेवानिवृत्ति की उम्र तक नहीं पहुँच जाएँ, तो आप पाएँगे कि केवल एक व्यक्ति समृद्ध होगा, चार आर्थिक रूप से सुरक्षित होंगे, पाँच लोग कार्य करना जारी रखेंगे-ना चाहते हुए भी, केवल इसलिए, क्योंकि उन्हें अपने बिल चुकाने के लिए काम करना पड़ेगा-36 लोग मृत्यु को प्राप्त हो चुके होंगे, और 54 लोग कंगाल होंगे और अपने दोस्तों, परिवार या सरकार पर निर्भर होंगे कि वे उनकी देखभाल करें।

केवल 5 प्रतिशत लोग आर्थिक रूप से स्वतंत्र जीवन बनाने में सफल होते हैं। बाक़ी 95 प्रतिशत लोग जीवनभर संघर्ष करते रहते हैं। और भले ही पैसा सफलता का एकमात्र या सर्वोत्तम पैमाना नहीं है, यह निश्चित रूप से सुरक्षा, आराम, योगदान और स्वतंत्रता का प्रतीक हो सकता है। जब हम आर्थिक रूप से सुरक्षित होते हैं, तो हम पैसे की चिंता छोड़कर अपने जीवन के अन्य महत्त्वपूर्ण क्षेत्रों पर ध्यान केंद्रित करने के लिए स्वतंत्र होते हैं।

जब मैंने मिरेकल मॉर्निंग को बनाया और इसे अपनाना शुरू किया, तब मेरी वित्तीय स्थिति पूरी तरह से अस्त-व्यस्त थी। इसलिए, मैंने अपनी इस प्रैक्टिस को अपनी आय बढ़ाने पर केंद्रित किया। भले ही अमेरिका 2008 की महान मंदी के बीच था, लेकिन मैंने दो महीनों से भी कम समय में अपनी आय को दोगुना कर लिया, क्योंकि मैंने जिन क्लाइंट्स के साथ काम किया, उनकी संख्या को दोगुना कर दिया।

जैसे-जैसे मेरी वित्तीय स्थिति सुधरने लगी, मैंने अपने स्वास्थ्य और फ़िटनेस पर ध्यान केंद्रित करना शुरू किया (जो लगातार गिर रही थी,

क्योंकि अवसाद के कारण मेरे लिए उत्साह बनाए रखना मुश्किल हो रहा था)। मैंने अपनी डाइट बदली और एक अल्ट्रामैराथन दौड़ने का संकल्प लिया (क्योंकि मेरे लिए यह लेवल 10 फ़िटनेस का प्रतीक था)।

मेरी मानसिक स्थिति भी पूरी तरह से बदल गई, हालाँकि इसमें दो महीने नहीं लगे-यह बदलाव मेरी पहली मिरेकल मॉर्निंग के दौरान ही हो गया, जब मैं निराशा से आशा की ओर बढ़ रहा था। और, निश्चित रूप से, उर्सुला को मेरा यह नया और बेहतर रूप देखकर बहुत अच्छा लगा, जिससे हमारा रिश्ता भी पूरी तरह बदल गया। यह मेरे लिए स्पष्ट हो गया कि जब आप अपने जीवन के किसी भी क्षेत्र में ख़ुद को बेहतर बनाने पर ध्यान केंद्रित करते हैं, तो आपके जीवन के हर क्षेत्र में सुधार आता है।

इस समझ के साथ, एक महत्त्वपूर्ण प्रश्न है, जिस पर मुझे लगता है कि हमें अवश्य विचार करना चाहिए और उत्तर खोजना चाहिए; अब हम ऐसा क्या कर सकते हैं कि अपनी क्षमताओं से कम पर समझौता करना छोड़ दें, ताकि हम उस लेवल 10 जीवन का निर्माण कर सकें, जिसके हम हक़दार हैं?

औसत दर्ज़े से ऊपर उठने और अपनी पूरी क्षमता को प्राप्त करने के तीन क़दम

मैंने पाया है कि कुछ लोगों के लिए *सामान्य या औसत* शब्द परेशान करने वाला हो सकता है। यदि इसे किसी प्रकार के निर्णय या नीचा दिखाने के रूप में देखा जाए, तो यह अपमानजनक लग सकता है-और यह समझना स्वाभाविक भी है। लेकिन मेरा उद्देश्य बिलकुल भी ऐसा नहीं है, इसलिए मैं इस शब्द का सही अर्थ स्पष्ट करना चाहता हूँ, जैसा कि इस पुस्तक में उपयोग किया गया है।

औसतपन का किसी अन्य व्यक्ति से तुलना करने से कोई लेना-देना नहीं है। यह केवल इस बात से जुड़ा है कि हम उस व्यक्ति की तुलना में कहाँ खड़े हैं, जो हम वास्तव में बनने में सक्षम हैं-यानि अपने सर्वश्रेष्ठ स्वरूप से। जब हम अपनी क्षमताओं से कम पर संतोष कर लेते हैं, तो हम अपने भीतर के संभावित स्तर की तुलना में औसत जीवन जी रहे होते हैं।

कॉर्नेल यूनिवर्सिटी के शोधकर्ताओं ने हज़ारों लोगों से उनकी मृत्युशैया पर जीवन का सबसे बड़ा पछतावा पूछा। 76% लोगों ने एक ही जवाब दिया : "मैं अपने आदर्श रूप के अनुसार जीवन नहीं जी पाया" मुझे नहीं पता कि आप इस बारे में क्या सोचते हैं, लेकिन मेरे लिए यह बेहद दुखदायक है कि तीन-चौथाई लोग अपने जीवन के अंत में पछताते हैं और सोचते हैं-*काश! मैंने अपनी पूरी क्षमता से जीवन को जीने का साहस दिखाया होता और वह जीवन जिया होता, जिसके लिए मैं वास्तव में सक्षम था।*

हमें यह समझने के लिए किसी आँकड़ों की ज़रूरत नहीं है कि अधिकांश लोग ऐसा जीवन बनाने के लिए संघर्ष कर रहे हैं, जिसे वे वास्तव में पसंद करते हों। हम अपने आसपास के लोगों को देखकर, अपने सामाजिक दायरे का विश्लेषण करके या फिर आईने में ख़ुद को देखकर भी इसका आकलन कर सकते हैं।

आप कितने ऐसे लोगों को जानते हैं, जो लेवल 10 का जीवन जी रहे हैं या कम से कम उसकी कोशिश कर रहे हैं? दूसरी ओर, कितने ऐसे लोग हैं, जो अपनी इच्छाओं से कम पर समझौता कर चुके हैं और जीवन का आनंद लेने के लिए संघर्ष कर रहे हैं?

इस अध्याय के बाक़ी हिस्से में, मैं तीन आसान लेकिन प्रभावी क़दम साझा करने जा रहा हूँ, जो आपको औसतपन से ऊपर उठने और उन लोगों में शामिल होने में मदद करेंगे, जो अपने जीवन को अपनी शर्तों पर जी रहे हैं।

पहला क़दम : 95% रियलिटी चेक को स्वीकार करें

सबसे पहले, हमें इस सच्चाई को समझना और स्वीकार करना होगा कि समाज के 95 प्रतिशत लोग शायद कभी भी वह जीवन नहीं बना पाएँगे और जी पाएँगे, जिसकी वे वास्तव में इच्छा रखते हैं। हमारे दोस्त और परिवार भी इस हक़ीक़त से अछूते नहीं हैं, और ना ही हम ख़ुद। यह कारण और प्रभाव का सीधा सा नियम है।

इसलिए, इस दृष्टिकोण को अपनाना महत्त्वपूर्ण है कि यदि हम अधिकांश लोगों से अलग तरीक़े से सोचने और जीने के लिए प्रतिबद्ध

नहीं हैं, तो हम अनजाने में ख़ुद को अधिकांश लोगों की तरह संघर्षपूर्ण जीवन जीने के लिए तैयार कर रहे हैं। लेकिन यदि हम अपनी पूरी क्षमता को हासिल करना चाहते हैं और अपने प्रियजनों को भी ऐसा करने में मदद करना चाहते हैं, तो हमें अभी से अलग और बेहतर विकल्प चुनने होंगे।

यह मानव स्वभाव है कि हम अक्सर आसान रास्ता चुनते हैं, भले ही उसके परिणाम हमारे लिए नुक़सानदायक हों। लेकिन क्योंकि हम दूसरों के कार्यों को नियंत्रित नहीं कर सकते, इसलिए हमें ख़ुद पर ध्यान केंद्रित करना होगा। जब हम अपने विकास को प्राथमिकता देते हैं, तो हम दूसरों की मदद करने की बेहतर स्थिति में होते हैं-बिलकुल वैसे ही जैसे विमान में आपातकालीन स्थिति के दौरान पहले अपनी ऑक्सीजन मास्क लगाने की सलाह दी जाती है। जब हम ख़ुद की देखभाल करते हैं, तभी हम दूसरों की मदद करने में सक्षम होते हैं। हर दिन, हममें से अधिकांश लोग अपने जीवन के किसी न किसी महत्त्वपूर्ण पहलू में संघर्ष कर रहे होते हैं। हम अपनी इच्छित सफलता, ख़ुशी, प्रेम, संतुष्टि, स्वास्थ्य और आर्थिक समृद्धि हासिल करने के लिए संघर्ष करते हैं।

निम्न बातों पर विचार करें :

- **शारीरिक रूप से :** मोटापा एक महामारी बन चुका है। कैंसर और हृदय रोग जैसी घातक बीमारियाँ लगातार हमारे समाज को प्रभावित कर रही हैं। औसत व्यक्ति हमेशा थकान महसूस करता है और दिनभर ऊर्जावान बने रहने के लिए कई कप काफ़ी या एनर्जी ड्रिंक का सहारा लेता है। फिर भी, दिनभर की थकान के बावजूद, हमारी सोचने-समझने की प्रक्रिया रात में तेज़ हो जाती है, जिससे लाखों लोग अच्छी नींद नहीं ले पाते। हमारी शारीरिक ऊर्जा का स्तर हमारे जीवन की गुणवत्ता को निर्धारित करता है। जब हमारे पास भरपूर ऊर्जा होती है, तो हम ख़ुश, प्रेरित और अधिक सक्षम महसूस करते हैं, जिससे हमारी उत्पादकता बढ़ती है। इसके विपरीत, अगर हम थके हुए, कमज़ोर या किसी दर्द में हैं, तो हम अधिक निराश महसूस करते हैं, उत्साह की कमी होती है, और

ख़ुद को सक्षम नहीं मानते। ऐसे में, अपने जीवन में कोई बड़ा बदलाव लाना तो दूर, हमें दिनभर की साधारण ज़िम्मेदारियों को निभाना भी मुश्किल जान पड़ता है। इस स्थिति को बदलना होगा।

- **मानसिक और भावनात्मक रूप से :** हम सभी अच्छा महसूस करना, ख़ुश रहना और जीवन का आनंद लेना चाहते हैं। लेकिन आज पहले से कहीं अधिक लोग जीवन में ख़ुशी और उद्देश्य खोजने के लिए संघर्ष कर रहे हैं। हाल ही में किए गए एक सर्वेक्षण के अनुसार, सिर्फ़ 14% अमेरिकी वयस्क ख़ुद को ''बहुत ख़ुश'' मानते हैं। मेंटल हेल्थ अमेरिका (एम एच ए) के अनुसार, 46% अमेरिकी अपने जीवन में कभी न कभी मानसिक स्वास्थ्य समस्या का सामना करेंगे, और इनमें से आधे लोगों को 14 साल की उम्र तक कोई न कोई मानसिक स्वास्थ्य संबंधी समस्या हो जाएगी।
- **संबंधों में :** हमारे जीवन की गुणवत्ता का बहुत बड़ा हिस्सा हमारे संबंधों की गुणवत्ता पर निर्भर करता है। लेकिन दुख की बात यह है कि आज पहले से ज़्यादा लोग ख़ुद को अकेला, अलग-थलग और अपने दोस्तों और परिवार से कटा हुआ महसूस करते हैं। लगभग 50% विवाह अब भी तलाक़ पर ख़त्म होते हैं। कई जोड़े, जो अपने परिवार और दोस्तों के सामने जीवनभर साथ निभाने की क़सम खाते हैं, *अच्छे और बुरे समय में* एक-दूसरे का साथ देने का वादा करते हैं, लेकिन फिर भी इन वचनों को निभाने के लिए संघर्ष करते हैं। सामाजिक रूप से, हम पहले से कहीं अधिक विभाजित हो गए हैं। हम संबंधों के लिए तरस रहे हैं।
- **आर्थिक रूप से :** आज अमेरिकियों पर व्यक्तिगत क़र्ज़ पहले से कहीं अधिक है। बहुत कम लोग उतनी आय अर्जित कर रहे हैं, जितनी वे वास्तव में चाहते हैं। हममें से

> अधिकांश अपनी कमाई से अधिक ख़र्च करते हैं, पर्याप्त बचत नहीं कर पाते, और बिल भरने के लिए संघर्ष करते हैं, वित्तीय स्वतंत्रता की बात तो दूर है।

अब सोचिए, अगर आप किसी ऐसे व्यक्ति से पूछें जो दुखी, असंतुष्ट, या जीवन में संघर्ष कर रहा है कि क्या उनकी मौजूदा स्थिति उनके जीवन की योजना का हिस्सा थी, तो उनका जवाब क्या होगा? क्या कोई जानबूझकर अपने जीवन को संघर्षपूर्ण बनाना चाहता है? बिलकुल नहीं! और यही सबसे डराने वाली बात है-क्योंकि ज़्यादातर लोग अपने जीवन को ख़ुद आकार देने के बजाय, परिस्थितियों के अनुसार जीने को मजबूर हो जाते हैं।

अब जब हमने यह स्वीकार कर लिया है कि हमारे समाज का एक बड़ा हिस्सा वह जीवन नहीं जी रहा है, जिसकी उसने कल्पना की थी, तो अगला महत्त्वपूर्ण क़दम यह समझना है कि ऐसा क्यों हो रहा है। यह समझना आवश्यक है ताकि आप भी इस स्थिति से बच सकें, या यदि आप पहले से ही इसका सामना कर रहे हैं, तो इससे बाहर निकलने का रास्ता खोज सकें।

दूसरा क़दम : औसतपन के कारणों को पहचानें और उनके समाधान खोजें

इस अध्याय का अधिकांश भाग इसी दूसरे क़दम पर केंद्रित होगा, क्योंकि यह समझना बेहद ज़रूरी है कि हमारे और हमारे सर्वोत्तम रूप के बीच क्या रुकावटें हैं-ताकि हम इस अंतर को पाट सकें। आइए, औसतपन के सात आम कारणों को समझते हैं और साथ ही उनसे बाहर निकलने के सात प्रभावी समाधान खोजते हैं, जिन्हें आप तुरंत लागू कर सकते हैं। अब सोचिए : इनमें से कौन-से कारण आपसे जुड़े हुए हैं? पहचानें, स्वीकार करें, और फिर उनके समाधान को अपने जीवन में लागू करना शुरू करें।

कारण 1 : रियरव्यू मिरर सिंड्रोम

अपूर्ण क्षमता के सबसे गंभीर कारणों में से एक वह दृष्टिकोण है, जिसे मैं रियरव्यू मिरर सिंड्रोम (आर एम एस) कहता हूँ। हमारा अवचेतन मन एक स्व-सीमित रियरव्यू मिरर से लैस होता है, जिसके माध्यम से हम लगातार अपने

अतीत को दोहराते और पुनः निर्मित करते रहते हैं। हम ग़लती से यह मान लेते हैं कि हम वही हैं, जो हम पहले थे, और इस तरह हम अपनी वर्तमान क्षमता को अपने अतीत की सीमाओं के आधार पर सीमित कर लेते हैं।

परिणामस्वरूप, हम हर निर्णय को-किस समय उठना है, कौन-से लक्ष्य निर्धारित करने हैं, और अपने लिए क्या संभव मानना है-इन सभी को अपने पिछले अनुभवों की सीमाओं के भीतर परख़ते हैं। हम एक बेहतर जीवन बनाना चाहते हैं, लेकिन ख़ुद को हमेशा पहले जैसा ही देखने की आदत बनी रहती है।

किसी भी दिन, एक औसत व्यक्ति के मन में 50,000 से 60,000 विचार आते हैं। समस्या यह है कि अधिकांश विचार हर दिन एक से होते हैं या बहुत मिलते-जुलते होते हैं। यह हमें सोचने के निश्चित पैटर्न में बाँध देता है। आत्म-संदेह एक सोचने का पैटर्न बन जाता है। डर एक सोचने का पैटर्न बन जाता है। गुस्सा एक सोचने का पैटर्न बन जाता है। यह चक्र तब तक चलता रहता है, जब तक हम सचेत रूप से अपने विचारों को ऊपर उठाने का निर्णय नहीं लेते और इसे बनाए रखने का प्रयास नहीं करते। कोई आश्चर्य नहीं कि अधिकांश लोग दिन-ब-दिन, महीने-दर-महीने, साल-दर-साल संघर्ष करते रहते हैं और अपने जीवन की गुणवत्ता को सुधारने के लिए जूझते रहते हैं।

जैसे पुराने, घिसे-पिटे सामान को बदलने की ज़रूरत होती है, वैसे ही हम बीते कल के तनाव, डर और चिंता को अपने आज में साथ लेकर चलते हैं। जब हमारे सामने कोई नई संभावना आती है, तो हम तुरंत अपने रियरव्यू मिरर में झाँकते हैं और अपने पिछले अनुभवों के आधार पर अपनी क्षमता को परख़ते हैं : ''नहीं, मैंने पहले कभी ऐसा नहीं किया। मैंने कभी उस स्तर की सफलता हासिल नहीं की। बल्कि, मैं बार-बार असफल ही हुआ हूँ।''

इसी तरह, जब हम किसी कठिनाई का सामना करते हैं, तो हम फिर से अपने पुराने, भरोसेमंद रियरव्यू मिरर की ओर देखते हैं कि हमें कैसी प्रतिक्रिया देनी चाहिए : ''हाँ, हमेशा मेरी क़िस्मत ही ख़राब रहती है। मेरे साथ हमेशा ऐसा ही होता है। मैं हार मानने वाला हूँ; जब भी चीज़ें बहुत मुश्किल हो जाती हैं, मैं हमेशा यही करता हूँ।''

समाधान 1 : अपनी असीमित संभावनाओं को अपनाएँ

अपने अतीत की सीमाओं से आगे बढ़ने के लिए, आपको अपनी योग्यता और क्षमताओं को अपने मनोवैज्ञानिक रियरव्यू मिरर से देखना बंद करना होगा। आपको यह स्वीकार करना होगा कि आपकी वास्तविक क्षमता अतीत पर नहीं, बल्कि आपकी अंतर्निहित असीमित संभावनाओं पर आधारित है। आप इस सोच को अपनाकर और इसे बार-बार दोहराकर शुरुआत कर सकते हैं; ''मैं जो कर सकता हूँ, वह मेरे अतीत पर नहीं, बल्कि मेरी क्षमता पर निर्भर करता है।''

मिरेकल मॉर्निंग अभ्यास आपको अनजाने में बनने वाली विचारधाराओं को सुधारने और अपने अवचेतन मन को इस तरह से प्रोग्राम करने का एक तरीक़ा देगा, जिससे आप अपने जीवन में उन चीज़ों का अनुभव कर सकें और उत्पन्न कर सकें, जो आप वास्तव में चाहते हैं। इससे आप वह आत्मविश्वास विकसित कर पाएँगे कि चाहे आपका अतीत जैसा भी रहा हो, आप अपने जीवन को अपनी इच्छानुसार ढालने में सक्षम हैं।

यह थोड़ा सहज बुद्धि के विपरीत लग सकता है, लेकिन शुरुआत में इसे सच मानना ज़रूर नहीं है। वास्तव में, आपको शायद इस पर विश्वास ही नहीं हो। जब आप यह मानने की कोशिश करेंगे कि आप अपने अतीत से बेहतर बन सकते हैं, तो यह आपको असहज और असत्य भी लग सकता है-और यह बिलकुल सामान्य है। लेकिन जल्द ही, आप अपने अतीत की कठिनाइयों और सीमाओं को पीछे छोड़कर अपने भविष्य के प्रेरणादायक विकल्पों और संभावनाओं को अपनाने में सक्षम हो जाएँगे।

कारण 2 : उद्देश्य की कमी

अगर आप किसी सामान्य व्यक्ति से पूछें कि उनके जीवन का उद्देश्य क्या है, तो या तो वे हैरानी से आपको देखेंगे या फिर कुछ ऐसा जवाब देंगे : ''अरे, मुझे नहीं पता। मैं तो बस दिन काटने की कोशिश कर रहा हूँ।''

अगर मैं आपसे यही सवाल करूँ, तो आपका जवाब क्या होगा?

हमारा जीवन उद्देश्य वह अंतर्निहित 'क्यों' है, जो हमें हर सुबह जागने और अपने लक्ष्य प्राप्त करने के लिए पूरी क्षमता से प्रयास करने के लिए प्रेरित करती है। जिन लोगों को उनका जीवन उद्देश्य स्पष्ट रूप से पता होता

है, वे अधिक स्पष्टता के साथ हर दिन सुनिश्चित और निर्णायक क़दम उठाने में सक्षम होते हैं। लेकिन अधिकांश लोगों को कभी यह नहीं सिखाया जाता कि वे अपना जीवन उद्देश्य कैसे पहचानें, इसलिए यह स्वाभाविक है कि ज़्यादातर लोगों के पास कोई स्पष्ट उद्देश्य नहीं होता।

हालाँकि हमारा उद्देश्य जीवन के सबसे महत्त्वपूर्ण पहलुओं में से एक हो सकता है, फिर भी हमारे माता-पिता ने हमें शायद ही कभी इसके बारे में बताया होगा, और अधिकांश स्कूलों में तो इसे सिखाया ही नहीं जाता। इसके बजाय, हम आमतौर पर सिर्फ़ एक और दिन बिताने पर ध्यान केंद्रित करते हैं, सबसे आसान रास्ता अपनाते हैं, क्षणिक सुखों का पीछा करते हैं और उस किसी भी कष्ट या असुविधा से बचते हैं, जो हमें वास्तव में आगे बढ़ने और विकसित होने में मदद कर सकती है।

अगर आप अपनी वास्तविक क्षमता को पूरा करना चाहते हैं, तो अपने जीवन उद्देश्य को स्पष्ट करना एक बड़ा बदलाव ला सकता है। स्पष्ट रूप से परिभाषित जीवन उद्देश्य का अर्थ है अपने जीवन के लिए एक लक्ष्य और दिशा निर्धारित करना। यह वास्तव में आपके विचारों और कार्यों को दिशा देने वाला इंजन और नेविगेशन सिस्टम बन जाता है। आपका उद्देश्य आपके निर्णय लेने की प्रक्रिया को सुव्यवस्थित करेगा और आपको लगातार सही दिशा में आगे बढ़ने में मदद करेगा।

समाधान 2 : अपने जीवन का एक उद्देश्य चुनें

मैं समझ सकता हूँ कि अपना "जीवन उद्देश्य" तय करना थोड़ा भयावह लग सकता है, लेकिन मेरे पास अच्छी ख़बर है : आपको इसे खोजने की ज़रूरत नहीं है। इसके बजाय, आप इसे स्वयं बना सकते हैं। *और* सबसे अच्छी बात? आप इसे कभी भी बदल सकते हैं। आपका उद्देश्य कोई भी चुना हुआ जीवन जीने का तरीक़ा या दूसरों की सेवा करने का माध्यम हो सकता है, जो आपको हर दिन जागने और उस व्यक्ति के अनुरूप जीवन जीने के लिए प्रेरित करता है, जो आप बनना चाहते हैं। यह एक सामान्य विचार हो सकता है, जैसे : "मैं ख़ुद का सर्वश्रेष्ठ संस्करण बनने और दूसरों को भी ऐसा करने में मदद करने के लिए समर्पित रहूँगा।" या फिर, "मैं अपने जीवन के हर क्षण का आनंद लूँगा और दूसरों के लिए भी ख़ुशी का

स्रोत बनूँगा।'' यह कोई अधिक विशिष्ट उद्देश्य भी हो सकता है, जैसे : ''मैं अपने परिवार को वित्तीय सुरक्षा प्रदान करूँगा।'' या ''मैं लाखों लोगों तक स्वच्छ पेयजल पहुँचाने में मदद करूँगा।'' यहाँ कोई ग़लत उत्तर नहीं है।

आपका जीवन उद्देश्य भव्य या असाधारण होना ज़रूरी नहीं है। हर उद्देश्य का अंत ''और दुनिया बदल दूँगा'' से होना आवश्यक नहीं है। आपका उद्देश्य हर दिन आपको प्रेरित करने और आपके भीतर से सर्वश्रेष्ठ को सामने लाने के लिए है, ना कि आवश्यक रूप से दुनिया बदलने के लिए। लेकिन, यह भी सच है कि जो लोग अपने जीवन उद्देश्य को पहचानते हैं और उसके अनुरूप जीने का निर्णय लेते हैं, वे आमतौर पर दूसरों के जीवन पर सबसे बड़ा प्रभाव डालते हैं।

आपका जीवन उद्देश्य समय के साथ बदल सकता है और विकसित हो सकता है। जैसे-जैसे आप स्वयं आगे बढ़ेंगे और विकसित होंगे, वैसे-वैसे आपका उद्देश्य भी बदलेगा। आज आप जो चुनते हैं, वह हमेशा के लिए स्थायी नहीं है। यह समझना कि आपको अपने पूरे जीवन के लिए केवल एक निश्चित उद्देश्य से बंधे रहने की आवश्यकता नहीं है, इसे तय करने को आसान बना सकता है। मुझे लगता है कि जीवन का उद्देश्य चुनना कपड़े पहनकर देखने और ख़रीदने जैसा है। देखें कि यह आप पर कैसा फ़िट बैठता है और आपको कैसा महसूस कराता है। जब तक यह आपको उपयुक्त लगे, इसे अपनाएँ और जब आवश्यक लगे, बदलाव के लिए स्वतंत्र रहें।

यहाँ कुछ जीवन उद्देश्यों के उदाहरण हैं, जिन्हें मैंने अलग-अलग चरणों में अपनाया :

- *19 वर्ष की उम्र : ''मैं जिन लोगों को जानता हूँ, उनमें सबसे सकारात्मक व्यक्ति बनना।''*
- *25 वर्ष की उम्र : ''मैं निःस्वार्थ रूप से जितने संभव हो उतने लोगों के जीवन में सकारात्मक परिवर्तन लाऊँगा।''*
- *29 वर्ष की उम्र : ''मैं वैसा व्यक्ति बनूँगा, जो मैं बनना चाहता हूँ, ताकि अपने जीवन में हर वह चीज़ बना सकूँ, जो मैं चाहता हूँ, और दूसरों की भी इसमें मदद कर सकूँ।''*

- *42 वर्ष की उम्र : ''मानवता की चेतना को ऊँचा उठाने में मदद करूँगा – एक बार में एक व्यक्ति से शुरू करते हुए, पहले अपनी ही चेतना को ऊँचा उठाकर।''*

आप देखेंगे कि इन सभी जीवन उद्देश्यों का सार या तो स्वयं को बेहतर बनाने या दूसरों को ऐसा करने में मदद करने से जुड़ा है।

व्यक्तिगत रूप से, मेरा मानना है कि किसी दूसरे व्यक्ति को दिया जाने वाला सबसे बड़ा उपहार यह है कि हम अपनी पूरी क्षमता को प्राप्त करें। इससे ना केवल हम उन्हें यह दिखा सकते हैं कि क्या संभव है, बल्कि एक प्रेरणादायक उदाहरण भी प्रस्तुत कर सकते हैं और उन्हें उनके पूर्ण सामर्थ्य को प्राप्त करने में सहायता कर सकते हैं। मैं कल्पना करता हूँ कि यदि प्रत्येक व्यक्ति अपने पूर्ण सामर्थ्य तक पहुँचने का प्रयास करे और दूसरों को भी ऐसा करने में सहायता करे, तो हमारे पास एक ऐसी सामाजिक व्यवस्था होगी, जिसमें लोग और अधिक ख़ुश, संतुष्ट और उत्पादक होंगे।

लेकिन यह तो मेरी सोच है। आपका उद्देश्य यह हो सकता है कि आप अपने बच्चों के लिए वह माता-पिता बनें जिसके वे हकदार हैं, या फिर आर्थिक स्वतंत्रता प्राप्त करें। फिर से याद रखें, यहाँ कोई ग़लत उत्तर नहीं है।

कारण 3 : घटनाओं को अलग-थलग करके देखना

औसतपन के सबसे आम लेकिन स्पष्ट न दिखने वाले कारणों में से एक है ''घटनाओं को अलग-थलग करके देखने की धारणा।'' यह तब होता है, जब हम ग़लतफ़हमी से यह मान लेते हैं कि हमारे द्वारा किया गया प्रत्येक चुनाव और प्रत्येक व्यक्तिगत कार्य केवल उसी विशेष क्षण या परिस्थिति को प्रभावित करता है। उदाहरण के लिए, हमें लग सकता है कि व्यायाम ना करना, किसी योजना को टालना या फ़ास्ट फूड खाना कोई बड़ी बात नहीं है, क्योंकि हमें कल फिर से मौक़ा मिलेगा। हम ग़लती करते हैं, जब हम सोचते हैं कि व्यायाम ना करने का प्रभाव केवल उसी दिन तक सीमित रहेगा, और अगली बार हम बेहतर विकल्प चुनेंगे। लेकिन ऐसा करके, हम बड़ी तसवीर को नज़रअंदाज़ कर रहे होते हैं।

हमारा हर एक विचार, चुनाव और कार्य-यहाँ तक कि हमारी सोच भी-हमारे जीवन की गुणवत्ता को निर्धारित करने में बहुत बड़ी भूमिका

निभाते हैं। टी. हार्व एकर ने अपनी बेस्टसेलिंग किताब *सीक्रेट्स ऑफ़ द मिलियनेयर माइंड* में बताया है – ''आप जैसा किसी एक कार्य को करते हैं, वैसा ही आप हर कार्य को करते हैं।''

हर बार जब आप आसान रास्ता चुनते हैं (कुछ भी जो आपके मूल्यों या आपके लक्ष्यों को प्राप्त करने के अनुरूप नहीं है) बजाय सही रास्ता चुनने के (कुछ भी जो आपके मूल्यों के अनुरूप है और आपको आपके लक्ष्यों के क़रीब ले जाता है), तो आप अपनी पहचान को एक ऐसे व्यक्ति के रूप में ढाल रहे होते हैं, जो सही की जगह आसान चीजें करना पसंद करता है। दूसरी ओर, जब आप अपने संकल्पों को निभाने का चुनाव करते हैं–विशेष रूप से तब जब आपका मन ना *चाहता* हो –तो आप अपने जीवन में असाधारण परिणाम उत्पन्न करने के लिए आवश्यक अनुशासन का विकास कर रहे होते हैं (जिसे दुर्भाग्यवश अधिकतर लोग कभी विकसित नहीं करना चाहते)।

समाधान 3 : अपने चुनावों के प्रभाव के प्रति जागरूक रहें

हमें ऐसी घटनाओं को अपने मन में अलग-थलग करके देखने की आदत छोड़नी होगी और व्यापक दृष्टिकोण अपनाना होगा। यह समझें कि आपके द्वारा किया गया हर चुनाव इस बात को प्रभावित करता है कि आप कैसे व्यक्ति बन रहे हैं। जब आप इस दृष्टिकोण को अपनाते हैं, तो आप छोटी-छोटी चीज़ों को भी गंभीरता से लेना शुरू कर देते हैं। सुबह जब अलार्म बजता है और आपका स्नूज़ बटन दबाने का मन करता है, तब आप सोचने लगते हैं – *''रुको, यह वह व्यक्ति नहीं है, जो मैं बनना चाहता हूँ-कोई ऐसा जो सुबह बिस्तर से उठने के लिए भी अनुशासित नहीं है।''* फिर आप *ख़ुद से कहते हैं, ''मैं अभी उठ रहा हूँ, क्योंकि मैं इसके लिए प्रतिबद्ध हूँ (जल्दी उठने, अपने लक्ष्यों को हासिल करने, अपने सपनों का जीवन बनाने के लिए वह व्यक्ति बनने, आदि)।''*

यह मानकर चलें कि आप जो बन रहे हैं, वह कहीं अधिक महत्त्वपूर्ण है; बजाए इसके कि आप क्या कर रहे हैं। और असल में, जो आप कर रहे हैं, वही तय कर रहा है कि आप क्या बन रहे हैं।

कारण 4 : जवाबदेही की कमी

जवाबदेही का अर्थ है किसी कार्य या परिणाम के लिए किसी अन्य व्यक्ति के प्रति ज़िम्मेदार होना। जवाबदेही और सफलता के बीच का संबंध अटूट है। गौर करें कि अत्यधिक सफल लोग–चाहे वे शीर्ष अधिकारी हों, सीईओ, पेशेवर खिलाड़ी हों, या किसी भी क्षेत्र के श्रेष्ठ प्रदर्शनकर्ता–अत्यधिक जवाबदेही को अपनाते हैं। यही उन्हें वह बढ़त देती है, जिसकी उन्हें कार्रवाई करने और असाधारण परिणाम प्राप्त करने के लिए आवश्यकता होती है, ख़ासकर तब जब उनका सर्वश्रेष्ठ प्रदर्शन करने का मन नहीं होता। जवाबदेही लोगों के भीतर से सर्वश्रेष्ठ को सामने लाती है।

इसके अलावा, इस तथ्य पर विचार करें कि हमारे जीवन के पहले 18 वर्षों में जो भी सकारात्मक परिणाम हमने हासिल किए, वे काफ़ी हद तक हमारे जीवन में मौजूद वयस्कों (माता-पिता, शिक्षक, बॉस आदि) द्वारा प्रदान की गई जवाबदेही के कारण संभव हुए। सब्ज़ियाँ खाई गईं, गृहकार्य पूरा किया गया, दाँत ब्रश किए गए, नहाया गया और समय पर सोने की आदत बनी। अगर इन वयस्कों द्वारा दी गई जवाबदेही नहीं होती, तो हम कुपोषित, अशिक्षित, नींद से वंचित और ख़राब बच्चे होते।

ज़रा उस मौक़े को याद करें, जब कोई आप पर निर्भर था कि आप उससे किसी जगह मिलेंगे, लेकिन आपका जाने का बिलकुल मन नहीं था। शायद यह जिम में कसरत करने के लिए था या किसी डिनर के लिए, और अगर वह व्यक्ति आपकी उपस्थिति की उम्मीद नहीं कर रहा होता, तो आप शायद घर पर ही रह जाते। क्या हम हमेशा ज़्यादा प्रतिबद्ध और ज़िम्मेदार महसूस नहीं करते, जब कोई और हमारी जवाबदेही तय करता है?

हक़ीक़त यह है कि जवाबदेही ने हमारे जीवन में अनुशासन और संतुलन बनाए रखा है, जिससे हमें प्रगति करने, सुधार लाने और ऐसे परिणाम हासिल करने में मदद मिली है, जो अन्यथा संभव नहीं होते। समस्या यह है कि हममें से ज़्यादातर लोग जवाबदेही से बचने या पूरी तरह इसे नकारने की प्रवृत्ति रखते हैं। ऐसा इसलिए है, क्योंकि यह हमने ख़ुद नहीं चुना था, बल्कि बचपन में इसे हमारे ऊपर थोप दिया गया था। कोई भी बच्चा कभी यह नहीं कहता, ''माँ, क्या तुम मेरे दाँत ब्रश करने और अच्छी आदतें बनाए रखने की ज़िम्मेदारी लेना चाहोगी? शुक्रिया!'' लेकिन

जैसा कि ज़बरदस्त थोपी गई चीज़ों के साथ होता है, हम जवाबदेही से चिढ़ने लगते हैं। फिर, जब हम 18 साल के हुए, तो हमें जितनी आज़ादी मिल सकती थी, हमने उसे पूरी तरह से अपनाया और जवाबदेही से ऐसे दूर भागे, जैसे वह कोई भयानक बीमारी हो।

जवाबदेही के प्रति यही नकारात्मक रवैया हमें औसत दर्ज़े के जीवन के दलदल में धकेलता है। यह हमें आलसी बनाता है, टालमटोल की आदत डालता है, ज़िम्मेदारियों से बचने की प्रवृत्ति विकसित करता है, और सिर्फ़ न्यूनतम प्रयास करके किसी तरह गुज़ारा करने की मानसिकता पैदा करता है। ज़ाहिर है, यह सब हमारी असीम संभावनाओं को पूरा करने के रास्ते में बाधा डालता है। उदाहरण के लिए, इस किताब को ही लें। हक़ीक़त यह है कि ज़्यादातर लोग, जो किसी भी नॉन-फ़िक्शन किताब को पढ़ते हैं, वे उसमें सीखी गई चीज़ों को कभी लागू नहीं करते, क्योंकि उन्हें ऐसा करने के लिए कोई जवाबदेह नहीं ठहराता। मुझे लगता है कि आप स्वयं भी इससे सहमत होंगे। क्या आपने कभी कोई ऐसी किताब पूरी पढ़ी है, जिसमें जीवन बदलने वाली जानकारी थी, लेकिन आपके द्वारा उठाया गया एकमात्र क़दम यह था कि आपने अगली किताब चुन ली, जिसे आप पढ़ने वाले थे? हाँ, मेरे साथ भी ऐसा हुआ है। लेकिन इसे बदलने का एक तरीक़ा है।

समाधान 4 : अपने जीवन में जवाबदेही को फिर से स्थापित करें

अब जब हम सयाने हो गए हैं और सफलता तथा संतुष्टि प्राप्त करने का प्रयास कर रहे हैं, तो हमें अपने जीवन में फिर से जवाबदेही को आमंत्रित करना होगा। इसके लिए, हमें ख़ुद ही अपनी जवाबदेही की रणनीति तैयार करनी होगी (या फिर माता-पिता के साथ वापस रहने का विकल्प अपनाना होगा)।

आपकी जवाबदेही रणनीति बहुत सरल हो सकती है-किसी मित्र, परिवार के सदस्य या सहकर्मी से संपर्क करें, जो आपकी प्रतिबद्धताओं को पूरा करने में आपका सहयोग कर सके, और उनसे आपका जवाबदेही साथी बनने का अनुरोध करें। अगर आप इसे और प्रभावी बनाना चाहते हैं, तो आप किसी पेशेवर कोच की मदद भी ले सकते हैं, जो लोगों को अनुशासित और जवाबदेह बनाए रखने में प्रशिक्षित होता है।

अपने जीवन में जवाबदेही की शक्ति का अधिकतम लाभ उठाने के लिए, ख़ासकर अपनी नई मिरेकल मॉर्निंग दिनचर्या को लागू करने में, मैं सुझाव देता हूँ कि अभी कुछ मिनट निकालकर सोचें कि आप किसे अपना जवाबदेही साथी बना सकते हैं। मैं यह सुझाव इसलिए दे रहा हूँ ताकि जब आप ''अध्याय 10 : मिरेकल मॉर्निंग 30-दिवसीय जीवन परिवर्तन यात्रा'' तक पहुँचें, तब तक आपके पास कोई ऐसा व्यक्ति हो, जो ना केवल आपको समर्थन और प्रेरणा दे सके, बल्कि जिसके साथ आप भी ऐसा ही कर सकें। इस तरह, आप दोनों एक-दूसरे की जवाबदेही सुनिश्चित करके लाभान्वित होंगे।

अगर आपके मन में यह विचार आ रहा है, *मेरे जानने वालों में से कोई भी यह करने के लिए तैयार नहीं होगा*, तो ज़रा इस पर दोबारा सोचें। आप वास्तव में यह नहीं जानते कि कोई व्यक्ति मानसिक और भावनात्मक रूप से किस स्थिति में है, वह आंतरिक रूप से किन संघर्षों का सामना कर रहा है, और वह बदलाव के लिए कितना तैयार (या मजबूर) है। यदि आप प्रत्यक्ष व्यक्तिगत बातचीत के बदले समूह में अधिक सहज महसूस करते हैं, तो आप एक छोटा जवाबदेही समूह बना सकते हैं, जिसमें कई लोग शामिल हों।

मैंने ऐसा किया था; अपने कुछ सहयोगियों को साप्ताहिक ग्रुप कॉल के लिए आमंत्रित करके, जहाँ हम एक-दूसरे को जवाबदेह बनाते थे और अपने व्यक्तिगत लक्ष्यों को हासिल करने में सहयोग करते थे। परिणाम यह रहा कि हम पाँचों ने अपने करियर का अब तक का सबसे अच्छा वर्ष बिताया। अगर आपके दिमाग़ में कोई उपयुक्त व्यक्ति नहीं है, या आपको लगता है कि आपके जानने वालों में से कोई भी जवाबदेही साथी बनने के लिए तैयार नहीं होगा, तो आप ऑनलाइन मिरेकल मॉर्निंग कम्यूनिटी में भी जवाबदेही साथी की तलाश कर सकते हैं। यह वहाँ आम बात है। जल्दी और आसानी से जवाबदेही साथी खोजने के लिए, आप कुछ ऐसा पोस्ट कर सकते हैं : मैंने अभी द *मिरेकल मॉर्निंग* पढ़ना शुरू किया है और मैं 30-दिनों की यात्रा के लिए एक जवाबदेही साथी की तलाश कर रहा हूँ, जिससे हम एक-दूसरे को सहयोग दे सकें। मैं सेंट्रल टाइम ज़ोन में हूँ, तो अगर कोई इच्छुक है, कृपया बताएँ। धन्यवाद!

याद रखें, जो कोई भी इस पर प्रतिक्रिया देगा, वह संभवतः उस प्रकार का व्यक्ति होगा, जिसे आप अपने सकारात्मक प्रभाव वाले लोगों के समूह में शामिल करना चाहेंगे!

स्पष्ट कर दूँ, मिरेकल मॉर्निंग 30-दिवसीय यात्रा शुरू करने के लिए जवाबदेही साथी रखना कोई अनिवार्यता नहीं है। जब मैंने इसे शुरू किया था, तब मेरे पास कोई जवाबदेही साथी नहीं था। लेकिन, अपने जीवन में निरंतर जवाबदेही को फिर से स्थापित करना, आपको अपने कंफ़र्ट ज़ोन से बाहर निकालने और किसी भी क्षेत्र में अपने परिणामों को अगले स्तर तक ले जाने का सबसे प्रभावी तरीका हो सकता है। इसलिए, मैं आपको सुझाव दूँगा कि 10-15 मिनट निकालकर संभावित जवाबदेही साथियों की एक सूची बनाएँ और उन्हें अपनी मिरेकल मॉर्निंग यात्रा में शामिल होने के लिए आमंत्रित करने पर विचार करें।

कारण 5 : औसत (मीडियॉकर) प्रभाव वाला सामाजिक दायरा

फिर से वही शब्द आया : औसत। याद रखें, इसका मतलब है अपने इच्छित स्तर से कम पर संतोष कर लेना, जबकि आप उससे अधिक हासिल करने में सक्षम हैं। यह एक ऐसी चुनौती है, जिससे हम सभी जूझते हैं। इसके साथ ही, हम अक्सर उन लोगों के महत्त्व को कम आँकते हैं, जिनके साथ हम समय बिताते हैं, और यह समझने में असमर्थ रहते हैं कि हमारा सामाजिक दायरा हमारी मानसिक स्थिति, जीवन की गुणवत्ता और सफलता के स्तर को, लगभग हर पहलू को कितना प्रभावित करता है। आइए, कुछ पल लेकर इस पर गंभीरता से विचार करें।

प्रसिद्ध वक्ता जिम रौन ने कहा था : ''आप उन पाँच लोगों के औसत हैं, जिनके साथ आप सबसे अधिक समय बिताते हैं।'' हालाँकि यह सिद्धांत सही है, लेकिन यह संख्या हमेशा निश्चित नहीं होती। उदाहरण के लिए, यदि आप ज़्यादातर समय केवल एक व्यक्ति के साथ बिताते हैं, तो उसकी सोच, भावनात्मक स्थिति और आदतें आप पर प्रभाव डालेंगी-जो आपकी मानसिकता, भावनात्मक स्थिति और आदतों को भी प्रभावित करेंगी।

यदि आपके सामाजिक दायरे के लोग स्वस्थ भोजन को प्राथमिकता देते हैं, तो आप शायद ही किसी बैठक में मैकडॉनल्ड्स का बैग लेकर

जाएँगे। इसी तरह, यदि आप ऐसे लोगों के साथ समय बिताते हैं, जो अच्छी आमदनी कमाते हैं और पैसे को समझदारी से सँभालते हैं, तो भले ही आप शुरुआत में उनसे बहुत कम कमा रहे हों, उनकी सोच और धन प्रबंधन के तरीक़े का प्रभाव आप पर पड़ेगा, जिससे आपकी वित्तीय सफलता का स्तर भी बढ़ सकता है।

इसके विपरीत, यदि आपके आसपास के लोग आम तौर पर दुखी, अस्वस्थ, भावनात्मक रूप से अस्थिर, आर्थिक रूप से संघर्षरत, लगातार शिकायत करने वाले, और औसत (उनकी क्षमता से कम), जीवन से संतुष्ट रहने वाले हैं, तो यह सब चीज़ें आप पर भी असर डालेंगी। यदि आपके संपर्क में आने वाले लोग अपने जीवन को बेहतर बनाने का प्रयास ही नहीं कर रहे हैं, तो वे आपको भी आगे बढ़ने की प्रेरणा या चुनौती नहीं देंगे।

समाधान 5 : अपने सामाजिक दायरे को बेहतर बनाएँ

ऐसे समान विचारधारा वाले लोगों की तलाश करना, जो आपके मूल्यों को साझा करते हैं और आपके जैसे ही लक्ष्य की ओर बढ़ रहे हैं, अपने जीवन को बेहतर बनाने के सबसे प्रभावी तरीक़ों में से एक है। दुर्भाग्य से, कई पाठक ख़ुद को और अपने जीवन को सुधारने के लिए तैयार होते हैं, लेकिन वे ऐसे लोगों से घिरे होते हैं, जो किसी भी चीज़ में सुधार करने का प्रयास नहीं कर रहे होते। यह स्थिति और भी चुनौतीपूर्ण हो सकती है, जब ऐसे लोग आपके परिवार के सदस्य या जीवनसाथी हों।

हालाँकि, आप इस बात को नियंत्रित नहीं कर सकते कि दूसरे लोग क्या करते हैं, लेकिन आप यह ज़रूर नियंत्रित कर सकते हैं कि आप ख़ुद क्या करते हैं। अंततः, आपको यह तय करना होगा कि आप किस प्रकार के व्यक्ति बनना चाहते हैं-(सकारात्मक, सफल, ख़ुशहाल, साहसी, उदार, आदि) और आप अपना जीवन किस तरह जीना चाहते हैं, भले ही आपके क़रीबी लोग अपने जीवन को जिस भी तरीक़े से जीना चुनें। दूसरे शब्दों में, अपने सामाजिक दायरे को बेहतर बनाना, सबसे पहले ख़ुद को बेहतर बनाने से शुरू होता है। जिस तरह आप जिन लोगों के साथ समय बिताते हैं, वे आपकी सोच और जीवनशैली को प्रभावित करते हैं, उसी तरह आपका व्यवहार भी आपके आसपास के लोगों को प्रभावित करता है।

जैसे-जैसे आप अपनी मिरेकल मॉर्निंगस का अभ्यास करेंगे और अपनी चेतना को ऊपर उठाना शुरू करेंगे - इस बारे में अधिक जागरूक और जानकार बनेंगे कि आपके विचार, शब्द और कार्य आपको और आपके आस-पास के लोगों को कैसे प्रभावित करते हैं - आप स्वाभाविक रूप से उन लोगों को पहचानेंगे और उनकी ओर आकर्षित होंगे, जो चेतना के समान स्तर पर कार्य कर रहे हैं।

हालाँकि ऐसे लोग अक्सर अपने आप आपकी ज़िंदगी में नहीं आते। आपको सक्रिय रूप से ऐसे समान विचारधारा वाले लोगों की तलाश करनी होगी जो आपके व्यक्तिगत विकास में योगदान दें। उन लोगों को खोजें जो सकारात्मक और सक्रिय हैं, जो आप पर विश्वास करते हैं, जो आपका समर्थन और प्रोत्साहन करते हैं, और जिनकी संगति मात्र से आपके जीवन की गुणवत्ता बेहतर हो जाती है।

अक्सर कहा जाता है कि "दुख को संगति पसंद है, लेकिन औसत या दोयम दर्ज़े के लोगों को भी साथी की ज़रूरत होती है। दूसरों के डर, असुरक्षाएँ और सीमित विश्वास आपके लिए क्या संभव है, इसे सीमित नहीं कर पाएँ।"

आपके जीवन में किए गए सबसे महत्त्वपूर्ण संकल्पों में से एक यह होगा कि आप अपने सामाजिक दायरे को लगातार और सक्रिय रूप से सुधारते रहें। हमेशा उन लोगों की तलाश करें, जो आपके जीवन में मूल्य जोड़ते हैं और आपके सर्वश्रेष्ठ रूप को बाहर लाते हैं। और निश्चित रूप से, आप भी ऐसे व्यक्ति बनें, जो दूसरों के लिए यही करते हैं।

कारण 6 : व्यक्तिगत विकास की कमी

हालाँकि सभी इंसान अपने भीतर जन्मजात प्रेरणा और इच्छा लेकर पैदा होते हैं कि वे अपनी पूरी क्षमता तक पहुँचें और एक सार्थक जीवन बनाएँ, लेकिन हममें से ज़्यादातर लोग हर दिन ऐसा करने के लिए समय नहीं निकालते। हम लगातार उन गुणों और विशेषताओं को विकसित करने पर ध्यान नहीं देते, जो हमें उस जीवन को बनाने में सक्षम बनाएँगे। परिणामस्वरूप, हम अनजाने में एक निरंतर संघर्ष का शिकार हो जाते हैं- स्वास्थ्य, ख़ुशी, प्रेम, आत्मविश्वास, आर्थिक सुरक्षा, और सफलता के उस स्तर तक पहुँचने के लिए जिसे हम वास्तव में पाना चाहते हैं।

सोचिए, जब आप व्यक्तिगत विकास के लिए समय नहीं निकालते, तो आपको अनचाही परेशानियों और संघर्षों का सामना करना पड़ सकता है। याद रखें जिम रॉन के उस सिद्धांत को जिसने मुझे मिरेकल मॉर्निंग बनाने के लिए प्रेरित किया : ''आपकी सफलता का स्तर शायद ही कभी आपके व्यक्तिगत विकास के स्तर से अधिक होगा, क्योंकि सफलता वह चीज़ है जिसे आप उस व्यक्ति के रूप में आकर्षित करते हैं, जिसमें आप परिवर्तित होते हैं'' एक तरह से यही मिरेकल मॉर्निंग का सार भी है-व्यक्तिगत विकास को अपनी रोज़मर्रा की आदत बनाना।

समाधान 6 : एक दैनिक व्यक्तिगत विकास प्रक्रिया विकसित करें

व्यक्तिगत विकास आत्म-सुधार का अभ्यास है। आपका व्यक्तिगत विकास स्तर इस बात का प्रतिबिंब है कि आपका मौजूदा सोचने का तरीक़ा, ज्ञान, कौशल, विश्वास और आदतें किस स्तर पर हैं। एक दैनिक व्यक्तिगत विकास प्रक्रिया स्थापित करना और उसके प्रति प्रतिबद्ध रहना आपको लगातार सीखने, बढ़ने और विकसित होने में मदद करेगा-ताकि आप वह व्यक्ति बन सकें, जो ना सिर्फ़ वह जीवन बना सकता है, जिसकी आप चाह रखते हैं, बल्कि उस जीवन का पूरा आनंद भी उठा सकता है। आपके लिए बेहतर जीवन हमेशा संभव है, चाहे आपका अतीत कैसा भी रहा हो, क्योंकि आपका बेहतर संस्करण हमेशा संभव है। उस जीवन की कुंजी है- वह सोच, क्षमताएँ और आदतें विकसित करना, जो आपको लगातार अपनी पसंद का जीवन बनाने और जीने में सक्षम बनाएँ। मिरेकल मॉर्निंग एक दैनिक गतिविधि है, जो सुनिश्चित करती है कि आप अपने व्यक्तिगत विकास के लिए समय निकालें-ताकि आप लगातार खुद को उस व्यक्ति में बदल सकें, जो आप बनने का प्रयास कर रहे हैं। जैसे-जैसे आप बेहतर होते जाते हैं, जीवन भी बेहतर होता जाता है।

कारण 7 : तत्परता की कमी

अपूर्ण संभावित क्षमता का मूल कारण-जो लोगों को उनके जीवन की गुणवत्ता में कोई महत्त्वपूर्ण सुधार करने से रोकता है-यह है कि हमारे भीतर किसी भी चीज़ को अलग तरीक़े से करने की स्वाभाविक तत्परता

नहीं होती। जब तक हम किसी आपातकाल का सामना नहीं कर रहे होते, मानव स्वभाव यही होता है कि हम चीज़ों को जितना संभव हो सके, टालते रहते हैं।

हम आमतौर पर "कभी न कभी" वाली मानसिकता के साथ जीते हैं और ग़लती से मान लेते हैं कि जीवन अपने आप सँभल जाएगा (यदि आप आशावादी हैं) या फिर प्रयास करने का कोई फ़ायदा नहीं (यदि आप निराशावादी हैं)। किसी भी स्थिति में, यह "कभी न कभी" वाली मानसिकता लगातार बनी रहती है, जो जीवन में टालमटोल, अधूरी संभावनाओं और पछतावे की ओर ले जाती है। "कभी न कभी" कभी भी "आज" नहीं बनता, और इसलिए हमारे लिए सार्थक बदलाव लाने का समय कभी आता ही नहीं। तत्परता के अभाव में, संभव है हम एक दिन अचानक जागें और यह सोचें कि–आख़िर हुआ क्या? हमारा जीवन ऐसा *कैसे* हो गया? हम ख़ुद ऐसे कैसे बन गए?

समाधान 7 : हर दिन को अपने जीवन का सबसे महत्त्वपूर्ण दिन बनाएँ

हम सभी ने पछतावे का दर्द अनुभव किया है, जब हमने सोच-विचार कर ख़ुद को अपनी क्षमता से कम जीने, करने और पाने के लिए मना लिया, जिसकी हम वास्तव में क्षमता रखते थे। साधारण दिन, साधारण हफ़्तों में बदल जाते हैं। साधारण हफ़्ते, साधारण महीनों में बदल जाते हैं। और अंततः, साधारण महीने, साधारण वर्षों में बदल जाते हैं।

अब हमें यह दृष्टिकोण अपनाना होगा कि आज हमारे जीवन के किसी भी अन्य समय से अधिक महत्त्वपूर्ण है, क्योंकि हम हर दिन जो चुनाव करते हैं, वही तय करता है कि हम क्या बन रहे हैं और कल क्या करने में सक्षम होंगे। अगर हम आज सही निर्णय लेते हैं, तो कल भी अच्छे निर्णय लेने की हमारी क्षमता बढ़ेगी।

दूसरी ओर, यदि आप आज यह संकल्प नहीं लेते कि ख़ुद को उस व्यक्ति में विकसित करें, जो आपके और आपके प्रियजनों के लिए एक उत्कृष्ट जीवन (लेवल 10 ज़िंदगी) बना सके, तो फिर ऐसा क्या है, जो आपको यह विश्वास दिलाता है कि कल, अगला हफ्ता, अगला महीना या अगला साल कुछ अलग होगा? संभावना है कि कुछ भी नहीं बदलेगा।

यही कारण है कि आपको सचेत रूप से हर दिन को महत्त्वपूर्ण बनाने भावना बनाए रखने का चुनाव करना चाहिए।

तीसरा क़दम : अब अपनी सीमाएँ तय करने का समय आ गया है

इस अध्याय में, हमने साधारण जीवन जीने के सात कारणों की पहचान की है और यह भी समझा कि आप उन्हें कैसे दूर कर सकते हैं। हमने इस सच्चाई को स्वीकार किया है कि समाज ने हमें हमारी वास्तविक क्षमता से कम पर समझौता करने के लिए तैयार किया है। अब आप भली-भाँति जानते हैं कि अधिकांश लोग अपने इच्छित जीवन का निर्माण करने के लिए संघर्ष करते हैं, और यदि हम भी आम लोगों की तरह ही सोचते और जीते रहे, तो बहुत संभावना है कि हम भी अंततः समझौता करने और संघर्ष करने के लिए मजबूर हो जाएँगे।

साधारण जीवन से ऊपर उठने का यह तीसरा और सबसे महत्त्वपूर्ण कदम है-अपनी सीमाएँ तय करना, यह निर्णय लेना कि आज से आप क्या अलग करने जा रहे हैं। ना कि कल, अगले हफ़्ते, अगले महीने, या किसी अनिश्चित ''कभी न कभी'' समय पर। आपका पूरा जीवन उसी दिन बदल जाता है, जब आप तय कर लेते हैं कि अब आप अपनी क्षमता से कम पर समझौता नहीं करेंगे। यदि आपने अभी तक यह निर्णय नहीं लिया है, तो आज वही दिन हो सकता है-जिस दिन आप यह तय करते हैं कि आज आपके जीवन का सबसे महत्त्वपूर्ण दिन है, क्योंकि जो आप *आज* चुनते हैं और जो क़दम आप आज उठाते हैं, वही तय करेंगे कि आप भविष्य में क्या बनेंगे।

चाहे आपको इसका अहसास हो या ना हो, आप पहले से ही अपनी सोच, शब्दों और कार्यों के प्रभाव को लेकर अधिक जागरूक और सचेत हो रहे हैं। इस तरह, आप उस व्यक्ति में बदलने की यात्रा पर पहले ही क़दम रख चुके हैं, जो वह जीवन बना और जी सकता है, जिसका वह हक़दार है।

तो, आइए इस रोमांचक यात्रा की तरफ़ अगला क़दम उठाएँ और इस महत्त्वपूर्ण प्रश्न पर विचार करें...

4

आज सुबह आप बिस्तर से क्यों उठे?

''अगर आप संतुष्टि के साथ सोना चाहते हैं,
तो आपको हर सुबह संकल्प के साथ उठना होगा।''

– जॉर्ज लॉरीमर

''आपका दिन का पहला कर्म या अनुष्ठान सबसे प्रभावशाली
होता है, क्योंकि यही आपकी मानसिकता तय करता है
और पूरे दिन के लिए संदर्भ स्थापित करता है।''

– एबेन पैगन

आपने आज सुबह बिस्तर से उठने की ज़हमत क्यों उठाई? ज़रा एक पल के लिए सोचिए। आप अधिकतर हर सुबह जिस समय उठते हैं, उस समय क्यों उठते हैं? क्या आप अपनी इच्छा से जागते हैं, या इसलिए, क्योंकि आपको *जागना पड़ता है?*

अगर आप अधिकांश लोगों की तरह हैं, तो हर सुबह अलार्म की तेज़ आवाज़ सुनकर अनिच्छा से बिस्तर से बाहर आते हैं, क्योंकि आपको कहीं जाना है, कुछ करना है, या किसी और की ज़िम्मेदारी निभानी है। हम स्नूज़ बटन दबाते हैं और जागने की अनिवार्यता का विरोध करते हैं, बिना यह महसूस किए कि यह प्रतिरोध हमारे अवचेतन मन को शक्तिहीन करने वाले संदेश भेज रहा है, जैसे– "मेरे पास बिस्तर से उठने की भी अनुशासन शक्ति नहीं है, तो मैं अपने जीवन को बदलने के लिए आवश्यक कार्य कैसे कर सकता हूँ?"

अगर हमें यह विकल्प दिया जाए कि हम बिस्तर में जितना संभव हो उतना देर तक पड़े रहें या दिन की शुरुआत सबसे प्रभावी तरीक़े से करें (क्योंकि आमतौर पर ऐसा लगता है कि हमारे पास कोई विकल्प ही नहीं है), तो ज़्यादातर लोग बिस्तर में ही रहना पसंद करेंगे।

"स्नूज़" का अर्थ है हार मान लेना : जागने की सच्चाई

पुरानी कहावत "यू स्नूज, यू लूज़" (अगर आप स्नूज़ करते हैं, तो आप हार जाते हैं) शायद हम जितना समझते हैं, यह उससे कहीं गहरा अर्थ रखती है। जब हम जागने का विरोध करते हैं और बिस्तर से उठने में देर करते हैं, तो हम अपने उस अवसर का भी विरोध कर रहे होते हैं, जो हमें वह जीवन बनाने में मदद कर सकता है, जिसकी हम इच्छा रखते हैं। जब हम अलार्म बजने पर अपने मन में यह कहते हैं– "ओह नहीं, इतनी जल्दी सुबह हो गई? मुझे जागना पड़ेगा! मैं नहीं जागना चाहता!" तो हम अनजाने में अपने आप (और अगर आप ब्रह्मांड में विश्वास करते हैं तो ब्रह्मांड से भी) यह कह रहे होते हैं – "मैं जानता हूँ कि मुझे ख़ुद को और अपने जीवन को

बेहतर बनाना चाहिए, लेकिन अभी मेरी सबसे बड़ी प्राथमिकता यह है कि मैं थोड़ी देर और बेहोश पड़ा रहूँ!''

सोचिए, जब हम इस तरह की विरोधात्मक मानसिकता के साथ अपने दिन की शुरुआत करते हैं, तो उसका हमारे पूरे जीवन पर क्या असर पड़ सकता है! बार-बार स्नूज़ बटन दबाने का आपके शरीर पर भी अपरिहार्य प्रभाव पड़ता है। रॉबर्ट एस. रोसेनबर्ग, जो एरिज़ोना के फ़्लैगस्टाफ़ में स्लीप डिसऑर्डर सेंटर ऑफ प्रेस्कॉट वैली के मेडिकल डायरेक्टर हैं, बताते हैं; जब आप बार-बार स्नूज़ बटन दबाते हैं, तो आप ख़ुद के साथ दो नकारात्मक काम कर रहे होते हैं। पहला, जो भी अतिरिक्त नींद आपको मिल रही होती है, वह टुकड़ों में बँटी और ख़राब गुणवत्ता वाली होती है। दूसरा, आप ख़ुद को एक नया नींद चक्र शुरू करने के लिए मजबूर कर रहे होते हैं, लेकिन उसे पूरा करने के लिए पर्याप्त समय नहीं देते। इसका नतीजा यह होता है कि आप पूरे दिन सुस्ती और थकान महसूस कर सकते हैं।''

बहुत से लोग जो अलार्म बजने के बाद भी जागने के लिए संघर्ष करते हैं, उनके लिए सुबह का समय दिन का सबसे कठिन समय होता है। वे जागते ही अपने जीवन के किसी तनावपूर्ण पहलू को लेकर चिंता करने लगते हैं, और इसी कारण वे जितना संभव हो, उठने में देरी करने की कोशिश करते हैं। कुछ लोग इसलिए सुबह उठने से बचते हैं, क्योंकि उन्हें अपनी नौकरी पर जाना एक मजबूरी लगता है। कुछ लोग अपने असफल हो रहे रिश्तों को लेकर परेशान होते हैं। कुछ लोग दीर्घकालिक अवसाद से जूझ रहे होते हैं, जो उनके मन, भावनाओं और दिल पर भारी पड़ता है, भले ही वे इसकी कोई ठोस वजह नहीं बता सकें।

कारण चाहे कुछ भी हो, अगर हम अपने दिन की शुरुआत उद्देश्य और संकल्प के बिना करते हैं, तो यह हमारे मानसिक स्वास्थ्य और भावनात्मक संतुलन पर नकारात्मक प्रभाव डाल सकता है। यह एक दुष्चक्र बन जाता है : हम निराशा के साथ जागते हैं, पूरे दिन चिंताओं और नकारात्मक भावनाओं में उलझे रहते हैं, 'रात को चिंता या अवसाद के साथ सोते हैं' और अगले दिन फिर वही उदासी और तनाव का सिलसिला दोहराते हैं।

इसके विपरीत, जब आप अपनी सुबह की दिनचर्या में एक व्यक्तिगत विकास कार्यक्रम शामिल करते हैं, जो यह सुनिश्चित करता है कि आप हर

दिन की शुरुआत उद्देश्य, संकल्प और आत्म-विकास के साथ करें, तो आप इस नकारात्मक चक्र को तोड़ देते हैं। अब, बजाय इसके कि आप रात को तनाव और चिंताओं के साथ सोएँ, यह सोचते हुए कि सुबह उठकर फिर उन्हीं समस्याओं का सामना करना पड़ेगा-आप उत्साह और आशा के साथ सो सकते हैं, यह जानते हुए कि आप अपने दिन की शुरुआत उन कारगर तरीक़ों से करेंगे जो आपके जीवन को बेहतर बनाएँगे। सुबह की एक प्रभावी दिनचर्या जीवन की चुनौतियों से निपटने के लिए एक ढाल का काम करती है। जागने पर तुरंत तनाव और घबराहट महसूस करने के बजाय, आप प्रत्येक दिन एक सर्वोत्तम मानसिक, शारीरिक, भावनात्मक और आध्यात्मिक स्थिति में शुरू करते हैं, जो आपको कठिन परिस्थितियों का प्रबंधन करने, जीवन का आनंद लेने और अपने लक्ष्यों को अधिक प्रभावी ढंग से प्राप्त करने में सक्षम बनाएगा।

हमें वास्तव में कितनी नींद की आवश्यकता है?

द *मिरेकल मॉर्निंग* के पहले संस्करण में, मैं पर्याप्त नींद लेने के महत्त्व पर जोर देने में विफल रहा। मैंने इसे बस सतही तौर पर छू लिया। लेकिन नींद हमारे मानसिक, शारीरिक और भावनात्मक स्वास्थ्य को बेहतर बनाने के लिए सबसे महत्त्वपूर्ण उपकरणों में से एक है। हम इस विषय पर ''अध्याय 11 : द मिरेकल इवनिंग'' में गहराई से चर्चा करेंगे, लेकिन मुझे लगता है कि इसे यहाँ पर संबोधित करना महत्त्वपूर्ण है।

जब यह सवाल आता है कि हमें अपने सर्वश्रेष्ठ प्रदर्शन के लिए कितने घंटे की नींद की आवश्यकता है, तो नींद विशेषज्ञ बताएँगे कि ऐसी कोई सार्वभौमिक संख्या नहीं है, जो सभी पर लागू होती हो। नेशनल स्लीप फ़ाउंडेशन के दिशानिर्देशों के अनुसार, स्वस्थ वयस्कों को प्रति रात सात से नौ घंटे की नींद लेनी चाहिए। शिशुओं, छोटे बच्चों और किशोरों को उनके विकास और वृद्धि के लिए अधिक नींद की आवश्यकता होती है। 65 वर्ष से अधिक उम्र के लोगों को भी प्रति रात सात से आठ घंटे की नींद लेनी चाहिए।

आपके लिए आदर्श संख्या कई कारकों से प्रभावित होती है, जैसे आयु, आनुवंशिकी, समग्र स्वास्थ्य, व्यायाम (या उसकी कमी), आहार,

तनाव का स्तर और सोने से पहले की दिनचर्या (जिसमें यह भी शामिल है कि आप सोने से कितनी देर पहले अपना अंतिम भोजन करते हैं)। जहाँ आप छह से सात घंटे की नींद में सर्वश्रेष्ठ महसूस कर सकते हैं, वहीं कोई और आठ या नौ घंटे की नींद लेने के बाद सबसे अच्छा प्रदर्शन कर सकता है।

चूँकि आयु और आनुवंशिकी हमारे नियंत्रण से बाहर हैं, मैं उन कारकों पर ध्यान केंद्रित करना अधिक उपयोगी मानता हूँ, जिन्हें हम नियंत्रित कर सकते हैं अर्थात आहार, व्यायाम और हमारी शाम की दिनचर्या। उदाहरण के लिए, यदि आपका आहार संसाधित खाद्य पदार्थ (प्रोसेस्ड फूड्स), प्रिजर्वेटिव्स, कृत्रिम स्वाद और रंग, कीटनाशकों और अत्यधिक चीनी व कार्बोहाइड्रेट से भरपूर है, तो आपका शरीर इन खाद्य पदार्थों के हानिकारक प्रभावों से निपटने और उपभोग किए गए किसी भी विषाक्त पदार्थ के प्रभाव को समाप्त करने के लिए अधिक नींद की माँग कर सकता है।

इसी प्रकार, यदि आप सोने के समय के बहुत क़रीब (एक या दो घंटे के भीतर) भोजन करते हैं, तो आप सोने की कोशिश करते समय शरीर पर भोजन को पचाने का बोझ डाल रहे हैं, बजाय इसके कि उसे पूरी तरह से आराम करने और तरोताज़ा होने के लिए निर्बाध समय मिले।

दूसरी ओर, यदि आपका आहार मुख्य रूप से स्वस्थ, पोषक तत्वों से भरपूर संपूर्ण खाद्य पदार्थों–जैसे जैविक फल, सब्ज़ियाँ और मांस–पर आधारित है, और आप अपना अंतिम भोजन सोने से कुछ घंटे पहले समाप्त कर लेते हैं (जिससे आपके शरीर को भोजन को सही तरीक़े से पचाने का समय मिल जाता है), तो आपका शरीर बहुत आसानी से विश्राम और पुनर्जीवन पा लेगा। जो व्यक्ति स्वस्थ आहार लेता है, वह लगभग हमेशा अधिक ऊर्जा से भरपूर रहेगा और बेहतर कार्य करेगा, भले ही उसकी नींद की मात्रा कम हो, बनिस्बत उस व्यक्ति के जो अस्वास्थ्यकर आहार लेता है।

चूँकि अनगिनत अध्ययनों और विशेषज्ञों के द्वारा विपरीत प्रमाणों की इतनी विस्तृत शृंखला उपलब्ध है, और चूँकि आवश्यक नींद की मात्रा व्यक्ति–विशेष पर निर्भर करती है, मैं यह दावा करने का प्रयास नहीं करूँगा कि नींद के लिए कोई एक *सही* तरीक़ा है। इसके बजाय, मैं अपने व्यक्तिगत

अनुभव, प्रयोगों और इतिहास के कुछ महानतम दिमाग़ों की नींद की आदतों के अध्ययन से प्राप्त परिणामों को साझा करूँगा। मैं आपको चेतावनी देता हूँ : इनमें से कुछ बातें कुछ हद तक विवादास्पद हो सकती हैं।

कैसे जागें और अधिक ऊर्जावान महसूस करें

नींद की अवधि के विभिन्न प्रयोगों के दौरान, मैंने कुछ अप्रत्याशित खोज की : सुबह हम कैसा महसूस करते हैं, यह काफी हद तक इस बात से प्रभावित होता है कि हम स्वयं कितनी नींद की आवश्यकता महसूस करते हैं और हमें सुबह कैसा महसूस होने वाला है, इस बारे में हमारी *धारणा* क्या है। दूसरे शब्दों में–और यह एक महत्त्वपूर्ण अंतर है–हम सुबह कैसा महसूस करते हैं, यह केवल इस पर निर्भर नहीं करता कि हमें कितने घंटे की नींद मिली, बल्कि इस पर भी निर्भर करता है कि हमें कितनी नींद की आवश्यकता है, इस बारे में हमारी मान्यता क्या है और हम स्वयं को सुबह कैसा महसूस करने के लिए तैयार करते हैं।

उदाहरण के लिए, यदि आपको विश्वास है कि आपको आराम महसूस करने के लिए आठ घंटे की नींद की आवश्यकता है, लेकिन आप आधी रात को बिस्तर पर जा रहे हैं और सुबह 6 बजे उठना है, तो आप शायद ख़ुद से कहेंगे, ''मुझे केवल छह घंटे की नींद मिलेगी, इसलिए मैं सुबह थका हुआ महसूस करूँगा।'' फिर क्या होता है, जब आपका अलार्म बजता है और आपको अहसास होता है कि जागने का समय हो गया है? आपके दिमाग़ में सबसे पहला विचार क्या आता है? यह आमतौर पर वही विचार होता है, जो सोने से पहले आपके मन में था : ''जैसा मैंने सोचा था; मुझे केवल छह घंटे की नींद मिली, और मैं थका हुआ महसूस कर रहा हूँ।''

यह एक स्वतः पूर्ण होने वाली, आत्म-विनाशकारी भविष्यवाणी है। यदि आप ख़ुद से कहते हैं कि आप सुबह थका हुआ महसूस करेंगे, तो चाहे आपको कितने भी घंटे की नींद मिले, आप ख़ुद को थका हुआ महसूस करने के लिए तैयार कर रहे हैं। यदि आपको विश्वास है कि आपको आराम महसूस करने के लिए आठ घंटे की आवश्यकता है, तो आप इससे कम

नींद लेने पर आराम महसूस नहीं करेंगे। लेकिन क्या होगा अगर आप अपनी मान्यताओं को बदल दें?

जिसे अक्सर ''माइंड-बॉडी कनेक्शन'' (या वैज्ञानिक भाषा में ''बायोसाइकोसोशल पैरेडाइम) कहा जाता है, उसकी मूल समझ विकसित करना अत्यधिक उपयोगी हो गया है, क्योंकि शोध लगातार यह साबित कर रहे हैं कि हमारे विचार, भावनाएँ, विश्वास और दृष्टिकोण हमारे जैविक कार्यों को सकारात्मक या नकारात्मक रूप से प्रभावित कर सकते हैं। मस्तिष्क और शरीर तंत्रिका मार्गों के माध्यम से जुड़े होते हैं, और संचार रासायनिक और भौतिक संदेशवाहकों, जैसे न्यूरोट्रांसमीटर और हार्मोन के माध्यम से होता है। ये संदेशवाहक शरीर और मस्तिष्क के बीच संकेतों का संचार करते हैं, जो हमारे दैनिक कार्यों को नियंत्रित करते हैं- जैसे साँस लेना, पाचन क्रिया, दर्द की संवेदनाएँ, हृदय गति, सोचने की प्रक्रिया और भावनाएँ। इसका अर्थ यह है कि आपके विचार और भावनाएँ वास्तव में भौतिक प्रक्रियाएँ हैं, और वे आपके शरीर की प्रणालियों पर महत्त्वपूर्ण प्रभाव डालते हैं। हालाँकि, आपको यह समझने के लिए किसी वैज्ञानिक अध्ययन की आवश्यकता नहीं है कि जब आप तनावग्रस्त और बोझिल महसूस करते हुए सोने जाते हैं, तो आमतौर पर आप तनावग्रस्त और बोझिल महसूस करते हुए ही जागते हैं।

व्यक्तिगत रूप से, मैंने कई बार प्रत्यक्ष रूप से अनुभव किया है कि जब हम अपने माइंड-बॉडी कनेक्शन का सचेतन और जानबूझकर उपयोग करते हैं, तो हमें कितनी अद्भुत शारीरिक शक्ति मिलती है। याद रखें कि मेरी कार दुर्घटना के बाद, डॉक्टरों ने कहा था कि मैं फिर कभी चल नहीं पाऊँगा। हालाँकि, मैंने यह मानने का फ़ैसला किया कि मैं चल सकता हूँ। मैंने ध्यान किया और अपने शरीर को ठीक होते हुए देखा, ख़ुद को चलते हुए देखा। मैंने अटल विश्वास और आशावाद के साथ यह सकारात्मक संकल्प लिया कि मैं फिर से चलूँगा। और मेरी कार दुर्घटना के तीन सप्ताह बाद, जब मेरी टाँग और श्रोणि (पेल्विस) कई जगहों से टूट चुकी थी, डॉक्टर तब चकित रह गए जब एक सामान्य एक्स-रे से पता चला कि मेरा शरीर उनकी अपेक्षाओं से कहीं अधिक तेज़ी से ठीक हो गया था। उसी दिन बाद में, मैंने अपना पहला क़दम उठाया। इस अनुभव ने मुझे माइंड-

बॉडी कनेक्शन संबंध का अध्ययन शुरू करने के लिए प्रेरित किया ताकि मैं इसे बेहतर तरीक़े से समझ और लागू कर सकूँ। कुछ साल पहले, मुझे प्रसिद्ध कैंसर सर्जन और बेस्टसेलिंग लेखक डॉ. बर्नी सीगल का साक्षात्कार करने का अवसर मिला। उन्होंने कहा कि 40 से अधिक वर्षों के अपने करियर में जिन हज़ारों कैंसर रोगियों का उन्होंने इलाज किया, उनमें से लगभग सभी जीवित बचे लोगों में एक बात समान थी–उनकी मानसिकता और विशेष रूप से, उनके ठीक होने की क्षमता में उनका विश्वास। उन्होंने कहा कि उन्होंने कई ऐसे रोगियों के साथ काम किया, जिन्हें आंकड़ों के हिसाब से जीवित नहीं रहना चाहिए था, और उन सभी में एक बात समान थी–उन्होंने यह अटूट विश्वास बनाए रखा कि वे जीवित रहेंगे, भले ही परिस्थितियाँ उनके ख़िलाफ़ खड़ी हों। उन्होंने यह भी कहा कि उन्होंने असंख्य ऐसे रोगियों को देखा, जिन्हें अपेक्षाकृत कम घातक कैंसर था, लेकिन जिन्होंने ठीक होने की आशा छोड़ दी थी – दुर्भाग्यवश वे जीवित नहीं रह सके।

वैज्ञानिक अनुसंधान, अन्य लोगों के असंख्य अनुभवों और अपने स्वयं के अनुभव के आधार पर, मैं यह मानता हूँ कि यदि हम अपने मन का उपयोग करके बाधाओं को पार कर सकते हैं और असंभव लगने वाली शारीरिक बीमारियों को हरा सकते हैं, तो हम उसी मन का उपयोग अपनी नींद की गुणवत्ता और सुबह महसूस होने वाली भावनाओं को प्रभावित करने के लिए भी कर सकते हैं। इस सिद्धांत को परख़ने के लिए, मैंने नींद की विभिन्न अवधियों पर प्रयोग किया; कम से कम चार घंटे से लेकर अधिकतम नौ घंटे तक। मेरे प्रयोग में एकमात्र अन्य परिवर्तनशील बात वह विचार था कि मैं अपनी नींद के घंटों के आधार पर सुबह कैसा महसूस करूँगा। यह इस पर निर्भर करेगा कि मैंने कितने घंटे की नींद ली। पहले, मैंने ख़ुद से कहा कि मैं पर्याप्त नींद नहीं ले रहा हूँ और सुबह उठने पर मुझे बहुत थकान महसूस होगी। सोने से पहले इस विश्वास को अपनाने से यह एक स्वतःपूर्ण होने वाली भविष्यवाणी बन गई।

चार घंटे की नींद पर, मैं थका हुआ उठा।

पाँच घंटे की नींद पर, मैं थका हुआ उठा।

छह घंटे की नींद पर, आपने सही अनुमान लगाया-मुझे थकान महसूस हुई।

सात घंटे, आठ घंटे, नौ घंटे-नींद के घंटे बढ़ने से मेरी सुबह की अनुभूति में कोई ख़ास बदलाव नहीं आया। जब तक मैंने ख़ुद से यह कहा कि मैंने पर्याप्त नींद नहीं ली और सुबह मुझे थकान महसूस होगी, तब तक मैं ठीक वैसा ही महसूस करता रहा।

फिर, मैंने उसी प्रयोग को एक अलग विचार के साथ किया। मैंने निम्नलिखित सशक्त रात्रिकालीन सकारात्मक संकल्प वाक्य दोहराया ताकि मैं सुबह ऊर्जावान और उत्साहित महसूस कर सकूँ, चाहे मैं कितने भी घंटे की नींद लूँ :

> *मैं आभारी हूँ कि मुझे आज रात — घंटे की नींद मिल रही है। मेरा मन और शरीर असाधारण चीज़ें करने में सक्षम हैं, जिनमें से सबसे छोटी बात — घंटे की नींद से प्रचुर ऊर्जा उत्पन्न करना है। मैं जानता हूँ कि मेरी मानसिकता मेरे शरीर विज्ञान को प्रभावित करती है, इसलिए मैं कल सुबह ऊर्जावान और अपने मिरेकल मॉर्निंग को करने के लिए उत्साहित महसूस करने का चुनाव करता हूँ।*

चाहे मैंने नौ, आठ, सात, छह, पाँच या केवल चार घंटे की ही नींद ली हो, जब तक मैं सोने से पहले यह सचेत रूप से तय करता था कि मुझे पर्याप्त नींद मिल रही है और मैं ऊर्जावान महसूस करने वाला हूँ, तब तक मैं लगातार पहले से बेहतर महसूस करते हुए जागता था।

हालाँकि, मेरी बातों को सिर्फ़ मान लेने की ज़रूरत नहीं है। मैं आपको इसे ख़ुद आजमाने के लिए प्रोत्साहित करता हूँ। यहाँ मैं स्पष्ट करना चाहता हूँ कि मैं यह सुझाव नहीं दे रहा हूँ कि यह कहना कि आपको पर्याप्त नींद मिल रही है, पर्याप्त नींद लेने के महत्त्व से अधिक प्रभावी है। पर्याप्त और नियमित नींद आपके मस्तिष्क और शरीर की इष्टतम कार्यक्षमता के लिए आवश्यक है, और नींद की कमी आपके शारीरिक, मानसिक और भावनात्मक स्वास्थ्य के लिए विनाशकारी हो सकती है।

मैं जो सुझाव दे रहा हूँ, वह यह है कि सोने से पहले आप अपने आप से जो कहते हैं, वह इस बात को प्रभावित करता है कि आप सुबह कैसा

महसूस करेंगे। इसलिए, आपको इस बात की ज़िम्मेदारी लेनी होगी कि आप अपने सोने के समय को इस तरह व्यवस्थित करें कि आप हर सुबह ऊर्जावान और उत्साहित महसूस करें, चाहे आप कितने भी घंटे सोए हों।

तो, आपको *वास्तव में* कितने घंटे की नींद की आवश्यकता है? यह आप ही बताइए।

हम ''अध्याय 11 : द मिरेकल ईवनिंग'' में आपके सोने की प्रक्रिया को बेहतर बनाने के लिए एक रात्रिकालीन प्रक्रिया स्थापित करने के बारे में और अधिक चर्चा करेंगे। और यदि आप अपनी नींद को बेहतर बनाने के तरीकों को और गहराई से समझना चाहते हैं, तो मैं आपको शॉन स्टीवेन्सन द्वारा लिखित *स्लीप स्मार्ट : 21 प्रोवेन टिप्स टु स्लीप योर वे टु अ बेटर बॉडी, बेटर हेल्थ, ऐंड बिगर सक्सेस* पढ़ने की सलाह देता हूँ। यह मेरी पसंदीदा पुस्तकों में से एक है और नींद के विषय पर सबसे अच्छी तरह से शोध की गई पुस्तकों में से एक है।

हर सुबह को क्रिसमस जैसी बनाने का रहस्य

एक ऐसे समय को याद करें, जब आप सुबह जागने के लिए उत्साहित रहते थे। शायद यह किसी ऐसी छुट्टी के लिए जल्दी उड़ान पकड़ने के लिए था, जिसका आप महीनों से इंतज़ार कर रहे थे। हो सकता है, यह आपका स्कूल में पहला दिन था, या फिर किसी नई नौकरी में आपका पहला दिन। शायद यह आपकी शादी का दिन था या आपका जन्मदिन। व्यक्तिगत रूप से, जब मैं बच्चा था और क्रिसमस की सुबह होती थी, तब मैं जितनी भी देर सोया हूँ, इससे फ़र्क़ नहीं पड़ता था-मैं जागने के लिए सबसे ज़्यादा उत्साहित और ऊर्जावान महसूस करता था। क्या आप इससे जुड़ाव महसूस कर सकते हैं?

आपके लिए वे जो भी अवसर थे, जब वह सुबह आई, तो आपने कैसा महसूस किया? क्या आपको बिस्तर से बाहर निकलने के लिए ख़ुद को मजबूर करना पड़ा? शायद नहीं। ऐसी सुबहों में हम जागने के लिए बेताब होते हैं! हम ऊर्जावान और वास्तव में उत्साहित महसूस करते हैं। हम जल्दी से कंबल हटा देते हैं और फुर्ती से खड़े हो जाते हैं, दिन की

शुरुआत के लिए पूरी तरह तैयार! कल्पना करें, अगर आपकी हर सुबह ऐसी हो। यह संभव है।

द मिरेकल मॉर्निंग मुख्य रूप से उस अनुभव को दोबारा पाने के बारे में है, जब आप सुबह जागकर ऊर्जावान और उत्साहित महसूस करते हैं-और यह हर दिन, अपनी पूरी ज़िंदगी के लिए करना संभव है! यह बस कुछ मिनट की बात है, सोने से पहले अपनी मंशा तय करने की और यह सचेत रूप से तय करने की कि आप सुबह उठकर कैसा महसूस करने वाले हैं। यह अपने दिन की शुरुआत उद्देश्य के साथ करने के बारे में है; इसलिए नहीं कि आपको करना है, बल्कि इसलिए कि आप सच में करना चाहते हैं-और ख़ुद को विकसित करने के लिए समय देने के बारे में है, ताकि आप वह इंसान बन सकें, जो एक असाधारण, संतोषजनक और समृद्ध जीवन बना सके, जिसकी आप कल्पना कर सकते हैं।

लेकिन रुकें-हममें से जो लोग अपना ज़्यादातर जीवन यह मानते हुए बिता चुके हैं कि हम सुबह जल्दी उठने वाले व्यक्ति *नहीं* हैं, उनके लिए हर दिन उत्साहित होकर जागने और अपनी मनचाही ज़िंदगी बनाने के लिए बिस्तर से कूदकर बाहर निकलने में एक आख़िरी बाधा हो सकती है। कौन-सी बाधा की बात हो रही है? यह वह लगभग अप्रतिरोध्य आकर्षण है... *स्नूज़ बटन का!*

5

स्नूज़ बटन पर जीत पाने की 5-चरणीय रणनीति

''अगर आप वास्तव में इस बारे में सोचें,
तो सुबह स्नूज़ बटन दबाना किसी भी तरह से समझदारी नहीं है।
यह ऐसा है, जैसे कहना, 'मुझे सुबह उठना पसंद नहीं है,
इसलिए मैं इसे बार-बार दोहराता हूँ।'''

– डेमेट्री मार्टिन

''मुझे सुबहें ज़्यादा पसंद आतीं अगर वे थोड़ी देर
से शुरू होतीं।''

– अज्ञात

हाय, मेरा नाम हैल है, और मैं एक सुधारशील स्नूज़-आसक्त हूँ। मुझे आख़िरी बार स्नूज़ बटन दबाए 15 साल, 3 महीने और 12 दिन हो चुके हैं।

मज़ाक़ अपनी जगह है, लेकिन अगर इस अध्याय में बताई गई पाँच चरणों वाली सरल रणनीति ना होती, तो मैं अब भी बार-बार स्नूज़ बटन दबाने की आदत का शिकार होता और अपने आजीवन आत्म-सीमित करने वाला विश्वास पाले रहता कि मैं कोई "सुबह जल्दी उठने वाला व्यक्ति" नहीं हूँ। आइए चर्चा करें कि इन दोनों बाधाओं को कैसे दूर किया जाए।

मैंने सुना है कि वास्तव में किसी को भी जल्दी जागना पसंद नहीं होता, लेकिन हर किसी को जल्दी जागने के बाद मिलने वाली अनुभूति से प्यार होता है। यही बात अक्सर व्यायाम के बारे में भी कही जाती है कि किसी को वास्तव में कसरत करना पसंद नहीं होता, लेकिन हर कोई कसरत करने के बाद मिलने वाली ताज़गी को पसंद करता है।

हालाँकि शुरुआत में यह सच हो सकता है कि हमें कोई नई आदत अपनाने में आनंद नहीं आता, लेकिन एक बार जब वह आदत बन जाती है और हम उसके लाभों का अनुभव कर लेते हैं, तो ना केवल वह स्वचालित और आनंददायक हो जाती है, बल्कि उसे *ना* करना भी कठिन हो सकता है। उदाहरण के लिए, मेरी पत्नी को लंबे अंतराल के बाद फिर से व्यायाम शुरू करने में संघर्ष करना पड़ा, और अब वह जिम जाना पसंद करती है और जब वह नहीं जा पाती, तो निराश हो जाती है। व्यक्तिगत रूप से, मुझे सुबह उठना और अपने S.A.V.E.R.S. करना पसंद है, जैसा कि अधिकांश मिरेकल मॉर्निंग अभ्यास करने वालों को पसंद है। यह मेरी दिनचर्या में इतनी गहराई से समाया हुआ है और मेरे जीवन की गुणवत्ता के लिए इतना लाभदायक है कि इसे नहीं करना मुश्किल लगता है।

एक परिप्रेक्ष्य जिसने मुझे जल्दी उठने की आदत डालने में मदद की, वह यह था कि मैं केवल अपने दिन के अनुपयोगी समय को अत्यधिक उत्पादक सुबह के समय से बदल रहा था। अचानक, देर रात तक टीवी देखने, सोशल मीडिया स्क्रॉल करने, शराब पीने या अन्य मानसिक रूप से सुस्त करने वाली गतिविधियों में लिप्त रहने के बजाय, मैं अपने दिन के अंत

में व्यर्थ जाने वाले समय को कम कर रहा था ताकि मैं अपनी सुबह को अधिक उत्पादक बना सकूँ।

आपकी मिरेकल मॉर्निंग्स के लिए आपके सोने के समय में किसी भी तरह की कटौती करने की आवश्यकता नहीं है। यह समय आपके दिन की सबसे बड़ी समय बर्बाद करने वाली गतिविधियों से निकाला जा सकता है।

अपने जागने की प्रेरणा के स्तर को बढ़ाना

अपने सामान्य सुबह के समय के बारे में सोचें। जिस क्षण आपका अलार्म बजता है, अगर आपको जागने और बिस्तर से बाहर निकलने की प्रेरणा को 1 से 10 के पैमाने पर रेट करना हो (जहाँ 10 का मतलब है कि आप पूरी तरह से तैयार हैं, जागने और दिन की शुरुआत करने के लिए, और 1 का मतलब है कि आप सिर्फ़ सोते रहना चाहते हैं), तो आप ख़ुद को किस स्तर पर रखेंगे? यह संख्या वही है, जिसे मैं आपका ''वेक-अप मोटिवेशन लेवल'' (W.U.M.L.) कहता हूँ, और मुझे लगता है कि यह कहना सुरक्षित है कि हममें से अधिकांश लोग शायद इसे 1 या 2 के क़रीब रेट करेंगे, ना कि 10 के। जब आप आधे सोए हुए होते हैं, तो स्नूज़ बटन दबाने और सोते रहने की इच्छा स्वाभाविक होती है। यह नींद जड़ता (स्लीप इनरशिया) का प्रभाव है।

सवाल यह है कि जब आपका W.U.M.L. केवल 1 या 2 पर होता है और आपका अलार्म बजता है, तो आप ख़ुद को बिस्तर से उठने और दिन की शानदार शुरुआत करने के लिए आवश्यक प्रेरणा कैसे उत्पन्न कर सकते हैं?

उत्तर है- *एक क़दम एक समय में।*

स्नूज़ बटन पर जीत पाने की 5-चरणीय रणनीति

यहाँ पाँच सरल स्नूज़-प्रूफ़ क्रिया कलाप दिए गए हैं, जो सुबह जागने और स्नूज़ बटन को हराने को पहले से कहीं अधिक आसान बना देंगे।

चरण 1 : सोने से पहले एक सशक्त लक्ष्य निर्धारित करें

सुबह को सफल बनाने के लिए पहला क़दम यह याद रखना है : *सुबह आपकी पहली सोच आमतौर पर वही होती है, जो आपकी आख़िरी सोच सोने से पहले थी।* यही बात आपके मानसिक और भावनात्मक स्थिति पर भी लागू होती है। यदि आप तनावपूर्ण विचारों के साथ सोते हैं और चिंता या भारीपन महसूस कर रहे होते हैं, तो संभावना है कि आप उसी मानसिकता और भावनाओं के साथ जागेंगे।

आप सोते समय जिस मानसिक और भावनात्मक स्थिति में रहते हैं, वह आपके अवचेतन मन पर प्रभाव डालती है और यह तय करती है कि आप सुबह कैसा महसूस करेंगे। इसलिए, यह पूरी तरह से तार्किक है कि हम इस बात को प्राथमिकता दें कि हम सोने से पहले किन विचारों पर ध्यान केंद्रित करें और किन भावनाओं को अपनाएँ।

सुबह एक सर्वोत्तम मानसिक और भावनात्मक स्थिति में जागने का पहला क़दम यह है कि आप इसकी ज़िम्मेदारी लें और इसके लिए सक्रिय रूप से प्रयास करें। इसे करने का सबसे आसान तरीक़ा यह है कि सोने से ठीक पहले एक सशक्त लक्ष्य निर्धारित करें कि जब आप जागेंगे तो कैसा महसूस करेंगे। हम रात्रि के सकारात्मक संकल्पों और अन्य उपकरणों का पता अध्याय 11 में लगाएँगे, जिससे आप अपने दिन को मिरेकल मॉर्निंग के लिए सर्वोत्तम रूप से तैयार कर सकें।

यह पहला क़दम–सोने से पहले एक सशक्त लक्ष्य निर्धारित करना– आपकी अपेक्षा से कहीं अधिक प्रभावशाली है और इसे नज़रअंदाज़ नहीं किया जाना चाहिए। याद रखें, आपकी सुबह की मानसिक और भावनात्मक स्थिति आमतौर पर वही होती है, जो आपकी सोने से पहले की थी। इसे कम करके नहीं आँका जा सकता। प्रत्येक रात केवल कुछ मिनट लेकर, आप एक सशक्त लक्ष्य स्थापित कर सकते हैं कि आप ऊर्जावान और उत्साहित होकर जागेंगे और अपने दिन को बेहतर बनाएँगे।

चरण 2 : अपना अलार्म घड़ी कमरे के दूसरी ओर रखें

यह सुबह बिस्तर से उठने के लिए सबसे आसान और फिर भी सबसे प्रभावी रणनीतियों में से एक हो सकती है। बस अपनी अलार्म घड़ी को सोने की

जगह से जितना संभव हो उतना दूर रखें। मैं अपनी अलार्म घड़ी बाथरूम के सिंक पर रखता हूँ। यह सुनिश्चित करता है कि जैसे ही अलार्म बजे, आपको बिस्तर से उठना पड़ेगा और तुरंत अपना शरीर हिलाना होगा। गतिशीलता ऊर्जा उत्पन्न करती है, इसलिए जब आप उठकर अलार्म बंद करने के लिए चलते हैं, तो यह स्वाभाविक रूप से आपको अधिक जाग्रत महसूस करने में मदद करता है ताकि आप पूरी तरह जागे रहें।

इसे इस तरह भी समझ सकते हैं : हर मिनट जब आप जागते और सीधे खड़े होते हैं, तो आपकी जागने की प्रेरणा का स्तर (W.U.M.L.) बढ़ता है। बस ख़ुद को इस तरह से व्यवस्थित करना कि आपको अलार्म बंद करने के लिए बिस्तर से उठकर कमरे के दूसरी ओर जाना पड़े, यह आपके W.U.M.L. को तुरंत 1 से 2 या 3 तक बढ़ा सकता है। हालाँकि, हो सकता है कि आप अभी भी दिन की शुरुआत करने के लिए तैयार महसूस नहीं करें। तो फिर...

चरण 3 : अपने दाँत ब्रश करें

मुझे पता है, मुझे पता है। आप शायद सोच रहे होंगे, *"हल, क्या तुम सच में मुझसे कह रहे हो कि 'अपने दाँत ब्रश करो'?"* क्या तुम यह सुझाव दे रहे हो कि सुबह उठने की इस पूरी जद्दोजहद का समाधान मौखिक स्वच्छता है? बिलकुल नहीं। यहाँ मुख्य बात यह है कि ख़ुद को कुछ ऐसे सरल और स्वचालित कार्यों में व्यस्त रखा जाए, जो आपके शरीर को सक्रिय रखें और आपको पूरी तरह जागने के लिए थोड़ा और समय दें।

अलार्म बंद करने के बाद, सीधे बाथरूम में जाएँ और अपने दाँत ब्रश करें। साथ ही, हो सके तो अपने चेहरे पीर गुनगुना या ठंडा पानी भी छिड़कें। यह साधारण गतिविधि आपको दिन के अनुकूल होने का अधिक समय देगी और आपके जागने की प्रेरणा के स्तर को 2 या 3 से बढ़ाकर 3 या 4 तक कर देगी। अब जब आपका मुँह ताज़गी से भर गया है और आप अधिक जाग्रत महसूस करने लगे हैं, तो अब समय आ गया है ख़ुद को हाइड्रेट करने का।

चरण 4 : एक पूरा गिलास पानी पिएँ

आपको शायद यह अहसास नहीं हो, लेकिन छह से आठ घंटे बिना पानी के रहने के बाद, हमारा शरीर हल्का निर्जलित हो जाता है, और निर्जलीकरण (डिहाइड्रेशन) थकान का कारण बनता है। अक्सर, जब लोग दिन के किसी भी समय थकान महसूस करते हैं, तो उन्हें अधिक पानी की ज़रूरत होती है, ना कि अधिक नींद की।

आप सोते समय पानी नहीं पी रहे होते, और यह वैज्ञानिक रूप से सिद्ध है कि हम नींद के दौरान पसीने और साँसों के माध्यम से लगभग एक लीटर तरल पदार्थ खो देते हैं। इसलिए, यह अत्यंत आवश्यक है कि आप जागने के तुरंत बाद ख़ुद को हाइड्रेट करने को प्राथमिकता दें।

बहुत से लोगों के लिए, काफ़ी उनकी सुबह का पसंदीदा पेय होती है। और जबकि काफ़ी के कई फायदे हैं, लेकिन हाइड्रेट करना उनमें से एक नहीं है। काफ़ी एक मूत्रवर्धक होती है और यह और अधिक निर्जलीकरण पैदा कर सकती है। लेकिन चिंता ना करें, आप निश्चित रूप से अपनी सुबह की कैफ़े लाटे का आनंद ले सकते हैं; मैं बस यही सुझाव दूँगा कि इसे पीने से पहले कम से कम एक गिलास पानी ज़रूर पी लें।

अतिरिक्त लाभों के लिए-जिनमें 84 आवश्यक खनिजों और इलेक्ट्रोलाइट्स की भरपाई, ऊर्जा स्तर बढ़ाना, लिवर को डिटॉक्स करना, और यहाँ तक कि वज़न घटाने में मदद करना (क्योंकि शोध से पता चला है कि हाइड्रेटेड रहने से शरीर की मेटाबॉलिज़्म दर बढ़ती है)-बस अपने पानी में एक चुटकी हिमालयी समुद्री नमक (पिंक साल्ट) और ताज़ा नींबू का रस मिला लें। यह मिश्रण विटामिन सी प्रदान करता है, प्रतिरक्षा प्रणाली को मज़बूत करता है, और आपको अंदर से तरोताज़ा महसूस करने में मदद करता है।

सुबह सबसे पहले पानी पीना याद रखने के लिए, मैं सोने से पहले अपने बेड की साइड टेबल पर एक गिलास पानी रख देता हूँ। सुबह ब्रश करने के बाद, मैं तुरंत इसका आधा पी लेता हूँ, और फिर धीरे-धीरे बाक़ी ख़त्म करता हूँ।

यहाँ उद्देश्य यह है कि जितनी जल्दी हो सके अपने शरीर और मस्तिष्क को पुनः हाइड्रेट किया जाए ताकि सोने के दौरान जो पानी नहीं

मिला, उसकी भरपाई की जा सके। जब आप एक गिलास पानी पीकर ख़ुद को हाइड्रेट करते हैं, तो आपका वेक-अप मोटिवेशन लेवल 3 या 4 से बढ़कर 5 या 6 तक हो जाता है।

चरण 5 : अपने वर्कआउट के कपड़े पहनें

अंत में, जो भी कपड़े आप व्यायाम के लिए पहनना पसंद करते हैं, उन्हें पहन लें ताकि आप अपने बेडरूम से बाहर निकलने और तुरंत अपने "मिरेकल मॉर्निंग" अभ्यास में संलग्न होने के लिए तैयार हो जाएँ, जिसमें एक छोटा सा व्यायाम सत्र (S.A.V.E.R.S.में से *E*) शामिल होगा। इन कुछ अतिरिक्त मिनटों में बिना किसी विशेष प्रयास के तैयार होना ना केवल आपके मस्तिष्क और शरीर को जागने के लिए अधिक समय देता है, जिससे आपका W.U.M.L. 6 या 7 तक बढ़ जाता है, बल्कि यह आपके अवचेतन और चेतन मन को यह स्पष्ट संकेत भी देता है कि अब आप आधिकारिक रूप से दिन की शुरुआत कर चुके हैं।

इन सभी चरणों को पूरा करने में केवल कुछ मिनट लगते हैं, और जब आप ऐसा करते हैं, तो आपका W.U.M.L. स्वाभाविक रूप से बढ़ जाता है, जिससे जागे रहना और "मिरेकल मॉर्निंग" करने के लिए आवश्यक ऊर्जा उत्पन्न करना बहुत आसान हो जाता है।

यदि आप यह निर्णय तब लेने की कोशिश करते हैं, जब आपका अलार्म बजता है और आपका W.U.M.L. अभी भी 1 के आसपास है, तो यह बहुत कठिन हो सकता है।

मिरेकल मॉर्निंग कम्युनिटी बोनस वेक-अप टिप्स

ध्यान रखें कि हालाँकि यह सरल पाँच-चरणीय रणनीति अनगिनत लोगों के लिए कारगर साबित हुई है, लेकिन सुबह उठना आसान बनाने के लिए ये पाँच क़दम ही एकमात्र तरीक़ा नहीं हैं। मिरेकल मॉर्निंग कम्युनिटी का हिस्सा बनने का एक प्रमुख लाभ यह है कि प्रत्येक व्यक्ति अपनी दिनचर्या

और आदतों को बेहतर बनाने पर ध्यान केंद्रित करता है, जो कारगर होता है उसे साझा करता है और सक्रिय रूप से समुदाय का समर्थन करता है। यहाँ कुछ सुझाव दिए गए हैं, जो मैंने मिरेकल मॉर्निंग कम्युनिटी के सदस्यों से साझा होते देखे हैं :

- **वाइब्रेटिंग अलार्म घड़ी का उपयोग करें :** यदि आप किसी ऐसे व्यक्ति के पास सोते हैं, जिसे अलार्म बजने की आवाज़ से परेशानी होती है, जैसे कि आपके जीवनसाथी या छोटे बच्चे, तो आपको रचनात्मक तरीकों से समाधान निकालना पड़ सकता है। सौभाग्य से, वाइब्रेटिंग अलार्म घड़ी के कई विकल्प उपलब्ध हैं। इनका मुख्य रूप से दो प्रकार का डिज़ाइन होता है–पहला, पहनने योग्य तकनीक, जैसे कि कलाई पर पहना जाने वाला उपकरण और दूसरा, एक वाइब्रेटिंग पॉड जो तकिए के नीचे रखा जाता है। बस गूगल या अमेज़ॉन पर "वाइब्रेटिंग अलार्म क्लॉक" सर्च करें और अपने लिए उपयुक्त विकल्प चुनें।
- **अपने बेडरूम हीटर के लिए टाइमर सेट करें :** यदि आप ठंडे मौसम के कारण सुबह उठने में कठिनाई महसूस करते हैं, तो यह सुझाव आपके लिए उपयोगी हो सकता है। मिरेकल मॉर्निंग कम्युनिटी की एक सदस्य ने बताया कि सर्दियों में वह अपने बिस्तर के पास एक पोर्टेबल हीटर रखती हैं, जिसे एक टाइमर से जोड़ा गया है, जो उनके अलार्म बजने से 15 मिनट पहले अपने आप चालू हो जाता है। इससे जब वह जागती हैं, तो कमरा पहले से गर्म होता है और ठंड से बचने के लिए वापस कंबल में जाने की इच्छा नहीं होती। उन्होंने कहा कि इससे बहुत बड़ा फ़र्क़ पड़ता है!
- **कैफ़ीन को बिस्तर के पास रखें :** मैंने इस पुस्तक के अद्यतन और विस्तारित संस्करण में इस सुझाव को शामिल करने में थोड़ी हिचकिचाहट महसूस की, क्योंकि यह कुछ हद तक उस बात के विपरीत है, जो मैंने पहले दिन की शुरुआत कॉफ़ी से करने के बारे में लिखी थी – लेकिन मेरी बात ज़रूर सुनें। हाल

ही में, मैंने पीक ऑर्गेनिक जैस्मीन ग्रीन टी (जो बारीक पिसे हुए पाउडर के रूप में होती है और कमरे के तापमान वाले पानी में आसानी से मिल जाती है) का एक पैकेट तैयार करके अपने बेड के साइड टेबल पर रखना शुरू किया है। इसके लिए केवल छह से आठ औंस पानी की ज़रूरत होती है और यह 45 से 55 मिलीग्राम कैफ़ीन प्रदान करती है। ग्रीन टी में पॉलीफ़ेनोल्स भरपूर मात्रा में होते हैं, जिनके अद्भुत स्वास्थ्य लाभ हैं, साथ ही इसमें एल-थियनाइन नामक अमीनो एसिड होता है, जो कैफ़ीन के प्रभावों को संतुलित करने में मदद करता है। अध्ययनों से पता चला है कि यह ध्यान और एकाग्रता बढ़ाने में भी सहायक है। जैसे ही मेरा अलार्म बजता है, मैं तुरंत पूरी ग्रीन टी एक ही बार में पी लेता हूँ, ताकि जब मैं बाक़ी स्नूज़-प्रूफ वेक-अप स्टेप्स का पालन कर रहा होता हूँ, तब तक कैफीन असर करना शुरू कर दे और ऊर्जा व मानसिक स्पष्टता को बढ़ा सके। मुझे जो भी मदद मिल सके, मैं उसे स्वीकार करने के लिए तैयार हूँ! बेशक, इसके तुरंत बाद मैं एक पूरा गिलास पानी पीकर ख़ुद को रीहाइड्रेट करता हूँ।

अपनी स्नूज़-प्रूफ़ वेक-अप स्ट्रेटेजी को स्वतंत्र रूप से अनुकूलित करें। याद रखें, उद्देश्य एक सरल, प्रभावी और पहले से निर्धारित चरण-दर-चरण प्रक्रिया बनाना है, जो न्यूनतम प्रयास की आवश्यकता रखती हो और जागने व दिन की शुरुआत को यथासंभव आसान बना सके।

इसका पालन करने में देरी नहीं करें! आज रात से ही शुरू करें। अपना अलार्म क्लॉक कमरे के दूसरी ओर रखें, सोने से पहले एक प्रेरणादायक संकल्प निर्धारित करें, अपने नाइटस्टैंड पर एक गिलास पानी रखें ताकि इसे ब्रश करने के बाद पी सकें, और फिर S.A.V.E.R.S. को अपनाने के लिए अपनी वर्कआउट वाली ड्रेस पहनकर सोएँ। अगले अध्याय में इस पर विस्तार से चर्चा की जाएगी।

6

द लाइफ़ सेवर्स (S.A.V.E.R.S.)

6 आदतें जो आपके जीवन को बदल देंगी

''सफलता वह चीज़ है, जिसे आप उस व्यक्ति के रूप में आकर्षित करते हैं, जिसमें आप परिवर्तित होते हैं।''

– जिम रॉन

''एक असाधारण जीवन वही है, जो उन क्षेत्रों में दैनिक और निरंतर सुधार से बनता है, जो सबसे अधिक मायने रखते हैं।''

– रॉबिन शर्मा

तनावग्रस्त। चिंतित। अभिभूत। हताश। अधूरा। उदास। ये कुछ अप्रिय शब्द हैं, जो दुर्भाग्यपूर्ण लेकिन काफ़ी हद तक सटीक रूप से यह दर्शाते हैं कि औसत व्यक्ति अपने जीवन के बारे में कितनी बार ऐसा महसूस करता है।

बेशक, जीवन कठिन हो सकता है। हमारी परिस्थितियाँ कभी-कभी अनुचित लग सकती हैं। हममें से अधिकांश ने अपने हिस्से की चुनौतियों का सामना किया है, और हर किसी को सहायक वातावरण में जन्म लेने का सौभाग्य नहीं मिलता। हम सभी को समान अवसर नहीं मिले हैं। हालाँकि, हममें से प्रत्येक के भीतर असीम संभावनाएँ हैं, जो हमें अपने सर्वोत्तम रूप में बदलने की शक्ति देती हैं। आपके लिए यह कैसा दिखता है, यह मेरे लिए या किसी और के लिए अलग हो सकता है, लेकिन हम किस तरह के व्यक्ति बन रहे हैं, यह एकमात्र चीज़ है, जिस पर हमारा नियंत्रण है और जहाँ हमें अपना समय और ऊर्जा निवेश करने चाहिए।

हालाँकि, हम समय में वापस नहीं जा सकते और अतीत को नहीं बदल सकते (इसलिए यह चाहने में समय और ऊर्जा बर्बाद करने का कोई अर्थ नहीं है कि काश! हम ऐसा कर पाते), लेकिन हम निश्चित रूप से अपनी संभावनाओं को पूरा करने के लिए सार्थक बदलाव करना अभी से शुरू कर सकते हैं।

संभावित अंतराल

क्या आपको कभी ऐसा महसूस हुआ है कि आप जो हैं और जो बन सकते हैं, उसके बीच की जो खाई है उसके ग़लत सिरे पर जी रहे हैं? जैसे वह जीवन जिसे आप जीना चाहते हैं और वह व्यक्ति जो आपको उस जीवन को बनाने के लिए बनना चाहिए, आपकी पकड़ से बाहर हैं? जब आप उन लोगों को देखते हैं, जो उस स्तर की सफलता प्राप्त कर रहे हैं, जो आपने अभी तक हासिल नहीं की है, तो क्या आपको कभी ऐसा लगता है कि उन्हें कुछ ऐसा पता है, जो आपको नहीं पता-जैसे अगर आपको भी वह ज्ञान होता, तो आप भी उसी स्तर की सफलता का आनंद ले रहे होते?

हममें से अधिकांश लोग उस खाई के ग़लत सिरे पर रहते हैं, जो हमें उस व्यक्ति से अलग करती है जो हम बन सकते हैं। हम अक्सर इस बात से निराश रहते हैं कि हमारे अंदर लगातार प्रेरणा, प्रयास और परिणाम की कमी क्यों है। हम अपने मनचाहे परिणाम पाने के लिए जो क़दम उठाने चाहिए, उनके बारे में सोचने में बहुत समय लगाते हैं, लेकिन फिर हम वे क़दम नहीं उठाते। हममें से अधिकांश लोग जानते हैं कि हमें क्या करना चाहिए; बस हम जो जानते हैं, उसे लगातार नहीं करते। क्या आपको भी ऐसा लगता है?

यह संभावित अंतराल व्यक्ति दर व्यक्ति अलग-अलग होता है। हो सकता है कि आपको ऐसा लगे कि आप अपनी क्षमताओं को अधिकतम करने के लिए अपनी पूरी कोशिश कर रहे हैं और बस कुछ छोटे बदलावों से बड़ा अंतर आ सकता है। या फिर हो सकता है कि आप विपरीत महसूस कर रहे हों, जैसे आप अपनी पूरी क्षमता से बहुत नीचे जी रहे हैं और आपको यह भी नहीं पता कि शुरुआत कहाँ से करें। जो भी स्थिति आपके लिए सही हो, चाहे आप अपनी संभावनाओं के ग्रैंड कैन्यन के ग़लत सिरे पर बैठे हैं और सोच रहे हैं कि दूसरी ओर कैसे पहुँचना है, या फिर आप इस खाई को पार करने की कोशिश कर रहे हैं, लेकिन एक ऐसे स्तर पर फँसे हुए हैं, जहाँ से आगे बढ़ना मुश्किल हो रहा है। यह अध्याय आपको छह आदतों से परिचित कराएगा, जो आपको इस खाई को पाटने में मदद करेंगी।

अब समय है उस जीवन को बचाने का जिसके आप हक़दार हैं

जब मैंने यह तय करने की कोशिश की कि सबसे प्रभावी व्यक्तिगत विकास अभ्यास कौन सा है-वह जो मेरी ज़िंदगी को सबसे तेज़ी से बदल सके-तो मैं इसे सिर्फ़ एक तक सीमित नहीं कर सका। वास्तव में, मैं छह आदतों की एक सूची पर आकर रुका : मेडिटेशन, अफ़र्मेशन्स, विज़ुअलाइज़ेशन, एक्सरसाइज़, रीडिंग और जर्नलिंग। मुझे सबसे बड़ा ज्ञान तब मिला, जब मैंने सोचा कि यदि मैं इन सभी छह आदतों को एक साथ जोड़ दूँ, तो यह कितना शक्तिशाली हो सकता है।

इस किताब को लिखने के कुछ महीनों बाद, मैं इस बात से निराश महसूस कर रहा था कि मेरे पास इन आदतों को जोड़ने, व्यवस्थित करने और प्रस्तुत करने का कोई ठोस और यादगार तरीक़ा नहीं था। एक दिन, मैंने लेखन से ब्रेक लिया और उर्सुला के पास गया ताकि मैं उसकी राय ले सकूँ। मैंने अपनी निराशा व्यक्त की, और उसने तुरंत एक संभावित समाधान सुझाया (जैसा कि वह आमतौर पर करती है)। ''क्यों ना तुम शब्दकोश का उपयोग करके कुछ शब्दों के समानार्थक खोजो और इन छह आदतों को जोड़ने के लिए एक संक्षिप्त रूप (अक्रोनिम) बनाने की कोशिश करो, जिससे इसे याद रखना आसान हो?'' मुझे यह विचार बहुत पसंद आया। मैंने उसे बताया कि वह शानदार है, मैंने उसे किस किया और वापस अपने कंप्यूटर पर आ गया। जल्द ही, मेडिटेशन बन गया साइलेंस (मौन), जर्नलिंग बन गया स्क्राइबिंग (लेखन), और यह रूप उभरकर सामने आया :

- **साइलेंस** (मौन)
- **अफ़र्मेशन्स** (सकारात्मक पुष्टियाँ)
- **विज़ुअलाइज़ेशन** (मानसिक अभ्यास)
- **एक्सरसाइज़** (व्यायाम)
- **रीडिंग** (पढ़ना)
- **स्क्राइबिंग** (लेखन)

मैंने ''लाइफ़ S.A.V.E.R.S.'' लिखा और उत्साहित हो गया, क्योंकि यह संक्षिप्त रूप बहुत प्रामाणिक और उपयुक्त लगा। इन छह आदतों ने सचमुच मुझे वह जीवन बनाने से वंचित होने से बचाया था, जिसे मैं जीने की आकांक्षा रखता था। हालाँकि, इस सूची में शामिल कोई भी चीज़ मेरे लिए नई नहीं थी, और शायद आपके लिए भी नहीं होगी, लेकिन ये छह सबसे कालातीत और सिद्ध व्यक्तिगत विकास अभ्यास हैं, जिन्हें दुनिया भर के सबसे सफल लोगों ने सदियों से अपनाया है। इनमें से किसी एक अभ्यास को भी लगातार करने से आपकी चेतना का स्तर ऊँचा हो सकता है और आप अपने सर्वोत्तम स्वरूप में विकसित हो सकते हैं। लेकिन जब आप इन सभी छह आदतों को एक साथ अपनाते हैं, तो आप इन प्राचीन और प्रभावशाली तकनीकों के फ़ायदों को सँजोकर अपने व्यक्तिगत विकास और

परिवर्तन को तेज़ी से आगे बढ़ा सकते हैं। जब आप ध्यान, सकारात्मक पुष्टि, और मानसिक अभ्यास जैसे शब्दों पर विचार करते हैं, तो आपके मन में कुछ पूर्वधारणाएँ आ सकती हैं, जिनमें से कुछ नकारात्मक भी हो सकती हैं। अक्सर, इन कालातीत विधियों को अनुचित और यहाँ तक कि हास्यास्पद तरीक़ों से प्रचारित किया गया है।

उदाहरण के लिए, किसी ऐसी चीज़ की पुष्टि करना जो सच नहीं है, जैसे "मैं करोड़पति हूँ" या "मैं ख़ुश हूँ," जबकि वास्तव में आप ऐसा महसूस नहीं कर रहे हों, यह अप्राकृतिक और समय की बर्बादी लग सकता है। इसलिए, यदि आपके मन में इसको लेकर कोई नकारात्मक पूर्वधारणाएँ हैं, तो यह स्वाभाविक है। लेकिन मैं आपसे आग्रह करता हूँ कि इस अध्याय को धैर्यपूर्वक और खुले दिमाग़ से पढ़ें। आपको पता चलेगा कि S.A.V.E.R.S. के प्रत्येक बिंदु को विशिष्ट तरीक़ों से प्रस्तुत किया गया है, जो परिणाम-उन्मुख, व्यावहारिक और प्रभावी रूप से सिद्ध हैं।

मिरेकल मॉर्निंग का सबसे प्रेरणादायक पहलू यह है कि आप इन छह शक्तिशाली व्यक्तिगत विकास अभ्यासों को एक सरल, क्रमबद्ध दिनचर्या में लागू कर सकते हैं, जिसे पूरा करने में सिर्फ़ छह मिनट से लेकर एक घंटे तक का समय लग सकता है, या आप इसके बीच की किसी भी अवधि का चयन कर सकते हैं। आपकी जानकारी के लिए, लगभग 70 प्रतिशत मिरेकल मॉर्निंग अभ्यासकर्ता अपने S.A.V.E.R.S. को पूरा करने के लिए 60 मिनट निर्धारित करते हैं, लगभग 20 प्रतिशत 30 मिनट तय करते हैं, और शेष 10 प्रतिशत अपनी दिनचर्या के लिए इससे अधिक या कम समय लेते हैं।

चाहे आप अपने S.A.V.E.R.S. के लिए 6 मिनट, 60 मिनट, या इसके बीच का कोई भी समय चुनें, आप अपने दिन की शुरुआत से पहले ही इन छह सिद्ध व्यक्तिगत विकास अभ्यासों को पूरा कर चुके होंगे।

आने वाले पृष्ठों में, हम प्रत्येक S.A.V.E.R.S. को गहराई से समझेंगे, और मैं आपको यह दिखाऊँगा कि इन्हें कैसे संयोजित करें ताकि आप अपनी संभावनाओं को अधिकतम कर सकें, जिसे आप फिर अपने जीवन के किसी भी क्षेत्र को बदलने, सुधारने या पूरी तरह रूपांतरित करने में लागू कर सकते हैं।

लाइफ़ सेवर्स (S.A.V.E.R.S.)

यहाँ (*S*) साइलेंस के लिए है – मौन

''मौन की अवस्था में आत्मा को मार्ग स्पष्ट रोशनी में दिखाई देता है, और जो दुष्प्राप्य और भ्रामक है, वह पूर्णतया स्पष्ट हो जाता है।''

– महात्मा गांधी

''आप मौन के एक घंटे में उतना सीख सकते हैं, जितना आप एक वर्ष में किताबों से नहीं सीख सकते।''

– मैथ्यू केली

हमारे जीवन पहले से कहीं अधिक शोरगुल से भर गए हैं। जैसे ही हम अपनी आँखें खोलते हैं और जब तक हम बिस्तर पर नहीं जाते, हममें से अधिकांश लोग अत्यधिक उत्तेजना, ध्यान भटकाव और मानसिक बोझ से घिरे रहते हैं। साइलेंस (मौन) S.A.V.E.R.S. की पहली आदत है और यह हमारे तेज़-गति वाली जीवनशैली को संतुलित करने के लिए सबसे महत्त्वपूर्ण सुधारों में से एक हो सकती है। मैं यहाँ जिस चीज़ की बात कर रहा हूँ, वह है उद्देश्यपूर्ण मौन का दैनिक अभ्यास। इसका सीधा अर्थ यह है कि आप अपने मौन के समय को किसी महत्त्वपूर्ण और लाभकारी उद्देश्य के साथ व्यतीत करें-सिर्फ़ समय बिताने के लिए नहीं। उद्देश्यपूर्ण मौन के दौरान, हमारी आत्म-जागरूकता बढ़ जाती है, और हम अपने सबसे गहरे विचारों और अंतर्ज्ञान को अनुभव करने के लिए तैयार हो जाते हैं।

अतीत में, ये शांत चिंतन के क्षण हमारे दैनिक जीवन का हिस्सा हुआ करते थे। चाहे लाइन में इंतज़ार करना हो, हवाई अड्डे पर बैठना हो, टहलना हो या बस की खिड़की से बाहर देखना हो, हमें अपने विचारों को सुनने का समय मिलता था। अब, स्मार्टफ़ोन के कारण, वह एकांत, जिसे अधिकांश लोग ''बोरियत'' कहते हैं, लगभग समाप्त हो गया है।

चाहे हम मैसेज लिख रहे हों, गेम खेल रहे हों, ईमेल देख रहे हों, वीडियो देख रहे हों, ख़रीदारी कर रहे हों, या बिना सोचे-समझे सोशल मीडिया पर स्क्रॉल कर रहे हों, हमारे डिजिटल उपकरणों ने यह सुनिश्चित कर दिया है कि हमें कभी अपने विचारों के साथ अकेला नहीं रहना पड़े। दुर्भाग्यवश, ऐसा लगता है कि हमारे आधुनिक समाज ने अपने जीवन में शांति और उद्देश्यपूर्ण मौन के महत्त्व और लाभों को भुला दिया है।

आपकी सुबह आमतौर पर कैसे शुरू होती है?

जब आप पहली बार जागते हैं, तो क्या आप ख़ुद को केंद्रित करने और अपने मानसिक, भावनात्मक और आध्यात्मिक संतुलन को बनाए रखने में समय लगाते हैं ताकि दिनभर बेहतर स्थिति में रह सकें? या फिर आप तब तक सोते रहते हैं, जब तक कोई ज़रूरी काम ना हो, और फिर दिन की शुरुआत स्मार्टफ़ोन उठाकर करते हैं, जिससे तुरंत आपका दिमाग़ बाहरी उत्तेजनाओं से भर जाता है?

इंटरनैशनल डेटा कॉरपोरेशन (आईडीसी) द्वारा किए गए एक व्यापक शोध अध्ययन में पाया गया कि लगभग 80 प्रतिशत स्मार्टफ़ोन उपयोगकर्ता जागने के 15 मिनट के भीतर अपना मोबाइल फ़ोन चेक करते हैं, और कई तो सेकंडों में ही ऐसा कर लेते हैं। न्यूरोलॉजी में विशेषज्ञता रखने वाली मनोचिकित्सक डॉ. निकोल बेंडर्स-हादी के अनुसार, ''जागते ही तुरंत फ़ोन देखने से आपका दिन तनावपूर्ण तरीक़े से शुरू हो सकता है और आपको मानसिक रूप से बोझिल महसूस करा सकता है।''

इससे कोई फ़र्क़ नहीं पड़ता कि आप कितनी जल्दी अपना फ़ोन उठाते हैं, अधिकांश लोगों के लिए सुबह या तो भागदौड़ और तनाव से भरी होती है, या फिर अव्यवस्थित और अनुपयोगी होती है, या दोनों का मिश्रण। कुछ

लोग दिन की तैयारियों में व्यस्त रहते हैं, जबकि अन्य को अपने दिन की शुरुआत करने में कठिनाई होती है।

हममें से कई लोग अपने दिमाग़ में असंख्य विचारों की बाढ़ महसूस करते हैं – आज क्या करना है, कल क्या अधूरा रह गया, हमारी अंतहीन टू-डू लिस्ट, कहाँ जाना है, किससे मिलना है, अपने जीवनसाथी से हाल ही में हुई बहस, या फिर उन अनगिनत चीज़ों की चिंता, जो हमारे तत्काल नियंत्रण से बाहर हैं। नतीजतन, हमें अपने ऊपर नियंत्रण नहीं महसूस होता, जिससे तनाव और चिंता की भावना बनी रहती है।

कुछ लोगों के लिए तो सुबह की शुरुआत ही एक कठिन संघर्ष होता है। कई लोग दिन की शुरुआत सुस्ती, आलस्य और अव्यवस्थित सोच के साथ करते हैं, और उन्हें पूरी तरह से जागने और सक्रिय होने में समय लग सकता है। यह भी दिन को उत्पादक रूप से शुरू करने और अपने लक्ष्यों को हासिल करने का आदर्श तरीक़ा नहीं है।

सौभाग्य से, एक बेहतर तरीक़ा मौजूद है। आपकी मिरेकल मॉर्निंग यह सुनिश्चित करेगी कि आपके पास एक दैनिक प्रक्रिया हो, जिससे आप अपने दिमाग़ को शांत कर सकें, अपने स्नायु तंत्र को स्थिर कर सकें, तनाव कम कर सकें, मानसिक शांति महसूस कर सकें, अपने मानसिक और भावनात्मक स्वास्थ्य में सुधार कर सकें, और लगातार एक स्पष्टता प्राप्त कर सकें, जिससे आप अपने जीवन में सबसे महत्त्वपूर्ण चीज़ों पर ध्यान केंद्रित कर सकें।

मौन में समय बिताने के लाभों का वर्णन सदियों से किया जाता रहा है। प्रार्थना की शक्ति से लेकर ध्यान के चमत्कार तक, इतिहास के कुछ महानतम विचारकों ने उद्देश्यपूर्ण मौन का उपयोग अपनी सीमाओं को पार करने और असाधारण परिणाम प्राप्त करने के लिए किया है। अपनी पुस्तक *थ्री सिम्पल स्टेप्स* में, लेखक ट्रेवर ब्लेक इसे "शांत समय बिताना" कहते हैं :

> स्वनिर्मित पुरुषों और महिलाओं की कहानियों में, मैं इस बात से मोहित था कि अधिकांश के पास अपने व्यस्त कार्यक्रमों की उथल-पुथल से बचने का कोई न कोई तरीक़ा था, जिससे वे कहीं शांत बैठकर सिर्फ़ चिंतन कर सकें। उन्होंने दावा किया कि उनके

सर्वोत्तम विचार इसी समय में आए। वे सभी अपनी प्रक्रिया को अलग-अलग तरीक़ों से परिभाषित करते थे, जो उस समय की मान्यताओं के अनुसार स्वीकार्य होता। लेकिन विचारों के निर्माण की उनकी विधियों में कुछ सामान्य तत्व थे-एकांत चिंतन का समय, जहाँ तक संभव हो, भीड़ से दूर रहना, इसे प्रतिदिन करना, दिन की शुरुआत में करना, और इसे अनौपचारिक रूप से अपनाना।''

यहाँ कुछ सबसे सामान्य विधियाँ दी गई हैं, जिन्हें आप चुन सकते हैं और अपने उद्देश्यपूर्ण मौन के समय में शामिल कर सकते हैं (किसी विशेष क्रम में नहीं) :

- ध्यान
- प्रार्थना
- कृतज्ञता
- श्वास अभ्यास
- चिंतन

इनमें से प्रत्येक अभ्यास आपके मन को शांत करने, भीतर (या बाहर) से ज्ञान प्राप्त करने के लिए जगह बनाने और आपको शेष S.A.V.E.R.S. से मिलने वाले लाभों का अनुभव करने के लिए अधिक उपस्थित और खुला रहने की अनुमति देता है।

कुछ सुबहों को मैं उपरोक्त सूची में से केवल एक गतिविधि करता हूँ, लेकिन अधिकांश सुबह मैं एक से अधिक को अपनाता हूँ, अक्सर उन्हें जोड़कर। उदाहरण के लिए, मैं लगभग हमेशा अपनी मिरेकल मॉर्निंग की शुरुआत कृतज्ञता की प्रार्थना के साथ करता हूँ और फिर 5 से 20 मिनट तक ध्यान करता हूँ, यह इस पर निर्भर करता है कि किसी विशेष दिन मुझे क्या आवश्यक लगता है। मेरा ध्यान आमतौर पर हल्के श्वास अभ्यास से शुरू होता है, जहाँ मैं बस अपनी साँसों पर ध्यान केंद्रित करता हूँ और उनका अनुसरण करता हूँ ताकि अपने मन को शांत कर सकूँ। हम इस पर आगे और विस्तार से चर्चा करेंगे।

नोट : मैं अपनी डायरी अपने पास रखता हूँ ताकि ध्यान के दौरान उत्पन्न होने वाले किसी भी विचार को लिख सकूँ। ध्यान के दौरान मिलने वाली मानसिक स्पष्टता और विचार कभी-कभी मेरे अभ्यास का सबसे मूल्यवान पहलू होते हैं।

मेरा सुझाव है कि आप बिस्तर से बाहर निकलें और यदि संभव हो तो अपने शयनकक्ष से पूरी तरह बाहर आ जाएँ और उसके बाद S.A.V.E.R.S. शुरू करें। अन्यथा, यह प्रलोभन बहुत अधिक हो सकता है कि आप मौन में बैठने से धीरे-धीरे सुस्त होने लगें और फिर दोबारा सो जाएँ। इस प्रलोभन से बचने के लिए, मैं अपनी मिरेकल मॉर्निंग अपने लिविंग रूम के सोफ़े पर सीधे बैठकर करता हूँ, जहाँ मैं पहले से ही अपनी मिरेकल मॉर्निंग के लिए आवश्यक सभी चीज़ें रखता हूँ। मेरी डायरी, योगा मैट, मेरे सकारात्मक विचारों का प्रिंटआउट और जो पुस्तक मैं वर्तमान में पढ़ रहा हूँ- ये सभी हमेशा एक ही स्थान पर रहते हैं, ताकि मैं बिना कुछ खोजे सीधे S.A.V.E.R.S. में शामिल हो सकूँ।

ध्यान से शुरुआत करना

हालाँकि ध्यान को अक्सर एक आध्यात्मिक अभ्यास माना जाता है, लेकिन यह लिखे जाने तक 1,400 से अधिक वैज्ञानिक अध्ययन इसके गहरे मानसिक, भावनात्मक और शारीरिक लाभों को प्रदर्शित कर चुके हैं। इनमें से कई अध्ययन यह दर्शाते हैं कि नियमित ध्यान अभ्यास मस्तिष्क की गतिविधि, चयापचय, रक्तचाप और अन्य शारीरिक कार्यों में निरंतर सुधार से जुड़ा हुआ है। ध्यान तनाव और चिंता को कम करने, शारीरिक दर्द को दूर करने, बेहतर नींद को बढ़ावा देने, मनोदशा, ध्यान और एकाग्रता में सुधार करने, और यहाँ तक कि जीवनकाल बढ़ाने में भी सहायक हो सकता है। वास्तव में, जब मैंने एक लेख पढ़ा, जिसमें फ़ॉर्चून 500 कंपनियों के सीईओ ने अपनी पेशेवर और आर्थिक सफलता का श्रेय ध्यान अभ्यास को दिया, तब मैंने इसे ख़ुद आज़माने का निर्णय लिया।

ध्यान के कई रूप और विभिन्न तकनीकें उपलब्ध हैं, लेकिन इन्हें दो मुख्य श्रेणियों में विभाजित किया जा सकता है : निर्देशित ध्यान - इसमें आप किसी अन्य व्यक्ति की आवाज़ सुनते हैं और निर्देश प्राप्त करते हैं,

जो आपके विचारों, ध्यान और जागरूकता को मार्गदर्शित करता है। ऐसे ध्यान अभ्यास आप यू ट्यूब जैसी वेबसाइटों पर, या काम, हेडस्पेस, और मिरेकल मॉर्निंग जैसे ऐप्स के माध्यम से पा सकते हैं। स्वनिर्देशित ध्यान - यह वह विधि है, जिसमें आप स्वयं, बिना किसी बाहरी सहायता के ध्यान करते हैं। पिछले 15 वर्षों के दौरान, मैंने ध्यान की अनगिनत विधाओं का अन्वेषण और प्रयोग किया है। इससे मुझे विभिन्न तरीक़ों को मिलाकर वह रूप विकसित करने में मदद मिली, जिसे मैं सबसे प्रभावी मानता हूँ। जैसा कि आप मेरे S.A.V.E.R.S. के प्रति दृष्टिकोण में देखेंगे, मेरा मूल उद्देश्य प्रत्येक अभ्यास को व्यावहारिक, क्रियान्वित करने योग्य और परिणाम केंद्रित बनाना है।

अगला अनुभाग आपको एक सरल चरण-दर-चरण (स्वनिर्देशित) इमोशनल ऑप्टिमाइज़ेशन मेडिटेशन अभ्यास के माध्यम से मार्गदर्शित करेगा, जिसे आप तुरंत लागू कर सकते हैं, भले ही आपने पहले कभी ध्यान नहीं किया हो।

इमोशनल ऑप्टिमाइज़ेशन मेडिटेशन (भावनात्मक अनुकूलन ध्यान)

जहाँ कई ध्यान तकनीकें आपके मन को शांत करने, विचारों को मात्र देखने या अपनी साँसों का अनुसरण करने पर केंद्रित होती हैं (जो सभी प्रभावी विधियाँ हैं), वहीं इमोशनल ऑप्टिमाइज़ेशन मेडिटेशन एक ऐसा अभ्यास है, जिसमें आप सचेत रूप से यह चुनते हैं कि आप किस मानसिक और भावनात्मक अवस्था को अनुभव करना चाहते हैं। फिर, उसी अवस्था में ध्यान करते हैं ताकि वह आपके तंत्रिका तंत्र में गहराई से स्थापित हो जाए। हम सभी इस बात से सहमत हो सकते हैं कि हम अच्छा महसूस करना चाहते हैं- जैसे ख़ुश, आभारी, शांत, आत्मविश्वासी, प्रेरित, ऊर्जावान, उत्साहित, प्रेमपूर्ण, सराहना से भरे हुए आदि। लेकिन हममें से अधिकांश लोग अपनी भावनाओं को बाहरी परिस्थितियों पर निर्भर रहने देते हैं। या फिर हम वैसे ही महसूस करते रहते हैं, जैसे हम हमेशा से करते आए हैं, भले ही वह हमारे लिए लाभकारी नहीं हो। यह ध्यान आपको यह चुनाव करने की शक्ति देता है कि आप कैसा महसूस करना चाहते हैं-चाहे आपकी

बाहरी परिस्थितियाँ कुछ भी हों या आप अब तक कैसा महसूस करते आए हों।

आप आंतरिक शांति, स्वतंत्रता, आत्म-प्रेम, क्षमा, समर्पण, आत्मविश्वास या किसी भी अन्य अवस्था को अपनाने का चयन कर सकते हैं, जिसे आप अधिक अनुभव करना चाहते हैं। आपका चुनाव किसी विशेष समय में आपकी ज़रूरत पर आधारित हो सकता है- जैसे किसी बहस के बाद अपने जीवनसाथी के प्रति प्रेम महसूस करना, किसी प्रस्तुति के लिए आत्मविश्वास बढ़ाना, या किसी परिस्थिति के अनुसार दुख और शोक को अपनाना। या फिर, आपका चुनाव आपके संपूर्ण मानसिक और भावनात्मक स्वास्थ्य को बेहतर बनाने के लिए एक निरंतर प्रक्रिया हो सकता है। आमतौर पर दूसरा विकल्प-संपूर्ण मानसिक और भावनात्मक स्वास्थ्य को उन्नत करना-हमारे ध्यान अभ्यास का मुख्य उद्देश्य होता है। आप जो भी चुनें, इमोशनल ऑप्टिमाइज़ेशन मेडिटेशन आपकी वांछित भावनात्मक अवस्थाओं को इतना सशक्त बनाता है कि अंततः वे आपके स्वाभाविक अनुभव, भावनाएँ और जीवन जीने का तरीक़ा बन जाते हैं। जितनी अधिक निरंतरता से आप अपनी आदर्श भावनात्मक अवस्था में ध्यान करेंगे (आदर्श रूप से हर सुबह), उतना ही स्वाभाविक यह लगेगा और उन अवस्थाओं तक पहुँचना और उनमें बने रहना उतना ही आसान हो जाएगा।

ध्यान आपके लिए यह अनुमति देने का भी एक अवसर है कि आप लगातार किसी न किसी चीज़ के बारे में सोचने की अपनी बाध्यकारी आवश्यकता को छोड़ सकें। हमारे विचारों का एक बड़ा हिस्सा दोहरावपूर्ण और अप्रभावी होता है। हम या तो अतीत को दोबारा जीते हैं, भविष्य की चिंता करते हैं, या अपनी समस्याओं पर बार-बार विचार करते रहते हैं, जो हमें वर्तमान क्षण से दूर कर देता है।

विचार करें कि जीवन वास्तव में वर्तमान क्षण ही है। जिस पर हम प्रत्येक क्षण ध्यान केंद्रित करने की अनुमति देते हैं, वही हमारा जीवन अनुभव बनता है। इसलिए, जब हम अतीत को दोबारा जीते हैं या भविष्य की चिंता करते हैं, तो हम वर्तमान में पूरी तरह जीने का अवसर खो देते हैं। ध्यान आपको अपनी समस्याओं की चिंता से एक विराम लेने और अपने जीवन के चमत्कार को पूरी तरह अनुभव करने का अवसर देता है।

अंत में, अपने ध्यान अभ्यास के लिए उचित अपेक्षाएँ स्थापित करना महत्त्वपूर्ण है। यदि आप यह अपेक्षा कर रहे हैं कि आपका मन पूरी तरह से शांत हो जाएगा या हर बार ध्यान करने पर आपको एक गहन अनुभव होगा, तो संभवतः आपको निराशा होगी। यह ठीक वैसा ही होगा, जैसे हर बार व्यायाम करने पर 10 पाउंड वज़न कम होने की अपेक्षा करना। ध्यान करने का उद्देश्य स्वयं को धीरे-धीरे इस तरह प्रशिक्षित करना है कि आप अपने विचारों और भावनाओं के साथ शांति से रह सकें, प्रत्येक क्षण में पूरी तरह उपस्थित रहने का अभ्यास कर सकें, अपनी ध्यान और एकाग्रता क्षमता में सुधार कर सकें, और अपनी मानसिक एवं भावनात्मक अवस्था को सुदृढ़ बना सकें।

अपने ध्यान अभ्यास को शुरू करने से पहले, एक सहायक वातावरण तैयार करें। एक शांत और आरामदायक स्थान खोजें जहाँ आप बैठ सकें। आप सीधे बैठ सकते हैं-चाहे वह सोफ़ा हो, कुर्सी हो, ज़मीन पर आलथी-पालथी या रीढ़ को सीधा करने और अधिक आराम प्रदान करने के लिए तकिए के किनारे पर। आप अपनी आँखें बंद कर सकते हैं या कमरे में किसी वस्तु पर ध्यान केंद्रित कर सकते हैं, जो भी आपको अधिक अनुकूल लगे। मैं यह सुझाव देता हूँ कि पहले से तय कर लें कि आप कितनी देर ध्यान करना चाहते हैं और एक टाइमर सेट करें, जो धीरे से आपको आपकी निर्धारित अवधि समाप्त होने की याद दिलाए। यदि आप ध्यान में नए हैं, तो कम से कम 10 मिनट से शुरुआत करें, और यदि संभव हो तो अधिक समय लें, ताकि आपका मन शांत हो सके और आपको जल्दबाज़ी महसूस नहीं हो।

यहाँ इमोशनल ऑप्टिमाइज़ेशन मेडिटेशन को पूरा करने के तीन चरण दिए गए हैं। मैं पहले सभी तीन चरणों को विस्तार से पढ़ने और फिर उन्हें लागू करने की सलाह देता हूँ।

1. **अपनी आदर्श मानसिक या भावनात्मक अवस्था चुनें।**

   याद रखें, इस ध्यान का उद्देश्य आपकी आदर्श मानसिक और भावनात्मक अवस्था को सचेत रूप से चुनना और उसे सशक्त बनाना है। यह सामान्य है कि हम सोचते हैं कि हमारी भावनाएँ बाहरी परिस्थितियों से निर्धारित होती हैं, लेकिन यह केवल

तभी सत्य है, जब आप इसे सच मानते हैं। यह ध्यान आपको यह महसूस कराने के लिए है कि आपके पास यह शक्ति है कि आप अपने जीवन के प्रत्येक क्षण को किस प्रकार अनुभव करना चाहते हैं–परिस्थितियाँ चाहे जो भी हों। अब ज़रूरत है कि आप इस शक्ति का हर दिन उपयोग करें।

शुरुआत करने के लिए स्वयं से पूछें, ''इस समय कौन सी मानसिक या भावनात्मक अवस्था मेरे लिए सबसे अधिक लाभकारी होगी?'' आप कैसा महसूस करना चाहते हैं? आज के दिन आपकी कार्यसूची में क्या है, और कौन सी आंतरिक अवस्था आपको अपने और दूसरों के लिए सर्वश्रेष्ठ रूप में प्रस्तुत होने में सहायता करेगी?

कभी-कभी हमें अपनी वांछित आदर्श अवस्था को अपनाने से पहले एक नकारात्मक मानसिक या भावनात्मक अवस्था को छोड़ने की आवश्यकता होती है। यदि आप बहुत अधिक दबाव में हैं और तनावग्रस्त या अभिभूत महसूस कर रहे हैं, तो यह आवश्यक हो सकता है कि पहले उन तनावपूर्ण विचारों और भावनाओं को छोड़ने की अनुमति दें, ताकि आप शांति प्राप्त कर सकें और अपनी आदर्श अवस्था को विकसित कर सकें। यदि आपको ऐसा लगता है, तो स्वयं से पूछें, ''क्या कोई ऐसी चीज़ है जिसे मुझे छोड़ने की आवश्यकता है?'' यदि हाँ, तो कम से कम अपने ध्यान की अवधि के लिए उसे छोड़ने के लिए तैयार रहें।

इसी तरह, यदि आप कुछ समय से दुखी महसूस कर रहे हैं, तो आपको ख़ुद को ख़ुश रहने की अनुमति देने की ज़रूरत है, क्योंकि आप ख़ुश रहने के हक़दार हैं। कोई और आपको यह अनुमति नहीं दे सकता; केवल आप ही इसे स्वयं को दे सकते हैं। यहाँ तक कि जब जीवन कठिन, अप्रिय या पीड़ादायक होता है, तब भी हम इस बात पर ध्यान केंद्रित करने का चुनाव कर सकते हैं कि हम किसके लिए आभारी हैं और सच्ची ख़ुशियों की भावना उत्पन्न कर सकते हैं।

यह इस बात पर निर्भर करता है कि आपको जिस अवस्था को महसूस करना है, उसे महसूस किए हुए कितना समय हो गया है, यह शुरुआत में अजीब, अप्राकृतिक, या कठिन लग सकता है। उदाहरण के लिए, यदि आपको लंबे समय से ख़ुशी या आत्मविश्वास महसूस नहीं हुआ है, तो आपको किसी ऐसी चीज़ के बारे में सोचना पड़ सकता है, जो आपको ख़ुश करती है या जब आपने अंतिम बार आत्मविश्वास महसूस किया था, उस क्षण को याद करना पड़ सकता है, ताकि आप उन भावनाओं को वर्तमान में ला सकें। याद रखें, जैसे व्यायाम करने में होता है, वैसे ही यहाँ भी परिणाम तुरंत नहीं आते, बल्कि धीरे-धीरे आते हैं। इसे जारी रखें, और यह समय के साथ आसान होता जाएगा।

स्वयं को सीमित नहीं करें। आप जिस प्रकार महसूस करना चाहते हैं, उसे महसूस करने के पूरी तरह योग्य हैं। आज आप कैसा महसूस करना चाहते हैं? आपकी आदर्श मानसिक और भावनात्मक अवस्था क्या है? अधिक सोच-विचार नहीं करें। कोई भी सकारात्मक अवस्था चुनें, जो आपके लिए लाभदायक हो सकती है, और उसे अनुभव करने की अनुमति स्वयं को दें। अपने ध्यान के दौरान, आप अपना ध्यान और ऊर्जा उस अवस्था को उत्पन्न करने की दिशा में केंद्रित करेंगे।

2. **अपने मन को शांत करने के लिए अपनी साँस पर ध्यान केंद्रित करें।** अधिकतर लोगों के लिए ध्यान का सबसे बड़ा बाधक उनके मन में लगातार चलता रहने वाला आंतरिक संवाद होता है, और यही कारण है कि साँसों पर ध्यान केंद्रित करने की सरल ध्यान विधि समय की कसौटी पर खरी उतरी है। अपनी साँस पर ध्यान केंद्रित करने का उद्देश्य यह है कि यह आपके ध्यान को आंतरिक संवाद से हटा देता है, आपको वर्तमान क्षण में उपस्थित रहने में सक्षम बनाता है, और आपके मन को शांत होने देता है।

अपना ध्यान शुरू करने के लिए, अपने ध्यान को अपनी सांस की ओर निर्देशित करें। स्वाभाविक रूप से लेकिन धीरे-

धीरे साँस लें। नाक के माध्यम से लंबी, धीमी साँस अंदर लें और फिर नाक या मुँह के माध्यम से लंबी साँस बाहर छोड़ें, जो भी आपको अधिक आरामदायक लगे। हालाँकि यह अनिवार्य नहीं है, फिर भी साँसों को नाम देना या गिनना आपके लिए उपयोगी साबित हो सकता है।

अपनी साँसों को नाम देने का एक उदाहरण यह होगा कि प्रत्येक साँस अंदर लेते समय अपने मन में सोचें - *अंदर... अंदर... अंदर... अंदर...* और साँस बाहर छोड़ते समय सोचें - *बाहर... बाहर... बाहर... बाहर...।* अपनी साँसों को गिनने का तात्पर्य बिलकुल वैसा ही है, जैसा यह सुनने में लगता है। कुछ लोग प्रत्येक श्वास-प्रश्वास को एक साँस के रूप में गिनते हैं। मैं व्यक्तिगत रूप से धीरे-धीरे गिनना पसंद करता हूँ - *एक... एक... एक... एक...* साँस अंदर लेते समय, फिर *दो... दो... दो... दो...* साँस बाहर छोड़ते समय, फिर *तीन... तीन... तीन... तीन...* अगली साँस अंदर लेते समय, और इसी तरह आगे बढ़ता हूँ। आमतौर पर, जब मैं 20 तक पहुँच जाता हूँ (जो कि 10 पूर्ण श्वास-प्रश्वास होते हैं), मेरा मन अधिक शांत हो जाता है, और मैं तीसरे चरण के लिए तैयार होता हूँ।

शुरुआत में अपने मन को शांत करना कठिन लग सकता है (जो कि सामान्य और अपेक्षित है, और यह दर्शाता है कि यह आपके लिए एक विकास का क्षेत्र है), लेकिन जब आप अपनी साँस का अनुसरण करना जारी रखते हैं, तो संभवतः आप महसूस करेंगे कि आपके विचार और भावनाएँ धीरे-धीरे शांत होने लगी हैं।

मुख्य बात यह है कि अपने बेचैन मन से चिढ़ना या अधीर नहीं होना है। जब भी आपका ध्यान साँस से हटकर विचारों की ओर चला जाए, बस उस बदलाव को स्वीकार करें, उसे शांति से स्वीकार करें, और पुनः अपनी साँस पर ध्यान केंद्रित करें। ध्यान केंद्रित करना और अपने विचारों के साथ शांति से रहना एक कौशल है। और किसी भी कौशल की तरह, जितना अधिक

आप अभ्यास करेंगे, यह उतना ही आसान होता जाएगा। आपके "मिरेकल मॉर्निंग 30-दिवसीय जीवन रूपांतरण यात्रा" के अंत तक (जो आपको अध्याय 10 में मिलेगा), आप यह देखकर आश्चर्यचकित हो सकते हैं कि आप इसमें कितने बेहतर हो गए हैं।

3. **अपनी आदर्श मानसिक और भावनात्मक अवस्था में ध्यान करें।**

अब जब आपका मन अधिक शांत और संभवतः थोड़ा स्थिर हो गया है, तो यह उस आदर्श मानसिक और भावनात्मक अवस्था को उत्पन्न करने की दिशा में अपना ध्यान केंद्रित करने का समय है, जिसे आपने चुना है। इसे करने के लिए, अपने मन को ख़ाली करने का प्रयास करने के बजाय (जैसा कि अधिकांश ध्यान तकनीकों में किया जाता है), आप वास्तव में इसे उन विचारों, छवियों और सकारात्मक विचारों (एफ़र्मेशन्स) से भर सकते हैं, जो उस अवस्था के अनुरूप हैं, जिसे आप अनुभव करना चाहते हैं। उदाहरण के लिए, मान लीजिए कि आपने "कृतज्ञता" की अवस्था को चुना है। जब आप धीमी, शांत, गहरी साँसें लेते रहेंगे, तो आप अपने मन में सोच सकते हैं : *मेरे पास कृतज्ञ होने के लिए बहुत कुछ है। मैं आभारी हूँ कि मैं इस क्षण सुरक्षित हूँ। मैं आभारी हूँ कि मुझे ध्यान करने की क्षमता प्राप्त है। मैं उन लोगों के लिए आभारी हूँ, जो मुझसे प्रेम करते हैं और जिनसे मुझे प्रेम करने का सौभाग्य प्राप्त है। मैं अपने ईश्वर से आध्यात्मिक जुड़ाव के लिए आभारी हूँ। मैं आभारी हूँ कि मेरे पास सिर पर छत है, खाने के लिए भोजन है, पहनने के लिए कपड़े हैं और बहुत कुछ है। मैं अपनी चुनौतियों के लिए भी आभारी हूँ, क्योंकि वे मुझे सीखने, बढ़ने और अपने बेहतर संस्करण में बदलने में मदद करती हैं। मैं आभारी हूँ कि चाहे मेरे साथ कुछ भी हो, मैं हमेशा यह चुन सकता हूँ कि मैं उन चीज़ों के साथ शांति में रहूँ, जिन्हें मैं बदल नहीं सकता और अपनी आदर्श मानसिक और भावनात्मक अवस्था को उत्पन्न कर सकता हूँ।*

ऊपर दिया गया उदाहरण किसी निश्चित क्रम में बोले जाने वाले वाक्यों (स्क्रिप्ट) के रूप में नहीं है (हालाँकि आप चाहें तो इसे इस रूप में उपयोग कर सकते हैं), बल्कि यह दिखाने का एक तरीक़ा है कि आप क्या चुनते हैं और किस तरह से अपने मन को जानबूझकर उन विचारों से भर सकते हैं, जो आपके लिए आदर्श मानसिक और भावनात्मक अवस्था को उत्पन्न करने में सहायता करते हैं।

मैं यह भी अनुशंसा करता हूँ कि आप अपनी शारीरिक क्रिया (साँस लेने का तरीक़ा, शरीर की मुद्रा और चेहरे के भाव) को अपनी इच्छित मानसिक अवस्था के अनुरूप करें। कृतज्ञता के उदाहरण को जारी रखते हुए, जब आप उन सभी चीज़ों के बारे में सोचें जिनके लिए आप कृतज्ञ हैं, तो हल्की मुस्कान (बंद होंठों के साथ) बनाए रखें। *एक्सपेरिमेंटल साइकोलॉजी* पत्रिका में प्रकाशित एक हालिया अध्ययन के अनुसार, मुस्कुराने की क्रिया मस्तिष्क में सकारात्मकता से संबंधित रसायनों को सक्रिय करती है, भले ही वह मुस्कान शुरुआत में स्वाभाविक ना हो।

यदि आपने इसके बजाय आत्मविश्वास या प्रेरणा को अपनी आदर्श अवस्था के रूप में चुना है, तो सीधे बैठें (या खड़े हों), अपने कंधों को पीछे रखें, और वैसे साँस लें जैसे कोई आत्मविश्वासी और प्रेरित व्यक्ति लेता है। अपनी आदर्श अवस्था को पूरी तरह अपनाएँ।

अपने ध्यान की पूरी अवधि के दौरान, अपने विचारों और भावनाओं को अपनी चुनी हुई मानसिक अवस्था की ओर निर्देशित करते रहें। और जिस तरह ध्यान के दौरान साँसों पर ध्यान केंद्रित किया जाता है, यदि आपके विचार भटकते हैं या विरोधाभासी हो जाते हैं (यह सामान्य है कि आप कोई सकारात्मक बात सोचें और तुरंत आपका अवचेतन उसे नकार दे), तो बस उस विरोधाभासी विचार को स्वीकार करें और उसे सकारात्मक, समर्थक विचारों से बदलते रहें। फिर से याद रखें,

> जितना अधिक आप इस ध्यान का अभ्यास करेंगे, यह उतना ही स्वाभाविक होता जाएगा।
>
> हालाँकि मैं अभी भी ध्यान के अन्य रूपों का अभ्यास करता हूँ, लेकिन इमोशनल ऑप्टिमाइज़ेशन मेडिटेशन मेरा पसंदीदा है, क्योंकि यह ना केवल मेरे मन को शांत करता है, बल्कि मुझे हर दिन, चाहे मेरे जीवन में कुछ भी चल रहा हो, एक श्रेष्ठ मानसिक और भावनात्मक अवस्था में रहने में सक्षम बनाता है। जितना अधिक आप अभ्यास करेंगे, यह उतना ही आसान होता जाएगा, और इसके लाभ उतने ही अधिक बढ़ते जाएँगे।

मौन में समय बिताना आपके लिए शांति का अनुभव करने, कृतज्ञता महसूस करने और अपने दैनिक तनावों और चिंताओं से मुक्त होने का अवसर हो सकता है। और याद रखें, यदि आप निर्देशित ऑडियो मेडिटेशन आज़माना चाहते हैं, जहाँ कोई अन्य व्यक्ति आपको इस प्रक्रिया से परिचित कराए, तो यू ट्यूब पर और मिरेकल मॉर्निंग ऐप में इसके अनगिनत विकल्प मुफ़्त में उपलब्ध हैं।

व्यक्तिगत रूप से, जब मैंने ध्यान करना शुरू किया था, तो निर्देशित ध्यान सत्र मेरे लिए बहुत सहायक थे, क्योंकि मौन में बैठना-विशेष रूप से ध्यान करना-मेरे लिए काफी चुनौतीपूर्ण था। जब अन्य लोग मुझे यह सिखाते थे कि मुझे किस पर ध्यान केंद्रित करना है, क्या छोड़ना है, और ध्यान कैसे करना है, तो यह मेरे लिए बेहद उपयोगी साबित हुआ।

मुझे मार्गदर्शित और स्वनिर्देशित ध्यान के बीच बदलाव करने में तीन से चार सप्ताह लगे, जब तक कि मुझे यह महसूस नहीं हुआ कि मैं इसे सही तरीक़े से कर पा रहा हूँ। आख़िरकार, मैं उस स्थिति में पहुँच गया जहाँ मैं अपने विचारों को आने दे सकता था, उन्हें शांति से स्वीकार कर सकता था और बिना किसी झुंझलाहट के धीरे-धीरे उन्हें बहने दे सकता था। इसलिए, यदि शुरुआत में मौन में समय बिताना या ध्यान करना कठिन लगे, तो हतोत्साहित नहीं हों। अगर आप इसे जारी रखते हैं, तो यह आपके जीवन को बहुमूल्य रूप से समृद्ध करेगा।

लाइफ़ सेवर्स (S.A.V.E.R.S.)

यहाँ (*A*) अफ़र्मेशन के लिए है – सकारात्मक पुष्टियाँ

''यह सकारात्मक विचारों की पुनरावृत्ति है, जो विश्वास की ओर ले जाती है। एक बार जब वह विश्वास गहरी दृढ़ता में बदल जाता है, तो चीज़ें अपने आप होने लगती हैं।''

–मुहम्मद अली

''जब तक आप अपने अवचेतन मन पर यह प्रभाव नहीं डालते कि आप एक सफल व्यक्ति हैं, तब तक आप असफल रहेंगे। यह एक सकारात्मक पुष्टि करने से होता है, जो अवचेतन में गहराई से बैठ जाती है।''

–फ़्लोरेंस स्कॉवेल शिन

''मैं महान हूँ!''–मुहम्मद अली ने इन शब्दों को बार-बार दोहराया–और फिर वे वही बन गए। जो हम ख़ुद से बार-बार कहते या पुष्टि करते हैं, वह हमारी आंतरिक वास्तविकता बन जाता है और हमारी बाहरी वास्तविकता को प्रभावित करने की हमारी क्षमता पर असर डालता है। इस प्रकार, सकारात्मक पुष्टिकरण सबसे प्रभावी तरीक़ों में से एक है, जिससे हम यह स्पष्ट कर सकते हैं कि हमें अपने जीवन में हर वह चीज़ प्राप्त करने के लिए किस तरह का व्यक्ति बनना चाहिए–और फिर उस व्यक्ति में परिवर्तित हो सकते हैं।

हममें से प्रत्येक के मन में एक आंतरिक संवाद लगातार चलता रहता है। समस्या यह है कि हम में से अधिकांश इस संवाद को सचेत रूप से

चुनते नहीं हैं, बल्कि यह अनजाने में चलता रहता है। नतीजतन, हम अपने पिछले अनुभवों और सीमाओं को बार-बार दोहराते रहते हैं, जिससे हमारी सीमित मान्यताएँ और विश्वास मज़बूत होते जाते हैं।

भले ही यह एक ''सामान्य'' बात है, लेकिन यह हमें अपनी पूरी क्षमता को हासिल करने से रोकने वाले सबसे हानिकारक कारकों में से एक हो सकती है। जैसा कि हेनरी फ़ोर्ड ने प्रसिद्ध रूप से कहा था, ''चाहे आप सोचें कि आप कर सकते हैं या सोचें कि आप नहीं कर सकते-दोनों ही स्थितियों में आप सही हैं।''

आपकी मानसिक प्रोग्रामिंग कैसी है?

हम सभी को अवचेतन स्तर पर इस तरह सोचने, विश्वास करने और व्यवहार करने के लिए प्रोग्राम किया गया है, जैसा हम करते हैं। हमारी प्रोग्रामिंग कई प्रभावों का परिणाम है, जिसमें दूसरों द्वारा हमें बताई गई बातें, हमने स्वयं को जो बताया है, तथा हमारे जीवन के सभी अनुभव - अच्छे और बुरे दोनों - शामिल हैं। कुछ लोगों की प्रोग्रामिंग ऐसी होती है, जो उन्हें ख़ुशी और सफलता को आसानी से प्राप्त करने में मदद करती है, जबकि अन्य-संभवतः अधिकांश लोग-ऐसी प्रोग्रामिंग से प्रभावित होते हैं, जो उनके जीवन को अनावश्यक रूप से कठिन बना सकती है।

बुरी ख़बर यह है कि यदि आप अपने आंतरिक संवाद का सचेत रूप से निर्माण कर चयन नहीं करते हैं, तो आप आसानी से अपने अतीत के डर, असुरक्षाओं और सीमाओं को दोहराने और फिर से जीने के शिकार हो सकते हैं। जब हम लगातार इस पर ध्यान केंद्रित करते हैं कि हम क्या ग़लत कर रहे हैं और कहाँ असफल हो रहे हैं, तो यह हमें अपराधबोध, हीन भावना और उस सफलता के लिए अयोग्य महसूस करवा सकता है, जिसे हम वास्तव में प्राप्त करना चाहते हैं।

अच्छी ख़बर यह है कि हमारी प्रोग्रामिंग को किसी भी समय बदला या सुधारा जा सकता है। हम तुरंत अपने मन को पुनः प्रोग्राम करना शुरू कर सकते हैं ताकि हम अपने सभी डर, असुरक्षाओं और अतीत की सीमाओं को पार कर सकें और अपने जीवन के किसी भी क्षेत्र में उतने ही सफल बन सकें, जितना हम चाहते हैं। मैं आपको एक सरल लेकिन शक्तिशाली चरण-

दर-चरण प्रक्रिया से परिचित कराऊँगा, जिससे आप लिखित सकारात्मक पुष्टियाँ (अफ़र्मेशन्स) बना सकें, जो केवल आपको अच्छा महसूस कराने के लिए नहीं, बल्कि वास्तविक और सार्थक परिणाम उत्पन्न करने के लिए निर्मित की गई होंगी। आप यह पहचान सकेंगे, स्पष्ट रूप से व्यक्त कर सकेंगे, और पुष्टि कर सकेंगे कि आप अपने जीवन में क्या प्राप्त करना और अनुभव करना चाहते हैं, यह आपके लिए क्यों अनिवार्य है, और इसे प्राप्त करने के लिए आप कौन से विशिष्ट क़दम उठाने जा रहे हैं। पर्याप्त दोहराव के साथ, आपका अवचेतन मन वह मानना शुरू कर देगा, जो आप इसे बताते हैं, उस पर कार्य करेगा, और अंततः आपकी जानबूझकर चुनी गई वास्तविकता का निर्माण करेगा।

यह अनिवार्य है कि आप अपनी सकारात्मक पुष्टियों को लिखित रूप में तैयार करें-चाहे वह काग़ज़ पर हो या डिजिटल रूप में। ऐसा करने से, आप उन्हें सटीक भाषा के साथ ध्यानपूर्वक तैयार कर सकते हैं ताकि वे आपके लिए प्रामाणिक और उपयुक्त हों। हर व्यक्ति की इच्छित उपलब्धियाँ अलग होती हैं, और उनके रास्ते में आने वाली स्वयं-लगाई गई सीमाएँ भी अलग होती हैं, इसलिए यह स्वाभाविक है कि आप जो भाषा चुनें, वह आपके साथ प्रतिध्वनित होनी चाहिए।

उन्हें लिखित रूप में रखने का एक और लाभ यह है कि आप उन्हें हर दिन दोहरा सकते हैं। बार-बार दोहराने से आपका मन आपके लिए एक नई वास्तविकता की संभावना को स्वीकार करना शुरू कर देता है। यह लगातार दोहराव ही है, जो आपके जीवन में वास्तविक परिवर्तन लाने के लिए आवश्यक कार्यवाही को प्रेरित करता है।

क्यों पारंपरिक तरीक़े से की गई सकारात्मक पुष्टि काम नहीं करती

हम स्पष्ट रूप से देख सकते हैं कि जब सही तरीक़े से किया जाए तो सकारात्मक पुष्टि हमारे विचारों और व्यवहारों को बदलने में अत्यधिक प्रभावी सिद्ध होती है। लेकिन सकारात्मक पुष्टि को अक्सर ग़लत समझा गया है। इन्हें अक्सर या तो अप्रभावी माना जाता है या फिर पूरी तरह दिखावटी। दशकों तक, कई स्व-सहायता विशेषज्ञों और गुरुओं ने इन्हें इस

तरह सिखाया है, जो ना केवल अप्रभावी होता है, बल्कि अनजाने में लोगों को असफलता के लिए तैयार करता है।

कई लोगों ने इन्हें आजमाया, लेकिन वे निराश हो गए। जब मैं छोटा था, तो मैं भी उन लोगों में शामिल था, जो सकारात्मक पुष्टि को बेकार *और* दिखावटी मानते थे। मुझे लगता था कि ये सिर्फ़ अच्छी लगने वाली बातें हैं, जिनका वास्तविकता से कोई लेना-देना नहीं है, और ये केवल लोगों को पलभर के लिए अच्छा महसूस कराने के लिए हैं। आप जानते ही हैं, हममें से जो परिणाम-उन्मुख और व्यावहारिक सोच वाले लोग हैं, वे सिर्फ़ अपनी असुरक्षाओं को छिपाने के लिए अच्छी लगने वाले वाक्यों को दोहराने में समय बर्बाद नहीं करते। मुझे कभी विश्वास नहीं था कि ये वास्तव में कोई परिणाम ला सकती हैं।

मेरे जीवन में पहली बार सकारात्मक पुष्टि की शक्ति का वास्तविक अनुभव तब हुआ, जब मैं अपने सबसे करीबी और सफल दोस्तों में से एक, मैट रिकोर, के साथ रह रहा था। लगभग हर दिन, मैं मैट को उनके बेडरूम के शॉवर से चिल्लाते हुए सुनता था। मुझे लगता था कि वे मुझे बुला रहे हैं, इसलिए मैं उनके कमरे के दरवाज़े तक जाता, लेकिन फिर पता चलता कि वे ज़ोर-ज़ोर से कह रहे थे, ''मैं अपनी तक़दीर का मालिक हूँ! मैं सफलता पाने के योग्य हूँ! मैं आज अपने लक्ष्यों को हासिल करने और अपने सपनों का जीवन बनाने के लिए आवश्यक हर काम करने के लिए प्रतिबद्ध हूँ!'' *ये तो अजीब इंसान* है, मैंने सोचा।

सकारात्मक पुष्टि को लेकर मेरा पहला अनुभव 1990 के दशक के एक लोकप्रिय व्यंग्य कार्यक्रम के दौरान हुआ था, जो हिट टीवी शो *सेटरडे नाइट लाइव* का एक हिस्सा था। इसमें अल फ्रेंकन के किरदार स्टुअर्ट स्मॉली ने एक काल्पनिक शो डेली अफ़र्मेशन्स विथ स्टुअर्ट स्मॉली होस्ट किया था। हर एपिसोड की शुरुआत में वह आईने में ख़ुद को देखकर दोहराता था, ''मैं काफ़ी अच्छा हूँ, मैं काफ़ी स्मार्ट हूँ, और हाँ, लोग मुझे पसंद करते हैं!'' यह दृश्य मज़ेदार था, लेकिन इसने मुझे यह भी यक़ीन दिला दिया कि सकारात्मक पुष्टिकरण को गंभीरता से नहीं लेना चाहिए।

सौभाग्य से, मैट को इस बारे में मुझसे कहीं ज़्यादा जानकारी थी। टोनी रॉबिंस के लंबे समय से अनुयायी होने के नाते, मैट सालों से सकारात्मक

पुष्टि वाक्यों और मंत्रों का उपयोग अपने अवचेतन मन को व्यवस्थित रूप से प्रोग्राम करने और असाधारण सफलता पाने के लिए कर रहे थे। 25 वर्ष की आयु तक पाँच घरों के मालिक बन चुके एक स्वनिर्मित करोड़पति के रूप में, मैट निश्चित रूप से जानते थे कि वे क्या कर रहे थे।

अगर मैं थोड़ी और समझदारी से देखता, तो शायद मैं मैट के शॉवर में चिल्लाने और उनकी सफलता के बीच संबंध जोड़ पाता। आख़िरकार, मैं ही उनके घर में किराए पर रह रहा था। दुर्भाग्य से, मुझे यह समझने में कुछ और साल लग गए कि सकारात्मक पुष्टिकरण वास्तव में व्यक्तिगत परिवर्तन के लिए सबसे शक्तिशाली उपकरणों में से एक है।

जैसे ही मैंने व्यक्तिगत विकास का अध्ययन करना शुरू किया, मेरा परिवर्तन के लिए एक वैध उपकरण के रूप में सकारात्मक पुष्टिकरण से फिर से परिचय हुआ। वादा यह था कि जब तक मैं उन पर विश्वास ना कर लूँ, तब तक उन्हें दोहराते रहने से मेरा जीवन बदल सकता है। एक ऐसे व्यक्ति के रूप में जो बचपन से ख़ुद को आलसी मानता था (क्योंकि मैं सच में था), यह विचार मुझे बहुत आकर्षक लगा। ''मुझे कुछ करने की ज़रूरत नहीं है,'' मैंने सोचा। मैं पूरी तरह से इसमें शामिल हो गया।

लेकिन ज़्यादा समय नहीं बीता था कि मैं उसी दीवार से टकराया, जिससे ज़्यादातर लोग अपनी सकारात्मक पुष्टि करते हुए टकराते हैं। जिन तरीक़ों को आत्म-विकास के क्षेत्र के प्रवर्तकों द्वारा सिखाया जाता था, उनका उपयोग करने पर कुछ भी नहीं हुआ। जिस बेहतरीन जीवन के बारे में मैं बार-बार बात कर रहा था, वह कहीं दिखाई नहीं दिया। ''मैं हूँ'' वाले वाक्यांशों का उपयोग करके यह पुष्टि करना कि मैं कुछ हूँ, जो वास्तव में मैं नहीं था, मुझे नक़ली लगा।

फिर, एक दिन, मुझे एक महत्त्वपूर्ण अंतर्दृष्टि मिली। मैंने महसूस किया कि दोष पुष्टि करने में नहीं था। दरअसल, उन्हें ग़लत समझा गया था, ग़लत तरीक़े से सिखाया गया था, और ग़लत तरीक़े से उपयोग किया गया था। अंततः मैंने उन दो प्रमुख ख़ामियों की पहचान की, जिन्होंने मुझे अपनी पूरी सोच बदलने और ऐसे सकारात्मक पुष्टि वाक्य तैयार करने की शक्ति दी, जो व्यावहारिक हों, क्रियाशील हों और एक समान, मापने योग्य ठोस परिणाम दें।

आगे के पृष्ठों में, मैं आपको चरण-दर-चरण एक सूत्र दूँगा, जिससे आप अपनी ख़ुद की मिरेकल मॉर्निंग की परिणाम-उन्मुख सकारात्मक पुष्टियाँ तैयार कर सकें। ये पुष्टियाँ सत्य पर आधारित होंगी और आपके अवचेतन मन को पुनः प्रोग्राम करने के लिए रणनीतिक रूप से तैयार की गई होंगी, जिससे वे आपके सचेत व्यवहार को सही दिशा में निर्देशित कर सकें।

लेकिन इससे पहले कि हम इस विषय पर आएँ, आइए एक मिनट इन दो ख़ामियों और उनके कारण होने वाली समस्याओं पर गौर करें।

ख़ामी 1 : ख़ुद से झूठ बोलना काम नहीं करता

''मैं एक करोड़पति हूँ।'' क्या आप सच में हैं? ''मेरा शरीर वसा प्रतिशत 7% है।'' क्या वाकई ऐसा है? ''मैंने इस साल अपने सभी लक्ष्य हासिल कर लिए हैं।'' क्या आपने सच में कर लिए हैं?

अपनी पुष्टि को इस तरह से शब्दबद्ध करना मानो आपने पहले ही कुछ प्राप्त कर लिया हो, किसी बाधा को पार कर लिया हो, या कुछ बन गए हों-जबकि वास्तव में ऐसा नहीं है-शायद यही सबसे बड़ा कारण है कि ज़्यादातर लोगों के लिए सकारात्मक पुष्टि कारगर नहीं होती। यह तकनीक हमें बार-बार किसी ऐसी चीज़ की पुष्टि करने के लिए सिखाती है, जो हम चाहते हैं कि सच हो, इस उम्मीद में कि हम ख़ुद को इसे सच मानने के लिए धोखा दे सकें। लेकिन गहराई से, अगर ये कथन सच नहीं हैं, तो आप *जानते* हैं कि वे सच नहीं हैं। और हर बार जब आप किसी ऐसी बात को दोहराते हैं, जो सच्चाई पर आधारित नहीं है, तो आप ख़ुद से झूठ बोल रहे होते हैं, और आपका अवचेतन मन इसे स्वीकार करने के बजाय इसका विरोध करता है या अस्वीकार कर देता है।

यदि आप यह पुष्टि करते हैं कि ''मैं धनवान हूँ'' या ''मैं ख़ुश हूँ, जबकि यह वास्तव में आपको सच महसूस नहीं होता, तो आप अपने भीतर एक अनावश्यक आंतरिक संघर्ष पैदा कर लेंगे (जैसे कि हमें और संघर्षों की ज़रूरत हो)। चूँकि आप एक बुद्धिमान इंसान हैं, जो भ्रम में नहीं जीता, इसलिए ख़ुद से बार-बार झूठ बोलना कभी भी सबसे प्रभावी रणनीति नहीं हो सकता। सच्चाई हमेशा प्रबल होती है।

ख़ामी 2 : निष्क्रिय भाषा सार्थक परिणाम नहीं देती

कई सकारात्मक पुष्टियाँ इस तरह से बनाई जाती हैं कि वे हमें क्षणिक रूप से अच्छा महसूस कराएँ, बिना किसी प्रयास के हमारी इच्छाओं की एक खोखली गारंटी देते हुए। उदाहरण के लिए, एक लोकप्रिय धन-संबंधी पुष्टि, जिसे कई नेक इरादा आध्यात्मिक शिक्षक और स्व-सहायता विशेषज्ञ प्रचारित करते हैं : ''मैं एक धन का चुंबक हूँ। पैसा मुझ तक बिना किसी प्रयास के और प्रचुर मात्रा में आता है।''

काश, पैसा कमाना इतना आसान होता! मुझे भी इसमें शामिल कर लो!

अगर हम अपने समय का उपयोग सकारात्मक पुष्टि करने में लगा रहे हैं, तो हम यह चाहते हैं कि वे वास्तविक परिणाम उत्पन्न करें, ना कि केवल क्षणिक रूप से हमें बेहतर महसूस कराएँ। यदि हम अपनी वित्तीय स्थिति को सुधारने के लिए कोई पुष्टि कर रहे हैं, तो हम अपनी आय या बैंक खाते की शेष राशि को बढ़ते हुए देखना चाहते हैं। यदि हम वज़न कम करने के लिए कोई पुष्टि वाक्य दोहरा रहे हैं, तो हम चाहते हैं कि इसका परिणाम हर बार वज़न तौलने पर दिखे। यदि हम अपने विवाह को बेहतर बनाने के लिए सकारात्मक पुष्टि कर रहे हैं, तो हम यह चाहेंगे कि हमारे जीवनसाथी को हमारे सुधारों का अनुभव हो (और आदर्श रूप से, वे भी इसे अपनाएँ)।

ठोस परिणाम प्राप्त करने के लिए, हमारी पुष्टि हमारे व्यवहार में बदलाव लाने वाली होनी चाहिए। यही कारण है कि निष्क्रिय भाषा में की गई पुष्टि प्रभावी नहीं होती।

मिरेकल मॉर्निंग परिणाम-उन्मुख पुष्टि वाक्य बनाने के 3 चरण

अपने जीवन के किसी भी क्षेत्र को सुधारने में सक्षम बनाने वाली पुष्टियाँ बनाना जटिल नहीं है; यह उस दृष्टिकोण को समझने का विषय है, जो आपको वहाँ तक पहुँचाएगा। ऐसे तीन सरल चरण हैं, जिन्हें आप व्यावहारिक, क्रियाशील और परिणाम-उन्मुख पुष्टि वाक्य बनाने के लिए अपना सकते हैं।

ये पुष्टि आपके अवचेतन मन को प्रभावी ढंग से पुनः प्रोग्राम करती हैं और आपकी सचेत सोच को इस तरह से पुनर्निर्देशित करती हैं कि आपका

व्यवहार आपके लक्ष्यों को प्राप्त करने और अपने जीवन में इच्छित बदलाव करने के अनुरूप हो जाए।

चरण 1 : उस चीज़ का पुष्टिकरण करें, जिसके लिए आप प्रतिबद्ध हैं

ध्यान दें कि हम यहाँ यह नहीं कह रहे कि आप क्या चाहते हैं। हम सभी अनगिनत चीज़ें चाहते हैं, लेकिन हमें केवल वही मिलता है, जिसके लिए हम वास्तव में प्रतिबद्ध होते हैं। यह कहा जा सकता है कि किसी भी लक्ष्य को प्राप्त करने या अपने जीवन में किसी भी सार्थक परिवर्तन को लाने का सबसे महत्त्वपूर्ण कारक हमारी पूर्ण प्रतिबद्धता और उसे बनाए रखने की क्षमता है, चाहे जितना भी समय लगे। जब आप प्रतिबद्ध होते हैं, तो हमेशा एक रास्ता होता है। हालाँकि अधिकांश लोग अपने मौजूदा प्रयासों से आगे नई प्रतिबद्धताएँ बनाने के लिए संघर्ष करते हैं। परिणामस्वरूप, कुछ भी नहीं बदलता।

हर दिन लगातार यह पुष्टि दोहरानी है कि आप किस चीज़ के लिए प्रतिबद्ध हैं, न केवल आपकी प्रतिबद्धता को आपके दिमाग़ में सर्वोच्च स्थान पर बनाए रखता है, बल्कि समय के साथ उसे और मज़बूत करता है। इसलिए, आपके प्रत्येक कथन में सबसे पहले स्पष्ट होना चाहिए कि आप किस *परिणाम* (लक्ष्य, उपलब्धि, सुधार, आदि) या गतिविधि (कार्रवाई, आदत, गतिविधि, आदि) के लिए प्रतिबद्ध हैं। परिणाम और गतिविधि के बीच के अंतर को समझने के लिए; परिणाम होगा : ''10 पाउंड वज़न कम होना।'' गतिविधि होगी : ''सप्ताह में पाँच दिन व्यायाम करना।''

यह एक लिखित पुष्टिकरण के रूप में इस तरह दिखेगा :

> मैं इसके लिए पूरी तरह प्रतिबद्ध हूँ कि ____________ चाहे कुछ भी हो–इसके अलावा कोई और विकल्प नहीं है!

जितनी अधिक निरंतरता और दृढ़ विश्वास के साथ आप इस बात का पुष्टिकरण करेंगे कि आप किस चीज़ के लिए प्रतिबद्ध हैं, उतना ही अधिक आप उसे पूरा करने के लिए प्रतिबद्ध होते जाएँगे। आप देख सकते हैं कि पुष्टि के अंत में एक विस्मयादिबोधक चिह्न (!) है। यह जानबूझकर जोड़ा गया है, क्योंकि यह मुझे इसे भावना और दृढ़ विश्वास के साथ पढ़ने और

आत्मसात करने की याद दिलाता है। वास्तविक प्रतिबद्धता कोई आकस्मिक चीज़ नहीं होती। जितनी अधिक भावना और दृढ़ विश्वास के साथ आप अपनी पुष्टियों को आत्मसात कर सकते हैं, वे उतनी ही प्रभावी होंगी।

अब आपकी बारी : चरण 1 को अपने पुष्टि कथन पर लागू करें

आप अपने जीवन में क्या हासिल करना या बदलना चाहते हैं, जिसके लिए आपको प्रतिबद्ध होने की आवश्यकता है? क्या आपके पास कोई महत्त्वपूर्ण लक्ष्य है, जिसे आप टालते आ रहे हैं? क्या आपके जीवन का कोई ऐसा क्षेत्र है, जो पीड़ा और निराशा का कारण बना हुआ है? क्या कोई ऐसा बदलाव है, जिसे आप लाने की कोशिश कर रहे हैं, लेकिन अब तक सफल नहीं हुए हैं?

सबसे पहले, एक विशिष्ट और सार्थक परिणाम या गतिविधि लिखें- ऐसी कोई बात जो आपको चुनौती दे, आपके जीवन को महत्त्वपूर्ण रूप से सुधार सके, और जिसके लिए आप प्रतिबद्ध होने के लिए तैयार हैं; भले ही आपको अभी यह ठीक से नहीं पता हो कि इसे कैसे पूरा करेंगे या असफल होने का डर महसूस हो रहा हो।

आप अपनी पुष्टि को किसी डायरी में या काग़ज़ पर हाथ से लिख सकते हैं, लेकिन मैं डिजिटल डिवाइस का उपयोग करने की सलाह देता हूँ, जैसे कि अपने कंप्यूटर या फ़ोन में नोट्स ऐप, या फ़्री मिरेकल मॉर्निंग रूटीन ऐप (जिसमें एक बिल्ट-इन पुष्टि सृजक है, जो इन तीन चरणों का पालन करता है)। मुझे डिजिटल डिवाइस का उपयोग करने में सबसे अच्छी बात यह लगती है कि यह आपको अपनी पुष्टि को जितनी बार चाहें आसानी से अपडेट करने की सुविधा देता है, क्योंकि जैसे-जैसे आप सीखते, बढ़ते और विकसित होते हैं, आपकी पुष्टियाँ भी विकसित होनी चाहिए।

एक बार जब आपने वह सार्थक परिणाम या गतिविधि तय कर ली हो, जिसे आपको वास्तविकता में बदलने के लिए प्रतिबद्ध होना है, तो इसे निम्नलिखित (चरण 1) टेम्पलेट में भरकर लिखें या टाइप करें और इसे अपना बनाएँ :

मैं ____________________ के लिए प्रतिबद्ध हूँ।
चाहे कुछ भी हो जाए–कोई और विकल्प नहीं है!

उस ख़ाली स्थान में क्या जाएगा, यह पूरी तरह आप पर निर्भर करता है। यदि आप अनिश्चित या संकोच महसूस कर रहे हैं कि आप क्या चाहते हैं, तो हो सकता है कि आप स्पष्टता की कमी या अपनी प्रतिबद्धता और उसे पूरा करने की क्षमता को लेकर आत्मविश्वास की कमी के कारण ख़ुद को रोक रहे हों। यह बिलकुल सामान्य है। हालाँकि आपको अपनी पुष्टियों को दोहराने की शुरुआत करने से पहले आपके पास हर चीज़ का समाधान होना ज़रूरी नहीं है।

वास्तव में, अक्सर ऐसा होता है कि जब आप किसी चीज़ के लिए प्रतिबद्ध होते हैं, तो कैसे करना है, यह स्वयं प्रकट होने लगता है। आप इसे रास्ते में सीखते जाते हैं। अपने पुष्टि वाक्य को लिखना आपकी प्रतिबद्धता स्थापित करने का पहला कदम है, और फिर प्रतिदिन अपनी प्रतिबद्धता को दोहराने से यह आपके दिमाग़ में सबसे ऊपर बनी रहती है और समय के साथ आपकी प्रतिबद्धता का स्तर लगातार बढ़ता रहता है। याद रखें : *जब आप पूरी तरह प्रतिबद्ध होते हैं, तो हमेशा एक रास्ता निकल आता है।*

चरण 2 : पुष्टि करें कि यह आपके लिए क्यों महत्त्वपूर्ण है

अब, अपनी प्रतिबद्धता को समर्थन, मज़बूती और बढ़ावा देने का समय है, और इसके लिए आपको अपना "क्यों" जोड़ना होगा। वह गहरी, सार्थक और प्रेरक वजह जो आपको लगातार प्रतिबद्ध रहने और आवश्यक क़दम उठाने के लिए प्रेरित करती रहेगी, जब तक कि आपका प्रतिज्ञान वास्तविकता में परिवर्तित नहीं हो जाए।

यह प्रतिबद्धता आपके लिए महत्त्वपूर्ण क्यों है? यह आपके लिए अनिवार्य क्यों है? यह आपके जीवन और/या उन लोगों के जीवन को कैसे बेहतर बनाएगी, जिनकी आपको परवाह है? जितने अधिक प्रेरक कारण होंगे, उतनी ही अधिक संभावना होगी कि आप अपनी प्रतिबद्धता को पूरा करेंगे।

आपकी बारी : चरण 2 को अपने पुष्टीकरण में लागू करें

आइए आपके पुष्टी वाक्य का मसौदा तैयार करना जारी रखते हैं। अपनी प्रतिबद्धता (चरण 1) के नीचे, उन कारणों को सूचीबद्ध करना शुरू करें कि इस प्रतिबद्धता को निभाना आपके लिए क्यों महत्त्वपूर्ण है। यह आपके लिए सार्थक क्यों है? यह आपके लिए अनिवार्य क्यों है? यह आपके जीवन और/या उन लोगों के जीवन को कैसे बेहतर बनाएगी, जिनकी आपको परवाह है? वे सबसे प्रेरक कारण/लाभ क्या हैं, जो आपका जोश बनाए रखेंगे और आवश्यक क़दम उठाने के लिए प्रेरित करेंगे?

मैं ________ के लिए प्रतिबद्ध हूँ, क्योंकि :

- ____________________ (अर्थपूर्ण कारण/लाभ डालें)
- ____________________ (अर्थपूर्ण कारण/लाभ डालें)
- ____________________ (अर्थपूर्ण कारण/लाभ डालें)

ध्यान रखें कि ये कारण आपके व्यक्तिगत हैं, और आपको अपनी पुष्टि किसी और के साथ साझा करने की आवश्यकता नहीं है, जब तक कि आप स्वयं ना चाहें। साथ ही, यह आपका प्रारंभिक मसौदा है। आप हमेशा अपने पुष्टि कथन को संपादित कर सकते हैं, इसलिए इसे पूरी तरह सही बनाने की चिंता नहीं करें। एक ख़राब तरीक़े से लिखी गई पुष्टि एक ना लिखी गई पुष्टि से कहीं अधिक प्रभावी होती है।

चरण 3 : पुष्टि करें कि आप कौन से कार्य करेंगे और कब

केवल यह लिखना कि आप किस परिणाम के लिए प्रतिबद्ध हैं और यह आपके लिए क्यों महत्त्वपूर्ण है, बिना यह स्पष्ट किए कि आवश्यक कार्य क्या हैं, जो इस परिणाम को उत्पन्न करेंगे, लगभग व्यर्थ है। यह प्रतिकूल भी हो सकता है, क्योंकि यह आपके अवचेतन मन को यह सोचने में धोखा दे सकता है कि परिणाम अपने आप, बिना किसी प्रयास के हासिल हो जाएगा।

इस तीसरे और अंतिम चरण में, आपको बस ख़ुद से यह पूछना है कि अपने आदर्श परिणाम को प्राप्त करने के लिए आपको क्या करने की

आवश्यकता है। उन विशिष्ट कार्यों को स्पष्ट करें जो आपकी प्रतिबद्धता को पूरा करने के लिए आवश्यक हैं और यह भी स्पष्ट रूप से बताएँ कि आप इन आवश्यक कार्यों को कब और कितनी बार करेंगे। यह क़दम स्पष्ट रूप से दिख सकता है और आपको तुरंत समझ में आ सकता है। अक्सर, हमें पहले से ही पता होता है कि हमें सुधार के लिए क्या करने की आवश्यकता है, बस हमने उसे करने की प्रतिबद्धता नहीं बनाई होती है।

मेरे कटको में काम करने के छठे और अंतिम वर्ष में, मैंने अपनी अब तक की सबसे अच्छी बिक्री को दोगुना करने का एक बड़ा लक्ष्य निर्धारित किया। अपनी बिक्री (और आय) को दोगुना करने का प्रयास करना बेहद डराने वाला था, लेकिन मैंने महसूस किया कि इसे प्राप्त करने के लिए, मुझे बस अपने संभावित ग्राहकों को किए जाने वाले फ़ोन कॉल की संख्या को दोगुना करना होगा। दोगुने कॉल का मतलब होना चाहिए दोगुनी अपॉइंटमेंट निर्धारित होना, जिससे सैद्धांतिक रूप से दोगुनी बिक्री होगी।

अपने पिछले सर्वश्रेष्ठ बिक्री वर्ष के दौरान, मैंने औसतन लगभग 10 कॉल प्रति दिन किए थे। मैंने निर्धारित किया कि यदि मैं अपनी कॉल की संख्या बढ़ाकर 20 प्रति दिन कर दूँ, तो अनिवार्य रूप से मेरी बिक्री दोगुनी हो जाएगी। मुझे पता था कि मुझे क्या करने की आवश्यकता है; मैंने बस पहले कभी इसे (इस स्तर पर) करने की प्रतिबद्धता नहीं बनाई थी। इसलिए, मैंने हर दिन सुबह 8 से 9 बजे तक 20 कॉल करने के लिए समय निर्धारित करने की प्रतिबद्धता निश्चित कर ली, चाहे कुछ भी हो। साल के अंत तक, मैंने अपनी प्रतिबद्धता पूरी तरह निभाई और अपनी बिक्री को दोगुने से अधिक कर दिया, जिससे मेरी आय भी पिछले वर्ष की तुलना में दोगुनी से अधिक हो गई।

हालाँकि यह आपके इच्छित परिणाम पर निर्भर करता है कि आपको यह अंदाज़ा है या नहीं कि शुरुआत कैसे करनी है। कुछ मामलों में, आपको यह बिलकुल भी पता नहीं हो सकता कि आपको क्या करना चाहिए। ऐसे में, पहला क़दम जो आप उठाने के लिए प्रतिबद्ध हो सकते हैं, वह यह है कि आप यह निर्धारित करने के लिए समय निर्धारित करें कि आगे किन कार्यों को करना आवश्यक होगा।

उदाहरण के लिए, मान लीजिए कि आप हमेशा से अपना ख़ुद का व्यवसाय शुरू करना चाहते थे या आप अपने वैवाहिक संबंध को बचाने के लिए बेताब हैं, लेकिन आपको नहीं पता कि इसे कैसे किया जाए। ऐसे में, आपका पहला क़दम यह होगा कि आप समय निर्धारित करें ताकि यह पता लगा सकें कि आगे क्या करना है। ''हाउ टु स्टार्ट अ बिज़नेस'' या ''हाउ टु सेव माय मैरिज'' जैसी एक साधारण गूगल खोज आपको शुरुआत करने में मदद कर सकती है। बेशक, किसी भी विषय पर मुफ़्त संसाधनों (लेख, यूट्यूब वीडियो, पॉडकास्ट आदि) की भरमार है, और यदि आप गहराई में जाना चाहते हैं, तो कई लेखक और विशेषज्ञ अपनी किताबों में उन विषयों पर गहन जानकारी प्रदान करते हैं, जिनमें वे अनुभवी हैं।

यहाँ आपके कुछ अलग-अलग लक्ष्यों के उदाहरण दिए गए हैं और उन्हें पूरा करने के लिए आप कुछ ख़ास क़दम उठा सकते हैं :

अपनी आय में वृद्धि करने और अपने परिवार के लिए वित्तीय सुरक्षा सुनिश्चित करने की प्रतिबद्धता को निभाने के लिए, मैं निम्नलिखित कार्यों को लागू करने के लिए समय निर्धारित करूँगा :

- अधिक धन अर्जित करने की प्रभावी रणनीतियों को सीखने के लिए, मैं हर दिन पैसे कमाने के तरीक़ों पर किताबें पढ़ूँगा।
- एक स्थानीय कारोबारी नेटवर्किंग समूह खोजूँगा और उसमें शामिल होऊँगा।
- हर हफ़्ते पाँच दिन, सुबह *8* से *9* बजे तक, रोज़ाना *20* संभावित ग्राहकों को कॉल करूँगा।

अपने स्वास्थ्य को बेहतर बनाने की प्रतिबद्धता को निभाने के लिए, मैं निम्नलिखित कार्यों को लागू करने के लिए समय निर्धारित करूँगा:

- इंटरमिटेंट फ़ास्टिंग का अभ्यास करूँगा और हर दिन कम शुगर वाली, ऑर्गेनिक, वनस्पति आधारित स्मूदी लूँगा, जो स्वस्थ वसा से भरपूर होगी।

- अपने मिरेकल मॉर्निंग के दौरान हर सुबह 10 मिनट का व्यायाम करूँगा। और जब मौसम अच्छा होगा, तो हर दिन रात के खाने के बाद 10 मिनट की सैर करूँगा।
- अपने अंतिम भोजन को सोने से तीन से चार घंटे पहले समाप्त करूँगा, ताकि मेरा शरीर पूरी तरह से भोजन को पचाने में सक्षम हो।

अपनी प्रतिबद्धता को निभाने के लिए कि मैं अपनी पत्नी के लिए सबसे अच्छा पति बनूँ, मैं निम्नलिखित कार्यों को लागू करने के लिए समय निर्धारित करूँगा :

- हर सुबह किसी अन्य किताब को पढ़ने से पहले विवाह से संबंधित किताबें पढ़ूँगा, ताकि मैं लगातार यह सीख सकूँ कि सबसे अच्छा जीवनसाथी कैसे बन सकता हूँ।
- हर सुबह, मैं कम से कम एक ऐसा कार्य तय करूँगा, जिससे मैं अपनी पत्नी के जीवन को बेहतर बना सकूँ या किसी तरह उसे आसान बना सकूँ (जैसे–उसे फूल या ग्रीटिंग कार्ड देना, उसे मसाज देना, एक प्रेम पत्र लिखना, साथ में सैर पर जाना, बर्तन धोना, बच्चों को स्कूल से लाना, बोर्ड गेम खेलना, शाम को साथ बैठकर बातें करना, हमारा पसंदीदा कार्यक्रम देखना आदि)।
- मैं हमारे रिश्ते में प्रेम और जुड़ाव को वापस लाने के लिए हर महीने दो बार बुधवार की रात डेट नाइट प्लान करूँगा (ताकि सप्ताहांत की भीड़ से बचा जा सके)।

आपकी बारी : चरण 3 को अपनी पुष्टियों में लागू करें

जब आप इस तीसरे और अंतिम चरण को लागू करें, तो निम्नलिखित बातों को ध्यान में रखें :

- कुछ कार्य दोहराए जाने वाले और नियमित हो सकते हैं (जैसे जब मैंने अपनी बिक्री दोगुनी करने के लिए, सप्ताह में पाँच दिन, सुबह 8 से 9 बजे तक, प्रतिदिन 20 कॉल करने की प्रतिबद्धता जताई थी), जबकि अन्य चरणबद्ध हो सकते हैं (चरण 1, चरण 2, चरण 3 आदि)।
- यदि आपको यह नहीं पता कि आपको कौन-कौन से कार्य करने की आवश्यकता है, तो बस यह पुष्टि करें कि आप कब समय निर्धारित करेंगे यह जानने और तय करने के लिए कि वे कार्य क्या होंगे। शुरू करने के लिए आपको सब कुछ पहले से पता होने की ज़रूरत नहीं है। वास्तव में, यही गलत धारणा अक्सर हमें शुरुआत करने से रोकती है।
- इसे यथासंभव सरल रखें। ख़ुद को अधिक बोझिल नहीं करें।

आपके कार्य जितने विस्तृत होंगे, उतना ही बेहतर होगा। यह सुनिश्चित करें कि आप अपनी क्रियाओं की आवृत्ति (कितनी बार) और सटीक समय सीमा स्पष्ट रूप से शामिल करें कि आप कब शुरू करेंगे और कब समाप्त करेंगे।

यह सुनिश्चित करने के लिए कि मैं अपनी प्रतिबद्धता पूरी करूँ, मैं निम्नलिखित कार्यों को निर्दिष्ट समय/आवृत्ति पर लागू करूँगा :

- ____
- ____
- ____

सब कुछ एक साथ रखना (चरण 1 + चरण 2 + चरण 3)

किसी भी लक्ष्य को प्राप्त करने या अपने जीवन के किसी भी पहलू को सुधारने की कुंजी आपकी प्रतिबद्धता का दोहन करना और इसे तब तक बनाए रखना है जब तक कि वह पूरा नहीं हो जाए, भले ही कभी-कभी आपका मन नहीं भी करे।

आपकी मिरेकल मॉर्निंग परिणाम–उन्मुख पुष्टियाँ आपको ठीक यही करने में मदद करने के लिए बनाई गई हैं। यह सुनिश्चित करती हैं कि आप उन चीज़ों पर केंद्रित रहें, जिन्हें आप अपने जीवन में सुधारना या हासिल करना चाहते हैं, यह समझें कि यह सुधार या उपलब्धि आपके लिए इतनी महत्त्वपूर्ण क्यों है कि आप इसे हासिल करने के लिए आवश्यक हर संभव प्रयास करने को तैयार हैं, और आप कौन सी विशिष्ट क्रियाएँ करेंगे (और कब) यह सुनिश्चित करने के लिए कि आप अपने लक्ष्य की ओर बढ़ते रहें।

जैसा कि मैंने पहले कहा था, मेरे अनुभव में, यदि इन सकारात्मक पुष्टियों को इस अध्याय में बताए गए तरीक़ों से अपनाया जाए, तो वे व्यक्तिगत विकास का सबसे प्रभावी तरीक़ा बन जाती हैं। वे आपको अपने वर्तमान और भविष्य की वास्तविकता को पूरी सटीकता के साथ गठन करने की क्षमता देती हैं। इसलिए, अपने जीवन के किसी एक क्षेत्र को चुनें जिसे आप सुधारना चाहते हैं, या अपना सबसे महत्त्वपूर्ण लक्ष्य निर्धारित करें, और इन तीन चरणों का पालन करते हुए एक पुष्टि वाक्य लिखें, जो आपको उन चीज़ों पर केंद्रित रखेगा, जो आपके लिए सबसे अधिक मायने रखती हैं।

अपनी पुष्टियों की प्रभावशीलता को अधिकतम करने के लिए सुझाव

- **इस फ़ॉर्मूले से परे अतिरिक्त पुष्टि वाक्य बनाने पर विचार करें :** सबसे सरल रूप में, एक पुष्टि मात्र एक अनुस्मारक होती है कि आपके लिए क्या महत्त्वपूर्ण है और जिसे आप अपने जीवन में अपनाना या एकीकृत करना चाहते हैं। यह परिणाम–उन्मुख पुष्टि फ़ॉर्मूला आपको याद दिलाता है कि *आप किसके लिए प्रतिबद्ध हैं, यह आपके लिए क्यों आवश्यक है, और आप कौन से विशिष्ट कार्य करेंगे (और कब)*। हालाँकि, अन्य प्रकार की पुष्टियाँ भी उपयोगी हो सकती हैं, बशर्ते वे सच्चाई पर आधारित हों। ''मैं ख़ुश रहना चुनता हूँ।'' एक पुष्टि है। ''मैं उन चीज़ों के साथ शांति में हूँ, जिन्हें मैं नहीं बदल सकता।'' एक पुष्टि है। ''मैं बिलकुल वहीं हूँ, जहाँ मुझे होना चाहिए, ताकि

मैं वह सीख सकूँ जो मुझे सीखने की आवश्यकता है, जिससे मैं उस व्यक्ति में बदल सकूँ जो मुझे अपने सपनों का जीवन बनाने के लिए बनना चाहिए।'' यह भी एक पुष्टि है। वास्तव में, मेरी पसंदीदा पुष्टि इस फ़ॉर्मूले का बिलकुल पालन नहीं करती। यह इस प्रकार है : मैं उतना ही योग्य, हक़दार और सक्षम हूँ अपने लक्ष्य को पाने के लिए जितना इस धरती पर कोई और व्यक्ति हो सकता है, और मैं आज अपने कार्यों से इसे सिद्ध करूँगा।'' यह मूलभूत पुष्टिकरण मुझे अपनी असुरक्षाओं और इम्पोस्टर सिंड्रोम को दूर करने में मदद करता है, यह याद दिलाकर कि हम सभी उतने ही योग्य, हक़दार और सक्षम हैं, जितना हम अपनी पूरी प्रतिबद्धता के साथ तैयार हैं। इसलिए, जबकि मैं इस अध्याय में बताए गए तीन-चरणीय फ़ॉर्मूले का उपयोग करने की सिफ़ारिश करता हूँ ताकि आप अपने लक्ष्यों को प्राप्त कर सकें और महत्त्वपूर्ण सुधार कर सकें, आपको केवल इसी तक सीमित महसूस करने की आवश्यकता नहीं है। जो भी आपको महत्त्वपूर्ण लगे और जिसे आप हमेशा ध्यान में रखना चाहते हैं, उस बात का स्वतंत्र रूप से पुष्टिकरण करें।

- **अपनी पुष्टि को आवश्यकतानुसार अपडेट करें।** ध्यान रखें कि आपकी पुष्टि शायद कभी भी अंतिम संस्करण नहीं होगी, क्योंकि जैसे-जैसे आप सीखते, बढ़ते और विकसित होते हैं, आपकी पुष्टि भी विकसित होनी चाहिए। जब भी आप कोई नया लक्ष्य, सपना, आदत, या जीवन-दर्शन अपनाना चाहते हैं, तो उसका समर्थन करने के लिए एक पुष्टि वाक्य बनाएँ। जब आप किसी लक्ष्य को प्राप्त कर लेते हैं या किसी नई आदत या दर्शन को पूरी तरह से अपने जीवन में शामिल कर लेते हैं, तो आपको यह महसूस हो सकता है कि अब हर दिन उसका पुष्टिकरण करने की आवश्यकता नहीं है, और तब आप इसे अपनी लिखित पुष्टियों की सूची से हटा सकते हैं। अपनी पुष्टि को नियमित रूप से अपडेट करने से वे बासी नहीं होतीं और आप उनसे ऊबते नहीं हैं। यही कारण है कि मैं आपकी पुष्टि को डिजिटल डिवाइस,

जैसे कि आपके कंप्यूटर या फ़ोन पर टाइप करने की सिफ़ारिश करता हूँ। इस तरह, आप उन्हें जितनी बार चाहें अपडेट कर सकते हैं।

- **अपने पुष्टि वाक्यों को प्रतिदिन पढ़ें।** अपनी पुष्टियों को पढ़ने में नियमितता बनाए रखना महत्त्वपूर्ण है, आदर्श रूप से कम से कम दिन में एक बार। कभी-कभार पुष्टि वाक्यों पढ़ना उतना ही प्रभावी है, जितना कि कभी-कभार कसरत करना। जब तक आप इसे अपनी दैनिक दिनचर्या का हिस्सा नहीं बनाते, तब तक कोई उल्लेखनीय परिणाम मिलने की संभावना नहीं होती। जितनी बार आप अपनी पुष्टियों पढ़ेंगे, उतनी ही जल्दी वे आपके अवचेतन मन को पुनःप्रोग्राम करेंगी और आपकी आदतन सोचने की प्रक्रिया को उन्नत करेंगी, जिससे आपकी सोच इसके अनुरूप होगी कि आप कैसा महसूस करना चाहते हैं (अच्छा) और आप क्या करना चाहते हैं (उत्पादक बनना)।
- **अपने पुष्टि वाक्यों को भावना के साथ दोहराएँ।** जब आप अपने संकल्पों को दोहराएँ, चाहे ज़ोर से बोलकर या मन में, तो मैं सिफ़ारिश करता हूँ कि अपनी भावनात्मक स्थिति को ऊँचा उठाएँ ताकि आपकी प्रतिबद्धता और संकल्प को मज़बूती मिले। याद रखें, आपकी मिरेकल मॉर्निंग पुष्टि केवल पढ़ने के लिए नहीं होतीं। ये सावधानीपूर्वक बनाई गई घोषणाएँ हैं, जो रणनीतिक रूप से आपके अवचेतन मन को प्रोग्राम करने और आपकी पहचान को उन विश्वासों, दृष्टिकोणों और प्रतिबद्धताओं के साथ उन्नत करने के लिए गढ़ी गई हैं, जो आपके वांछित परिणामों को प्राप्त करने के लिए आवश्यक हैं। साथ ही, ये आपके सचेत मन को निर्देशित करती हैं ताकि आप अपनी सर्वोच्च प्राथमिकताओं और उन कार्यों पर ध्यान केंद्रित कर सकें, जो आपको अपने लक्ष्यों तक पहुँचाएँगे। आपकी पुष्टि को सर्वोत्तम रूप से प्रभावी बनाने के लिए, यह महत्त्वपूर्ण है कि आप उन्हें दोहराते समय अपनी भावनाओं को सक्रिय रूप से उसमें संलग्न करें। किसी बात के प्रति अपनी प्रतिबद्धता महसूस

किए बिना उसे बिना सोचे-समझे दोहराने से उसका न्यूनतम प्रभाव पड़ेगा। आपको प्रामाणिक भावनाएँ उत्पन्न करने की ज़िम्मेदारी लेनी होगी, जैसे उत्साह और संकल्प, और उन भावनाओं को पूरी ताक़त के साथ अपने पुष्टीकरण में शामिल करना होगा। यदि यह स्वाभाविक रूप से नहीं होता, या यदि आप ख़ुद को लगातार नकारात्मक मानसिक और भावनात्मक स्थिति में पाते हैं, जैसे हतोत्साहित या उदास महसूस करना, तो यह कहना आसान लग सकता है, लेकिन करना मुश्किल। यह इमोशनल ऑप्टिमाइज़ेशन मेडिटेशन (ईओएम) के साथ अच्छी तरह मेल खाता है, क्योंकि आप अपनी पुष्टियों को दोहराने से पहले ख़ुद को सर्वोच्च मानसिक अवस्था में लाने के लिए (ईओएम) का उपयोग कर सकते हैं। उस मानसिक और भावनात्मक अवस्था पर ध्यान केंद्रित करें, जिसे आप अनुभव करना चाहते हैं, और ख़ुद से पूछें : आख़िरी बार मैंने ऐसा कब महसूस किया था? तब कैसा महसूस हुआ था? यदि मैं अभी वैसा महसूस कर रहा होता, तो मैं कैसा व्यवहार करता? मैं क्या सोचता? मैं अपने आप से क्या कहता? मैं क्या करता? मेरा शारीरिक हावभाव कैसा होता? फिर, वैसे ही सोचें, बोलें और अपने शरीर को वैसे ही हिलाएँ-डुलाएँ, जैसे कि आप उन उच्च स्तरीय भावनाओं को वास्तव में अनुभव कर रहे हों। इसे हर दिन अपनी मिरेकल मॉर्निंग के दौरान करें, और समय के साथ, आप ख़ुद को इन भावनाओं को स्वाभाविक और प्रामाणिक रूप से अनुभव करने के लिए प्रशिक्षित कर लेंगे।

लाइफ़ सेवर्स (S.A.V.E.R.S.)

यहाँ (*V*) विज़ुअलाइज़ेशन के लिए है – मानसिक अभ्यास

''साधारण लोग केवल संभव चीज़ों पर विश्वास करते हैं। असाधारण लोग यह नहीं देखते कि क्या संभव या संभावित है, बल्कि वे असंभव को भी विज़ुअलाइज़ करते हैं। और असंभव की कल्पना करके, वे इसे संभव के रूप में देखना शुरू कर देते हैं।''

– चेरी कार्टर–स्कॉट

''चीज़ों को वैसे देखें जैसे आप उन्हें बनाना चाहते हैं, ना कि जैसी वे अभी हैं।''

– रॉबर्ट कॉलियर

6 मई 1954 को, रोजर बैनिस्टर दर्ज़ इतिहास में पहली बार एक मील को चार मिनट से कम समय में पूरा करने वाले पहले व्यक्ति बने, उन्होंने इसे ठीक 3:59.4 में पूरा किया। बैनिस्टर की इस अभूतपूर्व उपलब्धि से पहले, किसी ने भी चार मिनट से कम समय में एक मील नहीं दौड़ा था, और व्यापक रूप से माना जाता था कि यह किसी इंसान की शारीरिक क्षमता से परे है।

जब उनसे पूछा गया कि उन्होंने इस असंभव लगने वाले कार्य को कैसे पूरा किया, तो उन्होंने बताया कि अपने प्रशिक्षण के हिस्से के रूप में, उन्होंने इस उपलब्धि का निरंतर मानसिक अभ्यास किया ताकि अपने मन और शरीर में इसको लेकर एक निश्चितता पैदा कर सकें। रोजर केवल एक

असाधारण उदाहरण हैं कि हम सभी विज़ुअलाइज़ेशन का उपयोग करके अपने सर्वोत्तम प्रदर्शन को प्राप्त कर सकते हैं।

विज़ुअलाइज़ेशन, जिसे मानसिक अभ्यास (मेंटल रिहर्सल) भी कहा जाता है, वह प्रक्रिया है जिसमें आप स्पष्ट रूप से कल्पना करते हैं कि आप क्या हासिल करना या अनुभव करना चाहते हैं। फिर, आप मानसिक रूप से अभ्यास करते हैं कि इसे हासिल करने या अनुभव करने के लिए आपको क्या करना होगा, और उसी दौरान एक आदर्श भावनात्मक स्थिति उत्पन्न करते हैं, जो आपको आवश्यक कार्य करने के लिए प्रेरित करती है।

इसे अक्सर उच्च स्तरीय एथलीट और कलाकार अपने कार्य को मानसिक रूप से अभ्यास करने के लिए उपयोग करते हैं, जिससे वे बेहतर तैयारी कर सकें और अंततः अपना सर्वोत्तम प्रदर्शन कर सकें। अक्सर, बिना जाने ही, हम लगभग हर दिन मानसिक अभ्यास करते हैं, लेकिन कई बार यह हमारी सफलता के लिए हानिकारक साबित होता है। जब भी हम किसी अप्रिय या कठिन कार्य के बारे में सोचते हैं, जिसे हम करना नहीं चाहते, तो हम उस नहीं करने की भावना का अभ्यास कर रहे होते हैं।

यदि आप सोचते हैं, ''आज काम के बाद मुझे जिम जाना है, लेकिन मेरा बिलकुल मन नहीं है,'' तो जब शाम के पाँच बजेंगे, तब दिनभर पहले से बनाई गई मानसिकता और उससे उत्पन्न भावनाएँ ही आपके व्यवहार को नियंत्रित करेंगी। यही कारण है कि हम बार-बार उन कार्यों को नहीं करने का अभ्यास करते हैं, जो हमें करने चाहिए, और अंततः हम उन्हें नहीं करते। यह हमारी एक अवचेतन आदत बन जाती है, जो हमें अपने जीवन में वांछित चीज़ों को प्राप्त करने से वंचित कर देती है।

मानसिक अभ्यास इस अवचेतन और विनाशकारी आदत का समाधान है, जिसे हर सुबह सिर्फ़ कुछ मिनटों में लागू किया जा सकता है। हालाँकि, ठीक पुष्टीकरण की तरह, यदि इसे प्रभावी ढंग से नहीं किया गया तो यह विपरीत परिणाम भी दे सकता है।

मानसिक अभ्यास और विज़न बोर्ड से जुड़ी समस्याएँ

2006 में जब बेस्टसेलिंग किताब और डॉक्यूमेंट्री द *सीक्रेट* पॉप संस्कृति में आई, तो मानसिक अभ्यास की एक ऐसी विधि लोकप्रिय हुई, जो प्रभावी

नहीं होने के साथ-साथ विपरीत परिणाम भी दे सकती है। इस विधि में, आप केवल उस चीज़ की कल्पना करते हैं जिसे आप अपने जीवन में चाहते हैं, लेकिन उन आवश्यक गतिविधियों की कल्पना नहीं करते जो आपको वहाँ तक पहुँचाने में मदद करेंगी।

हमें सिखाया जाता है कि अपने सपनों के घर, कार, शरीर और जीवन की तसवीरें काटकर उन्हें एक बोर्ड पर चिपकाएँ। हमें बताया जाता है कि यदि हम ऐसा करेंगे, तो हम अपने जीवन में वह सब कुछ "आकर्षित" कर लेंगे, जो हम चाहते हैं। हालाँकि, विज़न बोर्ड बनाना परिवार के साथ एक मज़ेदार वीकेंड प्रोजेक्ट हो सकता है, और अपने लक्ष्यों से जुड़ी तसवीरें अपने पास रखना निश्चित रूप से बेकार नहीं है, लेकिन यह मानसिक अभ्यास की सबसे प्रभावी विधि नहीं है। इसके अलावा, यह लोगों को झूठी उम्मीदें देता है, जिससे वे यह मानने लगते हैं कि केवल तसवीरें लगाने भर से उनका आदर्श भविष्य जादुई रूप से हक़ीक़त बन जाएगा। बुरा ना मानें, लेकिन यह सच के काफ़ी विपरीत है।

मानसिक अभ्यास के फ़ायदे (हम सभी के लिए)

हालाँकि आमतौर पर मानसिक अभ्यास का उपयोग शीर्ष स्तर के एथलीट और कलाकार अपनी श्रेष्ठ प्रदर्शन क्षमता को बनाए रखने के लिए करते हैं, मैंने इसमें एक और लाभ खोजा है, जो उन लोगों के लिए और भी अधिक सहायक हो सकता है, जो ना तो ओलिंपिक में प्रतिस्पर्धा कर रहे हैं और न ही ब्रॉडवे पर प्रदर्शन कर रहे हैं। मानसिक अभ्यास हमारी उस सबसे बड़ी बाधा को दूर करने में मदद कर सकता है, जो हम और हमारे लक्ष्यों के बीच खड़ी होती है-ख़ुद को वह करने के लिए तैयार करना, जो हमें करना चाहिए, भले ही हमें उसे करने का मन नहीं हो।

चाहे वह प्रेरणा की कमी हो, ऊर्जा की कमी हो, या फिर आलस्य, हम अक्सर वही करने से बचते हैं, जो हमें सही समय पर करना चाहिए। हम अपनी भावनाओं को अपने व्यवहार पर हावी होने देते हैं, जिससे हम टालमटोल करने लगते हैं, क्योंकि कुछ नहीं करना या वही करना जो हम हमेशा से करते आए हैं, आसान होता है। लेकिन जब आप इस बाधा को पार करने और आवश्यक कार्यों को सही समय पर करने के लिए आवश्यक

स्पष्टता और प्रेरणा को लगातार उत्पन्न करने का तरीक़ा सीख लेते हैं, तो फिर आपको अपनी पूरी क्षमता को साकार करने और अपने लक्ष्यों को हासिल करने से कोई नहीं रोक सकता।

मुझे आपसे एक व्यक्तिगत कहानी साझा करने की अनुमति दें, जो यह स्पष्ट रूप से दर्शाएगी कि आप मानसिक अभ्यास का उपयोग कैसे कर सकते हैं, ताकि आपको वह स्पष्टता और प्रेरणा मिल सके, जिसकी ज़रूरत आपको अपने कार्यों को सही समय पर करने के लिए होगी–चाहे आपका मन करे या नहीं करे।

अपने अधिकांश जीवन में, मुझे दौड़ने से *नफ़रत* थी। मैं जानता हूँ कि *नफ़रत* एक बहुत ही कड़ा शब्द है, और मैं इसे शायद ही कभी उपयोग करता हूँ, लेकिन जितना मुझे याद है, मैंने हमेशा दौड़ने से बचने की कोशिश की। मुझे अच्छी तरह याद है कि हाई स्कूल की पी.ई. कक्षा में मुझे एक मील दौड़ने की अनिवार्यता से बहुत डर लगता था। हालाँकि, 2009 की शुरुआत में, लगभग छह महीने तक मिरेकल मॉर्निंग करने के बाद, मैंने ख़ुद से पूछा कि शारीरिक फ़िटनेस के मामले में ''लेवल 10'' क्या होगा? मैंने निर्णय लिया कि यह एक मैराथन (26.2 मील) दौड़ना होगा।

हालाँकि मेरे दो दोस्त थे, जिन्होंने अल्ट्रामैराथन (52 मील) पूरी की थी, और मैंने सोचा कि अगर वे ऐसा कर सकते हैं, तो *शायद* मैं भी कर सकता हूँ। चूँकि मैंने हाई स्कूल में एक मील से अधिक कभी नहीं दौड़ा था, वो भी अनिच्छा से, इसलिए मैंने अंदाज़ लगाया कि 52 मील लगातार दौड़ने के लिए मुझे मानसिक और शारीरिक रूप से अपने अब तक के सबसे उच्च स्तर तक विकसित होना पड़ेगा।

हालाँकि एक ऐसे व्यक्ति में बदलने की संभावना, जो अल्ट्रामैराथन दौड़ सकता है, किसी हद तक रोमांचक थी, लेकिन यह डरावनी भी थी। संयोग से, जिस चैरिटी संस्था के बोर्ड में मैं था - फ्रंट रो फाउंडेशन - वह उस अक्टूबर में अटलांटिक सिटी मैराथन में अपना वार्षिक चंदा जुटाने के लिए दौड़ आयोजित कर रही थी। इससे मुझे ट्रेनिंग के लिए छह महीने का समय मिल गया। इसलिए, मैंने फ़ाउंडेशन के प्रति एक प्रतिबद्धता बनाई और सार्वजनिक रूप से घोषणा की कि मैं फ्रंट रो फ़ाउंडेशन के लिए धन जुटाने के उद्देश्य से अल्ट्रामैराथन की ट्रेनिंग करूँगा और उसे पूरा करूँगा।

मैंने तुरंत ही मानसिक अभ्यास का उपयोग शुरू किया, ताकि दौड़ने के प्रति अपनी मानसिक रुकावट को दूर कर सकूँ। सबसे पहले, मैंने लगभग 60 सेकंड तक अपने आदर्श परिणाम की कल्पना की–अटलांटिक सिटी मैराथन की फिनिश लाइन पार करना–और यह महसूस करने की कोशिश की कि वह क्षण कैसा लगेगा।

इसके दो प्रमुख लाभ थे। पहला, इसने मेरे लक्ष्य को स्पष्ट किया और इस असंभव लगने वाली उपलब्धि को हर बार मानसिक अभ्यास करने पर अधिक वास्तविक महसूस कराया। दूसरा, इसने मेरी इच्छा को बढ़ाया और मुझे इस कल्पना को वास्तविकता में बदलने की प्रेरणा दी। दूसरा (और यह सबसे महत्त्वपूर्ण है), मैंने ठीक उसी चीज़ की कल्पना की, जो मुझे उस दिन अपने आदर्श लक्ष्य की ओर प्रगति करने के लिए करनी थी, और ऐसा करते समय मैंने ख़ुद को एक चरम भावनात्मक अवस्था में रखा, जिससे मैं आवश्यक कार्रवाई करने के लिए मजबूर हो जाऊँ।

मैंने अपनी आँखें बंद कीं और अपने आई-फ़ोन को हमारे लिविंग रूम की काफ़ी टेबल पर रखा हुआ देखा, जिसमें सुबह 7 बजे का समय दिख रहा था और अलार्म बज रहा था, जिससे मुझे संकेत मिल रहा था कि दौड़ने का समय हो गया है। मैंने ख़ुद को सोफे से उठते, बेडरूम में जाते और अलमारी में जाकर कपड़े निकालते हुए देखा। फिर मैंने ख़ुद को दौड़ने के कपड़े पहनते, लिविंग रूम में वापस आते और मुख्य दरवाज़े की ओर बढ़ते हुए कल्पना में देखा। मैंने देखा कि मैं दरवाज़ा खोलता हूँ, फ़ुटपाथ की ओर देखता हूँ, और मुस्कुराते हुए आत्मविश्वास और जोश के साथ ख़ुद से कहता हूँ, "मैं आज दौड़ने के लिए उत्साहित हूँ, क्योंकि यह मुझे अपने सर्वश्रेष्ठ संस्करण में बदलने में मदद कर रहा है!"

मैंने इस भावना को कई बार दोहराया और अपने शरीर की गतिविधियों का भी उससे मेल कराया–सिर हिलाया और उत्साह की भावना उत्पन्न की, जिससे मुझे आज की दौड़ के लिए प्रेरणा मिले। मैंने यह इच्छा नहीं की, न ही आशा की, कि मेरे अंदर दौड़ने के लिए सही भावना अपने आप आएगी–मैंने ख़ुद उस भावना को *उत्पन्न* किया!

कुछ ही मिनटों में, मैंने मानसिक रूप से ख़ुद को उन कार्यों को करते हुए अभ्यास कराया, जिनकी मुझे अपने लक्ष्य तक पहुँचने के लिए

आवश्यकता थी, और साथ ही ख़ुद को इष्टतम भावनात्मक अवस्था में रखा, जो मुझे निर्धारित समय पर उन कार्यों को करने के लिए प्रेरित करे।

इस कल्पना पद्धति का सबसे बड़ा फ़ायदा यह था कि जब मेरे फ़ोन का अलार्म बजा और स्क्रीन पर सुबह 7 बजे का समय दिखा, तो मैंने इसे बंद करके यह नहीं सोचा, ''उफ़्फ़, मुझे दौड़ने से नफ़रत है चलो आज छोड़ देता हूँ, कल कर लूँगा।'' ऐसा नहीं हुआ, क्योंकि मैंने इसकी प्रैक्टिस ही नहीं की थी! इसके बजाय, जब मेरा अलार्म बजा, तो मैंने ठीक वही किया, जिसका मैंने सुबह मानसिक अभ्यास किया था; लगभग स्वचालित रूप से और बिना किसी आंतरिक विरोध के।

मैं उठा, अलमारी के पास गया, कपड़े पहने, लिविंग रूम पार किया, मुख्य दरवाज़ा खोला, और जैसे ही मैंने फ़ुटपाथ की ओर देखा, मुझे वही सकारात्मक भावनाएँ महसूस होने लगीं, जो मैंने सुबह उत्पन्न की थीं! यहाँ तक कि वही शब्द भी मेरे दिमाग़ में गूँजे–*मैं आज दौड़ने के लिए उत्साहित हूँ, क्योंकि यह मुझे अपने सर्वश्रेष्ठ संस्करण में बदलने में मदद कर रहा है!* और मैं दौड़ने निकल पड़ा–अचानक ही वह काम करने में सक्षम और प्रेरित महसूस कर रहा था, जिससे मैंने पूरी ज़िंदगी नफ़रत की थी और जिसे टालता आया था! यही कल्पना शक्ति की ताक़त और इसका सबसे बड़ा लाभ है!

आपकी मिरेकल मॉर्निंग के मानसिक अभ्यास के लिए 3 चरण

हालाँकि आप S.A.V.E.R.S. को किसी भी क्रम में कर सकते हैं, लेकिन सकारात्मक पुष्टिकरण (अफ़र्मेशन) के तुरंत बाद मानसिक अभ्यास (विज़ुअलाइज़ेशन) करना एक अच्छा तरीक़ा है, क्योंकि आप उसी दृश्य की कल्पना कर सकते हैं, जिसकी आपने सकारात्मक रूप से पुष्टि की थी।

जब आपने अपनी पुष्टियाँ दोहरा ली हों, तो यह सबसे सही समय होता है स्वयं को उन कार्यों को करते हुए देखने का, जो आपके अभिप्रेरण के अनुरूप हैं। इसके लिए तीन आसान क्रमबद्ध चरण हैं :

चरण 1 : अपनी मानसिकता को तैयार करें

हमारी मानसिकता किसी भी अनुभव की दिशा तय करती है। इसलिए, याद रखें कि आपके मानसिक अभ्यास के प्राथमिक उद्देश्य और लाभ निम्नलिखित हैं :

- अपने आदर्श लक्ष्य को प्राप्त करने की कल्पना करें और महसूस करें, ताकि आपको स्पष्टता और प्रेरणा मिल सके, जिससे आपको इसे हासिल करने के लिए आवश्यक कार्य करने की ऊर्जा मिले।
- मानसिक रूप से ख़ुद को उन आवश्यक कार्यों को करते हुए देखें, जिन्हें आपने तय किया है और आपके लक्ष्य तक पहुँचने के लिए ज़रूरी हैं।
- उपरोक्त सभी को करते हुए ख़ुद को एक उच्च भावनात्मक स्थिति में लाएँ, ताकि आप तय समय पर इन कार्यों को करने के लिए अधिक प्रेरित और प्रतिबद्ध महसूस करें।

मानसिक अभ्यास करना कोई कठिन कार्य नहीं है। फिर भी, कुछ लोग इसे या तो बहुत जटिल बना देते हैं या फिर अपने डर, असुरक्षा या अन्य मानसिक एवं भावनात्मक बाधाओं के कारण संघर्ष करते हैं, जिससे अपनी सफलता की कल्पना करना उनके लिए असहज हो जाता है। कुछ लोग इस बात की चिंता करते हैं कि दूसरे उनके लक्ष्यों को पाने की कोशिश को कैसे देखेंगे, जबकि कुछ को यह अपराधबोध हो सकता है कि उनके प्रियजन पीछे छूट जाएँगे।

मारिएन विलियमसन की पुस्तक *अ रिटर्न टु लव* का यह प्रसिद्ध उद्धरण उन सभी लोगों के लिए प्रेरणादायक है, जो मानसिक अभ्यास के दौरान मानसिक या भावनात्मक बाधाओं का सामना करते हैं :

> हमारा सबसे गहरा डर यह नहीं है कि हम अयोग्य हैं। हमारा सबसे गहरा डर यह है कि हम असीम शक्ति से परिपूर्ण हैं। हमें हमारे अंधकार से नहीं, बल्कि हमारे प्रकाश से सबसे अधिक भय लगता है। हम स्वयं से पूछते हैं, 'मैं कौन हूँ जो अद्भुत, प्रतिभाशाली, शानदार और असाधारण बनूँ?' वास्तव में, आप कौन हैं जो ना बनें? आप ईश्वर की संतान हैं। आपका स्वयं को छोटा बनाना इस दुनिया के लिए कोई सेवा नहीं है। दूसरों को अपने आस-पास असुरक्षित महसूस ना हो, इसके लिए ख़ुद को छोटा करना कोई समझदारी वाली बात नहीं है। हम सभी

> को चमकने के लिए बनाया गया है, जैसे बच्चे चमकते हैं। हम इस दुनिया में ईश्वर की महिमा को प्रकट करने के लिए आए हैं। यह सिर्फ़ हम में से कुछ में नहीं, बल्कि हम सभी में है। जब हम अपने प्रकाश को चमकने देते हैं, तो हम अनजाने में दूसरों को भी वही करने की अनुमति दे देते हैं। जब हम अपने डर से मुक्त होते हैं, तो हमारी उपस्थिति स्वाभाविक रूप से दूसरों को भी मुक्त कर देती है।

इस बात पर विचार करें कि आपके प्रियजनों और जिनका आप नेतृत्व करते हैं, उनके लिए सबसे बड़ा उपहार यह है कि आप निरंतर अपने पूर्ण संभावित स्तर को प्राप्त करने का प्रयास करें, ताकि आप उन्हें भी वही करने में सहायता कर सकें।

अब समय आ गया है कि आप अपने डर, असुरक्षाएँ, या इस बात की चिंता करना बंद कर दें कि दूसरे लोग आपके बारे में क्या सोचते हैं और संभावनाओं से भरी मानसिकता अपनाएँ। आप वास्तव में क्या चाहते हैं? उन स्व-निर्मित सीमाओं को भूल जाएँ, जिन्हें अब तक आपने पकड़ रखा था। याद रखें, आप अतीत को बदल नहीं सकते, लेकिन बाक़ी सब कुछ बदल सकते हैं, और इसकी शुरुआत अभी हो सकती है। आप इस धरती पर किसी भी अन्य व्यक्ति की तरह योग्य, पात्र और सक्षम हैं कि आप अपने जीवन में वह सब कुछ बना सकें जो आप चाहते हैं। आप खुश, स्वस्थ और आर्थिक रूप से सुरक्षित रहने के योग्य हैं।

अब, यह कल्पना करें कि यह आपके लिए कैसा दिखता है।

एक आरामदायक स्थिति में सीधे बैठें। यह कुर्सी, सोफ़ा, फ़र्श या किसी अन्य जगह पर हो सकता है। गहरी साँस लें। अपनी आँखें बंद करें, अपने मन को शांत करें, और मानसिक अभ्यास के लिए तैयार हो जाएँ।

चरण 2 : अपने आदर्श परिणाम की कल्पना करें

जब हम ख़ुद को उस अनुभव में देखते हैं, जो हम चाहते हैं, तो हमारी भावनाएँ जाग्रत होती हैं, जो हमारे मनोबल को बढ़ाती हैं और हमें हमारे लक्ष्य की ओर आकर्षित करती हैं। जितनी अधिक स्पष्टता से आप अपने

लक्ष्य को देखेंगे और जितनी तीव्रता से अभी उन भावनाओं को महसूस करेंगे, जिन्हें आप अपनी उपलब्धि के बाद अनुभव करेंगे, उतना ही अधिक यह वास्तविक लगेगा। तो चलिए, अंत को ध्यान में रखते हुए शुरुआत करें। कोई ऐसा लक्ष्य बताइए, जिसे आप प्राप्त करना चाहते हैं? ऐसा कोई सुधार या उपलब्धि जो आप अपने जीवन में साकार होते देखना चाहेंगे?

आपका आदर्श परिणाम कोई जीवनभर का सपना हो सकता है, जैसे एक किताब लिखना, अपना व्यवसाय शुरू करना, या दुनिया की यात्रा करना। यह कोई अल्पकालिक या दीर्घकालिक लक्ष्य भी हो सकता है, जैसे 10 पाउंड वज़न कम करना, अपने वैवाहिक जीवन को सुखद बनाना, अपनी आय बढ़ाना, या अपने जीवन को अधिक आनंद से जीना। यह कोई साधारण और तत्कालिक अनुभव भी हो सकता है, जैसे अपने जीवनसाथी या बच्चों का स्वागत कैसे करना है। जो भी आपका मनचाहा परिणाम हो, मानसिक अभ्यास आपकी सहायता करेगा कि आप इसे पूरा करने का पूर्वाभ्यास करें, ताकि आप वास्तव में इसे हासिल कर सकें।

जब आप अपने आदर्श परिणाम की कल्पना करें, तो इसे यथासंभव जीवंत बनाएँ। अपने दृश्य को स्पष्ट रूप से देखें, भावनाओं को महसूस करें, आवाज़ें सुनें, स्पर्श करें, स्वाद लें और गंध को महसूस करें। अपनी कल्पना को अधिक प्रभावी बनाने के लिए एक से अधिक इंद्रियों को शामिल करें। मूल उद्देश्य यह है कि आप ख़ुद को उस लक्ष्य को प्राप्त करते हुए देखें, जिसे आपने तय किया है, और अनुभव करें कि जब आपका सपना हकीकत में बदल जाएगा, तो वह कितना अच्छा महसूस होगा।

जितनी अधिक स्पष्टता से आप अपनी कल्पना को बनाएँगे, उतना ही वास्तविक यह लगेगा और उतनी ही प्रबल प्रेरणा आपको अपने लक्ष्य को प्राप्त करने के लिए आवश्यक क़दम उठाने में मिलेगी।

चरण 3 : आवश्यक कार्यों की कल्पना करें (एक आदर्श भावनात्मक स्थिति में रहते हुए)

जब आपने कुछ मिनटों तक अपने आदर्श परिणाम की स्पष्ट मानसिक छवि देख ली, संभावनाओं को महसूस कर लिया, और उस सफलता के

भावनात्मक अनुभव को जिया, तो अब अगला क़दम यह है कि आपको उसे प्राप्त करने के लिए कौन-कौन से कार्य करने होंगे, यह निर्धारित करें और उन कार्यों को करने का पूर्वाभ्यास करें। यही वह चरण है जहाँ आप मानसिक अभ्यास का उपयोग करके सबसे बड़ी बाधा को पार करेंगे, जो हमें अपने जीवन को बदलने से रोकती है : *जो आवश्यक है, उसे उसी समय करना, जब आपको ऐसा करने की आवश्यकता हो - चाहे मन करे या नहीं करे। जब आप इस बाधा को पार कर लेंगे,* तो आपको अपने लक्ष्य तक पहुँचने से कोई नहीं रोक पाएगा।

हम अक्सर अपने सबसे महत्त्वपूर्ण कार्यों को पूरा करने से बचते हैं क्योंकि वे या तो हमारे कम्फ़र्ट ज़ोन के बाहर होते हैं, उनसे जुड़े परिणाम किसी न किसी स्तर पर हमें डराते हैं, या उन्हें करना कठिन और नहीं करना आसान लगता है। यह विधि एक मानसिक पूर्वाभ्यास है, जो आपको कार्रवाई करने के लिए तैयार करती है। यह आपके आज के सबसे महत्त्वपूर्ण कार्यों को करने की कल्पना करने का अभ्यास है, जहाँ आप ख़ुद को एक आदर्श भावनात्मक अवस्था में रखते हैं, जो आपको उन कार्यों को वास्तविक समय में करने के लिए प्रेरित करेगी।

बस अपनी आँखें बंद करें और ख़ुद को उन गतिविधियों में व्यस्त देखें, जिन्हें आपको आज पूरा करना है- (व्यायाम करना, काम करना, रिसर्च करना, लिखना, फ़ोन कॉल करना, दूसरों से सकारात्मक तरीक़े से बातचीत करना, आदि)। महत्त्वपूर्ण बात यह है कि ख़ुद को इस प्रक्रिया का आनंद लेते हुए देखें। ख़ुद को ट्रेडमिल पर दौड़ते हुए देखें, अपने अनुशासन पर गर्व महसूस करते हुए मुस्कुराएँ। अपने चेहरे पर दृढ़ संकल्प की झलक देखें, जब आप फ़ोन कॉल कर रहे हों, रिपोर्ट पर काम कर रहे हों, या उस प्रोजेक्ट को आगे बढ़ा रहे हों जिसे आप लंबे समय से टालते आ रहे थे। अपने परिवार का अभिवादन करते समय प्यार और चंचलता की भावनाएँ उत्पन्न करें। ख़ुद को मानसिक और भावनात्मक रूप से एक आदर्श अवस्था में देखें, जहाँ आप वह सब कर रहे हैं, जो आपको आज अपने लक्ष्य की ओर आगे बढ़ने के लिए करना है।

लाइफ़ सेवर्स (S.A.V.E.R.S.)

यहाँ (*E*) एक्सरसाइज़ यानी व्यायाम के लिए है

''यदि आप व्यायाम के लिए समय नहीं निकालते, तो आपको शायद बीमारी के लिए समय निकालना पड़ेगा।''

– रॉबिन शर्मा

''अधिकांश लोग जो एकमात्र व्यायाम करते हैं, वह है जल्दबाजी में निष्कर्ष पर पहुँचना, अपने दोस्तों को नीचा दिखाना, ज़िम्मेदारी से बचना, और निरंतर अच्छे भाग्य की आशा करना।''

– अज्ञात

हम सभी जानते हैं कि स्वास्थ्य बनाए रखने, शक्ति बढ़ाने और सहनशक्ति सुधारने के लिए व्यायाम कितना महत्त्वपूर्ण है, लेकिन लेकिन हम शायद *सुबह* व्यायाम करने से होने वाले लाभों से अवगत नहीं हैं। सुबह के व्यायाम के लाभ इतने महत्त्वपूर्ण हैं कि उन्हें नज़रअंदाज़ नहीं किया जा सकता। यह ना केवल जागने के बाद की मानसिक सुस्ती को जल्दी दूर करता है और सतर्कता बढ़ाता है, बल्कि आपकी मानसिक स्पष्टता और एकाग्रता को भी बढ़ाता है और दिनभर ऊर्जावान बने रहने में मदद करता है।

जब आप व्यायाम करते हैं, भले ही कुछ ही मिनटों के लिए, यह आपके शरीर में रक्त और ऑक्सीजन का संचार करता है, जिससे आपकी ऊर्जा और संज्ञानात्मक कार्यक्षमता में उल्लेखनीय वृद्धि होती है। यह

आपको अधिक प्रभावी ढंग से सोचने और लंबे समय तक ध्यान केंद्रित करने में सक्षम बनाता है। व्यायाम को टालने से उन लाभों में देरी होती है जो आपके पूरे दिन की उत्पादकता को सकारात्मक रूप से प्रभावित कर सकते हैं।

इसके अलावा, ख़ाली पेट व्यायाम करना (उपवास की स्थिति में) भोजन करने के बाद व्यायाम करने की तुलना में अधिक वसा जलाने में सहायक होता है। ऐसा इसलिए होता है, क्योंकि पूरी रात की नींद के बाद आपके शरीर में कार्बोहाइड्रेट (जो ऊर्जा का प्राथमिक स्रोत होता है) की उपलब्धता कम हो जाती है। कैम्ब्रिज विश्वविद्यालय में किए गए एक अध्ययन के अनुसार, ''कम से मध्यम तीव्रता वाला एरोबिक व्यायाम, यदि उपवास की स्थिति में किया जाए, तो कार्बोहाइड्रेट युक्त भोजन करने के बाद किए गए व्यायाम की तुलना में यह अधिक वसा ऑक्सीकरण को प्रेरित करता है।''

यहाँ मैं स्पष्ट कर दूँ कि मैं यह सुझाव नहीं दे रहा हूँ कि आपको सुबह जिम जाना या पूरा वर्कआउट करना ज़रूरी है। मेरा सुझाव सिर्फ़ यह है कि आप कुछ मिनट अपने शरीर को गतिशील करने और अपनी हृदय गति बढ़ाने में लगाएँ, ताकि आप सुबह के व्यायाम के लाभ उठा सकें।

हाल ही में, मैंने व्यक्तिगत विकास विशेषज्ञ, बेस्टसेलिंग लेखक और उद्यमी एबन पैगन का एक प्रेरणादायक साक्षात्कार देखा। उनका साक्षात्कार टोनी रॉबिंस द्वारा लिया जा रहा था, जिन्होंने पूछा, ''एबन, आपकी सफलता की नंबर एक कुंजी क्या है?'' मैं सुखद रूप से आश्चर्यचकित हुआ जब एबन ने उत्तर दिया, ''मैं हर सुबह एक व्यक्तिगत सफलता अनुष्ठान से शुरुआत करता हूँ। यही सफलता की सबसे महत्त्वपूर्ण कुंजी है।''

इसके बाद, उन्होंने सुबह के व्यायाम के महत्त्व पर बात की। उन्होंने कहा, ''हर सुबह, आपको अपनी हृदय गति बढ़ानी होगी, रक्त प्रवाह को सक्रिय करना होगा और अपने फेफड़ों को ऑक्सीजन से भरना होगा। दिन के अंत में या बीच में ही व्यायाम करने तक सीमित नहीं रहें। भले ही आप उन समयों पर व्यायाम करना पसंद करते हों, लेकिन सुबह कम से कम 10 से 20 मिनट जंपिंग जैक्स या किसी प्रकार का एरोबिक व्यायाम ज़रूर करें।''

जब आप अपनी मिरेकल मॉर्निंग को अनुकूलित करेंगे, तो आप तय करेंगे कि व्यायाम के लिए कितना समय देना चाहते हैं। लेकिन जैसा कि आप अगले अध्याय में देखेंगे, आप सुबह के व्यायाम के लाभ केवल 60 सेकंड (वास्तव में) में भी महसूस कर सकते हैं। फ़िलहाल, बस यह समझ लें कि चाहे आप कुछ मिनट जंपिंग जैक्स करें, वज़न उठाएँ, यू ट्यूब पर योग वीडियो देखें, या तेज़ी से चलने, दौड़ने या साइकिल चलाने जाएँ–यह पूरी तरह से आप पर निर्भर है। सबसे महत्त्वपूर्ण बात यह है कि आप मिरेकल मॉर्निंग के दौरान अपने शरीर को गतिशील करने के लिए प्रतिबद्ध हों, ताकि रक्त और ऑक्सीजन आपके शरीर और मस्तिष्क में संचारित हो सके और आप अपने सर्वोत्तम रूप में सोच और महसूस कर सकें।

आइए योग के बारे में बात करें

स्पष्ट कर दूँ, मैं कोई योगी नहीं हूँ। लेकिन अगर मुझे अपने पूरे जीवन में केवल एक प्रकार के व्यायाम का अभ्यास करने की अनुमति दी जाए, तो बिना किसी संदेह के, मैं योग को चुनूँगा। इसका कारण यह है कि योग एक संपूर्ण और समग्र व्यायाम प्रणाली है। यह संपूर्ण है, क्योंकि इसमें स्ट्रेचिंग, शक्ति प्रशिक्षण, हृदय संबंधी व्यायाम, श्वास अभ्यास और यहाँ तक कि ध्यान भी शामिल होता है। यह समग्र है, क्योंकि यह एक साथ मन, शरीर और आत्मा को लाभ पहुँचाता है।

मैंने मिरेकल मॉर्निंग की स्थापना के तुरंत बाद योग का अभ्यास करना शुरू कर दिया था और तब से इसे कर रहा हूँ और इसे पसंद करता हूँ। मेरे पसंदीदा शिक्षकों में से एक विश्व-प्रसिद्ध योग विशेषज्ञ और लेखिका दशमा रही हैं। मैंने पाया है कि वह अब तक की सबसे प्रामाणिक, आनंददायक और व्यावहारिक योग शिक्षकों में से एक हैं। मैंने उनसे अनुरोध किया कि वे अपने अनूठे दृष्टिकोण को साझा करें, क्योंकि वे एक सच्ची विशेषज्ञ हैं, जिन्होंने योग का अभ्यास और शिक्षण करने में 10,000 घंटे से भी अधिक का समय समर्पित किया है।

योग एक बहुआयामी विज्ञान है, जिसका प्रभाव जीवन के शारीरिक, मानसिक, भावनात्मक और आध्यात्मिक पहलुओं पर पड़ता है। जब हैल ने मुझसे इस पुस्तक के लिए योग का एक संक्षिप्त परिचय देने के लिए कहा, तो मुझे लगा कि यह द *मिरेकल मॉर्निंग* के साथ पूरी तरह मेल खाता है। मैं अपने व्यक्तिगत अनुभव से जानती हूँ कि योग आपके जीवन में चमत्कार उत्पन्न कर सकता है। मैंने इसे अपने जीवन में अनुभव किया है और दुनिया भर में अपने अनगिनत शिष्यों के जीवन में इसे घटित होते देखा है।

महत्त्वपूर्ण बात यह है कि योग कई रूपों में किया जा सकता है। चाहे वह मौन ध्यान में बैठना हो, फेफड़ों की क्षमता बढ़ाने के लिए श्वास अभ्यास करना हो, या हृदय को खोलने के लिए पीठ को पीछे झुकाना हो–हर पहलू के लिए कोई न कोई योगिक अभ्यास उपलब्ध है। मुख्य बात यह है कि आपको यह सीखना होगा कि किस समय कौन–सी तकनीक अपनानी चाहिए और इसे अपने लाभ के लिए कैसे उपयोग करना है ताकि आप सही संतुलन को पा सकें।

एक नियमित योग अभ्यास आपके जीवन को कई तरीक़ों से समृद्ध कर सकता है। यह उन असंतुलनों को ठीक कर सकता है जो आपके शरीर और मन में बाधाएँ उत्पन्न कर रहे हैं और अटकी हुई ऊर्जा को प्रवाहित कर सकता है, जिससे आपके शरीर में नए सिरे से गति, रक्त संचार और ऊर्जा का प्रवाह हो सके। मैं आपको प्रोत्साहित करती हूँ कि जब भी आप तैयार हों, कुछ नए योग अनुक्रमों को आज़माएँ।

आशीर्वाद और प्रेम,

दशमा

यदि आप अपने घर के आरामदायक माहौल में योग आज़माना चाहते हैं, तो मैं आपको बस यू ट्यूब पर जाकर "योग" सर्च करने की सलाह दूँगा, जहाँ आपको दशमा और अन्य योग शिक्षकों के अनगिनत मार्गदर्शित वीडियो मिल जाएँगे।

व्यायाम पर अंतिम विचार

हम सभी जानते हैं कि दैनिक व्यायाम हमारे स्वास्थ्य और ऊर्जा स्तर को अनुकूलित करने के लिए कितना लाभदायक है, लेकिन इसे टालना और बहाने बनाना बहुत आसान होता है। दो सबसे आम बहाने हैं : ''मेरे पास समय नहीं है'' और ''मैं बहुत थका हुआ हूँ ।'' क्या इन बहानों ने कभी आपको कसरत करने से रोका है?

यही कारण है कि द मिरेकल मॉर्निंग में व्यायाम को शामिल करना एक गेम चेंजर बन जाता है: यह सुबह सबसे पहले होता है, इससे पहले कि आपके पास इसे टालने के लिए पूरा दिन हो, और इससे पहले कि दिनभर की थकान आपको थका दे। द मिरेकल मॉर्निंग व्यायाम को एक दैनिक आदत बनाने का एक निश्चित तरीक़ा है, जो आपको हर दिन शारीरिक, मानसिक और भावनात्मक रूप से अपने सर्वश्रेष्ठ स्तर पर प्रदर्शन करने में सक्षम बनाएगा।

अस्वीकरण : आशा है कि यह अपने आप स्पष्ट होगा, लेकिन किसी भी व्यायाम कार्यक्रम को शुरू करने से पहले आपको अपने डॉक्टर या चिकित्सक से परामर्श करना चाहिए, विशेष रूप से यदि आपको शारीरिक दर्द, असुविधा, अक्षमताएँ आदि हो रही हैं। आपको अपनी व्यक्तिगत आवश्यकताओं के अनुसार अपने व्यायाम कार्यक्रम में संशोधन करने या इसे रोकने की आवश्यकता हो सकती है।

लाइफ़ सेवर्स (S.A.V.E.R.S.)

यहाँ (*R*) रीडिंग यानी पढ़ने के लिए है

''पढ़ाई दिमाग़ के लिए वही है जो व्यायाम शरीर के लिए और प्रार्थना आत्मा के लिए है। हम वही बन जाते हैं जो किताबें हम पढ़ते हैं।''

– मैथ्यू केली

''आज का पढ़ने वाला, कल का नेत्रत्व करने वाला।''

– मार्गरिट फुलर

यह कहा गया है कि अनुभव हमारा सबसे बड़ा शिक्षक है। जिसने भी यह कहा, उसने यह स्पष्ट नहीं किया कि अनुभव हमारा ख़ुद का होना चाहिए या फिर हमारे सबसे बड़े शिक्षक को दूसरों के अनुभवों से भी सीखा जा सकता है। यदि दूसरी बात सच है, तो यह समझाने में मदद मिलेगी कि S.A.V.E.R.S. का पाँचवाँ अभ्यास-पढ़ना-क्यों ज्ञान, दृष्टिकोण और रणनीतियाँ प्राप्त करने का सबसे कुशल और प्रभावी तरीक़ा है, जिससे आप अपने जीवन के किसी भी क्षेत्र को बदल सकते हैं, सुधार सकते हैं या उसे सर्वोत्तम बना सकते हैं।

स्पष्ट करने के लिए, यहाँ गैर-काल्पनिक सामग्री पढ़ने की बात हो रही है, जिसे उन लेखकों ने लिखा है जिन्होंने ऐसे परिणाम प्राप्त किए हैं जो आपके लक्ष्यों के अनुरूप हैं, ताकि आपको सब कुछ ख़ुद से दोबारा खोजने की ज़रूरत नहीं पड़े। आप किसी ऐसे व्यक्ति का अनुसरण करके अपने लक्ष्यों को बहुत तेज़ी से प्राप्त कर सकते हैं जिसने पहले ही उन्हें

हासिल कर लिया है। लगभग हर विषय पर अनगिनत किताबें उपलब्ध हैं, इसलिए दैनिक पढ़ाई के माध्यम से आप जो ज्ञान प्राप्त कर सकते हैं उसकी कोई सीमा नहीं है।

क्या आप अधिक खुशहाल, स्वस्थ और संपन्न बनना चाहते हैं? क्या आप कोई व्यवसाय शुरू करना चाहते हैं, मैराथन दौड़ना चाहते हैं, या एक बेहतर माता-पिता बनना चाहते हैं? इन सभी विषयों पर कई किताबें लिखी गई हैं, जिन्हें उन लोगों ने लिखा है जिन्होंने पहले ही यह सब किया है और आपको सिखाएँगे कि आप भी इसे कैसे कर सकते हैं। इस तरह, आप सीखने की प्रक्रिया को छोटा कर सकते हैं और अपनी सफलता को तेज़ी से प्राप्त कर सकते हैं।

आपको कितनी देर तक पढ़ना चाहिए?

अगले दो अध्यायों में, हम प्रत्येक S.A.V.E.R.S. के अभ्यास के लिए विभिन्न समय अवधियों का पता लगाएँगे, लेकिन मैं आपको अपनी मिरेकल मॉर्निंग में कम से कम 10 मिनट पढ़ाई के लिए समर्पित करने की सलाह देता हूँ, और यदि आप चाहें तो अधिक समय दे सकते हैं।

व्यक्तिगत रूप से, मैं अपनी मिरेकल मॉर्निंग में 20 मिनट पढ़ाई के लिए देता हूँ (और सोने से पहले भी 10 से 20 मिनट पढ़ता हूँ)। हालाँकि, यह ध्यान रखना महत्त्वपूर्ण है कि केवल एक बड़ा विचार आपके जीवन को बदल सकता है, इसलिए मैं आपको पढ़ाई में *गुणवत्ता को मात्रा से अधिक महत्त्व देने* और थोड़े में ज़्यादा वाले दृष्टिकोण पर विचार करने के लिए प्रोत्साहित करता हूँ।

अब, आइए कुछ गणना करें ताकि यह समझा जा सके कि कैसे थोड़ी-सी दैनिक पढ़ाई आपके जीवन पर गहरा प्रभाव डाल सकती है। हालाँकि पढ़ने की गति व्यक्ति पर निर्भर करती है, लेकिन औसतन, एक पाठक एक मिनट में लगभग 300 शब्द पढ़ सकता है।

अधिकांश आंकड़ों के अनुसार, एक पृष्ठ में लगभग 300 शब्द होते हैं, इसलिए औसतन, एक पृष्ठ पढ़ने में लगभग एक मिनट या धीमी गति से पढ़ने पर दो मिनट लग सकते हैं। इस तरह, 10 मिनट की पढ़ाई का अर्थ होगा कि आप प्रतिदिन लगभग 5 से 10 पृष्ठ पढ़ सकते हैं।

यदि इसे संख्याओं में देखें, तो रोज़ाना सिर्फ़ 10 पृष्ठ पढ़ने से सालभर में लगभग 3,650 पृष्ठ पूरे होंगे, जो कि लगभग 18 किताबों (200-पृष्ठों वाली) के बराबर है। अब सोचिए : यदि आप अगले 12 महीनों में 18 व्यक्तिगत या पेशेवर विकास से जुड़ी किताबें पढ़ते हैं, तो क्या आपको लगता है कि आप अधिक जानकार, सक्षम और आत्मविश्वासी बनेंगे-यानी एक बेहतर संस्करण बनेंगे? बिलकुल! रोज़ाना सिर्फ़ 10 पृष्ठ पढ़ना आपको थकाएगा नहीं, लेकिन *बनाएगा* ज़रूर।

आपको क्या पढ़ना चाहिए?

आपको क्या पढ़ना चाहिए, यह आपके लक्ष्यों पर निर्भर करता है। जब लोगों से यह पूछा जाता है कि वे जीवन में सबसे अधिक क्या चाहते हैं, तो आमतौर पर सबसे पहला जवाब होता है-"ख़ुशी।" मुझे नहीं पता कि आपके लिए क्या महत्त्वपूर्ण है, लेकिन मैं हमेशा ख़ुश रहने और जीवन का आनंद लेने का प्रयास करता हूँ। यहाँ कुछ किताबें हैं, जिन्होंने इसमें मेरी मदद की है :

- द *हैपिनेस इक्वेशन* – नील पसरीचा
- द *हैपिनेस एडवांटेज* – शॉन ऐंकर
- द *आर्ट ऑफ़ हैपिनेस* – दलाई लामा
- *लविंग व्हाट इज़* – बायरन केटी
- द *अनटेदर्ड सोल, लिविंग अनटेदर्ड,* द *सरेंडर एक्सपेरिमेंट* – माइकल सिंगर

एक और आम जवाब जो लोग देते हैं, वह है-"अधिक पैसा ।"अगर आप अपनी वित्तीय स्थिति को सुधारना चाहते हैं, तो यहाँ मेरी कुछ पसंदीदा किताबें हैं, जिनमें मिरेकल मॉर्निंग श्रृंखला की नई किताबें भी शामिल हैं :

- *थिंक ऐंड ग्रो रिच* – नेपोलियन हिल
- *सीक्रेट्स ऑफ़ द मिलियनेयर माइंड* – टी. हार्व एकर
- *टोटल मनी मेकओवर* – डेव रामसे

- द *मिरेकल मॉर्निंग फ़ॉर आंत्रप्रेन्योर्स* – कैमरोन हेरोल्ड और ऑनरे कॉर्डर द्वारा सहलिखित
- *मिरेकल मॉर्निंग मिलियनेयर्स* – डेविड ऑस्बॉर्न और ऑनरे कॉर्डर द्वारा सहलिखित

क्या आप बेहद प्रेमपूर्ण, सहयोगी और सामंजस्यपूर्ण रोमांटिक संबंध बनाना चाहते हैं? इस विषय पर इतनी सारी किताबें हैं कि आप उन्हें पढ़ने में एक दशक बिता सकते हैं। यहाँ मेरी कुछ पसंदीदा किताबें हैं :

- द *5 लव लैंग्वेजेस* – गैरी चैपमैन
- *चूज़ हर एवरी डे* – ब्रायन रीव्स
- द *सेवन प्रिंसिपल्स फ़ॉर मेकिंग अ मैरिज वर्क* – जॉन एम. गॉटमैन और नैन सिल्वर
- द *मिरेकल मॉर्निंग फ़ॉर कपल्स* – लांस और ब्रैंडी सालाज़ार द्वारा सहलिखित, ऑनरे कॉर्डर के साथ((उन जोड़ों के लिए जो अपने परस्पर रिश्ते को बेहतर बनाना चाहते हैं)
- द *मिरेकल मॉर्निंग फ़ॉर ट्रांसफॉर्मिंग योर रिलेशनशिप* – स्टेसी और पॉल मार्टीनो द्वारा सहलिखित, ऑनरे कॉर्डर के साथ (उन व्यक्तियों के लिए जो यह जानना चाहते हैं कि वे अपने रिश्ते को कैसे सुधार सकते हैं, भले ही उनका साथी इसके लिए तैयार नहीं हो)

चाहे आप अधिक ख़ुश रहना चाहते हों, अधिक पैसा कमाना चाहते हों, अपने रिश्तों को बदलना चाहते हों, आत्म-विश्वास बढ़ाना चाहते हों, बेहतर माता-पिता बनना चाहते हों, या अपने जीवन के किसी अन्य क्षेत्र को बदलना चाहते हों, आप अपने स्थानीय बुकस्टोर पर जाएँ या एमेज़ॉन. कॉम पर खोज करें। वहाँ आपको अपने जीवन और स्वयं में सुधार करने के लिए ढेरों किताबें मिलेंगी। जो लोग अपने कार्बन फुटप्रिंट को कम करना या पैसे बचाना चाहते हैं, उनके लिए स्थानीय पुस्तकालय भी एक शानदार संसाधन है।

अपने पढ़ने का अधिकतम लाभ उठाने के लिए कुछ सुझाव

- **अंत को ध्यान में रखकर शुरुआत करें :** हर दिन पढ़ना शुरू करने से पहले, ख़ुद से पूछें कि आप यह किताब क्यों पढ़ रहे हैं? आपको इससे क्या सीखना है? आप जो कुछ सीख रहे हैं, उसे अपने जीवन में कैसे लागू करेंगे? इन लक्ष्यों को ध्यान में रखें। मैं आपको अभी यह करने के लिए आमंत्रित करता हूँ-ख़ुद से पूछें कि आप *इस* किताब से क्या सीखना चाहते हैं? इससे भी महत्त्वपूर्ण बात यह है कि क्या आप अध्याय 10 में दिए गए मिरेकल मॉर्निंग 30-दिवसीय यात्रा को पूरा करके जो कुछ सीख रहे हैं, उसे कार्यान्वित करने के लिए प्रतिबद्ध हैं?
- **धार्मिक ग्रंथ पढ़ें :** कुछ मिरेकल मॉर्निंग के अभ्यासी अपने पढ़ने के समय का उपयोग अपने धार्मिक ग्रंथों को पढ़ने के लिए करते हैं, जैसे कि बाइबल, तनख़ (हिब्रू बाइबल), कुरान या कोई अन्य।
- **अपनी किताबों में निशान लगाएँ :** उम्मीद है कि आपने इस किताब की शुरुआत में दिए गए सुझावों को अपनाया होगा और अंडरलाइन, घेराव, हाइलाइटिंग, पृष्ठों के कोने मोड़ना और हाशिए में नोट्स लिखने जैसी आदतें अपनाई होंगी। किसी भी किताब से अधिकतम लाभ प्राप्त करने और भविष्य में उसकी सामग्री को आसानी से दोबारा देखने के लिए, मैं उन हिस्सों को अंडरलाइन या घेरता हूँ जो मुझे दोबारा पढ़ने की आवश्यकता हो सकती है, और हाशिए में नोट्स लिखता हूँ ताकि मुझे याद रहे कि मैंने उस विशेष हिस्से को क्यों चिह्नित किया था। किताबों में निशान लगाने की यह प्रक्रिया मुझे किसी भी समय प्रमुख शिक्षाओं, विचारों और लाभों को बहुत कम समय में फिर से प्राप्त करने में मदद करती है, बिना पूरी किताब को दोबारा पढ़ने की ज़रूरत के।
- **पुस्तकों को दोबारा पढ़ें ताकि सामग्री में महारत हासिल हो सके।** मैं अत्यधिक उपयोगी व्यक्तिगत विकास की पुस्तकों को दोबारा पढ़ने का विशेष तौर पर आग्रह करता हूँ। हम अक्सर

> किसी किताब को एक बार पढ़कर उसमें मौजूद सभी मूल्यवान जानकारियों को आत्मसात नहीं कर पाते। पहली बार पढ़ने से हमें केवल उसके विचारों का परिचय मिलता है। लेकिन महारत हासिल करने के लिए दोहराव आवश्यक है–हमें विशेष विचारों, रणनीतियों और तकनीकों के संपर्क में बार–बार आना पड़ता है जब तक कि वे हमारे अवचेतन मन में गहराई से समाहित ना हो जाएँ और हमारे जीवन का हिस्सा नहीं बन जाएँ। जब भी मैं कोई ऐसी किताब पढ़ता हूँ जो मेरे जीवन के किसी क्षेत्र पर महत्त्वपूर्ण प्रभाव डाल सकती है, तो मैं उसे दोबारा पढ़ने (या कम से कम उन हिस्सों को जिनको मैंने अंडरलाइन, घेरा या हाइलाइट किया है) का संकल्प लेता हूँ, जैसे ही मैं पहली बार उसे पढ़कर समाप्त करता हूँ। मैं अपने बुकशेल्फ़ में एक विशेष स्थान उन पुस्तकों के लिए रखता हूँ जिन्हें मैं दोबारा पढ़ना चाहता हूँ, और मैं अक्सर पूरे वर्ष उनको बार–बार पढ़ता हूँ। किसी पुस्तक को दोबारा पढ़ना अनुशासन की माँग करता है, क्योंकि आमतौर पर कोई नई किताब पढ़ना अधिक रोमांचक लगता है। दोहराव उबाऊ या थकाऊ हो सकता है (यही कारण है कि बहुत कम लोग किसी चीज में महारत हासिल कर पाते हैं), लेकिन यही तो एक और कारण है कि हमें इसे करना चाहिए–अपने आत्म–अनुशासन के स्तर को बढ़ाने के लिए।

क्यों ना इस पुस्तक के साथ इसे आज़माकर देखें? इसे पूरा करते ही दोबारा पढ़ने का संकल्प लें, ताकि आपकी समझ और गहरी हो सके और आप अपनी सुबह को बेहतर बनाने के लिए अधिक समय दे सकें।

लाइफ़ सेवर्स (S.A.V.E.R.S.)

यहाँ (*S*) स्क्राइबिंग यानी लेखन के लिए है

''जो कुछ भी आप लिखते हैं, शब्दों को पन्ने पर उतारना एक तरह की थेरेपी है, जिसमें एक पैसा भी ख़र्च नहीं होता।''

– डायना राब

''विचार कहीं से भी और कभी भी आ सकते हैं। मानसिक नोट्स बनाने की समस्या यह है कि उनकी स्याही बहुत जल्दी फीकी पड़ जाती है।''

– रॉल्फ़ स्मिथ

स्क्राइबिंग लाइफ़ सेवर्स में अंतिम अभ्यास है और यह यह राइटिंग का ही दूसरा शब्द है। पूरी ईमानदारी से कहूं तो मैं आमतौर पर राइटिंग के स्थान पर ''स्क्राइबिंग'' शब्द का उपयोग नहीं करता, लेकिन मुझे लाइफ़ S.A.V.E.R.S. के अंत में S की आवश्यकता थी, क्योंकि W से यह अजीब लगने लगता। धन्यवाद, शब्दकोश; मैं तुम्हारा ऋणी हूँ।

मेरा पसंदीदा लेखन का रूप डायरी लिखना है, जिसे मैं अपनी मिरेकल मॉर्निंग के दौरान 5 से 10 मिनट तक करता हूँ। जब हम अपने विचारों को अपने दिमाग़ से निकालकर लिखते हैं, तो हमें मूल्यवान अंतर्दृष्टि मिलती है, जो अन्यथा हमें कभी दिखाई नहीं देती। आपकी मिरेकल मॉर्निंग का लेखन तत्व आपको अपनी अंतर्दृष्टि, विचारों, महत्त्वपूर्ण समझ, सफलताओं और सीखे गए पाठों को लिखने में सक्षम बनाता है, साथ ही किसी भी अवसर

के क्षेत्र, व्यक्तिगत विकास या सुधार को भी दर्ज़ करने का अवसर देता है। जबकि मैं वर्षों से डायरी लिखने के गहरे लाभों के बारे में जानता था–और मैंने इसे कुछ बार आज़माया भी था–लेकिन मैं इसे कभी लगातार जारी नहीं रख पाया, क्योंकि यह मेरी दैनिक दिनचर्या का हिस्सा नहीं था। आमतौर पर, मैं अपने बिस्तर के पास एक डायरी रखता था, और जब मैं देर रात घर लौटता, तो 10 में से 9 बार मैं यह बहाना बनाता कि मैं लिखने के लिए बहुत थका हुआ हूँ। मेरी डायरियाँ ज़्यादातर ख़ाली ही रहती थीं।

भले ही मेरी बुकशेल्फ़ पर पहले से ही कई अधूरी डायरियाँ पड़ी थीं, लेकिन समय–समय पर मैं ख़ुद को एक नई, और अधिक महंगी डायरी ख़रीदने के लिए मना लेता था, यह सोचकर कि अगर मैंने इस पर अधिक पैसे ख़र्च किए, तो निश्चित रूप से मैं इसमें लिखूँगा। यह एक अच्छी रणनीति लगती है, है ना? दुर्भाग्य से, मेरी यह छोटी सी रणनीति कभी काम नहीं आई, और सालों तक मेरे पास महंगी से महंगी, लेकिन उतनी ही ख़ाली डायरियाँ इकट्ठी होती रहीं।

यह सब मिरेकल मॉर्निंग से पहले की बात है। पहले ही दिन से, मेरी मिरेकल मॉर्निंग ने मुझे अपनी डायरी में हर दिन लिखने के लिए समय और ढाँचा दिया, और यह जल्दी ही मेरी पसंदीदा आदतों में से एक बन गई। अब मैं आपको बता सकता हूँ कि लेखन मेरे जीवन के सबसे संतोषजनक और पूर्णता देने वाले अभ्यासों में से एक बन गया है। ना केवल मैं अपने विचारों को सचेत रूप से निर्देशित करने और उन्हें लिखने के दैनिक लाभ उठाता हूँ, बल्कि मैं अपनी डायरी को वापस पलटकर देख सकता हूँ, जिससे मैं अपने महत्त्वपूर्ण अनुभवों को फिर से जी सकता हूँ और गहरी अंतर्दृष्टि प्राप्त कर सकता हूँ।

अंतराल पर ध्यान केंद्रित करना : यह आपको नुक़सान पहुँचा रहा है या लाभ?

इस अध्याय के शुरुआती पृष्ठों में, हमने लाइफ़ सेवर्स का उपयोग करके आपकी संभावनाओं के अंतर को पाटने की बात की थी। इंसान स्वाभाविक रूप से जिस चीज़ की ओर आकर्षित होते हैं, उसे मैं *अंतराल पर ध्यान केंद्रित करना* कहता हूँ। हम आमतौर पर अपने जीवन में जहाँ हैं और जहाँ

हम होना चाहते हैं, उनके बीच के अंतर पर ध्यान केंद्रित करते हैं। हम उन चीज़ों के बीच का अंतर देखते हैं जो हमने हासिल की हैं और जो हम हासिल करना चाहते हैं, और उन अंतरालों को भी देखते हैं जो हमारी वर्तमान पहचान और उस आदर्श छवि के बीच मौजूद हैं, जो हम ख़ुद के लिए बनाना चाहते हैं।

इसके साथ समस्या यह है कि निरंतर अंतराल पर ध्यान केंद्रित करने से हमारे आत्मविश्वास और आत्म-छवि पर नकारात्मक प्रभाव पड़ सकता है, जिससे हमें यह महसूस होने लगता है कि हमारे पास पर्याप्त नहीं है, हमने पर्याप्त हासिल नहीं किया है, और हम उतने अच्छे नहीं हैं जितना हमें होना चाहिए।

उच्च उपलब्धि हासिल करने वाले लोग आमतौर पर इसमें सबसे अधिक फँसते हैं। वे अक्सर अपनी उपलब्धियों को नज़रअंदाज़ कर देते हैं या उन्हें कम करके आँकते हैं, हर ग़लती और अपूर्णता के लिए ख़ुद को दोषी ठहराते हैं, और कभी यह महसूस नहीं करते कि जो कुछ वे कर रहे हैं, वह पर्याप्त अच्छा है।

विडंबना यह है कि अंतराल पर ध्यान केंद्रित करना ही उच्च उपलब्धि हासिल करने वालों को उनकी सफलता तक पहुँचाने वाले मुख्य कारणों में से एक है। इस अंतर को भरने की उनकी असीम इच्छा ही उन्हें उत्कृष्टता की ओर प्रेरित करती है और लगातार सफलता पाने के लिए आगे बढ़ाती है। यदि यह ध्यान सकारात्मक, सक्रिय और "मैं अपनी पूर्ण क्षमता को हासिल करने के लिए प्रतिबद्ध और उत्साहित हूँ" के दृष्टिकोण से आता है, तो यह स्वस्थ और उत्पादक हो सकता है-बिना किसी कमी की भावना के। दुर्भाग्य से, ऐसा बहुत कम ही होता है। औसत व्यक्ति, यहाँ तक कि एक औसतन उच्च उपलब्धि प्राप्त करने वाला भी, आमतौर पर अपने अंतर को नकारात्मक रूप से देखता है।

आमतौर पर, जब कोई दिन, सप्ताह, महीना या साल समाप्त होता है और हम अंतर-केंद्रित मानसिकता में होते हैं, तो अपना और अपनी प्रगति का सटीक मूल्यांकन बनाए रखना लगभग असंभव हो जाता है। उदाहरण के लिए, यदि आपकी कार्य सूची में 10 कार्य थे-और आपने उनमें से छह पूरे कर लिए-तो भी आपका अंतर-केंद्रित दृष्टिकोण आपको यह महसूस

कराएगा कि आप वह सब कुछ पूरा नहीं कर सके जो आप करना चाहते थे। अधिकांश लोग दिन भर में दर्ज़नों, यहाँ तक कि सैकड़ों चीज़ें सही करते हैं और कुछ ही ग़लतियाँ करते हैं। अंदाज़ लगाइए कि लोग कौन-सी बातें बार-बार याद करते हैं और अपने दिमाग़ में दोहराते रहते हैं? क्या यह अधिक तर्कसंगत नहीं होगा कि आप उन सैकड़ों सही चीज़ों पर ध्यान केंद्रित करें जो आपने कीं? निश्चित रूप से, यह अधिक आनंददायक भी होगा।

इसका डायरी लिखने से क्या संबंध है? हर दिन एक सुव्यवस्थित और रणनीतिक प्रक्रिया के साथ डायरी लिखना आपको इस पर ध्यान केंद्रित करने में मदद करता है कि आपने क्या हासिल किया, आप किन चीज़ों के लिए आभारी हैं, और आप कल को और बेहतर बनाने के लिए क्या करने के लिए प्रतिबद्ध हैं। यह सब आपकी यात्रा का आनंद लेने, अपनी प्रगति को सकारात्मक रूप से महसूस करने और अपने परिणामों को तेज़ी से प्राप्त करने के लिए अधिक स्पष्टता तक पहुँचने में सहायता करता है।

डायरी समीक्षा का मेरा पहला अनुभव

मिरेकल मॉर्निंग करने और हर दिन डायरी लिखने के अपने पहले वर्ष के बाद, मैंने डायरी लेखन के सबसे लाभदायक पहलुओं में से एक की खोज की : डायरी समीक्षा। साल के अंतिम सप्ताह में, मैंने पूरे वर्ष की अपनी सभी डायरी प्रविष्टियों को फिर से पढ़ा। हर दिन की प्रविष्टियों को पढ़कर, मैं अपने पूरे वर्ष की समीक्षा, पुनर्स्मरण और पुनः अनुभव कर सका। मैं हर दिन की अपनी मानसिकता को फिर से देख सका और इस बात की नई समझ प्राप्त कर सका कि वर्षभर में मैंने कितनी व्यक्तिगत वृद्धि की थी। मैंने अपनी गतिविधियों, कार्यों और प्रगति का पुनर्मूल्यांकन किया, जिससे मुझे यह महसूस हुआ कि पिछले 12 महीनों में मैंने वास्तव में कितना कुछ हासिल किया है। सबसे महत्त्वपूर्ण बात, मैंने उन शिक्षाओं को फिर से आत्मसात किया, जिन्हें मैंने उस वर्ष के दौरान सीखा था-और जिनमें से कई को मैं भूल चुका था।

इसके अलावा, मैंने जो अनुभव किया उसे मैं ''कृतज्ञता 2.0'' कहता हूँ-पहले से कहीं अधिक गहरी और समृद्ध कृतज्ञता-और वह भी दो

अलग-अलग स्तरों पर। यह वह अनुभव था जिसे मैं अब अपने ''भविष्य में वापसी'' के पल के रूप में संदर्भित करता हूँ।

अब ज़रा इसे समझने की कोशिश करें (और चाहें तो मेरी कल्पना मार्टी मैकफ़्लाई के रूप में करें, जो एक 1981 डेलोरियन से बाहर आ रहा है)। जब मैंने अपने जर्नल को पढ़ा और उन सभी लोगों, अनुभवों, सबक़ और उपलब्धियों को देखा जिनके लिए मैं पूरे वर्ष आभारी था, तो मैं अपने अतीत की कृतज्ञता को दोबारा महसूस कर रहा था। साथ ही, मैं वर्तमान क्षण में भी आभारी था कि मैंने कितनी प्रगति की है। यह एक अद्भुत और कुछ हद तक अवास्तविक अनुभव था। और मैं उत्साहित हूँ कि आप भी इसे स्वयं अनुभव करेंगे।

फिर, मैंने अपनी डायरी समीक्षा से मिलने वाले सबसे मूल्यवान लाभ-तेज़ी से व्यक्तिगत विकास-का अनुभव करना शुरू किया। मैंने एक ख़ाली काग़ज़ लिया, उसके बीच में एक रेखा खींची और शीर्ष पर दो शीर्षक लिखे : *सीखे गए सबक़ और नई प्रतिबद्धताएँ जब मैंने अपनी डायरी प्रविष्टियों को पढ़ा,* तो मैंने ख़ुद को दर्ज़नों मूल्यवान पाठों को दोबारा आत्मसात करते हुए पाया। सीखी गई बातों को दोबारा पकड़ने और उन्हें जीवन में लागू करने के लिए नए संकल्प लेने की यह प्रक्रिया मेरे व्यक्तिगत विकास और आत्मविकास को जितना प्रभावित करती रही है, उतना शायद ही कोई और चीज़ कर पाई हो। मेरी प्रगति का बहुत बड़ा श्रेय मैं इसी एक अभ्यास को देता हूँ।

S.A.V.E.R.S. पर अंतिम विचार

हर चीज़ आसान बनने से पहले कठिन होती है। हर नई आदत पहले असहज लगती है, फिर सहज हो जाती है। जितना अधिक आप S.A.V.E.R.S. का अभ्यास करेंगे, वे उतने ही स्वाभाविक और सामान्य लगने लगेंगे। मैं जब पहली बार ध्यान कर रहा था, तो वह लगभग मेरी आख़िरी बार भी बन गई थी। मेरा मन भटक रहा था, और मेरे विचार एक पिनबॉल मशीन में घूमती चाँदी की गेंद की तरह बेक़ाबू होकर उछल रहे थे। लेकिन अब, मुझे ध्यान करना पसंद है। इसी तरह, जब मैंने पहली बार योग किया, तो मुझे ऐसा लगा जैसे मैं पानी से बाहर निकली हुई मछली हूँ। मैं लचीला नहीं था, सही

तरीक़े से मुद्राएँ नहीं कर पा रहा था, और ख़ुद को असहज और अजीब महसूस कर रहा था। लेकिन अब, योग मेरा पसंदीदा व्यायाम बन चुका है, और मैं बेहद आभारी हूँ कि मैंने इसे जारी रखा।

मिरेकल मॉर्निंग अभ्यासी अलैना कैश की एक शानदार सलाह है, ख़ासकर यदि कोई एक या अधिक S.A.V.E.R.S. आपको कठिन लग रहे हों : एक समय में केवल एक S.A.V.E.R.S. को सुधारने पर ध्यान दें। उदाहरण के लिए, यदि आप 'साइलेंस' (मौन) में आत्मविश्वास महसूस नहीं कर रहे हैं, तो कोई ऐप डाउनलोड करें, कुछ यू ट्यूब वीडियो देखें, या मिरेकल मॉर्निंग कम्यूनिटी फ़ेसबुक ग्रुप में मदद माँगें और 'साइलेंस' पर एक सप्ताह तक विशेष ध्यान दें, जब तक कि आप इसमें आत्मविश्वास महसूस नहीं करें। इस दौरान, यदि संभव हो तो बाक़ी S.A.V.E.R.S. को भी पूरा करने की कोशिश करें। मैंने ख़ुद प्रत्येक सप्ताह एक-एक S.A.V.E.R.S. पर ध्यान केंद्रित करके और बाहरी संसाधनों की मदद लेकर अधिक आत्मविश्वास हासिल किया। इससे मुझे उन S.A.V.E.R.S. में संतुलन बनाने में मदद मिली जो मेरे लिए आसान या अधिक आनंददायक थे, ताकि मैं सभी S.A.V.E.R.S. को समान रूप से महत्त्व दे सकूँ।''

इसे क्रिस्टोफ़र मोस्कारिनो की सलाह मानें, जिन्होंने शुरुआती पन्नों में बताया कि कैसे मिरेकल मॉर्निंग ने उनकी और उनकी पत्नी की वित्तीय स्थिति को बदल दिया : ''छोटी शुरुआत करें! एक बार में एक से दो S.A.V.E.R.S. लागू करें और पहले सिर्फ़ 5 मिनट से शुरू करें, फिर धीरे-धीरे समय बढ़ाएँ। यदि आपका लक्ष्य अपनी वर्तमान जागने की समय-सारणी से एक घंटे या उससे अधिक पहले उठना है, तो छोटे-छोटे बदलाव करें-पहले 15 मिनट, फिर 30, और फिर धीरे-धीरे बढ़ाएँ। छोटे से शुरू करें, इसे सरल रखें, और जल्द ही आप एक नियमित मिरेकल मॉर्निंग अभ्यासी बन जाएँगे।''

''अध्याय 8 : अपनी मिरेकल मॉर्निंग को अनुकूलित करें'' में आप सीखेंगे कि कैसे आप अपने मिरेकल मॉर्निंग के लगभग हर पहलू को अपनी आवश्यकताओं के अनुसार ढाल सकते हैं। फ़िलहाल, यहाँ S.A.V.E.R.S. का उपयोग करते हुए एक सामान्य (60 मिनट की) मिरेकल मॉर्निंग दिनचर्या का उदाहरण दिया गया है :

- साइलेंस (मौन) – 10 मिनट
- अफ़र्मेशन्स (सकारात्मक पुष्टीकरण) – 10 मिनट
- विज़ुअलाइज़ेशन (मानसिक अभ्यास) – 5 मिनट
- एक्सरसाइज़ (व्यायाम) – 10 मिनट
- रीडिंग (पढ़ना) – 20 मिनट
- स्क्राइबिंग (लेखन) – 5 मिनट

आप S.A.V.E.R.S. को जिस क्रम में करते हैं उसे समायोजित किया जा सकता है उदाहरण के लिए, कुछ लोग पहले व्यायाम करना पसंद करते हैं ताकि उनका रक्त संचार बढ़े और वे अधिक सतर्क महसूस करें। हालाँकि, आप व्यायाम को अपनी अंतिम गतिविधि के रूप में रखना पसंद कर सकते हैं, ताकि आपकी मिरेकल मॉर्निंग की बाक़ी प्रक्रियाओं के दौरान आपको पसीना महसूस नहीं हो। व्यक्तिगत रूप से, मैं दिन की शुरुआत शांतिपूर्ण और उद्देश्यपूर्ण मौन के साथ करना पसंद करता हूँ, ताकि मैं धीरे-धीरे जाग सकूँ, अपना मन साफ़ कर सकूँ और दिन के लिए अपने मानसिक और भावनात्मक स्तर को सर्वोत्तम बना सकूँ।

मैं आपको सेवर्स का अभ्यास अभी से शुरू करने के लिए आमंत्रित करता हूँ, ताकि आप प्रत्येक पहलू से परिचित और सहज हो सकें और अध्याय 10 में शुरू होने वाली 30-दिन की जीवन परिवर्तन यात्रा से पहले ही बढ़त हासिल कर सकें। यदि आपकी सबसे बड़ी चिंता अब भी इसे अपनी समय-सारणी में नियोजित करने की है, तो चिंता नहीं करें-मैंने इसका समाधान निकाल लिया है। अगले अध्याय में, आप सीखेंगे कि सिर्फ़ छह मिनट में पूरी मिरेकल मॉर्निंग कैसे करें-और सभी छह S.A.V.E.R.S. के पूर्ण लाभ कैसे प्राप्त करें।

7

6 मिनट की मिरेकल मॉर्निंग

(उन दिनों के लिए जब आपके पास समय कम हो)

''एक ओर, हम सभी ख़ुश रहना चाहते हैं। दूसरी ओर, हम सभी जानते हैं कि कौन-सी चीज़ें हमें ख़ुश करती हैं। लेकिन हम उन चीज़ों को नहीं करते। क्यों? सीधा सा कारण है-हम बहुत व्यस्त हैं। किसमें व्यस्त हैं? ख़ुश रहने की कोशिश में।''

- मैथ्यू केली

''मेरे पास जल्दी उठने का समय नहीं है।''

- अज्ञात

ओह, आप व्यस्त हैं? अजीब है। मैंने सोचा था कि यह सिर्फ़ मेरे साथ ही है।

मिरेकल मॉर्निंग के बारे में नए लोगों से मैं जो सबसे आम चिंता सुनता हूँ, वह यह है कि उनके पहले से ही व्यस्त जीवन में कुछ और जोड़ने का विचार है। लेकिन वास्तव में, मिरेकल मॉर्निंग को अपनाने से जीवन कम व्यस्त लगता है, क्योंकि इससे आप अधिक शांत, केंद्रित, उत्पादक और जीवन की चुनौतियों से निपटने में सक्षम हो जाते हैं। फिर भी, कुछ सुबहें ऐसी होंगी जब आपके पास पूरी 30 से 60 मिनट की मिरेकल मॉर्निंग के लिए समय नहीं होगा।

हममें से कई लोग यह मानते हैं कि यदि किसी कार्य के लिए पूरा समय नहीं मिला, तो उसे करना बेकार है। शुरुआत में, मैं भी अपनी मिरेकल मॉर्निंग के साथ यही करता था। यदि मेरे पास पूरा एक घंटा नहीं होता, तो मैं इसे पूरी तरह छोड़ देता। लेकिन मैंने महसूस किया कि यह आदर्श नहीं था। व्यक्तिगत विकास से जुड़ा कुछ भी करना, कुछ भी नहीं करने से हमेशा बेहतर होता है। एक सुबह, मेरी एक महत्त्वपूर्ण अपॉइंटमेंट थी। तैयार होने के बाद मेरे पास घर से निकलने के लिए सिर्फ़ 15 मिनट बचे थे। मैं उस दिन का मिरेकल मॉर्निंग अभ्यास छोड़ने ही वाला था, जब मुझे विचार आया–*अगर मैं प्रत्येक सेवर्स को केवल एक मिनट के लिए करूँ तो?*

मैंने अपने सोफ़े पर बैठकर, फ़ोन पर टाइमर सेट किया और अपनी पहली 6-मिनट की मिरेकल मॉर्निंग शुरू की।

कल्पना कीजिए कि अगर हर सुबह के पहले छह मिनट कुछ इस तरह शुरू हों...

मिनट 1 : मौन (साइलेंस)

बिना सोचे-समझे अपने व्यस्त दिन की ओर भागने के बजाय–तनावग्रस्त और अधीर महसूस करने के बजाय–आप अपना पहला मिनट शांति से बैठकर बिताते हैं और एक शांत, उद्देश्यपूर्ण मौन का आनंद लेते हैं। आप धीरे-धीरे, गहरी साँसें

लेते हैं, बिना किसी बाधा या ध्यान भटकाने वाले तत्वों के। आप आभार प्रकट करने के लिए एक प्रार्थना कर सकते हैं, इस क्षण की सराहना कर सकते हैं, या अपने मार्गदर्शन के लिए प्रार्थना कर सकते हैं। शायद आप एक मिनट के लिए ध्यान करते हैं। जब आप मौन बैठते हैं तो आप पूरी तरह से उस क्षण में उपस्थित होते हैं। आप अपने मन को शांत करते हैं, अपने शरीर को आराम देते हैं और अपने सभी तनावों को पिघलने देते हैं।

मिनट 2 : सकारात्मक पुष्टियाँ (अफ़र्मेशन्स)

आप अपनी मिरेकल मॉर्निंग के सकारात्मक विचारों को सामने रखते हैं- जो स्पष्ट रूप से उन रोमांचक सुधारों को स्पष्ट करते हैं और याद दिलाते हैं, जिन्हें आप अपने जीवन में लाने के लिए प्रतिबद्ध हैं, वे कारण जो उन्हें आपके लिए इतना महत्त्वपूर्ण बनाते हैं, और वे कार्य जिनके माध्यम से आप यह सुनिश्चित करेंगे कि आप जो भी चाहते हैं, उसे प्राप्त कर सकें। आप उन्हें ऊपर से नीचे तक पढ़ते हैं, और जैसे-जैसे आप अपने लिए सबसे महत्त्वपूर्ण चीज़ों पर ध्यान केंद्रित करते हैं, आपकी आंतरिक प्रेरणा का स्तर बढ़ता जाता है। आपको अहसास होता है कि दिन-ब-दिन, आप अपनी पुष्टियों को वास्तविकता में बदल रहे हैं।

मिनट 3 : मानसिक अभ्यास (विज़ुअलाइज़ेशन)

आप अपनी आँखें बंद करते हैं और अपने लक्ष्यों तक पहुँचने के लिए आज आपको जो करना है, उसकी कल्पना करते हैं। आप अपने दिन को पूरी तरह से सफल होते हुए देखते हैं, ख़ुद को अपने काम का आनंद लेते हुए, अपने प्रियजनों के साथ मुस्कुराते और हँसते हुए देखते हैं, और उन सभी चीज़ों को आसानी से पूरा करते हैं, जिन्हें आप आज हासिल करना चाहते हैं। आप देखते हैं कि यह सब कैसा दिखेगा, इसे महसूस करते हैं कि यह कैसा लगेगा, और उस आनंद का अनुभव

करते हैं जो आप इस प्रक्रिया में बनाएँगे। आप ख़ुद को एक उत्तम भावनात्मक स्थिति में अभ्यास करते हुए देखते हैं, जिसे आप दिन के उपयुक्त समय पर फिर से दोहराएँगे।

ख़ुद को अपने सर्वश्रेष्ठ रूप में देखने और महसूस करने से आपको यह याद आता है कि आप कितने सक्षम हैं, और यह आपको आत्मविश्वास की भावना प्रदान करता है।

मिनट 4 : लेखन (स्क्राइबिंग)

आप अपने जीवन में मौजूद एक चीज़ को लिखते हैं जिसके लिए आप आभारी हैं, फिर अपना हाथ अपने दिल पर रखते हैं और गहरी कृतज्ञता महसूस करते हैं। अगले 30 सेकंड में, आप अपने उत्पादकता स्तर को बढ़ाने के लिए अपने दिन की सर्वोच्च प्राथमिकता को लिखकर स्पष्ट करते हैं, ताकि आप अपने लेवल 10 लक्ष्य की दिशा में प्रगति सुनिश्चित कर सकें। सिर्फ़ 60 सेकंड लिखने से आप दिन भर के लिए अपनी भावनात्मक सेहत और उत्पादकता को बेहतर बनाने में सक्षम हो जाते हैं।

मिनट 5 : पढ़ना (रीडिंग)

इसके बाद, आप अपनी किताब खोलते हैं और केवल एक मिनट में कुछ उपयोगी सीख लेते हैं, जिसे आप अपने जीवन में लागू कर सकते हैं। हो सकता है कि यह एक नया दृष्टिकोण हो, जो आपको चीज़ों को अलग तरह से देखने में मदद करे। या इससे भी बेहतर, शायद आपको कुछ व्यावहारिक जानकारी मिले, जिसे आप अपनी दिनचर्या में शामिल कर सकें, जिससे आपके काम या संबंधों में सुधार हो। इस नई मिली जानकारी से आप सशक्त महसूस करते हैं, जिसे आप अपने जीवन को बेहतर बनाने के लिए उपयोग कर सकते हैं।

मिनट 6 : व्यायाम (एक्सरसाइज़)

अंत में, आप खड़े होते हैं और अंतिम एक मिनट व्यायाम करने में बिताते हैं, अपने शरीर को 60 महत्त्वपूर्ण क्षणों तक गतिशील रखते हैं। हो सकता है कि आप जगह पर दौड़ें या एक मिनट के लिए जंपिंग जैक्स करें। शायद आप पुश-अप्स या सिट-अप्स करें। शायद इससे आपको पसीना न आए, लेकिन मुख्य बात यह है कि आप अपनी हृदय गति को बढ़ा रहे हैं, ऊर्जा उत्पन्न कर रहे हैं, और मस्तिष्क तक रक्त व ऑक्सीजन के प्रवाह को बढ़ा रहे हैं, जिससे आपकी सतर्क और एकाग्र रहने की क्षमता बढ़ती है।

अगर आप हर दिन के पहले छह मिनट इस तरह उपयोग करें, तो आपको कैसा महसूस होगा? आपके दिन-और आपके जीवन-की गुणवत्ता कितनी सुधरेगी?

स्पष्ट कर दूँ, मैं यह सुझाव नहीं दे रहा कि आप हर दिन अपने मिरेकल मॉर्निंग को केवल छह मिनट तक सीमित रखें, क्योंकि S.A.V.E.R.S. में अधिक समय लगाना-आदर्श रूप से 30 से 60 मिनट- इस अभ्यास के प्रभाव को निश्चित रूप से बढ़ाता है। लेकिन उन दिनों में जब आपके पास समय की कमी हो, तब भी छह मिनट का मिरेकल मॉर्निंग एक शक्तिशाली रूपरेखा प्रदान करता है, जो आपके व्यक्तिगत विकास को तेज़ करने और आपको अपने दिन को अधिकतम रूप से उपयोगी बनाने के लिए शारीरिक, मानसिक और भावनात्मक रूप से सर्वोत्तम स्थिति में लाने में मदद करता है।

इसके अलावा, छह मिनट का मिरेकल मॉर्निंग आपके "मेरे पास समय नहीं है" बहाने को समाप्त कर देता है और आपको इसे लगातार अभ्यास करने की अनुमति देता है। यह निरंतरता दैनिक अभ्यास की आदत बनाने के लिए अत्यंत महत्त्वपूर्ण है।

8

अपनी मिरेकल मॉर्निंग को अनुकूलित करें

''मिरेकल मॉर्निंग अद्भुत है। इसने मेरे जीवन में नई स्पष्टता, फ़ोकस और ऊर्जा प्रदान की है। सबसे अच्छी बात यह है कि यह प्रत्येक व्यक्ति के लिए अलग हो सकता है, उनके लक्ष्यों और समय-सारणी के अनुसार। मेरे लिए, एक व्यवसायी और एक साल के बच्चे की माँ होने के नाते, यह आत्मचिंतन, प्रार्थना, अपने लक्ष्यों और सपनों पर ध्यान केंद्रित करने, व्यायाम करने और तनाव कम करने का समय रहा है। यह मुझे अपने जीवन में लोगों, घटनाओं और आशीर्वादों के लिए आभार व्यक्त करने का मूल्यवान समय भी देता है। हम सभी के पास सप्ताह में समान 168 घंटे होते हैं; मिरेकल मॉर्निंग को अपनाइए, और आप अपने जीवन में ऐसे चमत्कार पाएँगे जिनका आपको कभी अंदाज़ भी नहीं था!''

– केटी हीनी (सेंट लुइस, मिसौरी)

आपकी मिरेकल मॉर्निंग 100 प्रतिशत अनुकूलन योग्य है। आप किस समय जागते हैं, अपने प्रत्येक S.A.V.E.R.S. के लिए कौन-सी गतिविधियाँ करते हैं, और प्रत्येक पर कितना समय बिताते हैं-यह सब पूरी तरह से आपके ऊपर निर्भर है। अपनी मिरेकल मॉर्निंग को आपकी जीवनशैली के अनुसार ढालने और आपके सबसे महत्त्वपूर्ण लक्ष्यों को प्राप्त करने में मदद करने के लिए इसे कैसे वैयक्तिकृत किया जा सकता है, इसकी कोई सीमा नहीं है। इस अध्याय में, मैं आपको कुछ विचार और रणनीतियाँ दूँगा कि आप इसे अपने लिए कैसे कारगर बना सकते हैं।

मैं यह भी बताऊँगा कि सुबह कब (और क्या) खाना चाहिए, अपने मिरेकल मॉर्निंग को अपने प्रमुख लक्ष्यों और सपनों के साथ कैसे शामिल करें, सप्ताहांत पर क्या करें, टालमटोल की आदत से कैसे बचें, और बहुत कुछ। इसके अलावा, मैं विभिन्न वास्तविक जीवन के मिरेकल मॉर्निंग उदाहरणों को शामिल करूँगा, जिन्हें अलग-अलग व्यक्तियों-गृहणियों और उद्यमियों से लेकर हाई स्कूल और कॉलेज के छात्रों तक ने -अपनी विशिष्ट समय-सारणी, प्राथमिकताओं और जीवनशैली के अनुसार आकार किया है।

अपनी मिरेकल मॉर्निंग और S.A.V.E.R.S. के साथ लचीलापन रखें

यह सुनने में पूरी तरह विपरीत लग सकता है, लेकिन इसे समझने की कोशिश करें-आपको मिरेकल मॉर्निंग *सुबह ही* करने की ज़रूरत नहीं है।

हम्म?

बेशक, जल्दी उठने और अपने दिन की एक सक्रिय शुरुआत करने के कई स्पष्ट लाभ हैं, जिन पर हम पहले ही विस्तार से चर्चा कर चुके हैं। हालाँकि, कुछ पाठकों की दिनचर्या और जीवनशैली ऐसी हो सकती है, जो सुबह मिरेकल मॉर्निंग करने की अनुमति ना देती हो। उदाहरण के लिए, कोई व्यक्ति जो रात की शिफ़्ट में काम करता है और दिन में सोता है, उसकी जागने की समय-सारणी किसी ऐसे व्यक्ति से अलग होगी जो हर रात 9 बजे सो जाता है।

चूँकि हर व्यक्ति की दिनचर्या अलग होती है, इसलिए यह याद रखना ज़रूरी है कि मिरेकल मॉर्निंग का सार यह है कि आप जितना आवश्यक हो, उससे थोड़ा पहले जागें और अपने दिन के पहले हिस्से को व्यक्तिगत विकास के लिए समर्पित करें। यदि आप एक ट्रक ड्राइवर हैं या रात 10 बजे से सुबह 6 बजे तक किसी अस्पताल में काम करते हैं और आमतौर पर दोपहर 2 बजे तक सोते हैं, तो आपकी मिरेकल मॉर्निंग दोपहर 1:30 बजे शुरू हो सकती है।

महत्त्वपूर्ण यह नहीं है कि आप किस समय जागते हैं, बल्कि यह है कि आप अपने दिन की शुरुआत S.A.V.E.R.S. से करें, ताकि आप हर दिन अपनी शारीरिक, मानसिक, भावनात्मक और आध्यात्मिक रूप से सर्वोत्तम स्थिति में शुरू कर सकें-चाहे वह समय कोई भी हो।

कुछ लोगों की दिनचर्या अधिक खंडित, अप्रत्याशित या असंगत हो सकती है, जैसे कि एक ऑन-कॉल डॉक्टर या नर्स, या किसी नवजात शिशु के माता-पिता। अगर आप भी ऐसा ही सोचते हैं और आपको लगता है कि यह आपके लिए कारगर नहीं होगा, तो मैं आपके लिए भी कुछ उपाय लेकर आया हूँ। ध्यान दें कि S.A.V.E.R.S. छह सबसे स्थायी और प्रामाणिक व्यक्तिगत विकास गतिविधियों का प्रतिनिधित्व करता है, जिनके लाभ केवल सुबह तक सीमित नहीं हैं।

मैंने मिरेकल मॉर्निंग समुदाय में नई माताओं को यह साझा करते हुए देखा है कि वे अपने S.A.V.E.R.S. को छोटे-छोटे हिस्सों में बाँटती हैं और जब उनके नवजात बच्चे झपकी लेते हैं, तब वे उनमें से एक या दो को पूरा कर लेती हैं। इसी तरह, न्यू यॉर्क सिटी के शिफ़्ट में काम करने वाले कुछ कर्मचारियों ने बताया कि वे अपने S.A.V.E.R.S. को मेट्रो में काम पर जाते समय पूरा करते हैं। महत्त्वपूर्ण यह है कि आप इसे किसी भी तरह पूरा करने का तरीका खोजें-और जब आप प्रतिबद्ध होते हैं, तो कोई न कोई तरीक़ा हमेशा मिल ही जाता है।

यहाँ मॉली मैथ्यूज़ की कहानी है, जो दो बच्चों की माँ हैं और पिछले एक वर्ष से लगातार अपना मिरेकल मॉर्निंग कर रही हैं :

> मुझे मिरेकल मॉर्निंग के बारे में लगभग एक साल पहले पता चला, जब कई सफल मेंटर्स ने इसकी ज़ोरदार सिफारिश की।

> उस समय, मैं दो छोटे बच्चों की एक घर में रहने वाली माँ थी और रोजमर्रा के काम पूरे करने के लिए जूझ रही थी, थकान और मानसिक तनाव महसूस कर रही थी। मैंने S.A.V.E.R.S. को प्रत्येक श्रेणी में सिर्फ़ पाँच मिनट तक शामिल करना शुरू किया, अपने बच्चों से सिर्फ़ 30-40 मिनट पहले उठी, मुझे तुरंत ही यह बदलाव महसूस हुआ कि मेरा दिन कितना सहज हो गया। मुझे अधिक ऊर्जा और स्पष्टता मिलने लगी, और मैं एक बेहतर माँ की तरह महसूस करने लगी। मेरी मानसिक सेहत और संपूर्ण ख़ुशी में बहुत बड़ा सुधार हुआ! अब, मैंने प्रत्येक S.A.V.E.R.S. के लिए अधिक समय जोड़ लिया है; मैं हमेशा अपने बच्चों के जागने से पहले सभी को पूरा नहीं कर पाती, लेकिन सुबह सबसे पहले अपने लिए कुछ समय निकालना मेरे दिन में बड़ा बदलाव लाता है। अगर मैं सुबह सभी S.A.V.E.R.S.. को पूरा नहीं कर पाती, तो मैं उन्हें दोपहर की झपकी के समय में पूरा कर लेती हूँ। अब मैं अपने ख़ाली समय में दो बिज़नेस चलाती हूँ, एक पूर्णकालिक माँ और पत्नी हूँ, और जीवन के प्रति मुझमें पहले से कहीं अधिक जुनून और उत्साह है! मैं बहुत ख़ुश हूँ कि मैंने मिरेकल मॉर्निंग को अपनाया।

इसलिए, भले ही अपने दिन की शुरुआत मिरेकल मॉर्निंग से करना सबसे अच्छा हो, लेकिन अपने S.A.V.E.R.S. को हर दिन पूरा करने का संकल्प लेना-चाहे वह किसी भी समय, क्रम, या अवधि में हो-आपको निरंतर विकास करने, आगे बढ़ने और वह व्यक्ति बनने में मदद करेगा जिसकी आपको ज़रूरत है, ताकि आप अपने जीवन में वह सब कुछ बना और अनुभव कर सकें जो आप चाहते हैं।

क्या वीकेंड पर भी मिरेकल मॉर्निंग करनी चाहिए?

जब मैं इस किताब के लिए रिसर्च कर रहा था, तो मुझे ओपरा विन्फ्रे का एक उद्धरण मिला जिससे मैं पूरी तरह सहमत था :

"शनिवार को जल्दी उठने से मुझे अपने काम को बहुत ही शांत मन से पूरा करने में मदद मिलती है। सप्ताह के बाक़ी दिनों में एक तरह का

समय का दबाव महसूस होता है, जो सप्ताहांत पर नहीं होता। अगर मैं सुबह जल्दी उठती हूँ, बाक़ी सबके जागने से पहले, तो मैं अपने दिन की या कम से कम अपनी गतिविधियों की योजना शांति से बना सकती हूँ।'' मैं इससे ज्यादा सहमत नहीं हो सता।

जब मैंने पहली बार मिरेकल मॉर्निंग शुरू की थी, तो कई शुरुआती लोगों की तरह मैं भी इसे सिर्फ़ सोमवार से शुक्रवार तक करता था और वीकेंड पर ब्रेक लेता था। लेकिन मुझे जल्द ही अहसास हुआ कि जिन दिनों मैं S.A.V.E.R.S. करता था, मैं ज़्यादा अच्छा, ज़्यादा संतुष्ट और उत्पादक महसूस करता था। और जिन दिनों मैं देर तक सोता, मैं आमतौर पर सुस्ती, एकाग्रता की कमी और कम उत्पादक महसूस करता था।

आप भी इसे ख़ुद आज़माकर देखें। हो सकता है कि आप मेरी तरह शुरुआत में इसे सिर्फ़ सप्ताह के दिनों में करें और सप्ताहांत पर ब्रेक लें। देखिए शनिवार और रविवार की सुबह आप कैसा महसूस करते हैं। अगर आपको भी ऐसा लगे, जैसा कि कई लोगों को लगता है, कि हर दिन तब बेहतर होता है जब आप इसे मिरेकल मॉर्निंग से शुरू करते हैं, तो हो सकता है कि इसे करने के लिए सप्ताहांत आपका पसंदीदा समय बन जाए!

सुबह कब, क्यों और क्या खाना चाहिए?

अब तक आप सोच रहे होंगे, *मिरेकल मॉर्निंग के दौरान और उसके बाद मैं नाश्ता कब करूँ?* इसके अलावा, जितना महत्त्वपूर्ण यह है कि आप कब खाते हैं, उससे भी ज़्यादा ज़रूरी यह है कि आप क्या खाते हैं और उससे भी महत्त्वपूर्ण यह है कि आप जो खाते हैं, वह क्यों खाते हैं।

कब खाना चाहिए?

याद रखें कि खाना पचाना शरीर की सबसे अधिक ऊर्जा खपत करने वाली प्रक्रियाओं में से एक है। जितना बड़ा भोजन होगा, उतनी ही अधिक ऊर्जा शरीर को उसे पचाने में लगानी पड़ेगी और आप उतनी ही अधिक थकान महसूस करेंगे। इसे ध्यान में रखते हुए, मैं मिरेकल मॉर्निंग के *बाद* खाने की सलाह देता हूँ। इससे यह सुनिश्चित होगा कि S.A.V.E.R.S. के दौरान

आपके दिमाग़ तक अधिक रक्त प्रवाहित हो, ना कि आपके पेट में भोजन पचाने के लिए।

अगर आपको ऐसा लगता है कि सुबह उठते ही कुछ खाना ज़रूरी है, तो सुनिश्चित करें कि वह हल्का और आसानी से पचने वाला हो, जैसे ताज़े फल या स्मूदी। आदर्श रूप से, इसमें कुछ स्वस्थ वसा भी होनी चाहिए ताकि यह आपके मस्तिष्क को ऊर्जा प्रदान कर सके (इसके बारे में आगे विस्तार से चर्चा करेंगे)।

क्यों खाना चाहिए?

आइए एक पल रुककर इस बारे में सोचें कि आप जो भोजन करते हैं, उसे चुनने का कारण *क्या* है।

जब आप किसी किराने की दुकान पर ख़रीदारी कर रहे होते हैं या किसी रेस्तरां में मेन्यू से भोजन का चयन कर रहे होते हैं, तो आप किन मानदंडों के आधार पर तय करते हैं कि कौन-सा भोजन अपने शरीर में डालना है? क्या आपका चुनाव केवल स्वाद पर आधारित होता है? बनावट पर? सुविधा पर? या फिर यह आपके स्वास्थ्य, ऊर्जा और दीर्घायु को ध्यान में रखकर किया गया निर्णय होता है?

अधिकांश लोग मुख्य रूप से स्वाद और, गहराई से देखें तो, उन खाद्य पदार्थों से अपने भावनात्मक जुड़ाव के आधार पर भोजन का चुनाव करते हैं। अगर आप किसी से पूछें, ''आपने यह आइसक्रीम क्यों खाई?'' या ''आपने यह सोडा क्यों पिया?'' या ''आप किराने की दुकान से तला हुआ चिकन क्यों लाए?–तो ज़्यादातर जवाब कुछ इस तरह होंगे : ''क्योंकि मुझे आइसक्रीम बहुत पसंद है!'' या ''मुझे सोडे का स्वाद अच्छा लगता है!'' या ''मुझे तला हुआ चिकन खाने का मन कर रहा था!'' इन सभी उत्तरों का आधार यह है कि लोग भोजन का चुनाव मुख्य रूप से उनके स्वाद और उनसे मिलने वाले तात्कालिक आनंद के आधार पर करते हैं, ना कि इस बात पर कि यह भोजन उनके स्वास्थ्य के लिए कितना लाभकारी होगा या इससे उन्हें कितनी ऊर्जा मिलेगी।

मुख्य बात यह है : अगर आप अधिक ऊर्जा चाहते हैं (जो हम सभी चाहते हैं) और एक स्वस्थ, रोगमुक्त जीवन जीना चाहते हैं (जो हर

कोई चाहता है), तो यह आवश्यक है कि आप अपने भोजन के चुनाव पर पुनर्विचार करें। और-यह महत्त्वपूर्ण है-आपको इस बात पर अधिक ध्यान देना चाहिए कि आपके द्वारा चुने गए खाद्य पदार्थ आपके स्वास्थ्य और ऊर्जा स्तर को कैसे प्रभावित करेंगे, बजाय केवल उनके स्वाद पर ध्यान केंद्रित करने के। इसका यह अर्थ नहीं है कि आपको केवल स्वास्थ्य और ऊर्जा के लिए ऐसे भोजन खाने चाहिए जो स्वादिष्ट नहीं हों। बल्कि, मैं यह कह रहा हूँ कि आप दोनों का आनंद ले सकते हैं। अगर आप चाहते हैं कि आपका हर दिन ऊर्जा से भरपूर हो ताकि आप अपना सर्वश्रेष्ठ प्रदर्शन कर सकें और एक लंबा, स्वस्थ जीवन जी सकें, तो आपको उन खाद्य पदार्थों का चुनाव करना होगा जो ना केवल आपके स्वास्थ्य में योगदान दें और सतत ऊर्जा प्रदान करें, बल्कि स्वादिष्ट भी हों।

क्या खाएँ (और पियें)

इससे पहले कि हम इस बारे में बात करें कि क्या खाना चाहिए, आइए पहले इस पर ध्यान दें कि क्या पीना चाहिए। याद रखें कि स्नूज़ बटन पर जीत पाने की 5-चरणीय रणनीति (पृष्ठ 57 देखें) का चौथा चरण यह है कि सुबह उठते ही एक पूरा गिलास पानी पिएँ। इससे आपकी रातभर की डिहाइड्रेशन ख़त्म होगी और आप फिर से ऊर्जा से भर जाएँगे। यदि आप इसमें थोड़ा समुद्री नमक और ताज़ा नींबू का रस मिला दें, तो और भी अच्छा रहेगा।

समुद्री नमक आपके पोटैशियम और सोडियम के स्तर को संतुलित करने में मदद कर सकता है। यह वास्तव में कई लोगों के लिए एक समस्या होती है, लेकिन वे इसे समझ नहीं पाते। पानी में घुलने पर, पोटैशियम और सोडियम आयनों में बदल जाते हैं, जो आपके तंत्रिका तंत्र, हृदय प्रणाली और कोशिका स्वास्थ्य के लिए अत्यंत आवश्यक होते हैं। नींबू का रस शरीर को क्षारीय करने में मदद करता है, जो आमतौर पर एसिडिक/अम्लीय आहार लेने वाले व्यक्ति के लिए फ़ायदेमंद होता है।

जहाँ तक खाने की बात है, एक ऐसा आहार जिसमें ताज़े जैविक फल और सब्ज़ियाँ शामिल हों और जो मस्तिष्क के लिए स्वस्थ वसा प्रदान करे, वह आपकी ऊर्जा को काफ़ी हद तक बढ़ा सकता है, आपको स्वस्थ रख सकता है, बीमारियों से बचा सकता है, और आपके मानसिक और भावनात्मक स्वास्थ्य को बेहतर बना सकता है। मैं पानी पीने के बाद सबसे

पहले एक बड़ा चम्मच ऑर्गेनिक नारियल तेल खाता हूँ, जो ज़्यादातर हेल्थ फूड स्टोर्स में आसानी से मिल जाता है। यह मेरे मस्तिष्क के लिए ईंधन का काम करता है, जिससे मैं अपने मिरेकल मॉर्निंग में पूरी तरह से संलग्न हो पाता हूँ। साथ ही, यह मेरे पेट में कुछ डाल देता है, जिसके बाद मैं अपनी विटामिन की गोलियाँ ले सकता हूँ।

सुबह 7:30 बजे के आसपास, जब मैं उर्सुला की हमारे बच्चों को स्कूल के लिए तैयार करने में मदद कर रहा होता हूँ, तब मैं अपना मिरेकल मॉर्निंग सुपरफूड स्मूदी बनाता हूँ। यह कम-शुगर और पोषक तत्वों से भरपूर एक मिश्रण होता है, जिसमें ऑर्गेनिक पेकान और चिया सीड्स से मिलने वाले हेल्दी फ़ैट, ऑर्गेनिक बेरीज़ और पालक से मिलने वाला रोग प्रतिरोधक क्षमता बढ़ाने वाला पोषण, कोको निब्स से मिलने वाले उत्तेजक और मूड-लिफ़्टिंग में मदद करने वाले फ़ाइटोन्यूट्रिएंट्स, और ऑर्गेनिक माचा ग्रीन टी से मिलने वाला कैफ़ीन व पॉलीफ़ेनॉल्स होते हैं। इसके ऊपर मैं ऑर्गेनिक प्लांट-बेस्ड वेनिला प्रोटीन पाउडर भी डालता हूँ। मैं नियमित रूप से इसमें अलग-अलग सामग्री जोड़कर इसे रोचक बनाए रखता हूँ। आप इस स्मूदी की सबसे अपडेटेड रेसिपी MiracleMorning.com/resources पर देख सकते हैं। इस तरह, आप रेसिपी को प्रिंट करके ब्लेंडर के पास रख सकते हैं, बजाए इस किताब को। अगर आप मेरी तरह हैं, तो कभी-कभी ब्लेंडर का ढक्कन लगाना भूल सकते हैं और पूरा सुपरफूड स्मूदी आपकी रसोई में फैल सकता है (सच्ची घटना)। और यह बिलकुल भी मिरेकल मॉर्निंग नहीं कहलाएगा!

यह पुरानी कहावत याद रखें-"आप वही हैं, जो आप खाते हैं।" अपने शरीर की देखभाल करें, ताकि आपका शरीर आपकी देखभाल कर सके। मैं यहाँ 80/20 नियम अपनाने की सलाह देता हूँ-अगर आपकी 80% भोजन की पसंद स्वस्थ हैं, तो आप बाक़ी 20% में थोड़ा स्वाद के अनुसार आनंद ले सकते हैं।

मेरा तरीक़ा यह है कि पहले 10 से 12 घंटे मैं एक ऑर्गेनिक प्लांट-बेस्ड आहार लेता हूँ-जैसे नाश्ते में स्मूदी, दोपहर के खाने में सलाद, और स्नैक्स के रूप में ऑर्गेनिक नट्स। इससे मेरे शरीर और मस्तिष्क को भरपूर ऊर्जा मिलती है। फिर रात के खाने में, मैं आमतौर पर कम मात्रा में उच्च

गुणवत्ता वाला मांस लेता हूँ, जैसे पास्चर-रेज़्ड चिकन, वाइल्ड-कॉट मछली, आदि, जिसके साथ ऑर्गेनिक सब्ज़ियाँ होती हैं। इसे आप इस तरह सोच सकते हैं-दिन में वीगन, रात में पैलियो।'' पैलियो आहार : ऐसा आहार जिसमें आम तौर पर मांस, फल, सब्ज़ियाँ और मेवे शामिल होते हैं।

अपने लक्ष्यों और सपनों को प्राप्त करने के लिए S.A.V.E.R.S. का उपयोग कैसे करें

हममें से अधिकांश लोगों के पास ऐसे लक्ष्य होते हैं जिन्हें हम प्राप्त करना चाहते हैं या ऐसे बदलाव जो हम करना चाहते हैं, और मिरेकल मॉर्निंग के अभ्यासी अपने S.A.V.E.R.S. का उपयोग अपने लक्ष्यों को प्राप्त करने और अपने इच्छित बदलाव करने की अपनी क्षमता को बढ़ाने के लिए करते हैं। यह उन लक्ष्यों के लिए विशेष रूप से प्रभावी है जिन्हें वे लंबे समय से टाल रहे हैं या जिनके लिए समय नहीं निकाल पा रहे-जैसे कोई नया व्यवसाय शुरू करना या किताब लिखना। S.A.V.E.R.S. आपकी ध्यान केंद्रित करने की क्षमता को निश्चित रूप से बढ़ाएगा और यह पहचानने में मदद करेगा कि आपको हर दिन कौन-से क़दम उठाने हैं, ताकि आप लगातार प्रगति कर सकें।

उदाहरण के लिए, आप **मौन** में बिताए गए कुछ समय का उपयोग यह सोचने के लिए कर सकते हैं कि आपके लक्ष्य क्या हैं और आपको किन मानसिक और भावनात्मक अवस्थाओं को अपनाने की ज़रूरत है ताकि आप उन्हें प्राप्त कर सकें।

जब आप सकारात्मक **पुष्टियों** को उस परिणाम-उन्मुख फ़ॉर्मूले के अनुसार बनाते हैं जिसे आपने पहले सीखा था, तो सुनिश्चित करें कि आप अपने सबसे महत्त्वपूर्ण लक्ष्यों और सपनों को इसमें शामिल करें। इससे आपकी स्पष्टता और प्रतिबद्धता लगातार मज़बूत होगी और आप अपने इरादों को साकार करने के लिए प्रेरित रहेंगे।

हर दिन इन्हें पढ़ने से आप अपनी सर्वोच्च प्राथमिकताओं पर केंद्रित रहेंगे और उन क्रिया कलापों की पहचान कर सकेंगे जो आपको अपने लक्ष्यों को प्राप्त करने के लिए करने चाहिए।

जब आप अपनी सुबह का **मानसिक अभ्यास** कर रहे हों, तो ख़ुद को अपने लक्ष्यों को आसानी से प्राप्त करने की प्रक्रिया का आनंद लेते हुए कल्पना करें (जैसे मैंने अल्ट्रामैराथन की तैयारी के दौरान किया था) और स्पष्ट रूप से उस दृश्य को देखें कि जब आप अपने लक्ष्य को प्राप्त कर लेंगे तो वह कैसा दिखेगा। याद रखें कि मानसिक अभ्यास के दौरान एक सकारात्मक भावनात्मक अवस्था बनाए रखें, जो आपको उन कार्रवाइयों को करने के लिए प्रेरित करेगी जिनकी आप पुष्टि कर चुके हैं। जितनी अधिक स्पष्ट और प्रेरणादायक आपकी कल्पना होगी, उतनी ही प्रभावी रूप से यह आपकी इच्छा और प्रेरणा को बढ़ाएगी, ताकि आप अपने लक्ष्यों की ओर आवश्यक क़दम उठा सकें।

व्यायाम इस मामले में थोड़ा अलग हो सकता है (जब तक कि आपके लक्ष्य फ़िटनेस से संबंधित नहीं हों), लेकिन आप **व्यायाम** करते समय हमेशा अपने लक्ष्यों से संबंधित पॉडकास्ट या ऑडियोबुक सुन सकते हैं। मेरे एक दोस्त ने ख़ुद के पुष्टि वाक्यों को को रिकॉर्ड किया और फिर उन्हें ट्रेडमिल पर दौड़ते हुए सुना।

जब आप पढ़ने के लिए किताबें या लेख चुनते हैं, तो ऐसे विषयों पर ध्यान दें जो आपके लक्ष्यों के अनुरूप हों, ताकि आप उन्हें तेज़ी से प्राप्त कर सकें। यदि आप अपने वैवाहिक जीवन को बेहतर बनाना चाहते हैं या अधिक पैसा कमाना चाहते हैं, तो उन विषयों पर किताबें **पढ़ने** से आपकी सफलता की संभावनाएँ निश्चित रूप से बढ़ेंगी। याद रखें, मैंने अपनी मिरेकल मॉर्निंग उस समय शुरू की थी जब मैं महामंदी के दौरान क़र्ज़ में डूबा हुआ था और आर्थिक रूप से टूट चुका था। लेकिन जब मैंने माइकल पोर्ट द्वारा लिखित बुक *योरसेल्फ़ सॉलिड* पढ़ी, तो इसने मुझे वो रणनीतियाँ सिखाईं जिनसे मैंने अधिक ग्राहक बनाए और अपनी वित्तीय स्थिति को पूरी तरह बदल दिया।

अंत में, **लेखन** का समय पूरी तरह आपके लक्ष्यों पर केंद्रित हो सकता है। आप अपने लक्ष्यों तक पहुँचने के विभिन्न तरीक़ों पर विचार कर सकते हैं। आप अपनी शीर्ष प्राथमिकताओं को लिखकर स्पष्ट कर सकते हैं। आप अपनी प्रगति को स्वीकार कर सकते हैं। आप अपने प्रयासों पर चिंतन कर सकते हैं और यह सुनिश्चित कर सकते हैं कि कहाँ सुधार करने की ज़रूरत है।

चाहे आपके लक्ष्य वैवाहिक जीवन सुधारना, आय बढ़ाना, वज़न कम करना, कैंसर को हराना, ब्लॉग शुरू करना, करियर बदलना, उद्यमी बनना या कोई अन्य महत्त्वपूर्ण उपलब्धि हासिल करना हो-आपकी दैनिक S.A.V.E.R.S. दिनचर्या आपको हर दिन अपने सर्वश्रेष्ठ रूप में प्रस्तुत होने में मदद करेगी, ताकि आप अपने लक्ष्यों को प्राप्त कर सकें।

अपनी मिरेकल मॉर्निंग को ताज़ा, मज़ेदार और रोमांचक बनाए रखना!

पिछले डेढ़ दशक में, मेरा अनुमान है कि मैंने लगभग 4,500 मिरेकल मॉर्निंग की हैं। इस दौरान, मैंने महसूस किया कि मेरी मिरेकल मॉर्निंग कभी भी एक जैसी नहीं रहेगी, बल्कि यह लगातार विकसित होती रहेगी। जबकि मैं हर दिन S.A.V.E.R.S. का अभ्यास करता हूँ और इनसे मिलने वाले फ़ायदे अनुभव करने की इच्छा कभी नहीं छोड़ूँगा, मुझे लगता है कि अपनी मिरेकल मॉर्निंग में विविधता बनाए रखना ज़रूरी है, ताकि यह उबाऊ या नीरस नहीं लगे।

उदाहरण के लिए, आप हर महीने अपनी सुबह की व्यायाम दिनचर्या बदल सकते हैं। आप अलग-अलग निर्देशित या आत्म-निर्देशित ध्यान आज़मा सकते हैं। जैसा कि मैंने पुष्टीकरण पर चर्चा करते समय बताया था, जैसे-जैसे आप सीखते हैं, बढ़ते हैं और अपने चेतना स्तर को ऊँचा उठाते हैं, आपकी पुष्टियाँ भी आपके विकास और वर्तमान लक्ष्यों के अनुरूप बदलनी चाहिए। स्वाभाविक रूप से, जब आप एक किताब को पूर्ण कर दूसरी किताब पढ़ना शुरू करेंगे, आपको कुछ नया सीखने का अवसर मिलेगा। आप अपनी मिरेकल मॉर्निंग को अपनी बदलती दिनचर्या, परिस्थितियों और प्राथमिकताओं के अनुसार भी समायोजित कर सकते हैं। जब मैं किसी आगामी मुख्य भाषण की तैयारी कर रहा होता हूँ, तो मैं अपने मानसिक अभ्यास का उपयोग अभ्यास और पूर्वाभ्यास के लिए करता हूँ। जब मैं यात्रा कर रहा होता हूँ और होटल में ठहरा होता हूँ, तो मैं अपनी मिरेकल मॉर्निंग उसी अनुसार समायोजित करता हूँ। उदाहरण के लिए, अगर मुझे रात में किसी सम्मेलन में भाषण या कार्यशाला करनी होती है, तो मैं

अपने जागने और शुरू करने का समय थोड़ा आगे बढ़ा देता हूँ। जब मैं यह किताब लिख रहा था (जो उस समय मेरा सबसे महत्त्वपूर्ण लक्ष्य था), तो मेरा S.A.V.E.R.S. पूरी तरह इसे पूरा करने पर केंद्रित था।

जैसा कि आप देख सकते हैं, आप हमेशा अपनी मिरेकल मॉर्निंग को अपनी जीवनशैली के अनुसार व्यवस्थित, अनुकूलित और विकसित कर सकते हैं।

अपनी मिरेकल मॉर्निंग को अनुकूलित करने पर अंतिम विचार

अधिकांश मनुष्यों में विविधता की स्वाभाविक आवश्यकता होती है। हमारे लिए यह ज़रूरी है कि हमारी मिरेकल मॉर्निंग हमेशा ताज़ा और नई महसूस हो। एक बार मैंने अपने गुरु, जेसी से शिकायत की थी कि मेरा सेल्स प्रतिनिधि का काम दोहराव वाला और उबाऊ होता जा रहा है। उनका जवाब था, ''यह उबाऊ किसकी ग़लती से हुआ? और इसे फिर से मज़ेदार बनाना किसकी ज़िम्मेदारी है?''यह व्यक्तिगत ज़िम्मेदारी का एक बहुमूल्य सबक़ है, जिसे मैं कभी नहीं भूला। चाहे वह हमारी दिनचर्या हो या हमारे संबंध, इन्हें सक्रिय रूप से और निरंतर उसी तरह बनाना हमारी ज़िम्मेदारी है, जैसा हम चाहते हैं।

9

असहनीय से अजेय तक

किसी भी आदत को स्थापित करने की 3-चरणीय रणनीति (30 दिनों में)

''सफल लोग ऐसे पैदा नहीं होते। वे उन कार्यों को करने की आदत विकसित करके सफल बनते हैं, जिन्हें असफल लोग करना पसंद नहीं करते। सफल लोग भी हमेशा इन कार्यों को पसंद नहीं करते; वे बस उन्हें कर डालते हैं।''

– डॉन मार्क्विस

''प्रेरणा वह है, जो आपको शुरुआत करने के लिए प्रेरित करती है। आदत वह है जो आपको आगे बढ़ाते रहती है।''

– जिम रॉन

यह कहा गया है कि हमारे जीवन की गुणवत्ता हमारी आदतों की गुणवत्ता से निर्मित होती है। यदि कोई व्यक्ति एक ख़ुशहाल, स्वस्थ और आमतौर पर सफल जीवन जी रहा है, तो इसका मतलब है कि उसने अपनी ख़ुशी, स्वास्थ्य और सफलता को बनाए रखने के लिए सही आदतें विकसित की हैं। दूसरी ओर, यदि कोई व्यक्ति वह सफलता प्राप्त नहीं कर पा रहा है, जो वह चाहता है, तो संभवतः उसने अभी तक आवश्यक आदतें विकसित नहीं की हैं, जो वांछित परिणाम ला सकें। सही आदतें स्थापित करें, और परिणाम अपने आप मिलेंगे।

मुझे उम्मीद है कि इस पुस्तक की यात्रा के इस बिंदु तक, आप मिरेकल मॉर्निंग को एक दैनिक, आजीवन आदत के रूप में अपनाने के लिए उत्साहित होंगे, जिससे आप वह जीवन जी सकें जिसके आप हक़दार हैं। इस अध्याय में, आप नई आदतों को स्थापित करने का एक सरल तरीक़ा सीखेंगे, और अगले अध्याय में, हम इस तकनीक को आपके पहले मिरेकल मॉर्निंग 30-दिनों के जीवन परिवर्तन यात्रा पर लागू करने की प्रक्रिया को समझेंगे।

यह देखते हुए कि आपकी आदतें आपके जीवन की गुणवत्ता को निर्धारित करती हैं, यह कहना गलत नहीं होगा कि आदतों को अनुकूलित करने की कला सीखना और उसमें निपुण होना सबसे महत्त्वपूर्ण कौशलों में से एक है। आपको उन आदतों की पहचान करनी होगी, उन्हें अपनाना होगा और बनाए रखना होगा, जो आपके जीवन में वांछित परिणाम लाने में सहायक हों, साथ ही उन हानिकारक आदतों को छोड़ना सीखना होगा, जो आपको अपनी वास्तविक क्षमता तक पहुँचने से रोक रही हैं।

आदतें वे व्यवहार हैं, जो नियमित रूप से दोहराए जाते हैं और अक्सर अनजाने में होते हैं। चाहे आप इसे महसूस करें या नहीं करें, आपका जीवन आपकी आदतों द्वारा ही आकार लिया गया है और आगे भी लिया जाता रहेगा। यदि आप अपनी आदतों को नियंत्रित नहीं करते हैं, तो आपकी आदतें आपको नियंत्रित करेंगी।

दुर्भाग्यवश, यदि आप बाक़ी लोगों की तरह हैं, तो आपने बड़े होते समय अपनी आदतों को अनुकूलित करने का तरीक़ा नहीं सीखा। स्कूल में "आदतें 101" जैसी कोई कक्षा नहीं थी, हालाँकि यह शायद सबसे

मूल्यवान कक्षा होती, जिसमें हम शामिल हो सकते थे। इस वजह से, हम ना केवल बुरी आदतों के एक भंडार के साथ वयस्क जीवन में प्रवेश करते हैं, बल्कि जैसे-जैसे हम बड़े होते जाते हैं, इस भंडार में और अधिक जोड़ते जाते हैं। सौभाग्य से, अब आदतों के महत्त्व पर अनगिनत लेख और किताबें उपलब्ध हैं, जिनमें बेस्टसेलर *एटॉमिक हैबिट्स* (जेम्स क्लियर), *टाइनी हैबिट्स* (बी. जे. फॉग), *हाई परफ़ॉरमेंस हैबिट्स* (ब्रेंडन बर्चार्ड), और *हैबिट स्टैकिंग* (एस. जे. स्कॉट) शामिल हैं।

लेकिन यदि हमने कभी यह नहीं सीखा कि सकारात्मक आदतों को कैसे लागू किया जाए और जारी रखा जाए, तो यह कोई आश्चर्य की बात नहीं है कि हम बार-बार अपनी आदतों को सुधारने के लगभग हर प्रयास में विफल हो जाते हैं। उदाहरण के लिए, नए साल के संकल्पों को ही ले लीजिए।

आदतन असफलता : नए साल के संकल्प

हर साल, लाखों लोग अच्छे इरादों के साथ नए साल के संकल्प लेते हैं, लेकिन बहुत कम लोग उन पर टिके रहते हैं। नए साल का संकल्प एक सकारात्मक आदत (जैसे व्यायाम करना या जल्दी उठना) हो सकती है, जिसे आप अपनी जीवनशैली में शामिल करना चाहते हैं, या फिर *नकारात्मक* आदत (जैसे धूम्रपान या जंक फूड खाना), जिसे आप छोड़ना चाहते हैं। आपको किसी आंकड़े की ज़रूरत नहीं है यह जानने के लिए कि ज़्यादातर लोग जनवरी ख़त्म होने से पहले ही अपने संकल्पों को छोड़ चुके होते हैं।

शायद आपने इस घटना को वास्तविक समय में देखा होगा। अगर आप जनवरी के पहले हफ़्ते में कभी जिम गए हैं, तो आपको पता होगा कि पार्किंग की जगह ढूंढ़ना कितना मुश्किल हो सकता है। जिम उन लोगों से भरा रहता है, जो वज़न कम करने और फ़िट होने के नए साल का संकल्प के साथ आते हैं। लेकिन यदि आप महीने के अंत तक जिम में वापस जाएँ, तो आप देखेंगे कि आधी पार्किंग ख़ाली हो चुकी है। नई आदतों को बनाए रखने की कोई प्रमाणित रणनीति ना होने के कारण, अधिकांश लोग हार

मान लेते हैं। तो आख़िर क्यों हमारे लिए ख़ुश, स्वस्थ और सफल बनाने वाली आदतों को अपनाना और बनाए रखना इतना कठिन होता है?

सबसे पहले, हम किसी न किसी स्तर पर अपनी आदतों के आदी होते हैं। आदत चाहे मनोवैज्ञानिक रूप से हो या शारीरिक रूप से, एक बार जब कोई आदत पर्याप्त बार दोहराई जाती है, तो उसे बदलना बहुत कठिन हो जाता है। यहाँ तीन सामान्य कारण दिए गए हैं, जिनकी वजह से लोग नई आदतें बनाने और जारी रखने में असफल हो जाते हैं :

- उन्हें यह नहीं पता होता कि नई आदत बनाने में कितना समय लगेगा, और जब कोई निर्धारित समय-सीमा नहीं हो, तो यह महसूस होता है कि यह प्रक्रिया हमेशा के लिए चल सकती है। आख़िरकार, किसके पास इतना समय है?
- उन्हें यह स्पष्ट नहीं होता कि यह प्रक्रिया कैसी होगी, इसलिए शारीरिक या मानसिक असुविधा या फिर कोई अप्रत्याशित चुनौती आने पर वे आसानी से हतोत्साहित हो जाते हैं।
- उनके पास कोई सरल और प्रभावी रणनीति नहीं होती, जो उन्हें सफलता सुनिश्चित करने में मदद कर सके।

दूसरे शब्दों में, यदि आपके पास एक प्रभावी और प्रमाणित रणनीति नहीं है, तो नई आदत अपनाने में असफल होने की संभावना अधिक होती है। आइए, इन सभी बाधाओं को समझें और इनका समाधान करें।

नई आदत बनाने में *वास्तव* में कितना समय लगता है?

यह इस पर निर्भर करता है कि आप कौन सी किताब या लेख पढ़ते हैं, या किस विशेषज्ञ की बात सुनते हैं – उसके अनुसार आपको इस बात के प्रभावशाली प्रमाण मिलेंगे कि किसी नई आदत को अपनी ज़िंदगी में अपनाने या किसी पुरानी आदत से छुटकारा पाने में एक हिप्नोसिस सत्र से लेकर तीन महीने तक का समय लग सकता है।

एक लोकप्रिय दर्शन, जो संभवतः 1960 में प्रकाशित साइको-साइबरनेटिक्स : *अ न्यू वे टू गेट मोर लिविंग आउट ऑफ़ लाइफ* नामक

पुस्तक से आया है, यह कहता है कि नई आदत स्थापित करने में 21 दिन लगते हैं। डॉ. मैक्सवेल माल्ट्ज़ ने पाया कि विकलांग लोग औसतन 21 दिनों में अपने अंग की क्षति को स्वीकार कर पाते हैं। उन्होंने यह भी तर्क दिया कि किसी भी बड़े जीवन परिवर्तन को अपनाने में 21 दिन लगते हैं।

कुछ अन्य विचारधाराएँ इस बात पर अधिक ध्यान नहीं देतीं कि कितने दिनों में कोई आदत स्वतःस्फूर्त बन जाती है, बल्कि इस पर ज़ोर देती हैं कि आदत कितनी कठिन है, यह भी एक महत्त्वपूर्ण कारक है।

मेरे व्यक्तिगत अनुभव और सैकड़ों कोचिंग क्लाइंट्स व हज़ारों मिरेकल मॉर्निंग अभ्यासियों के वास्तविक परिणामों को देखते हुए, मैं इस निष्कर्ष पर पहुँचा हूँ कि यदि आपके पास सही रणनीति हो, तो आप 30 दिनों (या उससे कम) में किसी भी आदत को बदल सकते हैं।

समस्या यह है कि अधिकतर लोगों के पास कोई रणनीति ही नहीं होती, सही रणनीति की तो बात ही छोड़िए। इसलिए, साल दर साल, वे ख़ुद पर से भरोसा खोते जाते हैं, क्योंकि हर असफल प्रयास उनके आत्मविश्वास को कमज़ोर करता है।

तो, आप अपनी आदतों में महारत कैसे हासिल कर सकते हैं? कैसे आप अपने जीवन और भविष्य पर पूर्ण नियंत्रण पा सकते हैं। नई सकारात्मक आदतें अपनाने और नकारात्मक आदतों को हमेशा के लिए हटाने के माध्यम से? आप अभी एक ऐसी प्रभावी रणनीति सीखने वाले हैं, जिसके बारे में अधिकतर लोगों को कोई जानकारी नहीं होती।

मिरेकल मॉर्निंग 3-चरणीय, 30-दिवसीय रणनीति आदतों को बदलने के लिए

जब आपको यह नहीं पता होता कि क्या उम्मीद करनी चाहिए और आप मानसिक और भावनात्मक चुनौतियों से निपटने के लिए तैयार नहीं होते, जो किसी नई आदत को अपनाने की प्रक्रिया का हिस्सा होती हैं, तो असफल होना आसान हो जाता है। यह रणनीति इसका समाधान प्रदान करती है।

हम 30 दिनों की समय सीमा को तीन 10 दिनों के चरणों में विभाजित करके प्रारंभ करेंगे। प्रत्येक चरण में नई आदत को अपनाने या किसी पुरानी

नकारात्मक आदत को छोड़ने में भावनात्मक चुनौतियों और मानसिक अवरोध अलग-अलग रूप में सामने आते हैं, क्योंकि एक सामान्य व्यक्ति यह नहीं समझ पाता कि ये कठिनाइयाँ स्वाभाविक और अपेक्षित हैं। वे केवल इसलिए यह मान लेते हैं कि कुछ ग़लत हो रहा है, क्योंकि इससे उन्हें अच्छा महसूस नहीं हो रहा होता है और उन्हें यह समझ में नहीं आता कि इनसे कैसे उबरा जाए, लेकिन आपको यह बेहतर तरीक़े से पता होगा।

चरण 1 : असहनीय (दिन 1 से 10)

किसी भी नई आदत को अपनाने या किसी पुरानी आदत से छुटकारा पाने के पहले 10 दिन लगभग असहनीय लग सकते हैं। हालाँकि पहले कुछ दिन आसान और रोमांचक भी हो सकते हैं, क्योंकि यह कुछ नया होता है, लेकिन जैसे ही नई चीज़ का आकर्षण ख़त्म होता है, वास्तविकता सामने आने लगती है। आपको यह नापसंद होने लगता है। यह कष्टदायक लगता है। यह अब मज़ेदार नहीं रहता। आपका पूरा अस्तित्व इस बदलाव का विरोध करने और इसे अस्वीकार करने की प्रवृत्ति रखता है। आपका मन कहता है : *मुझे यह पसंद नहीं।* आपका शरीर चिल्लाता है : *मुझे यह अच्छा नहीं लग रहा।*

अगर आपकी नई आदत सुबह जल्दी उठना है (जो कि अभी शुरू करने के लिए एक उपयोगी आदत हो सकती है), तो पहले 10 दिन कुछ इस तरह हो सकते हैं : *अलार्म बजता है ओह भगवान, सुबह हो गई! मुझे उठना नहीं है। मैं बहुत थका हुआ हूँ। मुझे और नींद चाहिए। ठीक है, बस 10 मिनट और।* (स्नूज़ बटन दबा दिया।)

अधिकांश लोगों की समस्या यह होती है कि उन्हें यह अहसास नहीं होता कि ये पहले 10 दिन की कठिनाई केवल अस्थायी है। इसके बजाय, वे सोचते हैं कि नई आदत हमेशा ऐसी ही महसूस होगी और ख़ुद से कहते हैं, *अगर यह इतनी कष्टदायक है, तो छोड़ो, यह इसके लायक़ नहीं है।*

परिणामस्वरूप, हममें से कई लोगों ने बार-बार व्यायाम करने की आदत डालने, धूम्रपान छोड़ने, अपने आहार को सुधारने, बजट पर टिके रहने या किसी भी अन्य आदत को अपनाने के लिए संघर्ष किया है, जो हमारे जीवन की गुणवत्ता को बेहतर बना सकती है, क्योंकि सभी नई

आदतें शुरुआत में कठिन लगती हैं। लेकिन आपके लिए ऐसा होना ज़रूरी नहीं है।

जब आप इन पहले 10 दिनों के लिए मानसिक रूप से *तैयार* होते हैं, जब आपको पता होता है कि यह सफलता की क़ीमत है, जब आप जानते हैं कि ये पहले 10 दिन चुनौतीपूर्ण होंगे, लेकिन *अस्थायी* हैं, तो आप बाधाओं को पार कर सकते हैं और सफल हो सकते हैं! यदि लाभ पर्याप्त बड़े हैं, तो हम 10 दिनों के लिए कुछ भी कर सकते हैं, ठीक है ना?

इसलिए, किसी भी नई आदत को अपनाने के पहले 10 दिन आसान नहीं होते। आप इसका विरोध करेंगे। कभी-कभी आपको यह नापसंद भी होगा। लेकिन आप इसे कर सकते हैं। ख़ास तौर पर यह देखते हुए कि यह यहाँ से और भी आसान हो जाता है और इसका पारितोषिक है - बस आपके जीवन में वह *सब कुछ* बनाने की क्षमता जो आप चाहते हैं। यदि आप शुरुआत में असुविधा की अपेक्षा करते हैं, तो आप इसे सहन करके अपने इच्छित लक्ष्य तक पहुँच सकते हैं।

चरण 2 : असुविधाजनक (दिन 11 से 20)

जब आप पहले 10 दिनों-सबसे कठिन 10 दिनों-को पार कर लेते हैं, तो आप दूसरे 10-दिनों के चरण में प्रवेश करते हैं, जो अपेक्षाकृत आसान होता है। अब आप अपनी नई आदत के अभ्यस्त होने लगते हैं। साथ ही, आपको अपने नए व्यवहार के लाभों से कुछ आत्मविश्वास और सकारात्मकता भी मिलने लगती है।

हालाँकि 11 से 20 दिन असहनीय नहीं होते, फिर भी वे असुविधाजनक होते हैं और आपके द्वारा अनुशासन और प्रतिबद्धता की माँग करते हैं। इस चरण में, पुरानी आदतों पर लौटने का प्रलोभन अभी भी बना रहता है। यदि आपकी नई आदत सुबह जल्दी उठना है, तो अब भी देर तक सोना आसान लगेगा, क्योंकि आपने इसे बहुत लंबे समय तक किया है। लेकिन आपको प्रतिबद्ध रहना होगा। आप पहले ही *असहनीय* से *असुविधाजनक* अवस्था में आ चुके हैं, और अब आप यह अनुभव करने वाले हैं कि अजेय बनना कैसा लगता है।

चरण 3 : अजेय (दिन 21 से 30)

जब आप अंतिम 10 दिनों–आख़िरी दौर–में प्रवेश करते हैं, तो जो कुछ लोग यहाँ तक पहुँचते हैं, वे अक्सर एक बड़ी ग़लती करते हैं : इस लोकप्रिय धारणा पर विश्वास करना कि किसी नई आदत को बनाने में केवल 21 दिन लगते हैं।

जो विशेषज्ञ इस दावे का समर्थन करते हैं, वे आंशिक रूप से सही हैं। वास्तव में, एक नई आदत *बनाने* के लिए 21 दिन–पहले दो चरण–लगते हैं। लेकिन तीसरा 10–दिनों का चरण इसे दीर्घकालिक रूप से बनाए रखने के लिए बेहद महत्त्वपूर्ण है। इन अंतिम 10 दिनों में, आप अपनी नई आदत को सकारात्मक रूप से मज़बूत करते हैं और इसे आनंद से जोड़ते हैं। अब तक, आपने मुख्य रूप से इससे जुड़े दर्द और असुविधा को महसूस किया था। लेकिन यही वह चरण है, जहाँ आप इस मानसिकता को पलटते हैं और इस मुक़ाम तक पहुँचने पर ख़ुद पर गर्व महसूस करने लगते हैं।

चरण 3 वह स्थान है, जहाँ वास्तविक रूपांतरण होता है, क्योंकि आपकी नई आदत आपके व्यक्तित्व का हिस्सा बन जाती है। यह उस अंतर को पाट देती है जो *किसी चीज़ को केवल आज़माने* और *आपके व्यक्तित्व का हिस्सा* बनने के बीच होता है। अब आप ख़ुद को ऐसे व्यक्ति के रूप में देखने लगते हैं, जो इस आदत के अनुसार जीता है।

उदाहरण के लिए, यदि आपकी पहचान पहले यह थी कि "मैं सुबह जल्दी उठने वाला व्यक्ति *नहीं* हूँ" और अब यह बदलकर "मैं सुबह जल्दी उठने वाला व्यक्ति हूँ' हो गई है, तो सुबह अलार्म बजने पर डरने के बजाय, आप उत्साहित होकर जागते हैं और दिन की शुरुआत करते हैं, क्योंकि आपने इसे लगातार 20 दिनों से किया है। आप इसके लाभों को देख और महसूस करने लगते हैं।

बहुत से लोग ज़रूरत से ज़्यादा आत्मविश्वास में आ जाते हैं, ख़ुद की पीठ थपथपाते हैं और सोचते हैं, *मैंने इसे 20 दिनों तक किया है, अब मैं कुछ दिन का ब्रेक ले सकता हूँ।* समस्या यह है कि शुरुआती 20 दिन इस प्रक्रिया का सबसे चुनौतीपूर्ण हिस्सा होता है। अगर आपने अपनी आदत को सकारात्मक रूप से मज़बूत करने के लिए ज़रूरी समय नहीं लगाया और बीच में कुछ दिन का ब्रेक ले लिया, तो दोबारा पटरी पर आना मुश्किल हो

सकता है। 21 से 30 दिनों के भीतर ही आपको असाधारण लाभ मिलने लगते हैं, और आप इस आदत का आनंद भी लेने लगते हैं। यही वह चीज़ है, जो आपको इसे भविष्य में जारी रखने में मदद करेगी।

अपनी ख़ुद की बनाई हुई सीमाओं को पार करना

याद है इस किताब की शुरुआत में मैंने अपनी कहानी सुनाई थी, जब मेरे प्रिय मित्र जॉन बर्गहॉफ़ ने मुझे अवसाद से बाहर निकलने और अपनी वित्तीय समस्याओं का समाधान खोजने में मदद के लिए दौड़ने का सुझाव दिया था? और मैंने उनसे कहा था, "मैं दौड़ने वाला व्यक्ति नहीं हूँ। वास्तव में, मुझे दौड़ना पसंद नहीं है। मैं यह कर ही नहीं सकता।" लेकिन फिर, कैसे मेरी यह यात्रा "मैं दौड़ नहीं सकता" से लेकर 52-मील की अल्ट्रा-मैराथन पूरी करने तक पहुँची, यह कहानी आपको प्रेरित कर सकती है।

लगभग छह महीने बाद, जब मैं मिरेकल मॉर्निंग की प्रैक्टिस कर चुका था, जॉन ने मुझे अटलांटिक सिटी मैराथन में भाग लेने के लिए आमंत्रित किया। यह दौड़ फ्रंट रो फ़ाउंडेशन के लिए धन जुटाने के उद्देश्य से थी, जिसकी संचालन समिति में हम दोनों सदस्य थे। उन्होंने मुझसे कहा कि मैं कोई भी दूरी दौड़ (या जॉगिंग) कर सकता हूँ, और मज़ाक़ में यह भी जोड़ा कि मैं उनकी दादी के साथ 5 किलोमीटर की दूरी पैदल भी तय कर सकता हूँ। उन्होंने मुझे यह भी समझाया कि एक समय था, जब उन्हें ख़ुद पर यक़ीन नहीं था कि वे मैराथन दौड़ सकते हैं, लेकिन एक-एक दिन, एक-एक क़दम करके उन्होंने ख़ुद को एक धावक के रूप में विकसित किया। आख़िरकार, जॉन ने सिर्फ़ एक नहीं, बल्कि तीन अल्ट्रा-मैराथन दौड़ीं, जिनमें से एक डबल-अल्ट्रा थी-यानी लगातार 100 मील की दौड़। उन्होंने हँसते हुए मुझसे कहा, "अरे हैल, अगर मैं 100 मील दौड़ सकता हूँ, तो तुम 26 मील तो आराम से दौड़ सकते हो!" लेकिन उनकी यह तर्कपूर्ण बात भी मुझे पूरी तरह से आश्वस्त नहीं कर पाई।

मैंने जवाब दिया, "हाँ, मैं इस पर सोचूँगा," ताकि मुझे सीधे मना करने की ज़रूरत नहीं पड़े।

ग़लत मत समझिए, मैं फ़्रंट रो फ़ाउंडेशन द्वारा किए गए जीवन-परिवर्तनकारी कार्यों में पूरी तरह विश्वास रखता था और उनका समर्थन करता था। जब से इस संगठन की स्थापना मेरे एक और प्रिय मित्र, जॉन ब्रोमन ने की थी, मैं अपनी आय का एक हिस्सा इसमें दान करता आ रहा था। लेकिन चेक लिखना मैराथन दौड़ने से कहीं ज़्यादा आसान था।

पिछले 10 वर्षों में, जब से मैंने हाई स्कूल से ग्रैजुएशन किया, मैं गली के मोड़ तक भी नहीं दौड़ा था, जब तक कोई मुझे पीछा करके दौड़ने पर मजबूर नहीं कर दे। और तब भी, मैं सिर्फ़ शारीरिक शिक्षा (पी ई) क्लास में फ़ेल होने से बचने के लिए दौड़ा करता था।

यह तो छोड़िए, जब से मैं 20 साल की उम्र में कार दुर्घटना का शिकार हुआ था और मेरी जांघ और पेल्विस की हड्डी टूट गई थी, तब से मेरे मन के किसी कोने में हमेशा यह डर बना रहता था कि अगर मैंने अपने पैर पर ज़्यादा दबाव डाला तो क्या हो सकता है। जब भी मैं स्नो स्कीइंग करने जाता, मेरे दिमाग़ में एक डरावनी छवि उभरती; मैं ज़ोर से गिरता और मेरी जाँघ की त्वचा से टाइटेनियम रॉड बाहर निकल आती।

मुझे पता है कि यह एक भयानक कल्पना है, लेकिन अगर कोई व्यक्ति अपनी हड्डियाँ तुड़वा चुका हो, फिर उन्हें स्क्रू और रॉड लगाकर ठीक किया गया हो, और उससे कहा गया हो कि वह अब कभी चल नहीं पाएगा, तो ऐसे विचार आना स्वाभाविक है।

संयोग से, जॉन से मेरी बातचीत के ठीक एक हफ़्ते बाद, मेरी एक कोचिंग क्लाइंट केटी फ़िंगरहट ने अपनी दूसरी मैराथन पूरी की। जब हम उसकी इस उपलब्धि का जश्न मना रहे थे, तो मैंने उसे बताया कि मैं भी इस बारे में विचार कर रहा हूँ।

"हैल, यह एक अविश्वसनीय अनुभव है!" केटी ने उत्साह से कहा। "अब मुझे ऐसा लगता है कि मैं कुछ भी कर सकती हूँ! तुम्हें इसे ज़रूर करना चाहिए!"

जॉन और केटी की मैराथन दौड़ने की जोशीली गवाही सुनने के बाद मुझे लगा कि शायद अब समय आ गया है कि मैं अपने 'मैं धावक नहीं हूँ' के ख़ुद को सीमित करने वाले विश्वास को तोड़ दूँ। अगर वे कर सकते

हैं, तो मैं भी कर सकता हूँ। इसके अलावा, मैंने यह भी सोचा कि मैराथन दौड़ना निश्चित रूप से मुझे अपने 'लेवल 10' वाले सर्वश्रेष्ठ संस्करण तक विकसित होने के लिए मजबूर करेगा। यह विचार मुझे रोमांचित करने लगा। इसलिए, मैंने दौड़ना शुरू करने का संकल्प लिया।

अगली सुबह, मैंने अपनी शारीरिक क्षमताओं का आकलन करने और यह देखने का फ़ैसला किया कि मैं वास्तव में कितनी दूर तक दौड़ सकता हूँ। मैंने इसे अपने ''मिरेकल मॉर्निंग'' के सहारे किया–*मौन (साइलेंस)* में मैंने अपने तंत्रिका तंत्र को दौड़ने के विचार के अनुकूल बनाया, सकारात्मक *पुष्टियों (अफ़र्मेशन्स)* से ख़ुद को यह विश्वास दिलाया कि मैं एक धावक बन सकता हूँ, और *मानसिक अभ्यास (विज़ुअलाइज़ेशन)* से मैंने स्वयं को एक उच्च ऊर्जा वाली भावनात्मक अवस्था में दौड़ते हुए देखा। जैसे ही मैंने अपनी मिरेकल मॉर्निंग की S, A, और V प्रक्रियाएँ पूरी कीं, मैंने अपने नाइकी एयर जॉर्डन बास्केटबॉल जूते पहने (क्योंकि मेरे पास रनिंग शूज़ भी नहीं थे) और अपने घर के दरवाज़े से बाहर निकल पड़ा। अजीब बात यह थी कि सुबह की इन गतिविधियों का उपयोग करके और अपनी मानसिकता को अनुकूलित कर लेने की वजह से, मैं वास्तव में दौड़ने के लिए उत्साहित महसूस कर रहा था!

मैं तेज़ी से अपने घर के दरवाज़े से निकला और गलियारे तक पहुँच गया। मैं ख़ुद को उत्साहित और जोश से भरा हुआ महसूस कर रहा था। मैंने गहरी साँसें लीं और जैसे ही फुटपाथ तक पहुँचा, अपनी गति बढ़ा दी। *अरे, यह तो इतना बुरा नहीं है,* मैंने सोचा। *मैं एक धावक बनने जा रहा हूँ!* और तभी, अचानक, जैसे ही मैंने फुटपाथ से उतरकर सड़क पर क़दम रखा, मेरा टखना मुड़ गया और मैं ज़मीन पर गिर पड़ा। *क्या तुम मज़ाक़ कर रहे हो?* अब मैं सड़क पर पड़ा दर्द से कराह रहा था।

शुक्र है, कुछ मिनटों बाद मैंने महसूस किया कि यह सिर्फ़ एक हल्की मोच थी। मैंने धीरे-धीरे ख़ुद को सँभाला और लँगड़ाते हुए अपने घर की ओर बढ़ने लगा। थोड़ा निराश, थोड़ी राहत महसूस करते हुए कि अब मुझे दौड़ने की ज़रूरत नहीं थी, लेकिन सबसे ज़्यादा इस संकल्प के साथ कि मैं फिर से प्रयास करूँगा। मेरे जीवन के अनुभवों ने मुझे सिखाया था कि जब हम किसी चीज़ के लिए प्रतिबद्ध होते हैं, तो ब्रह्मांड (या ईश्वर) आमतौर

पर हमारी प्रतिबद्धता की परीक्षा लेता है। मैंने ख़ुद से कहा, *कोई बात नहीं, मैं कल फिर कोशिश करूँगा।* मैं प्रतिबद्ध था।

30 दिन : "असहनीय से अजेय बनने" की दिशा में

अगले दिन, मेरा टखना ठीक महसूस हुआ, और मैंने आधिकारिक रूप से अपने मैराथन प्रशिक्षण की शुरुआत की। लेकिन फिर भी, मैं कुछ ही दूर तक दौड़ पाया, उसके बाद मेरी साँस फूलने लगी, और मुझे फिर अपना वही पुराना विश्वास याद आ गया : *मैं धावक नहीं हूँ।*

मेरे कूल्हों में दर्द था। मेरी टूटी हुई जाँघ की हड्डी में जकड़न थी। मेरे अंदर एक मील भी दौड़ने की सहनशक्ति नहीं थी, 26 मील तो बहुत दूर की बात थी। मुझे अहसास हुआ कि मुझे मदद की ज़रूरत थी। मुझे एक योजना चाहिए थी। इसलिए, मैंने एमेज़ॉन डॉट कॉम पर जाकर डेविड व्हिटसेट द्वारा लिखी एक आदर्श किताब ख़रीदी : *द नॉन-रनर्स मैराथन ट्रेनर*। अब मेरे पास एक योजना थी।

दिन 1 से 10

शुरुआती 10 दिन शारीरिक रूप से बेहद दर्दनाक और मानसिक रूप से कठिन थे। हर दिन, मेरे अंदर औसतपन की आवाज़ मुझसे कहती रही कि रुक जाओ, छोड़ दो, तुम्हें यह करने की ज़रूरत नहीं है। लेकिन मैंने यह समझ लिया था कि छोड़ देना आसान है। और अपनी प्रतिबद्धता निभाना यानी -सही रास्ता अपनाना- ही मुझे मेरे बेहतरीन रूप में विकसित करेगा। मैंने ख़ुद को याद दिलाया : *आसान रास्ता मत चुनो, सही रास्ता चुनो।* मैं दौड़ता रहा। मैं प्रतिबद्ध था।

दिन 11 से 20

दिन 11 से 20 कुछ कम कठिन थे। मैं अभी भी ख़ुद से कहता था कि मुझे दौड़ना *पसंद* नहीं है, लेकिन अब मुझे यह *नफ़रत* जैसा नहीं लगता था। पहली बार, मैंने हर दिन दौड़ने की आदत बना ली थी। यह अब मेरे लिए कोई डरावना या अजनबी

अनुभव नहीं था, जो मैं कार चलाते समय केवल दूसरों को फुटपाथ पर करते हुए देखता था। कुछ हफ़्तों की नियमित दौड़ के बाद, यह मेरे लिए सामान्य हो गया था कि मैं सुबह उठूँ और दौड़ने जाऊँ। मैं अपनी प्रतिबद्धता पर क़ायम रहा, और दौड़ना दिन-ब-दिन आसान होता चला गया।

दिन 21 से 30

दिन 21 से 30 लगभग आनंददायक हो गए थे, और मैं धीरे-धीरे यह भूलने लगा था कि मुझे दौड़ने से नफ़रत हुआ करती थी। चूँकि यह अब एक आदत बन चुकी थी, मैं इसे बिना ज़्यादा सोचे-समझे या प्रयास किए करने लगा था। मैं बस सुबह उठता, अपने रनिंग शूज़ पहनता (हाँ, तब तक मैंने एक जोड़ी जूतों में निवेश कर लिया था), और हर दिन अपने मील पूरे करता था। अब मानसिक संघर्ष ख़त्म हो गया था। उसकी जगह मैंने सकारात्मक पुष्टियाँ दोहरानी शुरू कर दी थीं या दौड़ते समय व्यक्तिगत और पेशेवर विकास से जुड़ी ऑडियो सुनने लगा था। सिर्फ़ 30 दिनों में, मैंने पूरी तरह से अपनी यह सीमित धारणा तोड़ दी थी कि मैं दौड़ नहीं सकता। और मैं वो बन चुका था, जिसकी मैंने कभी कल्पना भी नहीं की थी...एक धावक। इससे मुझे अपनी क्षमताओं पर भरोसा भी हुआ और मैं सोचने लगा कि मैं किन अन्य सीमित करने वाली मान्यताओं पर क़ाबू पा सकता हूँ और कौन-सी महत्त्वपूर्ण आदतों को सिर्फ़ 30 दिनों में बदल सकता हूँ।

बाक़ी की कहानी : "आज़ादी के 52 मील"

सिर्फ़ चार हफ़्तों तक अपने मैराथन प्रशिक्षण योजना का पालन करने के बाद, जिसमें मैं हर दिन धीरे-धीरे अपनी दौड़ने की दूरी बढ़ा रहा था, मैंने 50 मील पूरे कर लिए थे, जिसमें एक छह-मील की दौड़ भी शामिल थी! मैंने यह जश्न मनाने के लिए जॉन को फ़ोन किया। वह मेरे लिए उत्साहित था, लेकिन वह ऐसा दोस्त नहीं था, जो किसी को उसकी उपलब्धियों पर

संतुष्ट होकर रुक जाने दे। उसने मुझे एक नई चुनौती दी : ''हैल, क्यों ना तुम एक अल्ट्रामैराथन दौड़ो? अगर तुम 26 मील दौड़ सकते हो, तो 52 मील भी दौड़ सकते हो!'' सिर्फ़ जॉन ही इस तरह की तर्कपूर्ण चुनौती दे सकता था।

मैंने जवाब दिया, ''हम्म, यह तो दिलचस्प विचार है। मैं इस पर सोचूँगा।''

लेकिन इस बार, जब मैंने कहा कि मैं इस पर सोचूँगा, तो मेरा सच में यही मतलब था। 52 मील लगातार दौड़ने की सोच ने मुझे रोमांचित कर दिया था। यह तथ्य कि मैंने एक महीने में 50 मील दौड़ लिए थे और लगातार छह मील तक दौड़ा था। इसने मेरी पुरानी सीमाओं को पूरी तरह तोड़ दिया था। शायद जॉन सही कह रहा था। अगर मैं 26 मील दौड़ने के लिए प्रशिक्षण ले सकता हूँ, तो 52 मील के लिए भी कर सकता हूँ। अटलांटिक सिटी मैराथन होने में अभी छह महीने बचे थे, तो क्यों ना मैं लक्ष्य को थोड़ा और ऊँचा रखूँ और 52 मील की दौड़ के लिए जाऊँ? और मैंने ऐसा ही किया। यहाँ तक कि मैंने अपने एक दोस्त और मेरी कोचिंग क्लास के दो सदस्यों को भी इसे मेरे साथ करने के लिए मना लिया!

छह महीने बाद, मैंने कुल 475 मील दौड़ लिए थे, जिसमें तीन 20 मील की दौड़ें भी शामिल थीं। मैं देशभर की यात्रा करके अपने दो पसंदीदा कोचिंग ग्राहकों जेम्स हिल और फ़ेवियन वेलेंसिया और अपनी पुरानी दोस्त एलिशिया एंडरर से मिला, ताकि हम चारों मिलकर 52 मील की दौड़ पूरी कर सकें। जॉन भी ख़ास तौर पर हमारा समर्थन करने के लिए वहाँ आया। लेकिन एक लॉजिस्टिकल समस्या थी। अटलांटिक सिटी मैराथन का कोर्स केवल 26.2 मील का था, और यह अल्ट्रामैराथन रनर्स के लिए डिज़ाइन नहीं किया गया था। इसलिए, हमने इसे अपने तरीक़े से करने का फ़ैसला किया।

हमने बोर्डवॉक पर 3:30 बजे मुलाक़ात की। हमारा लक्ष्य था कि आधिकारिक मैराथन शुरू होने से पहले यानी सुबह 8 बजे से पहले 26 मील पूरे कर लें और फिर बाक़ी के 26 मील बाक़ी मैराथन धावकों के साथ पूरे करें। यह एक स्वप्न जैसा था। हम चारों के बीच की ऊर्जा उत्साह,

डर, एड्रेनालिन और अविश्वास का एक रोमांचक मिश्रण थी। क्या हम सच में यह करने जा रहे थे?

अक्टूबर की ठंडी हवा में, अगर चाँदनी थोड़ी और तेज़ होती, तो शायद हम अपनी साँसों की भाप देख सकते। फिर भी, हमारा रास्ता इतना रोशन था कि हम दौड़ शुरू कर सकते थे। और हमने ऐसा ही किया–एक-एक क़दम बढ़ाते हुए, आगे बढ़ते रहे। हम चारों इस बात पर सहमत थे कि हमारी सफलता की कुंजी थी–आगे बढ़ते रहना। जब तक हम आगे बढ़ते रहेंगे, जब तक हम अपने क़दम नहीं रोकेंगे, हम अपनी मंज़िल तक पहुँच ही जाएँगे।

छह घंटे और पाँच मिनट बाद, हमने पहले 26 मील पूरे कर लिए–मुख्य रूप से हमारे समूह की एकता और पारस्परिक समर्थन के कारण। यह हम सबके लिए एक निर्णायक क्षण था। लेकिन यह निर्णायक क्षण केवल इन 26 मीलों की वजह से नहीं था...बल्कि इसलिए था कि अब हमें अपने दिमाग़ी दृढ़ संकल्प का इस्तेमाल करना था...ताकि हम आगे के 26 मील भी पूरे कर सकें।

छह घंटे पहले जो उत्साह हमारे शरीर के हर कण में समाया था, अब उसकी जगह भयानक दर्द, थकान और मानसिक थकावट ने ले ली थी। हमारी शारीरिक और मानसिक स्थिति को देखते हुए, हमें नहीं पता था कि हम वही दौड़ फिर से दोहरा सकते हैं या नहीं। फिर भी, हमने हार नहीं मानी और आगे बढ़ते रहे। जिस समय हमने शुरुआत की थी, उसके 15.5 घंटे बाद, जेम्स, फ़ेवियन, एलिशिया और मैंने अपनी 52-मील की यात्रा पूरी कर ली साथ में। एक क़दम, फिर दूसरा, धीरे-धीरे हम आगे बढ़ते रहे। हमने दौड़ लगाई, धीरे-धीरे जॉगिंग की, कभी पैदल चले, कभी लँगड़ाते हुए आगे बढ़े, यहाँ तक कि रेंगते हुए फ़िनिश लाइन पार की।

उस रेखा के दूसरी ओर हमें *आज़ादी* मिली–एक ऐसी आज़ादी, जो हमसे कभी छीनी नहीं जा सकती। यह आज़ादी थी हमारी ख़ुद की लगाई गई सीमाओं से। हालाँकि हमारे प्रशिक्षण के दौरान, हमने यह मान लिया था कि लगातार 52 मील दौड़ना संभव है, लेकिन हममें से किसी ने वास्तव में यह नहीं सोचा था कि यह सच में होगा। हम सभी ने अपनी-अपनी आशंकाओं और आत्म-संदेह से संघर्ष किया। लेकिन जिस क्षण हमने वह

फ़िनिश लाइन पार की, हमने ख़ुद को एक उपहार दिया; अपने डर, अपने संदेह और अपनी स्वयं-लगाई सीमाओं से मुक्त होने का उपहार।

उसी क्षण मुझे अहसास हुआ कि यह आज़ादी केवल कुछ चुने हुए लोगों के लिए नहीं है। यह हम सभी के लिए उपलब्ध है, जिस क्षण हम अपने कम्फ़र्ट ज़ोन से बाहर निकलने की चुनौती स्वीकार कर लेते हैं। वही चुनौतियाँ हमें बढ़ने के लिए मजबूर करती हैं, हमारी क्षमताओं को बढ़ाती हैं, और हमें वह बनने और करने की शक्ति देती हैं, जो हमने पहले कभी नहीं किया था। यही है सच्ची आज़ादी।

क्या आप सच्ची आज़ादी के लिए तैयार हैं?

अगले अध्याय में, ''मिरेकल मॉर्निंग 30-दिवसीय जीवन रूपांतरण यात्रा'' आपको अपनी ख़ुद की बनाई सीमाओं को पार करने में सक्षम बनाएगी, ताकि आप अपनी ज़िंदगी में वह सब कुछ पा सकें, कर सकें और बन सकें, जो आपने सोचा भी नहीं था कि इतना जल्दी संभव है। यही सच्ची आज़ादी है- वह करने, पाने और बनने की आज़ादी, जो आप ख़ुद के लिए तय करते हैं। S.A.V.E.R.S. छह ज़िंदगी बदलने वाली आदतों को एक ही दिनचर्या में जोड़ता है।

हालाँकि अधिकांश लोग इसे पहले ही दिन से पसंद करने लगते हैं, लेकिन इसे 30 दिनों तक लगातार अपनाना, ताकि यह आपकी ज़िंदगी की स्थायी आदत बन जाए, इसके लिए आपकी अटूट प्रतिबद्धता आवश्यक होगी। अगले 30 दिनों के उस पार...वहाँ एक नया आप होंगे। वह व्यक्ति जो वह सब कुछ बना सकता है, पा सकता है और कर सकता है, जो उसने हमेशा अपनी ज़िंदगी में चाहा। इससे ज़्यादा रोमांचक और क्या हो सकता है?

10

मिरेकल मॉर्निंग 30 दिवसीय जीवन परिवर्तन यात्रा

''एक असाधारण जीवन का सार रोज़ाना, लगातार उन क्षेत्रों में सुधार करना है, जो सबसे अधिक मायने रखते हैं।''

– रॉबिन शर्मा

''ज़िंदगी वहीं शुरू होती है, जहाँ आपका कम्फ़र्ट ज़ोन ख़त्म होता है।''

– नील डोनाल्ड वॉल्श

आइए एक पल के लिए शंका की दृष्टि से सोचें। क्या मिरेकल मॉर्निंग सच में सिर्फ़ 30 दिनों में आपके जीवन को बदल सकती है? मेरा मतलब है, क्या कोई भी चीज़ इतनी जल्दी आपके जीवन की गुणवत्ता पर इतना गहरा प्रभाव डाल सकती है? ख़ैर, यह मेरे लिए हुआ, तब भी जब मैं आर्थिक रूप से टूट चुका था, अवसाद में था और अपने जीवन के सबसे निचले स्तर पर था। यह दुनिया भर के लाखों लोगों के लिए भी हुआ है। ये साधारण लोग हैं, ठीक वैसे ही जैसे आप और मैं, जो यह महसूस कर रहे हैं कि हमारे भीतर असाधारण बनने की क्षमता है।

याद करें कीथ मिनिक को, जिनके बेटे की जन्म के केवल तीन घंटे बाद मृत्यु हो गई थी। कीथ ने एक साल से भी अधिक समय तक अवसाद में बिताया और अपने करियर से असंतुष्ट महसूस किया। फिर, अपनी पहली ही मिरेकल मॉर्निंग के दौरान, उनका मानसिक दृष्टिकोण पूरी तरह बदल गया : ''मैंने अपना अलार्म सेट किया, उठ गया, और S.A.V.E.R.S. शुरू किया। मैंने अपनी मनोवैज्ञानिक, शारीरिक और मानसिक स्थिति में तुरंत बदलाव महसूस किया। मैंने यह स्वीकार किया कि मैं कहाँ हूँ और मैंने अपने जीवन को बेहतर बनाने के लिए एक रास्ता और प्रक्रिया तय की।''

उन्होंने आगे कहा, ''मैं लगभग एक दशक से मिरेकल मॉर्निंग रूटीन का अभ्यास कर रहा हूँ। S.A.V.E.R.S. फ्रेमवर्क मेरे जीवन का एक महत्त्वपूर्ण हिस्सा बना हुआ है। मेरी सफलता का एक बड़ा कारण इस दिनचर्या को अपनाना, बनाए रखना और उसमें लगातार सुधार करना रहा है। मैं हर उस व्यक्ति को प्रोत्साहित करता हूँ, जो किसी बड़ी सफलता की तलाश में है, अवसाद से जूझ रहा है, या अपने जीवन में आगे बढ़ना चाहता है कि वे मिरेकल मॉर्निंग S.A.V.E.R.S. के आधारभूत सिद्धांतों को पढ़ें और अपनाएँ।''

कीथ की कहानी इस बात का वास्तविक उदाहरण है कि कैसे चीज़ें आपके लिए बहुत तेज़ी से बदल सकती हैं और कैसे 10 साल बाद भी आप अपने सबसे अच्छे संस्करण में विकसित होते रह सकते हैं।

पिछले अध्याय में, आपने किसी भी नई आदत को 30 दिनों में सफलतापूर्वक अपनाने और बनाए रखने के लिए एक सरल और प्रभावी तीन-चरणीय रणनीति सीखी। अब हम इस रणनीति को सीधे मिरेकल

मॉर्निंग अभ्यास में लागू करने जा रहे हैं। मिरेकल मॉर्निंग 30-दिवसीय जीवन रूपांतरण यात्रा के साथ, ताकि यह आपके जीवन में सहज रूप से समाहित हो जाए।

इस पुस्तक के पिछले संस्करणों में, मैंने इसे 30-डे लाइफ़ ट्रांसफ़ॉर्मेशन ''चैलेंज'' कहा था। हालाँकि जब मैं इस नए संस्करण को लिख रहा था, तो मुझे अहसास हुआ कि हममें से अधिकांश के जीवन में पहले से ही पर्याप्त चुनौतियाँ हैं, और मिरेकल मॉर्निंग वास्तव में एक यात्रा है। अपने चेतन स्तर को ऊँचा उठाने और अपने सर्वश्रेष्ठ संस्करण में बदलने की। यह अध्याय और इसमें दिए गए कदम आपके आजीवन मिरेकल मॉर्निंग सफ़र के पहले 30 दिनों का प्रतिनिधित्व करते हैं।

S.A.V.E.R.S. के अलावा, आप उन अन्य आदतों की पहचान करेंगे, जो आपको लगता है कि आपके जीवन, आपकी सफलता, आप कैसे व्यक्ति बनना चाहते हैं और जहाँ आप जाना चाहते हैं, उस पर सबसे महत्त्वपूर्ण प्रभाव डालेंगी। फिर आप अगले 30 दिनों का उपयोग इन आदतों को विकसित करने के लिए करेंगे, जिससे आपके जीवन की दिशा पूरी तरह से बदल जाएगी। जब आप अपने जीवन की दिशा बदलते हैं, तो आप तुरंत अपनी जीवन की गुणवत्ता बदलते हैं, और अंततः आप यह भी बदल देते हैं कि आप कहाँ पहुँचेंगे।

इसके फ़ायदों पर गौर करें

जब आप 30-दिवसीय जीवन परिवर्तन यात्रा के लिए प्रतिबद्ध होते हैं, तो आप अपने जीवन के हर क्षेत्र में अपनी क्षमता को पूरा करने के लिए एक आधार बनाने के लिए प्रतिबद्ध होते हैं। आप हर दिन नई स्पष्टता (जो आपको सबसे महत्त्वपूर्ण चीज़ों पर ध्यान केंद्रित करने की शक्ति देगी), अनुशासन (वह महत्त्वपूर्ण क्षमता जो आपको अपने संकल्पों को पूरा करने के लिए प्रेरित करेगी), और व्यक्तिगत विकास (जो संभवतः आपकी सफलता का सबसे महत्त्वपूर्ण निर्धारक कारक है) के साथ शुरू करेंगे। जब आप मिरेकल मॉर्निंग के लिए जागते हैं और अगले 30 दिनों तक S.A.V.E.R.S. को लागू करते हैं, तो आप जल्दी ही ख़ुद को वह व्यक्ति

बनते हुए पाएँगे जो आपको उन सुधारों को बनाने और बनाए रखने के लिए चाहिए, जो आप अभी और अपने बाक़ी जीवन में करना चाहते हैं।

आप मिरेकल मॉर्निंग को केवल एक विचार से, जिसे लेकर आप उत्साहित (और शायद थोड़ा भयभीत) हो सकते हैं, एक आजीवन आदत में बदल रहे होंगे। यह आदत आपको ख़ुद को उस व्यक्ति के रूप में विकसित करने में मदद करेगी, जो आप हमेशा से बनना चाहते थे और अपने सपनों का जीवन बनाने के लिए आवश्यक है। इन पहले 30 दिनों के भीतर ही, आप अपनी मानसिकता और अपने महसूस करने के तरीके में गहरे सुधार का अनुभव करेंगे।

हर दिन S.A.V.E.R.S. का अभ्यास करके, आप मौन, सकारात्मक पुष्टीकरण, मानसिक अभ्यास, व्यायाम, पढ़ना और लेखन के संयुक्त शारीरिक, बौद्धिक, भावनात्मक और आध्यात्मिक लाभों का अनुभव करेंगे। यदि आपको कम तनाव, अधिक संतुलन, अधिक एकाग्रता, अधिक ख़ुशी और अपने जीवन को लेकर अधिक उत्साह महसूस हो, तो आश्चर्यचकित नहीं हों।

यदि इस समय आपको यह संदेह या चिंता हो रही है कि क्या आप इसे 30 दिनों तक पूरा कर पाएँगे या नहीं, तो शांत रहें; ऐसा महसूस करना पूरी तरह सामान्य है। ख़ासकर यदि सुबह जल्दी उठना आपके लिए पहले से ही एक चुनौती रहा है। याद रखें, हम सभी ''रियरव्यू मिरर सिंड्रोम'' से प्रभावित होते हैं। इसलिए, यदि आप थोड़ी झिझक या घबराहट महसूस कर रहे हैं, तो यह इस बात का संकेत है कि आप इस परिवर्तन के लिए तैयार हैं। वरना, आपको घबराहट महसूस ही नहीं होती।

याद रखें, आपकी जीवन परिस्थितियाँ तभी सुधरेंगी, जब आप पहले ख़ुद को उस व्यक्ति के रूप में विकसित करेंगे, जो उन्हें सुधार सकता है। आपके जीवन के ये आगामी 30 दिन एक नई शुरुआत और एक नए स्वरूप वाले आप की ओर पहला क़दम बन सकते हैं।

अपनी मिरेकल मॉर्निंग 30–दिवसीय जीवन परिवर्तन यात्रा की शुरुआत करने के लिए 3 क़दम

पहला क़दम : मिरेकल मॉर्निंग 30-दिवसीय जीवन परिवर्तन किट प्राप्त करें

MiracleMorning.com/resources पर जाएँ, जहाँ से आप अपनी नि:शुल्क मिरेकल मॉर्निंग 30–दिवसीय यात्रा जीवन परिवर्तन किट डाउनलोड, प्रिंट और भरना शुरू कर सकते हैं। इसमें आपको व्यायाम, सकारात्मक पुष्टियाँ, दैनिक चेकलिस्ट, ट्रैकिंग शीट्स और बाक़ी सब कुछ मिलेगा, जो 30–दिन के जीवन परिवर्तन को शुरू और पूर्ण करना आसान बनाएगा। यह दस्तावेज़ आपको यह पहचानने में मदद करेगा कि आप अपने जीवन के किन क्षेत्रों में सुधार करना चाहते हैं, किन संभावित बाधाओं का सामना करना पड़ सकता है, कौन–से क़दम उठाने होंगे, और आपकी दैनिक मिरेकल मॉर्निंग अभ्यास को इस तरह से व्यवस्थित करेगा कि आप उन क़दमों को पूरा कर सकें–ठीक उसी तरह जैसे मैंने S.A.V.E.R.S. का उपयोग करके 2008 की मंदी के दौरान अपनी आय को दोगुना किया था। जीवन में किसी भी मूल्यवान चीज़ की तरह, 30–दिन के जीवन परिवर्तन को सफलतापूर्वक पूरा करने के लिए थोड़ी तैयारी की आवश्यकता होती है। इसलिए, अपने जीवन परिवर्तन किट में दिए गए प्रारंभिक अभ्यासों को पूरा करना महत्त्वपूर्ण है (जिसमें 30 से 60 मिनट से अधिक नहीं लगने चाहिए)। आप इन्हें अपनी पहली मिरेकल मॉर्निंग के दौरान लेखन के समय में भी कर सकते हैं।

दूसरा क़दम : अपनी पहली मिरेकल मॉर्निंग कल के लिए निर्धारित करें

अपनी पहली मिरेकल मॉर्निंग के लिए प्रतिबद्ध हों और उसे कल के लिए अपने कार्यक्रम में लिखकर तय करें कि आप इसे

कहाँ करेंगे। याद रखें, मैं सुझाव देता हूँ कि अपने बेडरूम से बाहर जाएँ और अपने बिस्तर के आकर्षण से पूरी तरह दूर रहें। मेरी मिरेकल मॉर्निंग हर दिन मेरे लिविंग रूम के सोफ़े पर होती है, जब मेरे घर के बाक़ी लोग अभी भी गहरी नींद में होते हैं। मुझे लोगों से ऐसा भी सुनने को मिला है, जो अच्छे मौसम में इसे बाहर प्रकृति में करना पसंद करते हैं। आप इसे वहीं करें जहाँ आप सबसे अधिक सहज महसूस करें, लेकिन यह भी सुनिश्चित करें कि कोई आपको बाधित नहीं करे।

अंत में, याद रखें कि यह सुधार की प्रक्रिया है, ना कि पूर्णता प्राप्त करने का प्रयास! आपको शुरुआत में सभी S.A.V.E.R.S. करने की आवश्यकता नहीं है। जैसा कि मैंने पिछले पैराग्राफ़ में उल्लेख किया, आप लिखने से शुरू कर सकते हैं और अपने फ़ास्ट स्टार्ट किट को भरना जारी रख सकते हैं। या फिर आप पढ़ने पर ध्यान केंद्रित कर सकते हैं और इस अध्याय के बाद आने वाले दो नए अध्याय पढ़ सकते हैं। सबसे महत्त्वपूर्ण बात यह है कि आप अपने दिन की शुरुआत व्यक्तिगत विकास से करें, चाहे वह S.A.V.E.R.S. में से एक हो, सभी हों या उनमें के कुछ हों।

तीसरा क़दम : अपना अलार्म सेट करें और उसे कमरे के दूसरी ओर रखें

जैसा कि मेरे पहले कोच जेफ़ सूई, कहा करते थे, ''यहीं पर असली परीक्षा होती है।'' ख़ुद को जल्दी जागने के लिए प्रतिबद्ध करें (आदर्श रूप से 30 से 60 मिनट पहले), और अपनी पहली मिरेकल मॉर्निंग करें। यह अनिवार्य नहीं है कि आप अपनी अलार्म घड़ी कमरे के दूसरी ओर रखें, लेकिन आपको अध्याय 5 में याद होगा कि ऐसा करके आपको बिस्तर से बाहर निकलने के लिए मजबूर किया जाता है। सीधे खड़े रहकर जागते रहना है, बजाय इसके कि आप बिस्तर के बगल वाली टेबल पर हाथ बढ़ाकर अलार्म बंद कर दें।

एक चौथा वैकल्पिक क़दम भी है : फ्री मिरेकल मॉर्निंग रूटीन ऐप डाउनलोड करें। यदि आपको ऐप्स पसंद नहीं हैं, तो इस क़दम को नज़रअंदाज़ कर सकते हैं। लेकिन यदि आप ऐप्स पसंद करते हैं, तो यह ऐप आपको अतिरिक्त जवाबदेही प्रदान करता है। अतिरिक्त संसाधनों में अनुकूलन योग्य टाइमर, एक पुष्टिकरण निर्माता, एक अंतर्निहित जर्नल और वैकल्पिक सेवर्स ट्रैक शामिल हैं ताकि आप "प्ले" पर क्लिक करके और साथ-साथ अनुसरण करके अपनी मिरेकल मॉर्निंग पूरी कर सकें। यदि आप एप्स का उपयोग करना पसंद करते हैं, तो यह सफलता के लिए ख़ुद को तैयार करने में मदद करने के लिए एक शानदार मुफ़्त संसाधन है।

क्या आप अपने जीवन को बदलने के लिए तैयार हैं?

याद रखें कि जब हम अपनी सफलता और संतोष के स्तर को 1 से 10 के पैमाने पर मापते हैं, तो हम सभी जन्म से ही अपने सर्वोत्तम संस्करण बनने और जीवन को लेवल 10 पर अनुभव करने की स्वाभाविक इच्छा और प्रेरणा रखते हैं। आपके लिए उस दिशा में पहला क़दम उठाना कैसा दिख सकता है? आपके व्यक्तिगत या पेशेवर जीवन में सफलता और संतोष के अगले स्तर क्या हैं? उन स्तरों तक पहुँचने के लिए आपको कौन सी क्षमताएँ या आदतें विकसित करनी होंगी?

चाहे आपका अतीत कैसा भी रहा हो, आप अपने भविष्य को बदल सकते हैं-यदि आप वर्तमान में जो करते हैं उसे बदलते हैं। अपने विचारों, शब्दों और कार्यों में महत्त्वपूर्ण सुधार लाने के लिए केवल 30 दिनों का निवेश करके ख़ुद को यह उपहार दें, और इस प्रकार हर सुबह अपनी चेतना को एक नए स्तर तक उठाएँ।

रुकें।

एक गहरी साँस लें।

अब समय आ गया है कि आप जो सीख रहे हैं उसे जीना शुरू करें!

मैंने इस पूरी किताब में कहा है कि पढ़ना व्यक्तिगत परिवर्तन के लिए एक अत्यंत मूल्यवान उपकरण है... *यदि* आप जो सीखते हैं उसे क्रियान्वित करें। यदि आपने अभी तक शुरू नहीं किया है, तो अब अपनी दैनिक मिरेकल मॉर्निंग प्रैक्टिस शुरू करने का समय है।

आगे दो और अध्याय हैं, जो आपकी नींद को अनुकूलित करने और आपकी चेतना को आंतरिक स्वतंत्रता की अवस्था तक पहुँचाने में आपकी मदद करेंगे। लेकिन इन्हें तभी पढ़ना सबसे अच्छा होगा, जब आपकी मिरेकल मॉर्निंग प्रैक्टिस पहले से चल रही हो। मैं सुझाव देता हूँ कि आप इन अध्यायों को अपने S.A.V.E.R.S. के ''R'' (रीडिंग) घटक के दौरान पढ़ें।

यदि कभी भी आपको शुरू करने के चरणों को दोबारा देखने की आवश्यकता हो, तो ''अध्याय 10 : मिरेकल मॉर्निंग 30-दिवसीय जीवन रूपांतरण यात्रा'' को फिर से पढ़ें। मैं आपके लिए बहुत उत्साहित हूँ और उस समझ और विकास के लिए भी, जिन्हें आप अनुभव करने वाले हैं! शुभकामनाएँ!

11

द मिरेकल ईवनिंग

सोने के समय को आनंदमय बनाने और बेहतर नींद के लिए आपकी रणनीति

''यदि आप हर दिन एक ही समय पर सोने और जागने जा रहे हैं, तो आप पाएँगे कि ना केवल आपकी नींद की गुणवत्ता में सुधार होगा, बल्कि कुछ मामलों में, आपको उतनी नींद की आवश्यकता भी नहीं पड़ेगी।''

–डॉ. माइकल ब्रूस, क्लिनिकल साइकोलॉजिस्ट और स्लीप मेडिसिन विशेषज्ञ

''स्वर्ग के फ़रिश्ते आपके लिए सबसे प्यारे सपने लेकर आएँ। आपको लंबी और सुखद नींद मिले। शुभ रात्रि मेरे दोस्त।''

–अज्ञात

सालों से लोग मुझसे पूछते रहे हैं कि मेरी शाम की दिनचर्या क्या है। और, सालों तक, मुझे यह स्वीकार करने में थोड़ा संकोच होता था कि मेरे पास कोई निश्चित दिनचर्या नहीं थी। मेरा उत्तर अक्सर लोगों के लिए निराशाजनक होता था। यह तब तक था, जब तक मुझे अहसास नहीं हुआ कि हम अपने दिन को कैसे समाप्त करते हैं, यह उतना ही महत्त्वपूर्ण हो सकता है, जितना कि हम इसे कैसे शुरू करते हैं। यह अध्याय आपको आपकी मिरेकल ईवनिंग दिनचर्या बनाने में मदद करेगा, जिसमें निम्नलिखित लाभ शामिल हैं :

- सोने में कठिनाई या रात भर अच्छी नींद नहीं ले पाने की समस्या को दूर करना।
- तनावपूर्ण विचारों और भावनाओं को छोड़कर शांत और सहज महसूस करते हुए सोने जाना।
- अपने आंतरिक और बाहरी परिवेश को इस तरह से तैयार करना जिससे आप अधिक तरोताज़ा और ऊर्जावान महसूस करें।
- कृतज्ञता और शांति की भावना के साथ नींद में जाना।

यदि आप दिन के अंत में तनावग्रस्त महसूस करते हैं और सोने में कठिनाई होती है, तो यह अध्याय विशेष रूप से आपके लिए है। एक ऐसे व्यक्ति के रूप में जिसने पुरानी अनिद्रा और लंबे समय तक नींद की कमी से संघर्ष किया और इसे पार किया। मैं जानता हूँ कि यह शारीरिक, मानसिक और भावनात्मक रूप से कितना विनाशकारी हो सकता है। इसलिए, मैं लोगों को उनके दिन को इस तरह समाप्त करने में मदद करने के लिए प्रतिबद्ध हूँ, जिससे वे अच्छा महसूस करें और अच्छी नींद ले सकें।

जैसा कि मैंने अध्याय 5 में उल्लेख किया था, सुबह के समय हमारी मानसिक और भावनात्मक स्थिति आमतौर पर उसी मानसिक और भावनात्मक स्थिति का प्रतिबिंब होती है, जिस पर हम सोते समय ध्यान केंद्रित करते हैं। सोने से पहले आप जिन चीज़ों पर ध्यान केंद्रित करने की अनुमति देते हैं, वे ना केवल आपको नींद आने में कठिनाई पैदा कर सकती हैं, बल्कि आपके अवचेतन मन पर भी प्रभाव डालती हैं और यह निर्धारित

करती हैं कि आप सुबह कैसा महसूस करेंगे। इसलिए यदि आप अपने दिन को तनावपूर्ण विचारों के साथ समाप्त करते हैं, तो यह आपकी अच्छी नींद लेने की क्षमता को प्रभावित करेगा और संभवतः आप सुबह तनावग्रस्त और अस्वस्थ महसूस करेंगे।

इसके बजाय, यदि आप एक शाम की दिनचर्या स्थापित करते हैं, जो आपको तनावपूर्ण विचारों को छोड़ने, अपने शरीर और दिमाग़ को शांत करने और उस पर ध्यान केंद्रित करने में सक्षम बनाती है, जिसके लिए आप आभारी हैं, तो आपके शांत, आभारी और ख़ुश महसूस करते हुए सोने, अच्छी नींद लेने और फिर उसी आनंदमय स्थिति में जागने की संभावना अधिक होगी।

इस दृष्टिकोण को ध्यान में रखते हुए, यह समझदारी होगी कि हम इस बारे में अत्यधिक सचेत रहें कि हम प्रत्येक दिन का समापन किस प्रकार करें, ताकि हमारा मन और शरीर ना केवल आरामदायक नींद के लिए तैयार हो, बल्कि अगले दिन की एक बेहतरीन शुरुआत भी हो।

"मैं मरना चाहता हूँ"

नवंबर 2019 से मई 2020 तक, मैं हर रात औसतन दो से चार घंटे ही सो पाता था। यदि आपने कभी एक भी रात ऐसी बिताई है जब आप केवल कुछ ही घंटे सो पाए, तो आप जानते हैं कि यह आपके मानसिक, भावनात्मक और शारीरिक स्वास्थ्य के लिए कितना हानिकारक हो सकता है। छह महीने की लगातार नींद की कमी ने मुझे गहराई से आहत कर दिया था। मैं मतिभ्रम का अनुभव कर रहा था और सोचता था कि लोग मुझे मारने की कोशिश कर रहे हैं। मैं कभी ना ख़त्म होने वाले अवसाद और विकट चिंता से पीड़ित था, यहाँ तक कि आत्महत्या के बारे में भी सोचने लगा था।

हर रात, मैं बिस्तर पर लेटा रहता, करवटें बदलता और छत को घूरता। मेरा दिमाग़ तेज़ी से दौड़ता रहता, दुनिया में घट रही अजीबोग़रीब घटनाएँ, मेरे व्यक्तिगत जीवन की समस्याएँ और कैंसर के लौट आने का डर–ये सब मिलकर मेरे भीतर चिंता का तूफ़ान पैदा कर रहे थे। मेरा दिल भी

मेरे दिमाग़ की गति के साथ धड़क रहा था, और मेरे रक्त में कोर्टिसोल की बाढ़ आ गई थी, जिससे मैं पूरी तरह से जाग्रत महसूस करता था, जबकि मानसिक और शारीरिक रूप से थका हुआ था। दिन के समय, मैं अस्वस्थ और दुखी महसूस करता था और अधिकतर समय एक बहुत ही अंधेरी मानसिक अवस्था में रहता था।

नींद की कमी मेरे अवसाद और चिंता को बढ़ा रही थी, जबकि अवसाद और चिंता मेरी नींद की कमी को बढ़ा रहे थे। मैं एक दुष्चक्र में फँसा हुआ था, जिससे निकलने का कोई अंत नहीं दिख रहा था, जब तक कि मैं ख़ुद इससे बाहर निकलने के लिए कुछ ना करूँ।

एक रात, हमारे अतिथि कक्ष से, जहाँ मैं पिछले दो महीनों से अकेले सो रहा था ताकि जब उर्सुला सोने आए तो मेरी नींद में कोई बाधा नहीं हो, मैंने बेहद हताशा में उसे निम्नलिखित संदेश भेजा :

> *जानू, मैं तुम्हें परेशान नहीं करना चाहता, लेकिन मुझे ईमानदार रहना होगा। मैं मरना चाहता हूँ। मैं अब और सहन नहीं कर सकता, और मुझे नहीं पता कि क्या करना है।*

कुछ घंटे बाद, उर्सुला जागी, उसने मेरा संदेश पढ़ा और अतिथि कक्ष में आ गई। उसने मुझे गले लगाया और कहा कि वह मुझसे प्यार करती है। वह निराशा और करुणा, दोनों भावनाओं से भरकर आई थी। पूरी ईमानदारी से कहूँ तो, हमारी शादी पिछले कुछ वर्षों से मुश्किल में थी और बीते छह महीनों में टूटने की कगार पर थी। हम दोनों पीड़ित थे, लेकिन इसका कारण केवल मैं था। लगभग छह महीने से एक अच्छी नींद नहीं मिलने के कारण, मैं पूरी तरह से बदल चुका था। मैं अब वह सकारात्मक, ख़ुशमिज़ाज और आनंदित इंसान नहीं था, जिससे उर्सुला ने शादी की थी। मैं चिंतित, भयभीत, उदास और असहनीय बन गया था। वह मुझसे प्यार करती थी, लेकिन उसकी सहनशीलता की भी एक सीमा थी और मुझे उम्मीद छोड़ते देख वह भी हार मानने लगी थी।

मैंने अपनी नींद सुधारने के लिए विभिन्न रणनीतियों पर शोध करना और प्रयोग करना शुरू किया। जैसे 2008 में S.A.V.E.R.S. का जन्म हताशा और अवसाद के गर्भ से हुआ था, वैसे ही मेरी नींद की इस भयानक

समस्या का समाधान भी धीरे-धीरे प्रयोग और अनुभव के माध्यम से आया, जिससे मिरेकल ईवनिंग का जन्म हुआ।

उसी समय के आसपास, मैं मिरेकल मॉर्निंग कम्युनिटी फ़ेसबुक ग्रुप में स्क्रॉल कर रहा था, जब ब्रायन मार्शल की एक पोस्ट ने मेरा ध्यान खींचा। ब्रायन अब दुनिया के सबसे अनुशासित मिरेकल मॉर्निंग अभ्यासियों में से एक बन चुके हैं, जिन्होंने बिना एक भी दिन छोड़े 2,200 से अधिक लगातार मिरेकल मॉर्निंग पूरे कर लिए हैं (और यह संख्या बढ़ती जा रही है)। ब्रायन के अनुसार, उनकी इस निरंतरता का श्रेय उनकी शाम की दिनचर्या को जाता है, जिसने उन्हें सुबह की सफलता के लिए तैयार किया। उन्होंने इसे R.E.S.T.E.R.S. नाम दिया। यह उनके ख़ुद के बनाए गए संक्षिप्ताक्षर थे, जो सोने के समय और नींद को बेहतर बनाने के लिए तैयार किए गए थे। उस दिन ब्रायन की पोस्ट इस प्रकार थी :

> मैंने हाल ही में 260 से अधिक लगातार दिनों तक द मिरेकल मॉर्निंग पूरा किया है। कोई ब्रेक नहीं, कोई शॉर्टकट नहीं, कोई दिन नहीं छोड़ा। मेरा जीवन कुछ अधिक आनंददायक और उद्देश्यपूर्ण बन गया है। मैं ऊर्जावान महसूस करता हूँ और पूरी तरह से शानदार रूप में हूँ। मैं अपने जीवन की बागडोर मज़बूती से सँभाले हुए हूँ और मुझमें मेरे उद्देश्य और दिशा को लेकर ज़बरदस्त स्पष्टता है। हर दिन मैं पहले से बेहतर जागता हूँ, क्योंकि हर दिन मैं अपने S.A.V.E.R.S. को पूरी निष्ठा से पूरा करता हूँ। मेरी इस अनवरत सफलता का कारण मेरी शाम की दिनचर्या भी है, जिसे मैंने इतने ही दिनों तक अपनाया है। यह ठीक S.A.V.E.R.S. की तरह ही है, लेकिन शाम के लिए। मैंने इसे R.E.S.T.E.R.S. कहना शुरू कर दिया है।''

R.E.S.T.E.R.S. संक्षिप्त रूप का अर्थ है : *पढ़ना (रीड)*, *व्यायाम (एक्सरसाइज़)*, *स्नान (शावर)*, *गणना (टैली)*, *सशक्त बनाना (एम्पावर)*, *विश्राम (रिलैक्स)*, और *नींद (स्लीप)*। S.A.V.E.R.S. की तरह ही, ब्रायन के R.E.S.T.E.R.S. ने सरल और व्यावहारिक क़दम प्रदान किए, जिससे शाम को सहजता से पूर्ण किया जा सके और दिमाग़ और शरीर को

सर्वोत्तम नींद के लिए तैयार किया जा सके। इसने मुझे मिरेकल ईवनिंग अनुक्रम तैयार करने के लिए प्रेरित किया।

मेरे संस्करण में कुछ अतिरिक्त क़दम शामिल हैं, जिन्हें मैंने अपनी शारीरिक, मानसिक और भावनात्मक स्थिति को सर्वोत्तम नींद के लिए तैयार करने में अत्यधिक लाभदायक पाया है। ब्रायन की दिनचर्या के कुछ पहलू, जैसे कि स्नान करना, मैं हर रात स्वचालित रूप से करता हूँ, इसलिए मुझे उन्हें अपनी लिखित शाम की दिनचर्या में शामिल करने की आवश्यकता महसूस नहीं हुई।

मैंने मिरेकल ईवनिंग के सटीक बिंदुओं को संक्षिप्त रूप S.L.U.M.B.E.R.S. में व्यवस्थित किया है (मैं समझ सकता हूँ –इतने सारे संक्षिप्त रूप!)। ''Slumber'' का अर्थ ''नींद लेना'' है, और चूँकि इस दिनचर्या का अंतिम उद्देश्य आपको बेहतर नींद में सहायता करना है, मुझे यह एक उपयुक्त संक्षिप्त रूप लगा। मैं आपको प्रत्येक चरण के बारे में बताऊँगा और फिर यह साझा करूँगा कि आप इन्हें उसी रूप में अपना सकते हैं या इन्हें एक प्रेरणा के रूप में उपयोग करके अपनी ख़ुद की मिरेकल ईवनिंग तैयार कर सकते हैं।

द सलंबर्स (S.L.U.M.B.E.R.S.)

मेरी मिरेकल ईवनिंग सोने से कुछ घंटे पहले शुरू होती है और इसने मुझे स्थायी अनिद्रा और नींद की कमी से छुटकारा पाने में मदद की है। अब मैं शांति से सोता हूँ और तरोताज़ा महसूस करते हुए जागता हूँ। मेरी वर्तमान मिरेकल ईवनिंग को निम्नलिखित चरणों में संक्षेपित किया जा सकता है :

(S) **स्टॉप ईटिंग** थ्री टू फ़ोर आवर्स बिफोर बेड।

(L) **लेट गो** ऑफ़ स्ट्रेसफुल थॉट्स ऐंड फ़ीलिंग्स।

(U) **यूज़** नैचरल स्लीप एड्स इफ़ नीडेड।

(M) **मैप** आउट योर नेक्स्ट डे।

(B) **बॉयकॉट** ब्लू लाइट।

(E) **एंटर** अ ब्लिसफुल स्टेट विथ बेडटाइम अफ़र्मेशन्स।

(R) **रीड अ बुक दैट मेक्स यू फ़ील गुड।**

(S) **स्लीप लाइक अ बेबी।**

या सरल भाषा में कहें तो –

- सोने से तीन से चार घंटे पहले भोजन करना बंद करें।
- तनावपूर्ण विचारों और भावनाओं को छोड़ दें।
- यदि आवश्यक हो तो प्राकृतिक नींद सहायक उपायों का उपयोग करें।
- अपने अगले दिन की योजना बनाएँ।
- ब्लू लाइट का बहिष्कार करें।
- रात्रि की सकारात्मक पुष्टियों के माध्यम से आनंदमय स्थिति में प्रवेश करें।
- ऐसी पुस्तक पढ़ें, जो आपको अच्छा महसूस कराए।
- शिशु की तरह गहरी नींद लें।

हालाँकि पहली नज़र में यह सूची लंबी लग सकती है, लेकिन ये सभी चरण बहुत सरल हैं और जल्द ही आपके लिए स्वचालित और सहज हो सकते हैं। और जिस तरह S.A.V.E.R.S. का प्रत्येक घटक अपने आप में लाभकारी होता है, वैसे ही जब ये सभी तरीक़े एक साथ अपनाए जाते हैं, तो वे रात में सोने से पहले आपकी मनःस्थिति और आपकी नींद की गुणवत्ता को पूरी तरह बदल सकते हैं। आइए अब प्रत्येक चरण को विस्तार से समझते हैं।

सोने से 3 से 4 घंटे पहले भोजन करना बंद करें

जैसा कि अध्याय 8 में उल्लेख किया गया है, पाचन प्रक्रिया हमारे शरीर के लिए सबसे अधिक ऊर्जा खपत करने वाली प्रक्रियाओं में से एक है (बस यह सोचें कि भारी भोजन करने के बाद आप कितनी थकान महसूस करते हैं)। हालाँकि यह हमें यह सोचने पर मजबूर कर सकता है कि सोने से पहले भोजन करना एक अच्छा तरीक़ा है, क्योंकि यह हमें थका हुआ महसूस

कराता है, लेकिन शयन काल के समीप भोजन करने का प्रभाव हानिकारक होता है, क्योंकि यह आपके शरीर को रातभर काम करने के लिए मजबूर करता है और सुबह आपको ऐसा महसूस हो सकता है, जैसे आप पर कोई भारी बोझ पड़ा हो। इसलिए, आप कब, कितना और कौन-सा भोजन कर रहे हैं, इस पर ध्यान देना आपकी नींद की गुणवत्ता और सुबह की ताज़गी को बेहतर बनाने के लिए अत्यंत महत्त्वपूर्ण है।

हालाँकि भोजन को पूरी तरह से आपके पाचन तंत्र मार्ग से गुज़रने में 24 से 72 घंटे लग सकते हैं, लेकिन यहाँ हमारा मुख्य ध्यान उन 3 से 4 घंटों पर है, जब भोजन आपके पेट से छोटी आंत तक पहुँचता है। पाचन प्रक्रिया का यह चरण सबसे अधिक ऊर्जा खपत करता है, और उसके बाद ही आपका शरीर सोते समय आराम, उपचार और पुनः सृजन कर सकता है।

भोजन को पचने में लगने वाला समय इस पर निर्भर करता है कि आपने कितना और किस प्रकार का भोजन किया है। उदाहरण के लिए, उच्च फ़ाइबर युक्त खाद्य पदार्थों को पचाना कम फ़ाइबर वाले खाद्य पदार्थों की तुलना में आसान और तेज़ होता है। उच्च फ़ाइबर युक्त खाद्य पदार्थ, जैसे कि फल, सब्ज़ियाँ, मेवे, बीन्स और साबुत अनाज, आमतौर पर 2 से 3 घंटे में पच जाते हैं। वहीं, कम फ़ाइबर युक्त खाद्य पदार्थ, जैसे कि मांस, ब्रेड, पास्ता, चिप्स और अधिक चीनी वाले खाद्य पदार्थों को पचने में 4 घंटे (या उससे अधिक) लग सकते हैं। और, स्वाभाविक रूप से, भोजन जितना भारी होगा, उसे पचने में उतना ही अधिक समय लगेगा।

मैं अनुशंसा करता हूँ कि आप अपने अंतिम भोजन को सोने से तीन से चार घंटे पहले समाप्त करने की आदत डालें। उदाहरण के लिए, यदि आप रात 10 बजे सोने जाते हैं, तो मैं सुझाव दूँगा कि आप रात का खाना लगभग 6 या 6:30 बजे खाएँ, ताकि आपके शरीर को भोजन को पचाने के लिए पर्याप्त समय मिल सके। यदि आपकी दिनचर्या या आपके नियंत्रण से बाहर की परिस्थितियाँ आपको सोने के क़रीब भोजन करने के लिए मजबूर करती हैं, तो मैं सलाह दूँगा कि आप जितना संभव हो उतना कम भोजन करें (आपकी मुट्ठी के आकार से भी छोटा) और स्वस्थ भोजन चुनें, विशेष रूप से जो फ़ाइबर से भरपूर हो।

यदि आप वर्तमान में सोने के क़रीब रात का खाना खाने या देर रात स्नैक्स लेने के आदी हैं, तो समझ लें कि इसे बदलने के लिए आपको सचेत प्रयास और प्रतिबद्धता की आवश्यकता होगी। इसे आसान बनाने के लिए, मैं आपको अपने अंतिम भोजन के समय को धीरे-धीरे आगे बढ़ाने की सलाह देता हूँ, ताकि आपका शरीर और मन इस बदलाव के अनुकूल हो सके। दूसरे शब्दों में, यदि आप अभी सोने से एक घंटे पहले खाना समाप्त करते हैं, तो इसे 90 मिनट पहले ख़त्म करने की कोशिश करें। इसे एक सप्ताह तक करें, फिर इसे दो घंटे तक बढ़ाएँ, फिर ढाई घंटे, तीन घंटे, और इसी तरह। इस बदलाव को अपने 30-दिनों की यात्रा का हिस्सा बनाएँ, और कुछ ही हफ़्तों में यह आपके लिए स्वाभाविक, सहज और आसान हो जाएगा।

आपके पास दो विकल्प हैं- या तो सोने के क़रीब भोजन करें, जिससे आपका शरीर आराम करने के बजाय भोजन पचाने में व्यस्त रहेगा और सुबह इसके नकारात्मक प्रभावों का सामना करें, या फिर सचेत रूप से पहले भोजन ख़त्म करने का निर्णय लें और अपने शरीर को रात में विश्राम, उपचार और पुनर्जीवन का अवसर दें, ताकि आप सुबह ऊर्जावान महसूस करें।

तनावपूर्ण विचारों और भावनाओं को छोड़ दें

क्या आपको ऐसा लगता है कि जब आप सोने के लिए लेटते हैं, तो अक्सर उन चीज़ों के बारे में सोचते रहते हैं, जो आपके तत्काल नियंत्रण में नहीं हैं? यानी, आप उन चीज़ों पर विचार करते हैं, जिनके बारे में आप वर्तमान में कुछ नहीं कर सकते (या नहीं करेंगे)?

हो सकता है, जब आप सोने के लिए लेटते हैं आपके विचार हाल ही में घटी किसी घटना, अगले दिन की कार्यसूची, अधूरी योजनाओं, वित्तीय स्थिति, स्वास्थ्य संबंधी चुनौतियों, किसी व्यक्तिगत या व्यावसायिक रिश्ते में चल रहे तनाव, किसी प्रियजन की पीड़ा, दुनिया की स्थिति, अर्थव्यवस्था या अन्य ऐसी किसी चीज़ पर केंद्रित हों, जिस पर आपका नियंत्रण नहीं है। समस्या यह है कि जब हम उन चीज़ों की चिंता करते हैं, जो हमारे नियंत्रण से बाहर हैं, तो हम स्वाभाविक रूप से असहाय महसूस करते हैं, जिससे तनाव और चिंता बढ़ती है, जो हमारी नींद में बाधा डालती है।

दूसरे शब्दों में कहें तो, जब हम उन चीज़ों की चिंता करते हैं, जिन पर हमारा नियंत्रण नहीं है, तो हमें असुरक्षित महसूस होता है, और सुरक्षा की भावना हमारी सबसे बुनियादी मनोवैज्ञानिक आवश्यकता है। जब हमें असुरक्षित महसूस होता है, तो हमारा तंत्रिका तंत्र लड़ने या भागने की प्रतिक्रिया में चला जाता है। जब हमें किसी भी रूप में ख़तरा महसूस होता है, तो शांत होकर सोना लगभग असंभव हो जाता है। सौभाग्य से, जब तक हम किसी वास्तविक ख़तरे में नहीं हैं, तब तक सुरक्षित महसूस करना एक सचेत निर्णय हो सकता है। बस यह स्वीकार करके और ख़ुद को यह आश्वस्त करके कि हम वास्तव में सुरक्षित हैं, जब हम सोने के लिए लेटते हैं, तो हम मनोवैज्ञानिक सुरक्षा की स्थिति में प्रवेश कर सकते हैं।

मैं अपनी ज़्यादातर रातें इन्हीं सब बातों के बारे में सोचने या चिंता करने में बिताता था, जब तक कि मुझे एक ऐसा अहसास नहीं हुआ, जो शायद देखने में बहुत सामान्य लगे : सोने के समय मेरा एकमात्र उद्देश्य अपने मन और शरीर को आनंदमय नींद के लिए तैयार करना है। बस यही। और कुछ नहीं। इसलिए, हमारे सभी विचार (या उनका अभाव) और क्रियाएँ इसी एकल उद्देश्य के अनुरूप होनी चाहिए।

मुझे एक क्षण दीजिए ताकि मैं यह स्पष्ट कर सकूँ कि ''आनंदमयी'' नींद से मेरा क्या मतलब है। मैं आनंद की स्थिति को इस रूप में परिभाषित करता हूँ – जब आप पूर्णतः शांत हों और गहरा आभार महसूस करें। इसका अर्थ है कि जब मेरा सिर तकिए पर टिकता है, तो मैं उस दिन की घटनाओं पर दोबारा सोचने या उन्हें बार-बार दोहराने का इरादा नहीं रखता – जब तक वे मुझे शांति और आभार की भावना ना दे रही हों। सोने से पहले अपने दिन के बारे में सोचना बिलकुल ग़लत नहीं है, अगर वह सोच आपके चेहरे पर मुस्कान लाए। लेकिन ऐसे विचारों से बचें, जो तनावपूर्ण घटनाओं को दोहराएँ, यह सोचने पर मजबूर करें कि उस दिन क्या ग़लत हुआ या भविष्य की चिंता में डाले, क्योंकि इस तरह के विचार आपकी गहरी और स्वास्थ्यप्रद नींद को नुक़सान पहुँचा सकते हैं।

इस जागरूकता के साथ, मैंने फ़ैसला किया कि जब रात में आराम करने का समय हो तो मुझे अपना मानसिक ''ऑफ़ बटन'' दबाना होगा।

मुझे या तो उन चीज़ों के बारे में सोचना बंद करना होगा, जो मुझे तनाव देती हैं (कहने में आसान, करने में मुश्किल) या उन प्रतिकूल विचारों को उन विचारों से बदलना होगा, जो मुझे शांत, प्रसन्न, कृतज्ञ या किसी अन्य सकारात्मक भाव में लाने में सहायता करें, जिससे मैं आनंदमय नींद की ओर सहज रूप से बढ़ सकूँ। ऐसा करने के लिए, मैंने तनावपूर्ण विचारों और भावनाओं को स्वीकार करने, अपनाने और फिर उन्हें छोड़ने की निम्नलिखित तीन आसान चरणों की प्रक्रिया अपनाई।

तनावपूर्ण भावनाओं को छोड़ने का पहला चरण यह स्वीकार करना है कि आप क्या महसूस कर रहे हैं और इसकी अनुमानित वजह क्या है।जब आप सोने की तैयारी कर रहे होते हैं, उस समय ख़ुद को तनावपूर्ण भावनात्मक स्थिति में बनाए रखना और उन चीज़ों पर ध्यान केंद्रित करना, जो आपकी तात्कालिक नियंत्रण क्षमता से बाहर हैं-विशेष रूप से सोने से ठीक पहले-ना तो उपयोगी है और ना ही यह आपको शांति का अनुभव करने देता है। हालाँकि किसी दर्दनाक भावना की अनदेखी करने, उसे दबाने या उससे बचने का प्रयास करना भी उतना ही अनुपयोगी है, क्योंकि यह उस भावना को संबोधित नहीं करता और आमतौर पर इसे भीतर ही भीतर बनाए रखता है।

किसी तनावपूर्ण भावना को वास्तव में छोड़ने के लिए, आपको उसे अपने अवचेतन से अपने सचेत मन में लाना होगा ताकि आप उसे स्वीकार कर सकें, उसे समझ सकें और फिर उसे जाने दे सकें। ऐसा करने के लिए, आप निम्नलिखित प्रक्रिया का पालन कर सकते हैं। शुरुआत में, धीरे-धीरे एक गहरी साँस लें और यह पहचानें व स्वीकार करें कि आप क्या महसूस कर रहे हैं और इसका कारण क्या है।

> मैं ____________ (अपनी आंतरिक अशांति के अनुमानित कारण को भरें)____________ (डर, चिंता, गुस्सा, तनाव, उदासी, हताशा या कोई अन्य नींद ख़राब करने वाली भावना) महसूस कर रहा/रही हूँ।

यहाँ कुछ उदाहरण दिए गए हैं:

- मैं अपनी वित्तीय स्थिति को लेकर डर महसूस कर रहा/रही हूँ।
- मैं इस बात को लेकर गुस्सा महसूस कर रहा/रही हूँ कि आज मेरे जीवनसाथी ने मेरे साथ कैसा व्यवहार किया।
- मैं अपनी स्वास्थ्य संबंधी चुनौतियों को लेकर उदासी महसूस कर रहा/रही हूँ।

जब आप यह स्वीकार करना और उसे पहचान देना शुरू करें कि आप क्या महसूस कर रहे हैं, तो अपने मन और तंत्रिका तंत्र को शांत करने के लिए धीमी, गहरी साँसें लें। धैर्य रखें, क्योंकि अपनी सच्ची भावनाओं को महसूस करने में आपको एक मिनट या उससे अधिक का समय लग सकता है। बिना किसी निर्णय के स्वीकृति की भावना से उन भावनाओं को स्वीकार करें, जिन्हें आप अनुभव कर रहे हैं। अपनी भावनाओं या स्वयं को अच्छा या बुरा कहने की कोई आवश्यकता नहीं है।

बस यह देखें कि आप क्या महसूस कर रहे हैं और यह भावना कहाँ से आ रही है, और हर साँस के साथ ख़ुद को सहज होने दें।

दूसरा क़दम यह याद रखना है कि आपका मुख्य उद्देश्य शांतिपूर्ण नींद के लिए अपने मन और शरीर को तैयार करना है–और जो कुछ भी आप महसूस कर रहे हैं, उसे पूरी तरह से स्वीकार करने और उसके साथ शांति बनाए रखने की अनुमति देना है। भले ही आपकी भावनाएँ अप्रिय हों, लेकिन उन भावनाओं का विरोध करने से आंतरिक अशांति बढ़ जाती है, क्योंकि वास्तविकता का विरोध करना भावनात्मक पीड़ा को स्थायी बनाए रखना है और यह ख़ुद को ग़लत ठहराने का एक तरीक़ा है। जब हम अपनी भावनाओं का विरोध करते हैं, तो ना केवल हमें बुरा महसूस होता है, बल्कि हमें इस बात का भी बुरा लगता है कि हम बुरा महसूस कर रहे हैं। इसके बजाय, ख़ुद को याद दिलाएँ कि आपको वैसा महसूस करने का पूरा अधिकार है जैसा आप कर रहे हैं, लेकिन अभी–सोने का समय–उन भावनाओं में डूबने और अनावश्यक तनाव को बढ़ाने का सही समय नहीं है। इस सकारात्मक पुष्टि को आज़माएँ :

हालाँकि मुझे वैसा महसूस करने का पूरा अधिकार है जैसा मैं कर रहा/रही हूँ, लेकिन अभी तनावपूर्ण स्थिति में डूबने का समय नहीं है। मेरा एकमात्र उद्देश्य अपने मन और शरीर को शांतिपूर्ण नींद के लिए तैयार करना है, इसलिए मैं अपने विचारों और भावनाओं को उसी उद्देश्य के अनुरूप रखूँगा/रखूँगी।

अपने प्रति दयालु रहें, जो कुछ भी आप महसूस कर रहे हैं, उसके साथ शांति बनाए रखें, और याद रखें कि अभी समय है अपने विचारों और भावनाओं को अपने मुख्य उद्देश्य के अनुरूप करने का : अपने मन और शरीर को एक आदर्श रात्रिकालीन नींद के लिए तैयार करना।

तीसरा और अंतिम क़दम है *स्वयं को यह अनुमति देना कि आप तनावपूर्ण विचारों को जाने दें और अच्छा महसूस करते हुए सो जाएँ।* केवल आप ही ख़ुद को यह अनुमति दे सकते हैं कि आप अपने तनावपूर्ण विचारों को छोड़ दें और शांति व कृतज्ञता की भावना के साथ नींद के मंद प्रवाह में ख़ुद को बह जाने दें। इस सकारात्मक पुष्टि को आज़माएँ :

मैं ख़ुद को अनुमति देता/देती हूँ कि मैं किसी भी तनावपूर्ण विचार और भावना को छोड़ दूँ, और इसके बजाय, मैं शांति को चुनता/चुनती हूँ और उन चीज़ों पर ध्यान केंद्रित करता/करती हूँ, जिनके लिए मैं आभारी हूँ, ताकि मैं आनंदमय अनुभव के साथ नींद ले सकूँ।

अगर ख़ुद को यह अनुमति देना – कि आप अपने तनावपूर्ण विचारों को छोड़ सकें और अच्छा महसूस करते हुए नींद में जा सकें – कुछ ऐसा है, जो आपने लंबे समय से ख़ुद को नहीं दिया है, तो शुरुआत में यह अजीब लग सकता है। अगर नींद में जाते समय आनंदमय महसूस करने का विचार आपको असंभव लगे, तो समझें कि ऐसा सिर्फ़ इसलिए हो सकता है, क्योंकि आपने ऐसा करना अभी तक शुरू नहीं किया है। लेकिन आप बिल्कुल ऐसा कर सकते हैं। याद रखें, यह इस बात पर निर्भर नहीं करता

कि आपके बाहर क्या हो रहा है, बल्कि इस पर कि आपके भीतर क्या चल रहा है – यही तय करता है कि आप कैसा महसूस करते हैं। इस प्रक्रिया पर टिके रहें, जब तक कि यह आपकी आदत नहीं बन जाए।

आवश्यक हो तो प्राकृतिक नींद सहायक का उपयोग करें

अगर आपको सोने में कठिनाई होती है या नींद पूरी नहीं हो पाती, तो मैं यह साझा किए बिना नहीं रह सकता कि मैंने कौन से नींद संबंधी सप्लीमेंट्स का उपयोग किया, जिन्होंने मुझे उस कष्टदायक छह महीने की अवधि से उबरने में मदद की, जब मैं लंबे समय से अनिद्रा और नींद की कमी से पीड़ित था।

मैंने प्राकृतिक उपायों और समाधान की खोज शुरू की। मैंने विभिन्न प्रकार के नींद सहायक सप्लीमेंट्स को आज़माना शुरू किया, प्रत्येक घटक पर ध्यान दिया और ऐसे विकल्प खोजे जो कृत्रिम पदार्थों से मुक्त हों तथा जहाँ तक संभव हो, वे पौधों पर आधारित और जैविक हों। अंततः मैंने डॉ. माइकल ब्रेयस को फ़ोन किया और उनसे विशेषज्ञ सलाह माँगी। माइकल एक नैदानिक मनोवैज्ञानिक और नींद चिकित्सा विशेषज्ञ थे, जिन्हें ''स्लीप डॉक्टर'' के नाम से जाना जाता था। उन्होंने मुझसे मेरे आहार, दवाओं और पोषक आहार के विषय में कई सवाल पूछे, फिर अपनी सिफ़ारिशें दीं। मैंने तुरंत उन सभी सीखों को अपने जीवन में लागू करना शुरू कर दिया।

कुछ ही हफ़्तों में, मैं हर रात केवल दो से चार घंटे की असहनीय नींद से उबरकर छह से सात घंटे की स्वस्थ नींद लेने लगा और सुबह तरोताज़ा महसूस करने लगा। विभिन्न नींद सहायक सप्लीमेंट्स की खोज और परीक्षण के बाद, अंततः मैंने जो तरीक़ा अपनाया, वह यह था :

सोने से 90 मिनट पहले...

- 450mg ऑर्गेनिक वेलेरियन रूट (ब्रांड : हर्बल रूट्स, उपलब्ध है Amazon.com पर)
- 300mg मैग्नीशियम ग्लीसिनेट (ब्रांड : ऑर्गेनिफ़ाई। नोट : ऑर्गेनिफ़ाई मेरे पॉडकास्ट के प्रायोजकों में से एक है, इसलिए आप organifi.com/tmm पर 20% छूट प्राप्त कर सकते हैं)

सोने से 45 मिनट पहले...

- CBN नाइट कैप्स (ब्रांड : क्योर्ड न्यूट्रिशन, जो मेरे पॉडकास्ट प्रायोजकों में से एक है, इसलिए आप www.curednutrition.com/tmm पर 20% छूट प्राप्त कर सकते हैं)

सोने से 30 मिनट पहले...

- 3mg मेलाटोनिन (ब्रांड : हर्बाटोनिन, उपलब्ध है Amazon.com पर)

जब से मैंने दो साल पहले अपने मिरेकल ईवनिंग का हिस्सा बनाते हुए इस सप्लीमेंट रूटीन को अपनाया है, तब से मैं हर रात औसतन सात घंटे की गुणवत्ता वाली नींद ले रहा हूँ। मैंने इन सप्लीमेंट्स को उन दोस्तों को भी उपहार में दिया, जो नींद की समस्या से जूझ रहे थे, और लगभग हर किसी के लिए इसके परिणाम सकारात्मक रहे। हालाँकि, हर शरीर अलग होता है, इसलिए प्राकृतिक जड़ी-बूटियाँ और सप्लीमेंट्स भी कुछ चिकित्सा स्थितियों वाले व्यक्तियों के लिए असुरक्षित हो सकते हैं या अवांछित दुष्प्रभाव पैदा कर सकते हैं। कुछ महीनों तक अश्वगंधा लेने के बाद मुझे पता चला कि मुझे इससे एलर्जी है और यह मेरी चिंता और अनिद्रा का कारण बन रहा था। इसलिए, कोई भी सप्लीमेंट लेने से पहले हमेशा किसी विश्वसनीय चिकित्सा विशेषज्ञ से परामर्श करना चाहिए।

इसके अलावा, स्पष्ट कर दूँ कि केवल नींद के सप्लीमेंट्स ने मेरी अनिद्रा को ठीक नहीं किया। ये बस मेरी पूरी प्रक्रिया का एक हिस्सा थे। यदि मैं सोने से बहुत क़रीब समय पर भोजन करना जारी रखता या सोते समय तनावपूर्ण विचारों में खोया रहता, तो मुझे नहीं लगता कि सप्लीमेंट्स का कोई ख़ास प्रभाव पड़ता। नींद संबंधी सप्लीमेंट्स आपके लिए ज़रूरी ना भी हों, लेकिन यदि हों, तो आपके लिए ये प्राकृतिक सप्लीमेंट्स जीवनरक्षक हो सकते हैं।

अपने अगले दिन की योजना बनाएँ

सोने से पहले, यह सुनिश्चित करें कि आपके दिमाग़ से कल करने वाले सभी

कार्य बाहर निकल जाएँ। चाहे आप डिजिटल कैलेंडर का उपयोग करें या एक डायरी या प्लानर में अपने कार्यों को लिखें, जो आपकी बेडसाइड टेबल पर हो, अपने पूरे शेड्यूल को घंटे-दर-घंटे (फ्री टाइम सहित) व्यवस्थित करें। एक विकल्प यह भी हो सकता है कि आप यह योजना दिन का काम ख़त्म होने के बाद ही बना लें, ताकि सोने से पहले आपको इसके बारे में सोचना नहीं पड़े। किसी भी तरह से, अगले दिन के कार्यों को लिख लेने से आपका मन हल्का होता है और तनाव कम हो जाता है। जीनो विकमैन ने अपनी किताब *एन्त्रप्रेन्योरियल लीप* में इस बारे में बताया है :

> हर रात सोने से पहले, मैं अपनी पूरी अगली दिनचर्या को एक लीगल पैड पर लिखता हूँ। मैं लीगल पैड का उपयोग इसलिए करता हूँ, क्योंकि मैं हाथ से लिखने की शक्ति में विश्वास करता हूँ। मैं उन सभी कॉल्स, मीटिंग्स और प्रोजेक्ट्स को समय के अनुसार सूचीबद्ध करता हूँ, जिन्हें पूरा करना है।
>
> यदि आप ऐसा करेंगे, तो आपको बेहतर नींद आएगी। आप नए विचारों के साथ जागेंगे और अधिक रचनात्मक महसूस करेंगे। आपको उन समस्याओं और परियोजनाओं के समाधान मिलेंगे जिन पर आपको अगले दिन काम करना है। इसका कारण यह है कि आपकी अवचेतन बुद्धि रातभर सोते समय इन पर काम करती रहती है।

व्यक्तिगत रूप से, मैं अपनी कार्यसूची के लिए फ़ैन्टैस्टिकल नामक एक डिजिटल कैलेंडर ऐप का उपयोग करता हूँ, जो गूगल कैलेंडर के समान है। मैं डिजिटल कैलेंडर को इसलिए पसंद करता हूँ, क्योंकि मेरे अधिकांश दैनिक कार्य नियमित होते हैं, जैसे मिरेकल मॉर्निंग/S.A.V.E.R.S. (4 से 5 बजे), लेखन (5 से 6 बजे), शीर्ष प्राथमिकता कार्य (6 से 7 बजे), परिवार के साथ समय + स्मूदी (7 से 8 बजे), वर्कआउट + कार्य दिवस की तैयारी (8 से 9 बजे), ईमेल (9 से 10 बजे) आदि। इन सभी के समय पहले से ही निर्धारित होते हैं, और मुझे सोने से पहले अपनी कार्यसूची के बारे में अधिक सोचने की ज़रूरत नहीं होती। अपनी कार्यसूची को लिखकर रखने से, चाहे वह काग़ज़ पर हो या डिजिटल रूप में, आपको यह विश्वास

रहता है कि आपने अगले दिन के सभी महत्त्वपूर्ण कार्यों के लिए समय निर्धारित कर लिया है। जब अगले दिन की ज़िम्मेदारियाँ लिखित रूप में होती हैं, तो आपको उनके बारे में सोचना नहीं पड़ता, और आप शांति से सोने के अपने लक्ष्य पर ध्यान केंद्रित कर सकते हैं।

सोने से पहले ब्लू लाइट का बहिष्कार करें

यदि आपको रात में सोने में परेशानी होती है, तो इसकी वजह आपका इलेक्ट्रॉनिक्स का उपयोग हो सकता है। स्मार्टफ़ोन, टैबलेट, कंप्यूटर और टेलीविज़न सभी ब्लू लाइट उत्सर्जित करते हैं। हाई-एनर्जी विज़िबल (HEV) लाइट के रूप में जानी जाने वाली यह नीली रोशनी अधिक मात्रा में ऊर्जा उत्पन्न करती है और ध्यान व सतर्कता को बढ़ाती है। यह आपके शरीर में मेलाटोनिन (वह हार्मोन जो आपको नींद का अहसास कराता है) के उत्पादन को भी सीमित कर देती है। इसलिए, यदि आपको सोने से ठीक पहले फोन देखने या टीवी देखने की आदत है, तो यह आपकी नींद की गुणवत्ता को प्रभावित कर सकता है।

ब्लू लाइट एक्सपोज़र को कम या समाप्त करने के कुछ सुझाव :

- **सोने से 30 से 60 मिनट पहले इलेक्ट्रॉनिक उपकरण देखना बंद करें :** हालाँकि, सोने से 2-3 घंटे पहले ब्लू लाइट से बचना सबसे अच्छा है, लेकिन 30 से 60 मिनट से शुरुआत करें। इसके लिए आप फ़ोन में एक रिमाइंडर सेट कर सकते हैं, जो आपको याद दिलाए कि अब फ़ोन नहीं देखना (हाँ, यह थोड़ा विडंबनापूर्ण है!)।
- **अपने बेडरूम को जितना संभव हो उतना अंधेरा रखें :** सोने से 30 मिनट पहले रोशनी मद्धिम करें। आप लाल रंग के बल्ब का उपयोग भी कर सकते हैं, क्योंकि लाल रोशनी की तरंगें सर्केडियन रिदम को प्रभावित करने और मेलाटोनिन के उत्पादन को बाधित करने की संभावना कम करती हैं। मैं अपने बेडसाइड लैंप में रेड बल्ब का उपयोग करता हूँ।
- **फ़ोन को कमरे के दूसरी तरफ़ चार्जिंग पर लगाएँ :** हमने इस टिप पर पहले "स्नूज़ बटन पर जीत पाने की 5-चरणीय

रणनीति'' में चर्चा की थी, लेकिन इसे यहाँ फिर से दोहराना ज़रूरी है। फ़ोन की स्क्रीन से निकलने वाली ब्लू लाइट के अलावा, इसका कंटेंट भी आपको सतर्क बनाए रख सकता है, जब आपको वास्तव में रिलैक्स होने की ज़रूरत होती है। यदि आपको सोने से पहले फ़ोन देखने की आदत है और इसे छोड़ना मुश्किल लगता है, तो फ़ोन को कमरे के दूसरी तरफ़ या बाथरूम में रख दें। इससे आप इसे सोते समय बेवजह देखने से बचेंगे। और याद रखें, सुबह अलार्म को बंद करने के लिए बिस्तर से उठना ज़रूरी होगा, जिससे जगने के बाद दुबारा सोने की संभावना कम हो जाएगी।

रात्रिकालीन सकारात्मक पुष्टियों के साथ आनंदमय अवस्था में प्रवेश करें

तनावपूर्ण विचारों और भावनाओं को छोड़ना काफ़ी आसान हो सकता है, जब आप उनकी जगह शांत, सुकून देने वाले और सशक्त विचारों और भावनाओं को अपना लेते हैं। शांतिपूर्ण सोच को बढ़ावा देने के लिए, मैं निम्नलिखित सोने से पहले के पुष्टि वाक्यों का उपयोग करता हूँ। मैं इन्हें गहरी और धीमी साँसें लेते हुए अपने मन में दोहराता हूँ, जब तक कि मैं सो नहीं जाता। मैं आपको आमंत्रित करता हूँ कि आप प्रत्येक वाक्य को पढ़ने के बाद कुछ क्षण रुकें, एक गहरी साँस लें, संभव हो तो अपनी आँखें बंद करें, और पूरी तरह से उस भावना को महसूस करें, जिसे आप स्वीकार कर रहे हैं।

उस दिन जो कुछ भी हुआ उसे स्वीकार करने के लिए, किसी भी आंतरिक विरोध को त्यागने के लिए और पूर्ण शांति प्राप्त करने के लिए, यह पुष्टि वाक्य आज़माएँ :

> अभी अपनी समस्याओं के बारे में चिंता करने या उन्हें हल करने का समय नहीं है। मेरा एकमात्र उद्देश्य अपने मन और शरीर को आरामदायक और स्फूर्तिदायक नींद के लिए शांत करना है।

इस क्षण की पूर्णता में पूरी तरह से उपस्थित रहने के लिए, इस पुष्टि वाक्य को आज़माएँ :

यह क्षण पूर्ण है। मैं सुरक्षित हूँ, और मैं अपने बिस्तर में आरामदायक स्थिति में हूँ। मुझे किसी बात की चिंता नहीं है।

कृतज्ञता को व्यक्त करने, अनुभव करने और आत्मसात करने के लिए, इस पुष्टि को आज़माएँ :

मैं____________________ के लिए आभारी हूँ या

भगवान, ______________ के लिए आपका धन्यवाद

यदि आपको सोने से पहले तनावपूर्ण विचार सोचने की आदत है, तो यह स्वीकार करें कि उन्हें शांतिपूर्ण और कृतज्ञ विचारों से बदलने के लिए एक सचेत प्रतिबद्धता की आवश्यकता होगी। हमारा सोचने का तरीक़ा आदतन और अधिकांशतः अवचेतन होता है, इसलिए आपका अवचेतन नए विचारों का विरोध कर सकता है और पुराने विचारों पर वापस लौटना चाह सकता है (यह सामान्य और अपेक्षित है)। लिखित पुष्टि कथन रखना आपके विचारों पर नियंत्रण पाने और उन विचारों को चुनने के सबसे सरल और प्रभावी तरीक़ों में से एक हो सकता है, जो आपके लिए सर्वोत्तम हैं।

नीचे मेरे सोने से पहले के व्यक्तिगत पुष्टि वाक्यों का एक विस्तृत संस्करण दिया गया है, जिसे मैंने इस पुस्तक को लिखने के बारे में सोचने से बहुत पहले बनाया था। मैंने इन्हें प्रिंट करके अपनी बेडसाइड टेबल पर रखा और हर रात सोने से ठीक पहले पढ़ा। ऐसा करने से मुझे अपने मुख्य उद्देश्य–अपने मन और शरीर को आराम देकर सुखद नींद के लिए तैयार करने–की याद दिलाने में मदद मिली। बेशक, इन्हें इस पुस्तक के लिए और विस्तारित और अद्यतन किया गया है।

मिरेकल ईवनिंग– सोने का समय की पुष्टियाँ

मैं अपने मन और शरीर को आनंदमय नींद के लिए तैयार करने और ऊर्जावान एवं उत्साहित महसूस करने के इरादे से जागने के लिए हर रात सोने से पहले अपने सकारात्मक पुष्टि वाक्य पढ़ने के लिए प्रतिबद्ध हूँ!

पहला : मैंने कल के लिए आवश्यक सभी कार्य पूरे कर लिए हैं, जिनमें मेरी मिरेकल मॉर्निंग के लिए आवश्यक चीज़ें (किताब, डायरी, वर्कआउट के कपड़े, पानी आदि) तैयार करना शामिल है। मैंने अपनी अलार्म घड़ी को भी कमरे के दूसरी ओर रख दिया है, ताकि इसे बंद करने के लिए मुझे बिस्तर से उठना पड़े, क्योंकि एक बार जब मैं उठ जाता हूँ और अपना शरीर हिलाने लगता हूँ, तो जागे रहना बहुत आसान हो जाता है।

दूसरा : मैं रात — बजे सोने जा रहा हूँ और सुबह — बजे जागूँगा, जिससे मुझे लगभग — घंटे की नींद मिलेगी। यह पर्याप्त है, क्योंकि मैं जानता हूँ कि जब मैं जागता हूँ तो मेरी भावनाएँ मेरे द्वारा अभी तय किए गए उद्देश्य से प्रभावित होती हैं। इसलिए, चाहे मुझे सोने में कितना भी समय लगे, मैं ऊर्जावान, उत्साहित और प्रेरित होकर जागूँगा ताकि मैं अपने जीवन को जितना असाधारण बना सकता हूँ, बना सकूँ, क्योंकि मैं और मेरे प्रियजन इससे कम के हक़दार नहीं हैं!

तीसरा : मैं कल अपनी चमत्कारी सुबह के लिए समय पर जागने के लिए प्रतिबद्ध हूँ, क्योंकि ऐसा करके मैं वह व्यक्ति बन रहा हूँ जो अपने जीवन में वह सब कुछ बनाने के लिए आवश्यक है जो मैं चाहता हूँ। मैं सकारात्मक अपेक्षाओं और उत्साह (!) के साथ सुबह की प्रतीक्षा कर रहा हूँ, क्योंकि मैं पूरी तरह से उन लाभों से अवगत हूँ, जो मुझे अपनी सुबह को S.A.V.E.R.S. के साथ शुरू करने से मिलेंगे, इसलिए मैं ऊर्जा और जोश के साथ बिस्तर छोड़ दूँगा!

चौथा : मेरा एकमात्र उद्देश्य इस समय अपने मन और शरीर को आनंदमय नींद के लिए तैयार करना है। इसलिए, मैं स्वयं को सभी तनावपूर्ण विचारों को छोड़ने की अनुमति देता हूँ। अब चिंता करने या अपनी समस्याओं को हल करने का समय नहीं है। यह क्षण पूर्ण है। मैं सुरक्षित हूँ। मैं अपने बिस्तर में आरामदायक स्थिति में हूँ। मुझे किसी बात की चिंता नहीं है। यदि मेरे मन में कोई विचार आता है, तो मैं अपना ध्यान किसी ऐसी चीज़ की ओर केंद्रित करूँगा जिसके लिए मैं आभारी हूँ और कृतज्ञता की एक शांत भावना का अनुभव करूँगा, जिससे मैं एक शांत मानसिक और भावनात्मक स्थिति में रह सकूँ, जो आनंदमय नींद को बढ़ावा दे।

मैं अक्सर मिरेकल मॉर्निंग समुदाय के सदस्यों को यह साझा करते हुए देखता हूँ कि ये सोने से पहले की पुष्टियाँ उनके लिए सुबह प्रभावी ढंग से जागने में कितनी सहायक रही हैं। मिरेकल मॉर्निंग समुदाय के एक सदस्य ने बताया कि उन्होंने इन्हें लगातार 48 दिनों तक हर रात पढ़ा और एक दिन भी मिरेकल मॉर्निंग नहीं छोड़ी। फिर, जिस रात वह पहली बार अपने सोने से पहले वाले पुष्टि वाक्य नहीं पढ़ सका, अगली सुबह वह अलार्म के बावजूद सोता ही रह गया।

यदि आप चाहें तो इन पुष्टि वाक्यों की एक प्रति प्रिंट करके अपने बिस्तर के पास रख सकते हैं, ताकि हर रात इन्हें पढ़ने की आदत को याद रखना आसान हो। आप इन्हें MiracleMorning.com/resources से डाउनलोड कर सकते हैं।

ऐसी पुस्तक पढ़ें जो आपको अच्छा महसूस कराए

जैसा कि मैंने पहले कहा, पढ़ना ज्ञान प्राप्त करने और अपने दिन (या इस मामले में, रात) के लिए सही वातावरण बनाने का सबसे त्वरित और निश्चित तरीक़ा है। मैंने यह भी उल्लेख किया था कि सोने से पहले सकारात्मक विचारों का महत्त्व क्या है। तो, सोचिए क्या? पढ़ना इसमें हमारी मदद कर सकता है।

ऐसा उपन्यास चुनें जो हमेशा आपके चेहरे पर मुस्कान लाए, कोई किताब जो ख़ुशी के बारे में हो, या कुछ भी जो आपको अच्छा महसूस कराए और आपके मन को शांति दे। व्यक्तिगत रूप से, मैं बिस्तर में जाता हूँ, अपने फ़ोन को एयरप्लेन मोड पर रखता हूँ, अपनी वाइट नॉइज़ मशीन चालू करता हूँ, और अपने नाइटस्टैंड की दराज में रखी अपने पुस्तक संग्रह की एक पुस्तक निकालता हूँ। सोने से पहले 10 से 20 मिनट तक पढ़ना मेरी आँखें बंद करने से पहले मुझे सकारात्मक मानसिक अवस्था में लाने में मदद करता है। ऐसा करने के लिए, मैं दो बहुत विशिष्ट मानदंडों का पालन करता हूँ :

- यह एक ऐसी पुस्तक होनी चाहिए जो मुझे अच्छा, आभारी और/या शांत महसूस कराए, ताकि यह मेरे मन को आनंदमय नींद के लिए तैयार करने में योगदान दे।
- यह लगभग हमेशा कोई ऐसी किताब होती है, जिसे मैंने पहले ही पढ़ा होता है और जिसमें मैंने उन हिस्सों को रेखांकित किया होता है जिन्हें मैं दोबारा पढ़ना चाहता हूँ, ताकि मुझे कुछ नया समझने या सीखने में कोई अतिरिक्त ऊर्जा ख़र्च नहीं करनी पड़े।

हालाँकि पहले से पढ़ी हुई किताबें चुनना आवश्यक नहीं है, लेकिन यह तरीक़ा मानसिक रूप से कम प्रयास मांगता है। यह मेरी मिरेकल मॉर्निंग के दौरान पढ़ी जाने वाली किताबों से बहुत अलग है, जब मैं आमतौर पर कुछ नया चुनता हूँ, जो मुझे अपने जीवन के किसी विशेष क्षेत्र में सुधार करने या कोई विशिष्ट परिणाम हासिल करने के बारे में सिखाता है, और जिसके लिए अधिक मानसिक प्रयास की आवश्यकता होती है।

पढ़ने के बाद, मैं उन चीज़ों के बारे में सोचने के लिए तैयार हो जाता हूँ, जिनके लिए मैं आभारी हूँ, ध्यान लगाने के लिए या कोई मंत्र दोहराने के लिए, जब तक कि मैं नींद में नहीं डूब जाऊँ।

बच्चे की तरह सोएँ

यह अंतिम चरण जितना व्यावहारिक है, उतना ही दार्शनिक और आध्यात्मिक भी है। सोचिए कि जब आप इस दुनिया में आए थे, तो आप शुद्ध,

अप्रभावित चेतना की अवस्था में जन्मे थे-बिना किसी चिंता, पछतावे, राय, निर्णय, अपेक्षाओं, असुरक्षाओं, भय या उन विश्वास प्रणालियों के, जो अन्य लोगों ने आप पर थोप दी थीं और आपको बताया था कि आपको कैसे सोचना, महसूस करना और व्यवहार करना चाहिए। आपको असफलता का डर नहीं था, समस्याओं को लेकर तनाव नहीं था, और ना ही इस बात की चिंता थी कि दूसरे आपके बारे में क्या सोचते हैं। आपका मन समाज द्वारा गढ़े गए मानदंडों, मापदंडों और नियमों से अभी तक प्रोग्राम नहीं हुआ था। ना तो आपके मन में दूसरों के प्रति कोई नकारात्मक विचार थे और ना ही अपने प्रति। और निश्चित रूप से, आप रात में जागकर अतीत के बारे में विचार नहीं कर रहे थे या भविष्य की चिंता में डूबे नहीं थे।

बिना किसी प्रयास के, आनंद आपकी स्वाभाविक अवस्था थी, जिसे केवल कभी-कभी होने वाली शारीरिक असुविधाएँ, जैसे भूख या नींद की कमी, बाधित करती थीं। जैसे ही आपको भोजन मिल जाता या आप झपकी ले लेते, आप फिर से मुस्कुराने, हँसने और चीज़ों को देखने में मग्न हो जाते। यही कारण है कि शिशुओं को अक्सर ''बंडल्स ऑफ़ जॉय'' कहा जाता है। आनंद हमारी प्राकृतिक, जन्मजात अवस्था है। लेकिन जैसे-जैसे आप बड़े हुए, सब कुछ बदल गया। आपकी आंतरिक स्वतंत्रता और स्वाभाविक आनंद धीरे-धीरे बाहरी प्रभावों से प्रभावित होते गए। बचपन में, हमें हमारे माता-पिता और समाज द्वारा यह सिखाया जाता है कि आनंद और ख़ुशी हमारे भीतर नहीं, बल्कि बाहरी चीज़ों में मिलती है-एक कार्टून, एक खिलौना, भोजन, प्रशंसा, उपलब्धियाँ। हालाँकि इनमें से कोई भी चीज़ हमें सच्चा, स्थायी आनंद और ख़ुशी नहीं देती। ये बाहरी उत्तेजनाएँ केवल क्षणिक सुख और भावनात्मक ऊँचाइयाँ उत्पन्न करती हैं, जो जल्द ही समाप्त हो जाती हैं और फिर किसी नई उत्तेजना से बदलनी पड़ती हैं।

अब समय आ गया है कि आप अपनी जन्मजात आंतरिक स्वतंत्रता को पुनः प्राप्त करें, और सोने का समय इसे शुरू करने का सबसे अच्छा अवसर है। अपने मानसिक और भावनात्मक स्वास्थ्य पर नियंत्रण पाने के लिए। आपको रात में जागकर अतीत के बारे में सोचने या भविष्य की चिंता करने की आवश्यकता नहीं है। बेशक, आप ऐसा कर सकते हैं यदि आप चाहें, लेकिन यह पूरी तरह से आप पर निर्भर है।

याद रखें, वह अहसास (और उसके परिणामस्वरूप लिया गया निर्णय), जिसने मुझे लगातार अनिद्रा, नींद की कमी, गंभीर चिंता और अवसाद से निकालकर बच्चे की तरह सोने में मदद की, यह था : *सोते समय मेरा एकमात्र उद्देश्य अपने मन और शरीर को आनंदमय नींद के लिए तैयार करना है।* बस इतना ही। और कुछ नहीं।

यह व्यवहार में कैसा दिखता है? मैं S.L.U.M.B.E.R.S. में बताए गए प्रत्येक चरण को लागू करता हूँ। और जब मैं सोने के लिए लेटता हूँ, तो कुछ मिनट उन चीज़ों के बारे में सोचने में बिताता हूँ, जिनके लिए मैं आभारी हूँ और ख़ुद को कृतज्ञता की भावना में डूबने देता हूँ। व्यक्तिगत रूप से, मुझे यह उपयोगी लगता है कि मैं अपनी कृतज्ञता को भगवान की ओर निर्देशित करूँ, जैसे कि *भगवान, मेरी पत्नी उर्सुला के लिए आपका बहुत-बहुत धन्यवाद। मैं बहुत धन्य हूँ कि वह मेरे जीवन में हैं।* फिर, मैं धीरे-धीरे और गहराई से साँस लेता हूँ, उर्सुला के बारे में सोचता हूँ, और ख़ुद को एक संपूर्ण कृतज्ञता की अवस्था में रहने का उपहार देता हूँ। इसके बाद, मैं अपने जीवन के अन्य पहलुओं के बारे में सोचता हूँ जिनके लिए मैं आभारी हूँ, जैसे मेरे बच्चे, मेरी सेहत, हमारा घर, मेरा आरामदायक बिस्तर आदि।

कभी-कभी, अगर मेरा दिन अच्छा रहा होता है, तो मैं दिन की घटनाओं को दोहराता हूँ-जैसे कि भगवान, धन्यवाद और इस बात के लिए आभार महसूस करता हूँ कि मुझे अपने बेटे के साथ बोर्ड गेम खेलने का मौक़ा मिला, अपनी बेटी के साथ सार्थक बातचीत हुई, काम में प्रगति हुई, और मेरी पत्नी ने हमारे परिवार के लिए जो भोजन बनाया, उसका आनंद मिला।

आमतौर पर, यह प्रक्रिया मुझे नींद में ले जाती है। लेकिन अगर कभी ऐसा नहीं होता, तो मैं अपनी साँसों और जिन चीज़ों के लिए मैं आभारी हूँ, उन पर ध्यान केंद्रित करता हूँ, साथ ही शांतिदायक पुष्टि कथन दोहराता हूँ, जब तक कि मैं अंततः कृतज्ञता और शांति की भावना के साथ सो ना जाऊँ।

अपने ध्यान को उन चीज़ों पर केंद्रित करके जिनके लिए आप आभारी हैं, आप सोने से पहले एक शांत और संतोषजनक अवस्था में प्रवेश कर

सकते हैं और अपने अवचेतन मन को ख़ुशहाल विचारों की एक पूरी रात का उपहार दे सकते हैं।

शुरुआत में इन तरीक़ों का अभ्यास करना ज़रूरी नहीं कि आसान हो, और आपको भी ऐसा मानकर नहीं चलना चाहिए। यदि आप सचेत रूप से उन चीज़ों पर ध्यान केंद्रित करने और उनके लिए आभार महसूस करने के आदी नहीं हैं, तो यह शुरुआत में अजीब या अवास्तविक लग सकता है। फिर से याद रखें कि हमारे विचारों के पैटर्न ज़्यादातर अवचेतन और स्वचालित होते हैं, इसलिए अपनी सोच को विकसित करने में जागरूक प्रयास और समय लगता है। रात को सोने से पहले सकारात्मक पुष्टियाँ दोहराना, जो आपको सही चीज़ों पर ध्यान केंद्रित करने की याद दिलाते हैं, निश्चित रूप से मदद करता है। समय के साथ, मेरे लिए सोने से पहले सकारात्मक विचार सोचना और ख़ुद को आरामदायक नींद के लिए तैयार करना आसान होता गया, जब तक कि यह पूरी तरह से स्वचालित और स्वाभाविक नहीं हो गया। इससे पहले कि मैं यह जान पाता, मैं हर रात तनाव महसूस करते हुए जागते रहने से लेकर वास्तव में आभारी और शांति महसूस करते हुए सोने तक पहुँच गया। और ना केवल मैं इसी भावना के साथ सोता था, बल्कि मैं उसी भावना के साथ जागता भी था!

नींद हमारे मन और शरीर को दिया गया सबसे फ़ायदेमंद उपहारों में से एक है, और S.L.U.M.B.E.R.S. के साथ, आप इस उपहार का अधिकतम लाभ उठाने के लिए पूरी तरह तैयार हैं।

अपनी स्वयं की मिरेकल ईवनिंग को अनुकूलित करें

जिस तरह S.A.V.E.R.S. को आपकी दिनचर्या और पसंद के अनुसार समायोजित किया जा सकता है, उसी तरह आपकी मिरेकल ईवनिंग दिनचर्या भी आपके कार्यक्रम और आवश्यकताओं के अनुरूप ढाली जा सकती है। यह पुस्तक जहाँ मिरेकल मॉर्निंग की आदत स्थापित करने के बारे में है, वहीं यह अध्याय मिरेकल ईवनिंग की आदत की रूपरेखा बनाने पर केंद्रित है। आप S.L.U.M.B.E.R.S. में बताए गए सभी चरणों को लागू कर सकते हैं, केवल उन चरणों को चुन सकते हैं जो आपके साथ मेल खाते हैं, या

फिर ख़ुद से एक नई दिनचर्या बना सकते हैं। महत्त्वपूर्ण यह नहीं है कि आप कौन-सा तरीक़ा अपनाते हैं, बल्कि यह है कि आप किसी न किसी प्रकार की रात की दिनचर्या को अपनाएँ, जो आपके मन और शरीर को शांति और विश्राम प्रदान करे, ताकि आप गहरी और आरामदायक नींद ले सकें और सुबह ऊर्जावान और तरोताज़ा महसूस करें।

सरलता बनाए रखने के लिए निश्चित रूप से कुछ कहा जा सकता है। उदाहरण के लिए, आप बस सोने से कुछ घंटे पहले खाना बंद करने और सोते समय उन चीज़ों के बारे में सोचने का निर्णय ले सकते हैं जिनके लिए आप आभारी हैं। यही दो चीज़ें आपको शांत होने और अच्छी नींद लेने के लिए पर्याप्त हो सकती हैं। मिरेकल ईवनिंग दिनचर्या तय करते समय निम्नलिखित आवश्यक लक्ष्यों को ध्यान में रखना मददगार होगा :

- तनावपूर्ण विचारों और भावनाओं को छोड़ दें ताकि आप शांत और आरामदायक महसूस करते हुए सोने जा सकें।
- अपने आंतरिक और बाहरी वातावरण को व्यवस्थित करें, ताकि आप तरोताज़ा और ऊर्जावान महसूस करते हुए जाग सकें।
- कृतज्ञता और शांति की भावना के साथ नींद में बह जाएँ।

कुछ अन्य रणनीतियों पर भी विचार किया जा सकता है, जैसे कि आँखों पर पट्टी (आई मास्क) और कान बंद करने के लिए ईयरप्लग का उपयोग, जिससे रोशनी या शोर से नींद बाधित नहीं हो।

इसके अलावा, कुछ लोगों के लिए वाइट नॉइज़ या ब्राउन नॉइज़ का उपयोग भी फ़ायदेमंद हो सकता है। व्यक्तिगत रूप से, मैं ईयरप्लग और एक वाइट नॉइज़ ऐप का उपयोग करता हूँ, जो कमरे के दूसरी ओर से चलता है, जबकि मेरा फ़ोन एयरप्लेन मोड में रहता है। इससे अनपेक्षित शोर को दबाने में मदद मिलती है, जो अन्यथा मेरी नींद में बाधा डाल सकता है।

मिरेकल ईवनिंग पर अंतिम विचार

अब आपके पास अपनी आदर्श मिरेकल ईवनिंग दिनचर्या बनाने के लिए आवश्यक आधार तैयार है, जो आपकी मिरेकल मॉर्निंग का पूरक होगा।

याद रखें कि नई दिनचर्या बनाए रखना शुरू में एक प्रतिबद्धता की माँग करता है, लेकिन यह कुछ ही हफ़्तों में स्वचालित और आसान बन सकता है। इसलिए, इस प्रक्रिया पर भरोसा रखें और याद रखें कि इससे आपको मिलने वाले लाभ महत्त्वपूर्ण हैं, और यह हर बार पहले से आसान होता जाएगा।

याद रखें कि आप अपने दिन को कैसे समाप्त करते हैं, यह उतना ही महत्त्वपूर्ण हो सकता है, जितना कि आप इसे कैसे शुरू करते हैं। जहाँ आपकी मिरेकल मॉर्निंग आपको मानसिक, भावनात्मक, शारीरिक और आध्यात्मिक रूप से सर्वोच्च अवस्था में प्रत्येक दिन की शुरुआत करने में मदद करती है, वहीं आपकी मिरेकल ईवनिंग दिनचर्या आपको आभार और शांति के साथ दिन समाप्त करने में मदद करती है, ताकि आप शांतिपूर्ण नींद में प्रवेश कर सकें और सुबह सकारात्मक ऊर्जा के साथ जाग सकें।

मैं अपने अनुभव से कह सकता हूँ कि चाहे अभी आपको तनावपूर्ण विचारों को छोड़ने और अच्छी नींद लेने में कितनी भी कठिनाई हो रही हो, यदि आप मिरेकल ईवनिंग दिनचर्या को अपनाते हैं, तो यह आपके लिए उतनी ही परिवर्तनकारी हो सकती है, जितनी यह मेरे लिए रही है। आप इस शांति और कृतज्ञता की भावना के साथ सोने के योग्य हैं, और केवल आप ही स्वयं को यह उपहार दे सकते हैं। आज ही S.L.U.M.B.E.R.S. को अपनाएँ, और आरामदायक, तरोताज़ा और ऊर्जावान महसूस करते हुए जागें, पूरी तरह तैयार अपनी मिरेकल मॉर्निंग को अपनाने के लिए–ताकि आप हर दिन अपने सर्वश्रेष्ठ रूप में उपस्थित हो सकें, उन लोगों के लिए जिनसे आप प्रेम करते हैं, जिनका आप नेतृत्व करते हैं, और स्वयं अपने लिए।

12

द मिरेकल लाइफ़

आपकी आंतरिक स्वतंत्रता का मार्ग

''यदि आप चाहें, तो जीवन से नफ़रत करने और दुनिया से नाराज़ होने के लिए लाखों कारण ढूँढ़ सकते हैं। या यदि आप चाहें, तो जीवन से प्रेम करने और ख़ुश रहने के लिए लाखों कारण ढूँढ़ सकते हैं। समझदारी से चुनें।''

– कैरी वेल्श

''आप पाएँगे कि जीवन में वास्तव में आप जो चाहते हैं, वह है उत्साह, आनंद और प्रेम का अनुभव करना। यदि आप हर समय इसे महसूस कर सकते हैं, तो बाहरी परिस्थितियों का क्या महत्त्व? यदि आप हमेशा उत्साहित और इस क्षण के अनुभव के प्रति आनंदित महसूस कर सकते हैं, तो फिर यह मायने नहीं रखता कि वह अनुभव क्या है।''

– माइकल सिंगर

एक पल के लिए कल्पना करें कि मैं अचानक जादुई रूप से आपके सामने एक जिन्न की तरह प्रकट हो जाता हूँ। मेरी छवि को अपने मन में बनाए रखें : मैं हवा में तैर रहा हूँ, पैर मोड़े हुए, बीच में लटक रहा हूँ (मुझे पता है, यह थोड़ा अजीब हो गया, लेकिन मेरे साथ बने रहें)। और मैं आपको बताता हूँ कि मैं आपकी एक इच्छा पूरी कर सकता हूँ, लेकिन यह एक बहुत ही विशिष्ट प्रकार की इच्छा होगी।

मैं आपको कोई आलीशान महल या धन-संपत्ति नहीं दे सकता। मैं आपको युवा नहीं बना सकता या आपका शारीरिक रूप नहीं बदल सकता। मैं आपके जीवन में किसी भी व्यक्ति को अधिक सुखद नहीं बना सकता (मुझे खेद है, यह इच्छा शायद सबसे उपयोगी होती), और मैं निश्चित रूप से आपकी हज़ार और इच्छाएँ भी पूरी नहीं कर सकता।

मेरे पास केवल एक शक्ति है, और वह यह कि मैं आपको यह अनंत क्षमता दे सकता हूँ कि आप अपने जीवन के हर क्षण को अपनी पसंद के अनुसार अनुभव कर सकें, भले ही आपकी परिस्थितियाँ कितनी भी कठिन क्यों ना हों या आपके आसपास के लोग कैसे भी हों। दूसरे शब्दों में, आप हर क्षण अपनी आदर्श मानसिक और भावनात्मक स्थिति को चुन सकते हैं-डर, तनाव और चिंता से मुक्त होकर जी सकते हैं, हर दिन उठकर अपने जीवन से सच्चा प्रेम कर सकते हैं, आनंद की अवस्था में रह सकते हैं, अब तक की सबसे अधिक ख़ुशी महसूस कर सकते हैं, पृथ्वी पर स्वर्ग का अनुभव कर सकते हैं-हर दिन, अपने जीवन के शेष समय के लिए। तो, आप क्या इच्छा माँगेंगे? आप अपने जीवन के हर क्षण को किस तरह अनुभव करना चाहेंगे?

समस्या यह है कि हमें यह विश्वास दिलाया गया है कि हमारा मानसिक और भावनात्मक स्वास्थ्य बाहरी परिस्थितियों पर निर्भर करता है। हम ग़लती से मान लेते हैं कि *जब अच्छी चीज़ें होती हैं, तो मैं अच्छा महसूस करता हूँ, और जब बुरी चीज़ें होती हैं, तो मैं बुरा महसूस करता हूँ।* इस तरह, हम अपने अनुभव और भावनाओं को परिस्थितियों, घटनाओं और अन्य लोगों के अधीन कर देते हैं। मिरेकल लाइफ़ हमें एक नया और अधिक सशक्त दृष्टिकोण प्रदान करता है : *कोई फ़र्क़ नहीं पड़ता कि क्या होता है, मैं वैसा महसूस कर सकता हूँ जैसा मैं चुनता हूँ।*

इसका समाधान यह है कि हम अपनी मानसिक और भावनात्मक स्थिति पर नियंत्रण करना सीखें, ताकि हम सक्रिय रूप से यह तय कर सकें कि अपने जीवन के प्रत्येक क्षण को कैसे अनुभव करना है–यह एक ऐसा विचार है, जिससे आप पहले ही इस पुस्तक में इमोशनल ऑप्टिमाइज़ेशन मेडिटेशन के माध्यम से परिचित हो चुके हैं।

मिरेकल लाइफ़ एक ऐसा विचार है, जो मिरेकल मॉर्निंग को एक दशक से अधिक समय तक अभ्यास करने और अपनी चेतना को ऊंचे स्तर पर ले जाने के प्रयास से विकसित हुआ। इन दोनों के बीच मौलिक अंतर और ये एक–दूसरे के पूरक कैसे हैं, इसे समझने के लिए इस पर विचार करें कि मिरेकल मॉर्निंग व्यक्तिगत विकास का अभ्यास है, जबकि मिरेकल लाइफ़ व्यक्तिगत पूर्णता के लिए एक दृष्टिकोण है। मिरेकल मॉर्निंग आपको वह मानसिकता, आदतें और क्षमताएँ विकसित करने में सक्षम बनाता है, जिनकी आपको अपने जीवन की परिस्थितियों को बेहतर बनाने के लिए आवश्यकता होती है, जबकि मिरेकल लाइफ़ आपको यह शक्ति प्रदान करता है कि आप अपनी चेतना की सर्वोत्तम अवस्था का अनुभव कर सकें, ताकि आप वास्तव में ख़ुश रह सकें और अपने जीवन का आनंद ले सकें–चाहे आपकी परिस्थितियाँ कैसी भी हों।

मिरेकल लाइफ़ आपका आंतरिक स्वतंत्रता की ओर मार्ग है, और आंतरिक स्वतंत्रता वह मौलिक चेतना की अवस्था है, जहाँ से आप यह तय करने के लिए पूरी तरह स्वतंत्र होते हैं कि आप प्रत्येक क्षण को कैसे समझें और अनुभव करें। यह चेतना की अवस्था हम सभी के लिए स्वाभाविक रूप से उपलब्ध है, भले ही हमारी परिस्थितियाँ कुछ भी हों। हम इस चेतना की अवस्था तक तब पहुँचते हैं, जब हम यह ग़लत धारणा छोड़ देते हैं कि बाहरी ताक़तें हमारी भावनाओं के लिए ज़िम्मेदार हैं, जब हम उन चीज़ों के साथ शांति से रहना सीखते हैं, जिन्हें हम बदल नहीं सकते, और जब हम जीवन के उन पहलुओं को लेकर परेशान होना बंद कर देते हैं, जो हमारे नियंत्रण में नहीं हैं।

कल्पना करें कि यदि आप हर क्षण अपनी आदर्श मानसिक और भावनात्मक स्थिति को चुन सकते, यदि आप पूरी तरह से शांत और अप्रभावित रह सकते, चाहे जीवन में जो कुछ भी सामने आए। कल्पना

करें कि यदि आपको यह अहसास हो जाए कि आपके पास एक अद्भुत शक्ति है, जो आपको यह तय करने की अनुमति देती है कि आप कैसा महसूस करना चाहते हैं-यहाँ तक कि सबसे कठिन परिस्थितियों में भी, आप वास्तविक शांति और ख़ुशी महसूस कर सकते हैं। यही शक्ति मिरेकल लाइफ़ आपको प्रदान करती है।

दूसरे शब्दों में, मिरेकल लाइफ़ आपके हालातों में कोई बदलाव नहीं है; यह इस बात का संपूर्ण रूपांतरण है कि *आप अपने हालात को कैसे अनुभव करते हैं।* यह आपकी चेतना को आंतरिक स्वतंत्रता की अवस्था तक ऊँचा उठाने और फिर उसे उसी अवस्था में बनाए रखने की प्रक्रिया है, ताकि आप हर क्षण पूरी स्वतंत्रता के साथ यह तय कर सकें कि आप क्या सोचते हैं और कैसा महसूस करते हैं। जैसा कि कैरी वेल्श के इस अध्याय की शुरुआत में दिए गए उद्धरण ने स्पष्ट रूप से कहा था :

"यदि आप चाहें, तो जीवन से नफ़रत करने और दुनिया से नाराज़ होने के लिए लाखों कारण ढूँढ़ सकते हैं। या, यदि आप चाहें, तो जीवन से प्रेम करने और ख़ुश रहने के लिए लाखों कारण ढूँढ़ सकते हैं। समझदारी से चुनें।"

आंतरिक स्वतंत्रता की मुख्य रुकावट : आंतरिक अशांति

सोचिए कि दो अलग-अलग लोग लगभग समान परिस्थितियों में होते हैं या एक जैसी त्रासदियों को सहते हैं, लेकिन एक व्यक्ति दुखी रहता है, लगातार तकलीफ़ सहता है और अपने जीवन को बुरा मानकर शिकायत करता रहता है, जबकि दूसरा व्यक्ति पूरी तरह शांत रहता है, वास्तव में ख़ुश रहता है और इस बात के लिए लगातार कृतज्ञता व्यक्त करता है कि वह जीवित होने के लिए कितना धन्य है। यह कैसे संभव है? समान परिस्थितियों के बावजूद, दो अलग-अलग दृष्टिकोण जीवन के दो बिलकुल अलग-अलग अनुभवों को जन्म देते हैं। आप इनमें से किसे चुनेंगे? क्या आपको इस बात का अहसास है कि आपके पास एक विकल्प है?

इन दो दृष्टिकोणों में से चुनने की बात हो तो हममें से ज़्यादातर, या शायद सभी, निश्चित रूप से उस व्यक्ति को चुनना चाहेंगे जो पूरी तरह से

शांत, वास्तव में ख़ुश, और इस बात के लिए लगातार कृतज्ञ है कि वह जीवित रहने के लिए कितना धन्य है। हम सभी अपने जीवन को अधिक ख़ुशहाल, अधिक शांतिपूर्ण और अधिक संतोषजनक बनाना चाहते हैं। दुर्भाग्यवश, हममें से अधिकांश लोग स्वयं को ख़ुश रहने और स्थायी रूप से शांति और संतोष महसूस करने की अनुमति नहीं देते, क्योंकि हमने अनजाने में यह मान लिया है कि बाहरी शक्तियाँ–दूसरे लोग, घटनाएँ, परिस्थितियाँ और हमारा अतीत–हमारे भावनात्मक अनुभव को निर्धारित करने की शक्ति रखते हैं।

इसका परिणाम यह होता है कि हममें से अधिकांश लोग अपने जीवन में असंतोषजनक मानसिक और भावनात्मक अवस्थाओं जैसे तनाव, भय, चिंता, गुस्सा, अपराधबोध, शर्म, आक्रोश, घृणा और अन्य प्रकार के भावनात्मक दर्द को सहते रहते हैं और उन अवस्थाओं को खो देते हैं जो हमेशा हमारे लिए उपलब्ध होती हैं, जैसे शांति, प्रेम, आनंद, कृतज्ञता, आत्मविश्वास, ख़ुशी और यहाँ तक कि परमानंद।

हम लगातार पीड़ा झेलते रहते हैं, क्योंकि किसी ने हमें यह नहीं सिखाया कि हर क्षण को कैसे अनुभव करना है, यह चुनने की हमारी जन्मजात क्षमता का उपयोग कैसे करें। यह बात विशेष रूप से तब सच होती है जब हम कठिनाइयों या दर्द भरे समय से गुज़र रहे होते हैं या जब हम ऐसे संघर्षों का सामना कर रहे होते हैं, जो असंभव लगते हैं और हम निराश महसूस करते हैं।

अपने चेतना स्तर को आंतरिक स्वतंत्रता की अवस्था तक ऊपर उठाने के लिए, हमें उन सभी अवरोधों की पहचान करनी होगी और उन्हें पार करना होगा, जो हमें ऐसा करने से रोक रहे हैं। हालाँकि हम निश्चित रूप से बाहरी बाधाओं की एक अंतहीन सूची बना सकते हैं कि हम क्यों तनावग्रस्त या दुखी महसूस करते हैं (हमारी वित्तीय स्थिति, हमारे अतीत के घाव, दूसरों के कार्य या कोई भी कठिन परिस्थिति जिसे हम अपने अंदर की भावनाओं के लिए दोष देते हैं), लेकिन यदि हम इन सभी को संक्षेप में कहें, तो एक ही मूलभूत आंतरिक बाधा सामने आती है, जो हमें आंतरिक स्वतंत्रता में जीने से रोकती है।

यह आंतरिक बाधा क्या है? आंतरिक अशांति।

हम आंतरिक अशांति को मानसिक और भावनात्मक रूप से असंतोषजनक अवस्थाओं के रूप में अनुभव करते हैं, जैसे कि भय, शर्म, अपराधबोध, पछतावा, गुस्सा या लाचारी। हालाँकि आंतरिक स्वतंत्रता वह अवस्था है जिसमें हम जन्म लेते हैं और जो हमेशा हमारे लिए उपलब्ध होती है, आंतरिक अशांति हमें प्रेम, आनंद, शांति, ख़ुशी, स्पष्टता, आत्मविश्वास और अन्य सकारात्मक मानसिक और भावनात्मक अवस्थाओं को अनुभव करने से रोकती है।

जब आप किसी भी स्तर की आंतरिक अशांति को सहते हैं, तो आप स्वयं को अपनी सहज, मुक्तिदायक आंतरिक स्वतंत्रता का अनुभव करने से रोकते हैं। आप एक साथ दोनों अवस्थाओं को अनुभव नहीं कर सकते, इसलिए आप हमेशा इनमें से किसी एक को चुन रहे होते हैं।

जीवन को आंतरिक स्वतंत्रता की अवस्था में अनुभव करने के लिए, हमें आंतरिक अशांति के अवरोध को पार करना होगा। किसी भी बाधा को पार करने के लिए, हमें पहले उसके कारणों की पहचान करनी होगी ताकि हम उन्हें दूर कर सकें। यदि हमें यह स्पष्ट नहीं है कि कौन-से कारण हमें मानसिक और भावनात्मक रूप से असंतोषजनक अवस्थाओं में डाल रहे हैं, तो हम मूल समस्या का समाधान नहीं कर पाएँगे और उसे पार नहीं कर सकेंगे।

आंतरिक अशांति के कारण

आंतरिक अशांति का एक व्यापक और एक मूलभूत कारण होता है। व्यापक कारण यह है कि हम बाहरी शक्तियों को अपने मानसिक और भावनात्मक स्वास्थ्य को नियंत्रित करने की अनुमति देते हैं। स्वाभाविक रूप से (और ग़लती से) हम सोचते हैं कि जिन चीज़ों से हम परेशान होते हैं, वे ही हमें परेशान कर रही हैं। सतही तौर पर, यह पूरी तरह तार्किक लगता है, लेकिन वास्तव में ऐसा नहीं है।

जब हम किसी भी प्रकार की प्रतिकूलता का सामना करते हैं, चाहे वह एक छोटी सी झुंझलाहट हो या कोई बड़ी त्रासदी, तो हम स्वाभाविक रूप से वास्तविकता का विरोध करते हैं और चाहते हैं कि काश चीज़ें अलग

होतीं। हमें इस बात का अहसास नहीं होता कि हमारी वास्तविकता का प्रतिरोध ही हमारे भावनात्मक कष्ट का कारण है–ना कि वह चीज़ जिससे हम परेशान हैं। और जिस हद तक हम वास्तविकता का विरोध करते हैं और चाहते हैं कि जिन चीज़ों पर हमारा कोई नियंत्रण नहीं है, वे अलग हों, उसी हद तक हम अपने लिए भावनात्मक पीड़ा पैदा करते हैं।

आंतरिक अशांति और भावनात्मक पीड़ा का मूलभूत कारण यह है कि हम अवचेतन रूप से वास्तविकता का विरोध करते हैं। यह चाहते हैं कि जिन चीज़ों पर हमारा कोई नियंत्रण नहीं है, वे अलग हों।

और इससे भी बुरा यह है कि हमारी वास्तविकता का विरोध करने से चीजें बदलती नहीं हैं; यह केवल हमें अनावश्यक तनाव, भय, क्रोध, नाराज़गी और अन्य प्रकार की भावनात्मक पीड़ा में डालता है, जो हमारे कष्ट को बढ़ाते हैं और हमें शांति और जीवन का आनंद लेने की स्वतंत्रता से वंचित कर देते हैं।

आपकी आंतरिक स्वतंत्रता का मार्ग

द मिरेकल लाइफ़ एक कालातीत अवधारणा पर आधारित है, लेकिन यह अधिकांश लोगों की समझ से परे है : हम जन्म से ही इस स्वाभाविक स्वतंत्रता के साथ आए हैं कि हर पल को कैसे अनुभव करना है, यह हम ख़ुद चुन सकते हैं।

इस क्षमता को सक्रिय रूप से ऊँचे स्तर पर ले जाकर और अपनी चेतना को *आंतरिक स्वतंत्रता* की स्थिति में ढालकर विकसित किया जा सकता है।

आंतरिक स्वतंत्रता कोई नई अवधारणा नहीं है, बल्कि यह ना केवल संतों और दार्शनिकों का प्रमुख उद्देश्य रही है, बल्कि हर उस व्यक्ति की भी जिसने वास्तव में मुक्त जीवन जीने की इच्छा रखी है। 1941 में, परमहंस योगानंद, जो प्रसिद्ध आध्यात्मिक कृति *ऑटोबायोग्राफ़ी ऑफ़ अ योगी* के

लेखक हैं, ने लिखा कि ''आंतरिक स्वतंत्रता वह क्षमता है, जिससे व्यक्ति सभी कार्यों को ज्ञान के मार्गदर्शन में कर सके।'' दीपक चोपड़ा ने इस विचार का समर्थन करते हुए कहा कि ''सबसे मूल्यवान स्वतंत्रता आंतरिक स्वतंत्रता है।'' 21वीं सदी में, लाखों लोगों को माइकल सिंगर की पुस्तकों *द अनटेथर्ड सोल* और *लिविंग अनटेथर्ड* के माध्यम से आंतरिक स्वतंत्रता की अवधारणा से परिचित कराया गया, जिसमें उन्होंने लिखा है : ''केवल आप ही स्वयं से आंतरिक स्वतंत्रता छीन सकते हैं या इसे स्वयं को दे सकते हैं। कोई और नहीं कर सकता। दूसरे क्या करते हैं, यह मायने नहीं रखता, जब तक कि आप यह तय नहीं कर लें कि यह आपके लिए मायने रखता है।''

जबकि भावनाएँ क्षणिक और अस्थायी होती हैं, चेतना की अवस्थाएँ हमारे जीवन को अनुभव करने का मूलभूत तरीक़ा होती हैं। आंतरिक स्वतंत्रता एक मूलभूत चेतना की अवस्था है, जो जीवन के सभी पहलुओं के साथ पूरी तरह से शांति में रहने पर आधारित होती है, ताकि बाहरी परिस्थितियों की शक्ति आपकी मानसिक या भावनात्मक स्थिति को निर्धारित नहीं कर सके। जब ऐसा होता है, तो आप यह चुन सकते हैं कि आप अपने जीवन के किसी भी क्षण को कैसे अनुभव करना चाहते हैं।

अधिकांश लोगों में इस बात को लेकर बहुत कम जागरूकता होती है कि आंतरिक स्वतंत्रता उनके लिए उपलब्ध है। उनकी आंतरिक स्थिति उनकी बाहरी परिस्थितियों की दया पर निर्भर होती है। यदि वे देर से जागते हैं, अपने जीवनसाथी से झगड़ते हैं, या किसी ग्राहक से नाराज़गी भरा ईमेल प्राप्त करते हैं, तो वे इसे अपने पूरे दिन को प्रभावित *करने* देते हैं। अगर उनकी कोई फ़्लाइट छूट जाती है तो वे परेशान हो जाते हैं और घंटों तक इस बात को लेकर परेशान रहते हैं। जबकि हममें से अधिकांश ने कभी यह महसूस नहीं किया कि आंतरिक स्वतंत्रता को पाने के लिए हमारी पहुँच असीमित है और हम अभी भी विभिन्न स्तरों की आंतरिक अशांति, भावनात्मक पीड़ा, और अस्थिरता से पीड़ित रहते हैं, इतिहास में असंख्य उदाहरण मौजूद हैं, जिन्होंने हमें दिखाया है कि यह मुक्त करने वाली अवस्था हम सभी के लिए उपलब्ध है, चाहे हमारी परिस्थितियाँ कितनी भी कठिन क्यों ना हों।

प्रसिद्ध मनोचिकित्सक और लेखक विक्टर फ्रेंकल पर विचार करें। अपनी पुस्तक *मैंस सर्च फ़ॉर मीनिंग* में, फ्रेंकल बताते हैं कि 1942 में, उन्हें और उनके परिवार को थेरेसिएनस्टाट कंसंट्रेशन कैंप में भेजा गया, जहाँ उनके पिता की मृत्यु हो गई। फिर 1944 में, वे और उनके जीवित परिवार के सदस्य ऑशविट्ज़ ले जाए गए, जहाँ उनकी माँ और भाई की हत्या कर दी गई। उनकी पत्नी की मृत्यु एक अन्य कंसंट्रेशन कैंप में हुई। इस दौरान, उन्होंने भुखमरी, निद्रा से वंचित रहना और मनोवैज्ञानिक यातना जैसी कठोर परिस्थितियों को सहन किया।

हम सभी इस बात से सहमत होंगे कि फ्रेंकल ने जो कुछ सहा, वह इतनी भयावहता से भरा था कि हममें से अधिकांश ने कभी भी ऐसा अनुभव नहीं किया होगा। फिर भी, एक मनोवैज्ञानिक के रूप में अपने अध्ययन का उपयोग करते हुए, उन्होंने अपनी परिस्थितियों के बावजूद अपने जीवन में अर्थ खोज लिया। उन्होंने यह कैसे किया? इस अहसास के द्वारा कि भले ही उनकी बाहरी स्वतंत्रता दूसरों द्वारा सीमित की जा रही थी, लेकिन वे अपनी आंतरिक स्वतंत्रता पर ध्यान केंद्रित कर सकते थे और मृत्यु एवं विनाश के बीच भी अपने जीवन के अनुभव को चुन सकते थे।

फ्रेंकल के शब्दों में, "मनुष्य से सब कुछ छीना जा सकता है, लेकिन एक चीज़ नहीं, किसी भी परिस्थिति में अपना दृष्टिकोण चुनने की अंतिम स्वतंत्रता।"

दूसरे शब्दों में, आंतरिक स्वतंत्रता आपके हालात बदलने से नहीं, बल्कि अपनी चेतना को ऊँचा उठाने से प्राप्त होती है, जिससे आप यह चुनने के लिए स्वतंत्र हो जाते हैं कि आप अपनी परिस्थितियों को कैसे अनुभव करेंगे। चाहे आपका जीवन कितना भी कठिन रहा हो, अभी है, या भविष्य में होगा, आपके पास हमेशा यह स्वतंत्रता है कि आप प्रत्येक क्षण को कैसे अनुभव करेंगे।

क्या यह संभव है कि मानव जन्म से ही वास्तविक ख़ुशी पाने और हमें मिली इस एकमात्र ज़िंदगी का आनंद लेने की स्वतंत्रता लेकर आया हो? क्या यह हो सकता है कि जीवन में वास्तव में कुछ भी प्राप्त करने की आवश्यकता ना हो और स्वयं जीवन में असीमित, स्थायी आनंद समाया हो, लेकिन हमारी सामूहिक समस्या यह हो कि हम अनजाने में समाज के

उन आदर्शों का पालन करते हैं, जो हमें जीवन में उपलब्ध सभी अनुभवों से वंचित रखते हैं?

ख़ुशी एक विकल्प है

जब मैं 19 साल का था, मेरे मार्गदर्शक जेसी लेविन ने मुझे अपनी ख़ुशी की पूरी ज़िम्मेदारी लेने और अपनी भावनात्मक अवस्था के लिए किसी और या किसी भी चीज़ को दोष नहीं देने का एक तरीक़ा सिखाया। हालाँकि उस समय मैं पूरी तरह से नहीं समझ पाया था कि यह सीख मेरे जीवन पर कितना गहरा प्रभाव डालेगी, लेकिन अंततः इसने मुझे हर आने वाले पल को अपने तरीके से अनुभव करने की शक्ति दी। यह सीख विशेष रूप से तब अमूल्य साबित हुई जब मुझे जीवन की अकल्पनीय कठिनाइयों का सामना करना पड़ा।

जेसी ने मुझे सिखाया कि ''ख़ुशी एक चुनाव है, यह हमारे ऊपर निर्भर करता है कि हम ख़ुश रहना चुनते हैं या नहीं।'' मुझे नहीं पता कि आप इस कथन पर कैसे प्रतिक्रिया देंगे, लेकिन जब मैंने इसे पहली बार सुना, तो मुझे इस पर विश्वास नहीं हुआ। मेरा दृष्टिकोण था, ''जब जीवन में सब कुछ अच्छा चलता है, तो मैं ख़ुश महसूस करता हूँ। जब चीज़ें अच्छी नहीं होतीं, तो मैं ख़ुश नहीं रहता।'' यह एक सामान्य धारणा थी।

फिर उन्होंने समझाया कि जीवन में, हमारे पास दो प्रतीकात्मक पृष्ठ होते हैं, जिन पर हम किसी भी क्षण ध्यान केंद्रित कर सकते हैं। एक पृष्ठ पर वे सभी चीज़ें लिखी होती हैं, जिनके बारे में हमें बुरा महसूस हो सकता है (हमारी समस्याएँ, डर, पछतावा, शारीरिक पीड़ा, अतीत के घाव, वे लोग जिन्हें हम पसंद नहीं करते, आदि-यह सूची अंतहीन है)। दूसरे पृष्ठ पर वे सभी चीज़ें लिखी होती हैं, जिनके बारे में हमें अच्छा महसूस हो सकता है, जिनमें से कई को हम अक्सर नज़रअंदाज़ कर देते हैं (हमारा स्वास्थ्य, हमारा जीवन, वर्तमान क्षण, हमारे सिर पर छत, वे लोग जिन्हें हम प्यार करते हैं, हमारे पास उपलब्ध भोजन, ईश्वर से हमारा संबंध, प्रकृति, आदि-यह सूची भी अंतहीन है)।

इस पृथ्वी पर हर इंसान–चाहे वह अकल्पनीय दर्द या त्रासदी झेल रहा हो या फिर वह जिसे हम अपने से बेहतर या आसान जीवन जीता हुआ मानते हैं–दोनों पृष्ठों तक पहुँच रखता है। मुख्य बात यह समझना है कि हम किस पृष्ठ पर जानबूझकर अपना ध्यान केंद्रित करते हैं, क्योंकि यही हमारे किसी भी क्षण की भावनात्मक अवस्था को प्रभावित करने वाला सबसे महत्त्वपूर्ण कारक हो सकता है।

इसी कारण कुछ लोग, जिन्हें आधुनिक समाज में ''अत्यधिक सफल'' माना जाता है (जैसे करोड़पति लोग, सुप्रसिद्ध व्यक्ति आदि), जिनके पास वह सब कुछ है जो उन्होंने कभी चाहा था, फिर भी स्पष्ट रूप से दुखी दिखाई देते हैं। वहीं, कुछ विकासशील देशों में ऐसे ग्रामीण भी हैं, जो गरीबी रेखा से नीचे जीवन व्यतीत कर रहे हैं, लेकिन जो भी उनके पास है, वे उसके लिए हृदय से आभारी हैं और कठिनाइयों से भरे जीवन को भी मुस्कान के साथ जी रहे हैं।

आपने शायद किसी ऐसे व्यक्ति को देखा होगा, जो लगातार अपनी ज़िंदगी से शिकायत करता है और फिर अपनी शिकायत को सही ठहराने के लिए कुछ ऐसा कहता है, ''मैं नकारात्मक नहीं हूँ; मैं बस यथार्थवादी हूँ।''

सच में? आइए ख़ुद से पूछें कि यह कैसे अधिक यथार्थवादी हो सकता है कि हम अपने जीवन और स्वयं के उन पहलुओं पर ध्यान केंद्रित करें और उनकी शिकायत करें, जो हमें बुरा महसूस कराते हैं, बजाय इसके कि हम अपने जीवन में मौजूद अच्छाइयों का जश्न मनाएँ और उन्हें सराहें? दोनों दृष्टिकोण *समान रूप से* यथार्थवादी हैं, लेकिन हम किस पृष्ठ पर ध्यान केंद्रित करते हैं (अधिकतर समय), यही तय करता है कि हम कैसा महसूस करते हैं (अधिकतर समय)। तो शायद जेसी सही थे। शायद ख़ुशी एक विकल्प है, और हम वास्तव में यह तय कर सकते हैं कि हम ख़ुश रहना चाहते हैं या नहीं, इस आधार पर कि हम जीवन के किस पृष्ठ पर अपना ध्यान केंद्रित करते हैं।

जब मैं 20 साल की उम्र में एक नशे में धुत ड्राइवर के साथ हुई सीधी टक्कर में बाल–बाल बचने के बाद कोमा से जागा, तो मैंने यह जागरुक निर्णय लिया कि मैं अपने जीवन के सबसे कठिन समय में भी अब तक का सबसे ख़ुश और आभारी व्यक्ति बनने का प्रयास करूँगा। जेसी द्वारा सिखाए

गए सशक्त बनाने वाले दृष्टिकोण के कारण, जो उन्होंने सिर्फ़ 18 महीने पहले मुझे सिखाया था, मैं ठीक वैसा ही कर सका। अपनी परिस्थितियों को ठीक उसी रूप में स्वीकार करके जैसी वे थीं, उन चीज़ों से शांति बनाए रखकर जिन्हें मैं बदल नहीं सकता था, और अपने जीवन के उस पृष्ठ पर ध्यान केंद्रित करके जिसमें मेरे पास आभारी होने के लिए बहुत कुछ था (साथ ही सक्रिय रूप से उन परिणामों को बनाने के लिए हर संभव प्रयास करते हुए जो मैं चाहता था), मैं अपनी अजेय लगने वाली कठिनाइयों के बीच भी प्रत्येक क्षण का आनंद लेने में सक्षम था।

मैं अपने अनुभव से जानता हूँ कि जीवन लगातार और अप्रत्याशित रूप से कठिन हो सकता है। मुझे यह भी विश्वास है कि एक दिन हम पीछे मुड़कर देख सकते हैं और इस बात का पछतावा कर सकते हैं कि हमने कितना समय बाहरी परिस्थितियों को दोष देने में बर्बाद किया, यह सोचते हुए कि वे हमारी भावनाओं को नियंत्रित कर रही हैं, और ख़ुद को ख़ुश रहने की अनुमति नहीं दी।

आपके पास पहले से ही वह सब कुछ है, जिसकी आपको अब तक का सबसे ख़ुशहल व्यक्ति बनने के लिए आवश्यकता है। इसे जीवन कहते हैं। या तो आप इसका आनंद लेते हैं, या आप नहीं लेते। लेकिन हमें यह समझना होगा कि अपने आंतरिक संघर्षों के लिए बाहरी परिस्थितियों को दोष देना हम सभी को ख़ुश रहने और अपने जीवन का आनंद लेने से वंचित कर रहा है।

आइए तीन सरल बिंदुओं को समझें, जिनकी मदद से आप उन जीवन परिस्थितियों को स्वीकार कर सकते हैं, जो आपके नियंत्रण से बाहर हैं, जो बदला नहीं जा सकता उससे शांति बना सकते हैं, पहले से कहीं अधिक आभारी बन सकते हैं, और ख़ुद को ख़ुश रहने व इस एकमात्र जीवन का पूरा आनंद लेने की अनुमति दे सकते हैं, जिसका आपको आशीर्वाद मिला है।

मिरेकल लाइफ़ के बुनियादी सिद्धांत (ABC)

जिस तरह मिरेकल मॉर्निंग के लिए S.A.V.E.R.S. है, उसी तरह मिरेकल लाइफ़ को एक सरल और याद रखने योग्य ABC फ़ॉर्मूले के माध्यम से

समझा और लागू किया जा सकता है। यह जानबूझकर किया गया है। स्मृति सहायक तकनीकें (जैसे S.A.V.E.R.S.) हमारी स्मरण शक्ति को बढ़ाने और जानकारी को याद रखने व लागू करने की क्षमता में सुधार करने के लिए प्रभावी सिद्ध हुई हैं। जो चीज़ जितनी आसान होती है, उसे याद रखना उतना ही सरल होता है, जिससे इनके अमल में लाने की संभावना भी बढ़ जाती है।

हालाँकि निम्नलिखित फ़ॉर्मूला सरल है, लेकिन किसी भी मूल्यवान चीज़ की तरह, इसे स्वचालित और आसान बनाने के लिए निरंतर अभ्यास की आवश्यकता होती है। मैं इसे आपकी मिरेकल मॉर्निंग दिनचर्या में शामिल करने की सिफारिश करता हूँ ताकि मिरेकल लाइफ़ का दृष्टिकोण आपके अवचेतन मन में गहराई से समा जाए। आने वाले पृष्ठों में, हम इसे लागू करने के तरीक़ों पर चर्चा करेंगे।

अच्छी ख़बर यह है कि अधिकांश लोग तुरंत अपने हर क्षण के अनुभव के प्रति अपनी जागरूकता में परिवर्तन महसूस करते हैं। कुछ हफ़्तों या यहाँ तक कि कुछ दिनों के भीतर, यह आपके सुख और उन परिस्थितियों में शांति बनाए रखने की क्षमता को नाटकीय रूप से प्रभावित कर सकता है, जो पहले आपके लिए भावनात्मक पीड़ा और अस्थिरता का कारण बनती थीं। इसे रोज़मर्रा की छोटी चीज़ों (जैसे ट्रैफ़िक जाम में फँसना या किसी के साथ विवाद) पर अभ्यास करना, आपको बड़ी चुनौतियों (जैसे आर्थिक संकट, स्वास्थ्य समस्याएँ, किसी प्रियजन को खोना, या रिश्ते का टूटना) का सामना करने के लिए तैयार करता है।

A : जीवन को ठीक उसी रूप में स्वीकार करें, जैसा यह है।

जीवन में कई बार ऐसी घटनाएँ घटती हैं जो हमें पसंद नहीं होतीं। जब हम पहले से ही देर से चल रहे होते हैं और ट्रैफ़िक जाम लग जाता है। हमारा बच्चा पढ़ाई में संघर्ष करता है। हमारा जीवनसाथी ऐसी बातें करता है, जो हमें परेशान कर देती हैं। हमारा ग्राहक ऑर्डर रद्द कर देता है। हमें नौकरी से निकाल दिया जाता है। हमें किसी गंभीर बीमारी का पता चलता है। कोई प्रियजन अचानक दुनिया छोड़ देता है। स्वाभाविक रूप

से, इन सच्चाइयों को स्वीकार नहीं कर पाना और यह इच्छा करना कि काश ऐसा नहीं हुआ होता, हमें व्यथित कर देता है। लेकिन हमारी इस अस्वीकृति से वास्तविकता नहीं बदलती–यह केवल हमारे लिए पीड़ा का कारण बनती है और हमें समस्या का समाधान करने से रोकती है। जब हमें यह समझ में आ जाता है कि हमारी भावनात्मक पीड़ा का कारण वास्तविकता का प्रतिरोध करना है, तो हमें यह भी समझ में आता है कि समाधान यह है कि हम जीवन को उसी रूप में स्वीकार करना सीखें जैसा वह है और अपने भीतर शांति बनाए रखें।

B **: हर क्षण के लिए आभार प्रकट करें :** कृतज्ञता एक सार्वभौमिक दृष्टिकोण है, जिसके माध्यम से हम अपने जीवन के हर क्षण की व्याख्या और अनुभव कर सकते हैं, चाहे वह कितना भी कठिन, अप्रिय या दर्दनाक क्यों ना हो। यह स्वाभाविक, आसान और अत्यंत लाभदायक है कि हम अपने जीवन के अनुकूल पहलुओं के लिए आभार महसूस करें, लेकिन इससे भी अधिक लाभकारी यह है कि हम विपत्ति का सामना करते समय भी सच्चे मन से आभार व्यक्त करना सीखें। हालाँकि, विपत्ति के लिए कृतज्ञ होना विरोधाभासी लग सकता है, लेकिन यह विचार करें कि हर आपदा हमें सीखने, बढ़ने और उस व्यक्ति से बेहतर बनने का अवसर प्रदान करती है जो हम उस कठिनाई का सामना करने से पहले थे। अक्सर, हमारे जीवन के सबसे कठिन और दर्दनाक समय ही हमें विकसित होने के सबसे बड़े अवसर प्रदान करते हैं।

C **: अपने आदर्श चेतना स्तर का चुनाव करें।** याद रखें कि जहाँ भावनाएँ अक्सर क्षणिक और अस्थिर होती हैं, वहीं चेतना की अवस्थाएँ हमारे जीवन के प्रत्येक क्षण को अनुभव करने के स्थायी और निरंतर तरीके होते हैं। जब कोई व्यक्ति ट्रैफ़िक में से अचानक आगे निकल कर आपके सामने आ जाता है, तो उस पल में आपके भीतर जो क्रोध की भावना उत्पन्न होती है,

उस पर आपका नियंत्रण नहीं हो सकता, लेकिन आप अगली भावना को नियंत्रित कर सकते हैं। यह आपके हाथ में है कि आप किस पर ध्यान केंद्रित करते हैं और किस चेतना की अवस्था में रहते हैं। आप तय कर सकते हैं कि अगली भावना करुणा हो। शायद वह व्यक्ति अस्पताल में अपने घायल बच्चे को देखने के लिए दौड़ रहा हो। शायद उसे अभी-अभी नौकरी से निकाल दिया गया हो। या शायद उसने आपको देखा ही ना हो और ग़लती से ऐसा कर दिया हो। कारण चाहे जो भी हो, जो हो चुका है उसे आप बदल नहीं सकते। आप केवल यह चुन सकते हैं कि आप प्रत्येक क्षण को कैसे अनुभव करेंगे।

आइए प्रत्येक चरण की बारीकियों और लाभों को गहराई से समझें।

चरण A: जीवन को ठीक वैसे ही स्वीकार करें जैसा यह है

जब हम किसी अप्रत्याशित चुनौती या लगातार कठिनाई का सामना करते हैं और स्वयं को परेशान पाते हैं, यह चाहते हुए कि वास्तविकता कुछ और होती, तो हमारे पास मूल रूप से दो विकल्प होते हैं :

- हम अनजाने में वास्तविकता का विरोध जारी रख सकते हैं, उन चीज़ों की कामना कर सकते हैं जो हमारे नियंत्रण से बाहर हैं, और इसके कारण लगातार आंतरिक अशांति, भावनात्मक पीड़ा और अस्थिरता का अनुभव कर सकते हैं।
- हम सचेत रूप से यह चुन सकते हैं कि जीवन को ठीक वैसे ही स्वीकार करें जैसा यह है, उन चीज़ों के साथ शांति बनाए रखें जिन्हें हम बदल नहीं सकते, उन चीज़ों पर ध्यान केंद्रित करें जिन्हें हम बदल सकते हैं, और अपनी आदर्श मानसिक और भावनात्मक अवस्थाओं की पहचान करें ताकि हम अपने जीवन के प्रत्येक क्षण का कैसे अनुभव करें, यह स्वयं चुन सकें।

जब मैंने उन्नीस वर्ष की उम्र में प्रत्यक्ष बिक्री में अपना करियर शुरू किया, तो मेरे गुरु से मैंने एक और सबक़ सीखा कि बिक्री(सेल्स) का पेशा जीवन का एक लघु रूप है, बस इसमें प्रतिकूलताएँ अधिक तीव्र होती हैं। दूसरे

शब्दों में, उन्होंने समझाया कि एक विक्रेता के रूप में, मुझे लगभग हर दिन वे चुनौतियाँ (असफलता, अस्वीकृति, निराशा आदि) झेलनी पड़ेंगी, जिन्हें अधिकांश लोग कभी-कभी ही अनुभव करते हैं।

इस प्रकार की चुनौतियों के बीच अपने मानसिक और भावनात्मक स्थिति को प्रभावी ढंग से प्रबंधित करने के लिए, उन्होंने मुझे एक शक्तिशाली रणनीति सिखाई जिसे मैं आज भी अपनाता हूँ : 5 मिनट नियम। इस नियम के अनुसार, जब कुछ ऐसा होता है जो हमें पसंद नहीं आता-चाहे वह एक छोटी असुविधा हो या एक बड़ी त्रासदी-तो कुछ समय के लिए परेशान होना ठीक है, लेकिन ऐसी चीज़ पर लंबे समय तक अटके रहना, यह इच्छा करना कि ऐसा ना हुआ होता, और इसके बारे में लंबे समय तक बुरा महसूस करते रहना निरर्थक है।

उन्होंने मुझे सिखाया कि सचमुच एक टाइमर पाँच मिनट के लिए सेट करें, जिसके दौरान मुझे शिकायत करने, रोने, गुस्सा निकालने, ख़ुद पर तरस खाने, या जो भी भावनात्मक प्रतिक्रिया आए, उसे व्यक्त करने की अनुमति थी। फिर, जब पाँच मिनट का टाइमर बंद हो जाता, तो उन्होंने मुझे सचेत रूप से जो हुआ (या जो नहीं हुआ) उसे स्वीकार करना और आगे बढ़ना सिखाया।

उन्होंने मुझे यह भी सिखाया कि जब टाइमर बंद हो जाए तो ये बहुत ही प्रभावशाली शब्द कहें, ''इसे बदला नहीं जा सकता,'' यह याद दिलाने के लिए कि वास्तविकता का विरोध करना और अतीत अलग होने की कामना करना कोई मायने नहीं रखता। उन्होंने समझाया कि एकमात्र तार्किक विकल्प यह है कि जीवन को ठीक वैसे ही स्वीकार करें जैसा यह है और तुरंत अपनी 100 प्रतिशत ऊर्जा और ध्यान उन चीज़ों पर केंद्रित करें जो हमारे नियंत्रण में हैं।

जब मैंने पहली बार 5 मिनट के नियम के बारे में सीखा, तो मैंने इसे मज़ाक़ में उड़ा दिया और सोचा, ''हाँ ठीक है, मैं बस एक टाइमर सेट करने से पाँच मिनट में किसी चीज़ से उबर नहीं जाऊँगा।'' लेकिन मैंने इसे ईमानदारी से आज़माने का भी संकल्प लिया। आख़िरकार, मेरे पास खोने के लिए क्या था?

कुछ दिनों बाद, मैंने पहली बार नो-शो (अपेक्षित समय पर नहीं पहुँचना) का अनुभव किया। मैंने एक महिला के साथ कटको प्रेजेंटेशन शेड्यूल किया था और उसके घर तक 45 मिनट गाड़ी चलाकर पहुँचा। लेकिन जब मैं वहाँ पहुँचा, तो घर पर कोई नहीं था। दरवाज़े पर एक नोट चिपका था : ''माफ़ करें, हमें कोई चाकू नहीं चाहिए!'' मैं इसे देखकर अवाक रह गया। कम से कम वह महिला एक कॉल करके अपॉइंटमेंट कैंसल तो कर सकती थी, लेकिन उसने मुझे इतना समय बर्बाद करने दिया, जिससे मैं बेकार में उसके घर तक चला गया और वहाँ बस एक नोट मिला।

मैं अपनी कार में वापस गया, मोबाइल उठाया, और पाँच मिनट के लिए टाइमर सेट किया। जब मैं वहाँ से गाड़ी चलाकर जा रहा था, तो मैं इस बात पर गुस्सा करने लगा कि यह कितना असभ्य था कि उसने मुझे इतनी दूर बुलाकर इंतज़ार कराया। मैं सोचने लगा कि इस बेकार की यात्रा में मैंने जो पैसा और समय गंवाया, उसे मैं किसी और अपॉइंटमेंट में लगा सकता था। मुझे चिंता होने लगी कि कहीं इस वजह मैं अपने मासिक बिक्री लक्ष्य से ना पिछड़ जाऊं। मैं सोचने लगा कि किससे शिकायत करूँ और अपनी बात को जितना नाटकीय बना सकता था, उतना बनाकर कैसे कहूँ। शायद आप इससे रिलेट कर सकते हैं?

अचानक, मेरे फ़ोन का अलार्म बजा, जिससे मैं चौंक गया। मैंने अलार्म बंद किया और ज़ोर से ख़ुद से कहा, ''मुझे अभी भी गुस्सा आ रहा है!'' कम से कम मुझे इतना तो महसूस हुआ कि मेरी पहली धारणा सही थी-पाँच मिनट में नाराज़गी दूर करना आसान नहीं है। अगले कुछ हफ़्तों तक, मैंने लगातार 5 मिनट के नियम को अपनाया। हैरानी की बात यह थी कि इसने मुझ पर गहरा प्रभाव डालना शुरू कर दिया। जब भी पाँच मिनट का टाइमर बंद होता, मैं गहरी साँस लेता और ख़ुद से कहता, ''इसे बदला नहीं जा सकता-एक सीधा लेकिन शक्तिशाली अनुस्मारक कि मैं अतीत में जो हुआ उसे बदल नहीं सकता-चाहे वह पाँच मिनट पहले हुआ हो, पाँच दिन पहले या पाँच दशक पहले। इसलिए सबसे तर्कसंगत निर्णय यही था कि मैं ज़िंदगी को वैसे ही स्वीकार करूँ जैसी वह है और आगे बढ़ने के लिए कार्रवाई करूँ।

जब भी मुझे गुस्सा आता या मैं परेशान होता, मैं मोबाइल उठाता और टाइमर सेट करता। धीरे-धीरे यह एक स्वचालित आदत बन गई, और इसके परिणाम बेहद प्रभावशाली थे। मैंने महसूस किया कि भले ही मैं आमतौर पर पाँच मिनट से अधिक समय तक परेशान रहता, लेकिन स्वीकार करने और शांति में लौटने का समय पहले से कहीं तेज़ी से कम हो रहा था।

फिर, एक असाधारण घटना घटी। 5 मिनट के नियम को अपनाने के दो हफ़्ते बाद, मुझे अपने नए-नवेले सेल्स करियर में सबसे बड़ी असफलता का सामना करना पड़ा। यह रविवार रात की बात थी। उस सुबह जब मैं उठा, तो मैंने तय कर लिया था कि इस हफ़्ते के लिए अपना लक्ष्य पूरा करके ही रहूँगा। अगली सुबह तक ऑर्डर जमा करने की आख़िरी तारीख़ थी, और मैं 2,000 डॉलर से पीछे था। एक दिन में 1,000 डॉलर की बिक्री करना मुश्किल था, और 2,000 डॉलर की बिक्री-वह भी रविवार को-लगभग असंभव थी। हालाँकि, मैं दो अपॉइंटमेंट शेड्यूल करने में सफल रहा। पहले ग्राहक ने कुछ भी नहीं ख़रीदा, जिससे मैं निराश हो गया। लेकिन दूसरे ग्राहक ने 2,300 डॉलर से अधिक का ऑर्डर दे दिया! यह ऑर्डर ना सिर्फ़ मुझे मेरे साप्ताहिक लक्ष्य से आगे ले गया, बल्कि जब मैंने जेसी को फ़ोन करके यह ख़बर दी, तो उसने बताया कि यह मुझे पूरे हफ़्ते का नंबर एक सेल्सपर्सन बना देगा। मैं आनंद से झूम उठा!

अगले एक घंटे तक, मैं यह कल्पना करता रहा कि सप्ताह का शीर्ष सेल्स प्रतिनिधि बनना कैसा होगा। मैंने सोचा कि कमीशन से मिले पैसों को कैसे ख़र्च करूँगा। फिर, रात 9 बजे, मेरा फ़ोन बजा। वह वही महिला थी जिसने बड़ा ऑर्डर दिया था। उसने बताया कि जब उसके पति को पता चला कि उसने चाकुओं पर इतना पैसा ख़र्च कर दिया है, तो वह बहुत नाराज़ हो गए, और उसे ऑर्डर कैंसिल करना पड़ा। मेरा दिल बैठ गया। मैंने उसे समझाने की कोशिश की, 15-दिन के ट्रायल की याद दिलाई और यह भी कि उसे चाकू कितने पसंद आए थे, लेकिन उसने अपना मन बना लिया था। *नहीं... यह कैसे हो सकता है?!* कुछ घंटे पहले, मैं अपनी सबसे बड़ी बिक्री और सप्ताह के लिए अपना लक्ष्य पूरा करने का जश्न मना रहा था। अब सब कुछ ख़त्म हो गया था-वह कमीशन भी, जिसे मैंने मन ही मन ख़र्च कर लिया था। अत्यधिक निराश होकर मैंने फ़ोन कॉल समाप्त कर दी और अपना टाइमर पाँच मिनट के लिए सेट कर दिया।

जैसे ही सेकंड्स की गिनती शुरू हुई, मैंने स्वाभाविक रूप से वास्तविकता का विरोध करना शुरू कर दिया। *मुझे यक़ीन नहीं हो रहा कि उसने ऑर्डर कैंसिल कर दिया। बेवकूफ़ पति! काश वह प्रेजेंटेशन देखने के लिए वहाँ होता, शायद उसे भी कटको उतना ही पसंद आता जितना उसकी पत्नी को आया था! यह बहुत बुरा हुआ। काश ऐसा नहीं होता... लेकिन यह हो चुका था। और मैं इसे बदल नहीं सकता था।तो अब मुझे क्या करना चाहिए? शायद मेरे पास एक ही तार्किक विकल्प है- वास्तविकता का विरोध करना बंद कर दूँ, स्वीकार कर लूँ कि उसने ऑर्डर कैंसिल कर दिया है और मेरा साप्ताहिक लक्ष्य पूरा नहीं हुआ, और केवल उसी बात पर ध्यान केंद्रित करूँ जो मेरे नियंत्रण में है–यानी सुबह जल्दी उठकर नए अपॉइंटमेंट्स के लिए कॉल करना।*

मैंने गहरी साँस ली, और साँस छोड़ते हुए जोर से कहा, ''इसे बदला नहीं जा सकता'' मुझे महसूस हुआ कि मेरी तनावभरी ऊर्जा धीरे-धीरे कम हो रही थी। मैंने अपना फ़ोन उठाया और पाँच मिनट के टाइमर को देखा। अभी भी चार मिनट और बत्तीस सेकंड बाक़ी थे। मैंने सोचा, *जब मैं अभी वास्तविकता को स्वीकार कर सकता हूँ और उन चीज़ों के साथ शांति स्थापित कर सकता हूँ जिन्हें मैं बदल नहीं सकता, तो अगली साढ़े चार मिनट तक परेशान रहने का क्या फायदा?* मैंने टाइमर बंद कर दिया, संतोष की एक गहरी साँस ली, और ऊर्जा की एक नई लहर महसूस की। मुझे अहसास हुआ कि अब मेरा अपनी आंतरिक स्थिति पर नियंत्रण था। यह किसी सुपरपावर जैसा महसूस हुआ–यह सोचना कि अब मेरे पास अपने जीवन में जो भी हो, उसे तुरंत स्वीकार करने, उसका विरोध नहीं करने, और तुरंत शांति महसूस करने की क्षमता थी।

चाहे कुछ भी हो जाए, मैं या तो वास्तविकता का विरोध कर सकता था और ख़ुद को परेशान कर सकता था, या मैं वास्तविकता को स्वीकार कर सकता था और जो कुछ भी हुआ उसके साथ पूरी तरह से शांति से रह सकता था। चुनाव स्पष्ट था। 5 मिनट के नियम को अपनाने के कुछ ही हफ़्तों में, मैं इस सोच से कि पाँच मिनट काफ़ी नहीं हैं, इस समझ तक पहुँचा कि किसी बात को लेकर इतनी देर तक परेशान रहना ज़रूरी नहीं है।

अब जब मैं पीछे मुड़कर देखता हूँ, तो मुझे अहसास होता है कि जिस क्षण मुझे यह समझ आया कि भावनात्मक पीड़ा का मूल कारण वास्तविकता का विरोध करना है, उसी क्षण मेरा चेतना का स्तर ऊँचा हो गया था। हम सभी के पास यह शक्ति है कि हम अपने विरोध को छोड़कर उसे स्वीकृति से बदल सकें। ऐसा करने से हम अपनी भावनात्मक अशांति को रोक सकते हैं, क्योंकि हम वास्तविकता का विरोध करके उन चीज़ों को बदलने की इच्छा रखते हैं, जो हमारे नियंत्रण से बाहर हैं।

चाहे वह घटना पाँच मिनट पहले हुई हो या पाँच दशक पहले, हम वापस जाकर अतीत को बदल नहीं सकते। हम केवल यही चुनाव कर सकते हैं कि उसे लेकर परेशान रहें या उसे स्वीकार करके आगे बढ़ जाएँ। 5 मिनट नियम का उद्देश्य यह है कि आप अपनी भावनाओं को महसूस करने के लिए जगह दें और फिर स्वीकृति तक पहुँचें। अंतिम लक्ष्य यह है कि आप वास्तविकता का विरोध करना बंद कर दें और जीवन को वैसे ही स्वीकार करें जैसा वह है।

आप इसे इसे ''बदला नहीं जा सकता'' मंत्र का उपयोग करके कर सकते हैं, जो आपको यह याद दिलाता है कि यदि आप किसी चीज़ को बदल नहीं सकते, तो सबसे प्रभावी विकल्प यही है कि उसे स्वीकार करें और ख़ुद को उसके साथ शांति में रहने की अनुमति दें। इन दोनों उपकरणों को मिलाकर, आपको एक अत्यंत शक्तिशाली तरीक़ा मिल जाता है जिससे आप अपनी भावनाओं को पूरी तरह महसूस कर सकते हैं, बिना उन चीज़ों पर लंबे समय तक अटके रहने के जिन्हें आप बदल नहीं सकते।

यह केवल उन चीज़ों पर लागू होता है जिन्हें हम वास्तव में बदल नहीं सकते (जैसे–अतीत, अन्य लोग, या वे वैश्विक मुद्दे जो हमारे प्रत्यक्ष नियंत्रण से बाहर हैं)। जैसा कि शांति प्रार्थना (सेरेनिटी प्रेयर) कहती है : ''हे ईश्वर, मुझे वह शांति दो जिससे मैं उन चीज़ों को स्वीकार कर सकूँ जिन्हें मैं बदल नहीं सकता, मुझे वह साहस दो जिससे मैं उन चीज़ों को बदल सकूँ जिन्हें मैं बदल सकता हूँ, और मुझे वह बुद्धि दो जिससे मैं दोनों में फ़र्क कर सकूँ।''

जीवन को जैसा है वैसा स्वीकार करना का अर्थ यह नहीं है कि आप हार मान लें और अपने जीवन को बेहतर बनाने की कोशिश छोड़ दें।

बल्कि इसके ठीक विपरीत है। जब हम किसी चीज़ को लेकर परेशान होते हैं, हमारी सोच स्पष्ट नहीं होती, इसलिए हम सही निर्णय लेने की स्थिति में नहीं होते। लेकिन जब हम शांति में होते हैं, हमारी सोच स्पष्ट होती है, और हम ना केवल अपनी चेतना की आदर्श स्थिति को चुन सकते हैं, बल्कि संतुलित निर्णय भी ले सकते हैं, जो हमें सकारात्मक कार्यों की ओर ले जाते हैं। जब आप निरंतर जीवन को ठीक वैसे ही स्वीकार करना सीख जाते हैं जैसा वह है, तो आप अपनी ऊर्जा उन चीज़ों पर केंद्रित कर सकते हैं जो आपके नियंत्रण में हैं। जितनी जल्दी आप ''इसे बदला नहीं जा सकता'' को सच में स्वीकार कर लेते हैं, उतनी ही जल्दी आप आंतरिक स्वतंत्रता प्राप्त कर लेते हैं।

स्वीकृति वह कुंजी है जो आंतरिक स्वतंत्रता के द्वार को खोलती है। और ये शब्द–इसे बदला नहीं जा सकता–उन भावनात्मक हथकड़ियों को खोलने की कुंजी की तरह हैं, जो हम स्वयं पर लगाते हैं और जो हमारी भावनात्मक पीड़ा को केवल इसलिए बनाए रखती हैं, क्योंकि हम वास्तविकता का विरोध कर रहे होते हैं। चाहे आपको इस अवस्था तक पहुँचने में पाँच मिनट लगें या पाँच महीने, जिस क्षण आप इसे सच में स्वीकार कर लेते हैं, वही क्षण होता है जब आप वास्तविकता का विरोध करना छोड़ देते हैं और ख़ुद को यह उपहार देते हैं कि आप जीवन के साथ शांति में रहें, ठीक वैसा जैसा वह है।

मैंने 5 मिनट नियम और ''इसे बदला नहीं जा सकता'' मंत्र को 20 से अधिक वर्षों तक सिखाया है, और मुझे दर्ज़नों लोगों से तसवीरें मिली हैं जिन्हें यह इतना प्रभावशाली लगा कि उन्होंने इसका का स्थायी टैटू बनवा लिया। यह उन्हें याद दिलाने के लिए था कि उन्हें अब कभी भी अस्वस्थ और अनावश्यक भावनात्मक पीड़ा का अनुभव नहीं करना पड़ेगा, क्योंकि अब वे समझ चुके हैं कि उनके पास हमेशा यह शक्ति है कि वे जीवन को ठीक वैसा ही स्वीकार करें जैसा वह है और ख़ुद को आंतरिक स्वतंत्रता प्रदान करें, जिससे वे शांति में रह सकें।

चरण B : प्रत्येक क्षण के लिए आभारी रहें

यदि मैं आपसे पूछूँ कि आपके जीवन का सबसे अच्छा क्षण कौन सा था, तो आप कैसे उत्तर देंगे? मुझे लगता है कि आप कुछ क्षणों के लिए

अपनी यादों में खोज करेंगे और कोई असाधारण घटना या उपलब्धि याद करेंगे,जैसे-आपके पहले बच्चे का जन्म, आपकी शादी का दिन, कोई महत्त्वपूर्ण लक्ष्य प्राप्त करने का पल, या वह क्षण जब आपने अपना पहला अनुभव किया हो ———— (जीवन में एक बार होने वाला कोई अनुभव डालें)। यह संभवतः एक ऐसा अर्थपूर्ण क्षण होगा जो उस समय या उसके बाद महसूस की गई सकारात्मक भावनाओं के कारण, आपके लिए ''सबसे अच्छा'' क्षण बन गया। उस अनुभव के लिए आपने गहराई से आभार महसूस किया होगा। आपको शायद थोड़ी उदासी भी महसूस हो जब आप यह सोचें कि आपके जीवन का सबसे अच्छा क्षण पीछे छूट चुका है, और शायद आपको वैसा अनुभव दोबारा कभी नहीं मिले।

लेकिन रुको-क्या होगा अगर आपके जीवन का सबसे अच्छा क्षण बाहरी परिस्थितियों या किसी एक बार होने वाली घटना पर निर्भर नहीं हो? अगर यह वास्तव में कुछ ऐसा हो जिसे आप सचेत रूप से चुन सकते हैं, ना कि कोई ऐसी चीज़ जो बस अपने आप घटती है? क्या यह संभव हो सकता है कि हमारे जीवन के सर्वश्रेष्ठ क्षण इस बात से तय होते हैं कि हम वर्तमान क्षण को कितनी गहराई से महसूस करते हैं और उसके लिए कितना आभार व्यक्त करते हैं? और इस तरह, आप सचमुच किसी भी क्षण को अपने जीवन का सबसे अच्छा क्षण मान सकते हैं?

कल, मैंने अपने 10 वर्षीय बेटे के साथ हमारे आंगन में व्हिफ़ल बॉल खेली। खेलते समय, मैंने आभार की एक ज़बरदस्त भावना महसूस की और मन में सोचा, *यह मेरे जीवन का सबसे अच्छा क्षण है।* और वह सच में था। आज सुबह, जब मैंने अपनी मिरेकल मॉर्निंग की, तो मैंने उन चीज़ों को लिखा जिनके लिए मैं आभारी था, फिर 10 मिनट ध्यान किया और अपने हृदय से गहरी कृतज्ञता महसूस की। और मैंने मन में सोचा, *यह मेरे जीवन का सबसे अच्छा क्षण है।* और वह सच में था।

आपके जीवन के सबसे अच्छे पल और अन्य पलों के बीच कोई प्रतिस्पर्धा नहीं है। यह अपने आप में एक अनूठा अनुभव होता है जिसे आप बार-बार दोहरा सकते हैं और जब चाहें अनुभव कर सकते हैं। यह बस पूर्ण रूप से उपस्थित रहने और हर क्षण के लिए गहराई से आभार प्रकट करने का विषय है, चाहे आप किसी भी परिस्थिति में हों।

यदि स्वीकृति वह चाबी है जो आंतरिक स्वतंत्रता के द्वार को खोलती है, तो कृतज्ञता वह द्वार है जो स्थायी ख़ुशियों की ओर ले जाता है। आपको बस हर दिन उस द्वार से होकर गुज़रना है। इसका अर्थ है कि आपको नियमित रूप से इस पर ध्यान देना होगा कि आप किसके लिए आभारी हैं और इसे अपने तंत्रिका तंत्र में गहराई से स्थापित करना होगा–आदर्श रूप से सुबह सबसे पहले, रात में सोने से ठीक पहले, और दिन में जितनी बार संभव हो। जब हम उन चीज़ों पर ध्यान केंद्रित करते हैं, जिनके लिए हम आभारी हैं, तो हम अच्छा महसूस करते हैं। हम अपने भीतर आनंद और ख़ुशी की भावना को विकसित करते हैं। आप यह भी कह सकते हैं कि आप अपने जीवन के बारे में कैसा महसूस करते हैं, यह इस बात पर निर्भर करता है कि आप ख़ुद को कितनी गहराई से कृतज्ञता महसूस करने और अनुभव करने की अनुमति देते हैं। व्यावहारिक रूप से, इसे लेखन (स्क्राइबिंग) के दौरान किया जा सकता है, जहाँ आप उन चीज़ों को लिख सकते हैं, जिनके लिए आप आभारी हैं। इसके अलावा, उद्देश्यपूर्ण मौन के दौरान इमोशनल ऑप्टिमाइज़ेशन मेडिटेशन का उपयोग करके गहरी कृतज्ञता महसूस की जा सकती है, ताकि यह आपकी चेतना की एक स्वाभाविक अवस्था बन जाए।

आप अपने दिन का कितना समय शिकायत करने बनाम कृतज्ञता महसूस करने में बिताते हैं, इस अनुपात पर विचार करें। गंभीरता से, एक क्षण के लिए पढ़ना बंद करें और इस अनुपात पर विचार करें। आप अपने दिन का कितना समय, हर पल, हर जीवनदायी श्वास, अपने प्रियजनों, अपनी सुरक्षा, अपने सिर के ऊपर छत, उस आरामदायक बिस्तर जिसमें आप सोते हैं, उस भोजन जो आपको ऊर्जा देता है और जीवन बनाए रखने में सहायता करता है–इन सबके लिए गहरी, दिल से कृतज्ञता महसूस करने में बिताते हैं? इसके विपरीत, आप अपने दिन का कितना समय उन चीज़ों, उन लोगों या उन स्थितियों के बारे में शिकायत करने या चिंता करने में बिताते हैं जो आपको पसंद नहीं हैं या जिनकी आप भविष्य में होने की आशंका कर रहे हैं? ध्यान दें कि कृतज्ञता और शिकायत एक साथ मौजूद नहीं हो सकते; आपको हर क्षण में वही चुनना होगा जो आपको सबसे अधिक लाभ पहुँचाए।

5 मिनट के नियम और ''इसे बदला नहीं जा सकता'' मंत्र का उपयोग करके, जब आप जीवन को पूरी तरह स्वीकार कर लेते हैं, तो आप आंतरिक स्वतंत्रता की स्थिति को विकसित कर सकते हैं, जिससे आपको यह चुनने की सुविधा मिलती है कि चेतना की अगली अवस्था कौन सी होनी चाहिए जो आपके लिए सबसे अच्छी है। कृतज्ञता एक भावनात्मक अनुभव होने के साथ-साथ चेतना की अवस्था भी होती है। यह एक भावना है जब हम *किसी* चीज़ की सराहना करते हैं। यह चेतना की वह अवस्था है जिसे हम तब अपनाते हैं, जब हम *हर चीज़* की सराहना करते हैं।

क्या यह संभव है कि हम (वास्तव में) *हर चीज़* के लिए आभारी हो सकते हैं?

हर क्षण के लिए... यहाँ तक कि कष्टदायक पलों के लिए भी?

हर अनुभव के लिए... यहाँ तक कि दुखद अनुभवों के लिए भी?

हर आपदा के लिए... यहाँ तक कि अन्यायपूर्ण परिस्थितियों के लिए भी?

हाल ही में एक साक्षात्कार में, माइकल जे. फ़ॉक्स ने बताया कि उनकी लगातार बिगड़ती पार्किंसन की बीमारी के साथ जीना कितना कठिन और लगभग असहनीय हो गया है। उन्होंने कहा, ''मैं समझता हूँ कि यह लोगों के लिए और मेरे लिए भी कितना कठिन है। लेकिन मेरे पास एक विशेष कौशल है, जो मुझे इस स्थिति से निपटने में मदद करता है, और मुझे अहसास हुआ कि कृतज्ञता के साथ, आशावाद को बनाए रखना संभव है। अगर आप कुछ ऐसा खोज सकते हैं, जिसके लिए आप आभारी हो सकते हैं, तो आप कुछ ऐसा भी खोज सकते हैं, जिसका आप इंतज़ार कर सकें, और फिर आप आगे बढ़ सकते हैं।''

अक्सर, हमारे जीवन के सबसे कठिन या पीड़ादायक समय ही हमें सीखने, बढ़ने और विकसित होने के सबसे बड़े अवसर प्रदान करते हैं। यह भी अक्सर कहा जाता है कि पीछे मुड़कर देखने पर सब कुछ स्पष्ट दिखाई देता है, और हममें से अधिकांश लोगों ने अपने जीवन के कठिन समय को याद करते हुए यह अनुभव किया होगा कि उन संघर्षों से हमने जो सीखा या जो विकास किया, उसके लिए हम कृतज्ञ महसूस करते हैं। तो इस जागरूकता के साथ, हम अपने वर्तमान में ख़ुद को पीड़ित क्यों होने

दें और उन लाभों को देखने में देरी क्यों करें, जो हमें अपने सामने आने वाली चुनौतियों से मिलने वाले हैं? हम हर क्षण के लिए आभारी क्यों ना हों, जब हम उसे जी रहे हों?

आमतौर पर कृतज्ञता अक्सर किसी सकारात्मक घटना या जीवन के किसी सुखद पहलू के कारण उत्पन्न होने वाली एक क्षणिक "भावना" हो सकती है, परंतु वही कृतज्ञता तब रूपांतरकारी बन जाती है, जब वह हमारी चेतना की अवस्था बन जाती है - वह दृष्टिकोण जिससे हम अपने जीवन के हर क्षण को अनुभव करना चुनते हैं। इस अंतर का महत्त्व मुझे तब समझ में आया जब मैं एक और अकल्पनीय जीवन संकट का सामना कर रहा था।

37 साल की उम्र में, मैं आधी रात को अचानक साँस लेने में संघर्ष करते हुए उठा। मेरा बायां फेफड़ा तरल पदार्थ से भर गया था, और मेरा हृदय और किडनियाँ काम करना बंद कर रही थीं। कई अस्पतालों के दौरे, इमरजेंसी रूम में बिताई गई लंबी रातें, सात बार फेफड़े से तरल पदार्थ निकाले जाने और डॉक्टरों की भारी उलझन के बाद, अंततः मैं एम डी एंडरसन कैंसर सेंटर पहुँचा, जहाँ मुझे एक बेहद दुर्लभ और अत्यधिक आक्रामक प्रकार के कैंसर-एक्यूट लिम्फ़ोब्लास्टिक ल्यूकेमिया-का पता चला। मुझे सिर्फ़ 20-30 प्रतिशत जीवित रहने की संभावना बताई गई और मेरे कुछ सप्ताह से अधिक जीवित रहने की संभावना बेहद कम थी। मेरी एक पत्नी थी, एक सात साल की बेटी और एक चार साल का बेटा था, और यह बताया जाना कि मेरे मरने की 70-80 प्रतिशत संभावना थी, भयावह और हृदयविदारक था।

मैंने अपने भीतर झाँककर उन जीवन की शिक्षाओं को फिर से याद किया, जिन्हें मैंने पहले की कठिनाइयों को पार करने के लिए सीखा और उपयोग किया था। मैंने उर्सुला से कहा कि मैंने यह तय कर लिया है कि मैं उन 20-30 प्रतिशत लोगों में रहूँगा जो इस कैंसर को हरा देंगे, और मैं हर क़दम पर इस नतीजे में अडिग विश्वास बनाए रखूँगा। मैंने ख़ुद से वादा किया कि मैं जीवन को बिलकुल वैसे ही स्वीकार करूंगा जैसा वह है, और इसके साथ पूरी तरह से शांति स्थापित करूँगा, ताकि मैं सच्ची कृतज्ञता के लिए आवश्यक अपने मन में जगह बना सकूँ और एक सकारात्मक व सक्रिय सोच बनाए रख सकूँ उसी समय, मैंने शिकायत करने या ख़ुद पर दया

महसूस करने से इनकार कर दिया, और मैंने सचेत रूप से यह चुनाव किया कि मैं अब तक का सबसे अधिक कृतज्ञ व्यक्ति बनूँगा। मुझे अहसास हुआ कि मैं हर क्षण के लिए वास्तव में आभारी रह सकता हूँ-चाहे वह कठिन हो या पीड़ादायक। इसका वास्तविक फुटेज भी मौजूद है-मिरेकल मॉर्निंग डॉक्यूमेंट्री के एक दृश्य में आप मुझे अनियंत्रित रूप से रोते हुए देख सकते हैं। मुझे लगातार 11 दिनों तक असहनीय पीड़ा सहनी पड़ी थी, जब एक नर्स ने ग़लती से कीमोथेरेपी को मेरी रीढ़ की हड्डी की एक नस में इंजेक्ट कर दिया, जिससे मुझे लगातार माइग्रेन होने लगा। असहनीय दर्द में होने के बावजूद, मैं कैमरे पर कहता हूँ- ''यह कितना कठिन रहा है, इससे मेरा समग्र दृष्टिकोण नहीं बदला है। मैं इसके लिए आभारी हूँ, क्योंकि जितना कठिन जीवन होता है, उतना ही अधिक अवसर हमें सीखने, बढ़ने, अपने अब तक के सबसे बेहतर संस्करण बनने, और फिर जो हमने सीखा और जो हम बने हैं, उससे दूसरों के जीवन में बदलाव लाने का मिलता है।'' जब हम विपत्ति के दौरान कृतज्ञता को चुनते हैं, विपत्ति का हम पर से नियंत्रण समाप्त हो जाता है।

अपने जीवन के सबसे कठिन समय में से एक को सहने के बाद-जहाँ मैंने 650 घंटे से अधिक बेहद ज़हरीली और जीवनरक्षक कीमोथेरेपी सहन की, साथ ही असंख्य समग्र उपचार विधियों को अपनाया। मैं आभारी हूँ कि अब मैं पूरी तरह से रोगमुक्त हूँ और एक स्वस्थ, कैंसर-मुक्त जीवन जीने की यात्रा पर हूँ। अंततः भले ही यह अनुभव बेहद कठिनाइयों से भरा था, लेकिन इसने मुझे सबसे बड़ा विकास करने का अवसर दिया-एक पिता के रूप में, एक पति के रूप में, और एक इंसान के रूप में। और इसने मुझे जो अनमोल सबक़ सिखाए, उनमें से एक सबसे महत्त्वपूर्ण यह था-

कृतज्ञता हमें पीड़ा से मुक्त करती है।

इसलिए, जब हम प्रत्येक क्षण में उस पर ध्यान केंद्रित करते हैं, जिसके लिए हम आभारी हैं, तो यह सकारात्मक मानसिक और भावनात्मक अवस्थाओं को बढ़ावा देता है। लेकिन जब हम संघर्ष कर रहे होते हैं और जीवन कठिन होता है, तब कृतज्ञता की स्थिति में रहना हमारे मानसिक और भावनात्मक स्वास्थ्य के लिए और भी अधिक महत्त्वपूर्ण हो जाता है। कृतज्ञता वह सार्वभौमिक दृष्टिकोण है, जिसके माध्यम से हम अपने जीवन

के हर क्षण को अनुभव और उसकी व्याख्या कर सकते हैं, यहाँ तक कि सबसे कठिन, अप्रिय, और पीड़ादायक क्षणों को भी।

चरण C: अपनी आदर्श चेतना अवस्था चुनें

जबकि भावनात्मक अवस्थाएँ क्षणिक होती हैं, चेतना अवस्थाएँ गहरी, निरंतर और स्थायी होती हैं, चाहे हमारी भावनाएँ बदलती रहें। उदाहरण के लिए, शांति (जिसे अक्सर आंतरिक शांति कहा जाता है) एक चेतना अवस्था है। यदि आपने अपनी चेतना को शांति की अवस्था में रहने के लिए विकसित और प्रशिक्षित कर लिया है, और कोई परेशान करने वाली घटना आपको विचलित करती है, तो भी आपकी चेतना की अवस्था नहीं बदलती। आप हताशा, क्रोध या दुख जैसी चुनौतीपूर्ण भावनाओं का अनुभव कर सकते हैं, लेकिन वे क्षणिक होंगी, क्योंकि आप त्रासदी, विपरीत परिस्थितियों और अनिश्चितता के बीच भी जल्दी से शांति की अवस्था में लौट सकते हैं।

इसी तरह, यदि आपने कृतज्ञता को अपनी स्वाभाविक चेतना अवस्था बना लिया है, तो अपने जीवन में कठिन समय का सामना करते हुए भी आप स्वाभाविक रूप से उन सभी चीज़ों के लिए आभारी महसूस करेंगे, जो आपके पास हैं। इसके विपरीत, यदि आप भय की चेतना अवस्था में हैं, तो कोई भी परेशान करने वाली घटना आपको भयभीत अवस्था में अनुभव होगी, जिससे आपके अंदरूनी संघर्ष और भी तीव्र हो जाएँगे। हम स्वाभाविक रूप से उन चीज़ों का विरोध करते हैं, जिनसे हम डरते हैं। याद रखें कि वास्तविकता के प्रति हमारा विरोध ही हमारे भावनात्मक दर्द और अस्थिरता का स्रोत है।

कृतज्ञता की भावनाओं को आत्मसात करने के बाद, आप पूरी तरह स्वतंत्र होते हैं यह चुनने के लिए कि आप अगले क्षण को किस रूप में अनुभव करना चाहते हैं। आप प्रेम, आनंद, शांति, चंचलता, आत्मविश्वास महसूस करना चाह सकते हैं या फिर दुख यदि आपको शोक मनाने की आवश्यकता महसूस हो या क्रोध यदि आपको किसी ऐसी चीज़ को सँभालना हो, जिसने आपको परेशान किया हो। मूलभूत अंतर यह है कि आप सचेत रूप से और सोच-समझकर अपनी आदर्श चेतना

अवस्था चुन रहे हैं, बजाय इसके कि बाहरी परिस्थितियाँ आपके लिए इसे तय करें।

स्पष्ट रूप से, आप तुरंत मिरेकल लाइफ़ को पूरी तरह आत्मसात नहीं कर पाएँगे, लेकिन लक्ष्य पूर्णता प्राप्त करना नहीं है; लक्ष्य है प्रगति करना। जिस तरह अपने शारीरिक स्वास्थ्य को सर्वोत्तम स्थिति में लाने के लिए नियमित व्यायाम की आवश्यकता होती है, वैसे ही आपको अपने आदर्श मानसिक और भावनात्मक स्तर तक पहुँचने में भी कई महीनों के निरंतर अभ्यास की आवश्यकता हो सकती है। हर दिन अपनी मिरेकल मॉर्निंग को अपनाकर और मिरेकल लाइफ़ के मौलिक सिद्धांतों (ABC) को लागू करके, आप अपनी आदर्श चेतना अवस्था चुनने की क्षमता विकसित करेंगे और प्रत्येक दिन को खुशी और कृतज्ञता या आपके द्वारा चुनी गई किसी भी चेतना अवस्था में व्यतीत करने का आनंद लेंगे। मैं इसे एक निरंतर खेल की तरह देखने में लाभदायक महसूस करता हूँ, जहाँ मुझे अपने ''पुरस्कार'' (उन्नत चेतना अवस्थाएँ) चुनने को मिलते हैं, और फिर मैं हर दिन इस खेल को खेलने के लिए तैयार होता हूँ, ताकि उन पुरस्कारों के और क़रीब आ सकूँ।

कुछ दिनों में, जब मैं अपनी चेतना की सर्वोत्तम अवस्थाओं को सफलतापूर्वक आत्मसात करता हूँ और विपरीत परिस्थितियों को सहजता और गरिमा के साथ संभाल पाता हूँ, तब मुझे लगता है कि मैं ''जीत'' रहा हूँ। कई वर्षों तक इन तकनीकों का अभ्यास करने के कारण, मैं अपना अधिकांश दिन शांति में बिता पाता हूँ, उन चीज़ों को स्वीकार करके जो मेरे नियंत्रण में नहीं हैं, और प्रत्येक क्षण के लिए वास्तव में आभारी महसूस करता हूँ, चाहे कोई भी चुनौती सामने आए। लेकिन जिन दिनों या क्षणों में मैं संघर्ष करता हूँ – जब मैं नीचे गिर जाता हूँ, निम्न चेतना स्तरों में लौट आता हूँ, और मानसिक व भावनात्मक उथल-पुथल का अनुभव करता हूँ-तब मैं इसे केवल खेल के एक दौर को ''हारने'' की तरह देखता हूँ। अगले दिन, मैं फिर से जागता हूँ, एक नई शुरुआत करता हूँ, और खेल का अगला दौर खेलने के लिए तैयार हो जाता हूँ।

जब आप अपनी चेतना को ऊँचे स्तर पर ले जाने को एक खेल की तरह देखेंगे, तो निश्चित रूप से आपको कभी-कभी संघर्ष करना पड़ेगा, विशेषकर जब आप इसे खेलना सीख रहे होंगे, लेकिन आप असफल नहीं

हो सकते। भले ही आप कुछ राउंड हार जाएँ, लेकिन जब तक आप खेलते रहेंगे, आप लगातार सीखते रहेंगे, विकसित होते रहेंगे, और हर बार पहले से बेहतर बनते जाएँगे।

दैनिक दोहराव के माध्यम से, आप अपनी आदर्श चेतना अवस्थाओं को इस हद तक विकसित कर लेंगे कि वे आपकी स्वाभाविक चेतना अवस्थाएँ बन जाएँगी। परम लक्ष्य यह है कि आप अपने भीतर गहरे, व्यापक स्तर पर आंतरिक शांति, प्रेम, और कृतज्ञता की अवस्थाओं को आत्मसात करें, साथ ही अटूट आत्मविश्वास, प्रेरणा, और एकाग्रता के साथ अपने जीवन के हर क्षण को जिएँ।

मैं आपको अपनी मिरेकल मॉर्निंग का उपयोग मिरेकल लाइफ़ को आत्मसात करने के अभ्यास के रूप में करने के लिए प्रोत्साहित करता हूँ। एक मिरेकल मॉर्निंग के अभ्यासकर्ता के रूप में, आपके पास पहले से ही S.A.V.E.R.S. की रूपरेखा है, जो आपकी चेतना को ऊँचे स्तर तक ले जाने में आपकी मदद कर सकती है, ताकि आप जीवन को ठीक उसी रूप में स्वीकार कर सकें जैसा वह है, अपने प्रत्येक जीवित क्षण के लिए वास्तविक कृतज्ञता महसूस कर सकें, और हर दिन अपनी आदर्श चेतना अवस्था को चुन सकें। हालाँकि S.A.V.E.R.S. के सभी छह अभ्यास आपको मिरेकल लाइफ़ को आत्मसात करने में मदद कर सकते हैं, जैसे कि आदर्श चेतना अवस्था में ध्यान करना या अपनी डायरी में उन चीज़ों को लिखना जिनके साथ आप शांति स्थापित करना चाहते हैं–लेकिन मैं इसे आपके लिए सरल बनाना चाहता हूँ और उस एक अभ्यास पर ध्यान केंद्रित करना चाहता हूँ जिसे मैं सबसे प्रभावी मानता हूँ : *सकारात्मक पुष्टिकरण।*

मैंने एक संक्षिप्त (एक मुद्रित पृष्ठ का) सकारात्मक पुष्टियों का सेट बनाया है, जो इस अध्याय के मुख्य पाठों को समाहित करता है ताकि आप उन्हें प्रतिदिन याद रख सकें, दोहरा सकें, और अपनी मिरेकल लाइफ़ को जीना शुरू कर सकें। आप MiracleMorning.com/resources से चमत्कारी जीवन की सकारात्मक पुष्टियों को डाउनलोड और प्रिंट भी कर सकते हैं।

मिरेकल लाइफ़–सकारात्मक पुष्टियाँ

मैं अपनी चेतना को आंतरिक स्वतंत्रता की अवस्था तक ऊँचा उठाने और मज़बूत करने के लिए प्रतिबद्ध हूँ, ताकि मैं ख़ुद तय कर सकूँ कि अपने जीवन के हर क्षण को कैसे अनुभव करना है। मुझे एक अनमोल जीवन मिला है, और मैं वास्तविक शांति और आनंद का हक़दार हूँ। इसे हासिल करने के लिए, मैं मिरेकल लाइफ़ के मौलिक सिद्धांतों (ABC) को बनाए रखूँगा :

A : जीवन को ठीक उसी रूप में स्वीकार करना जैसा वह है

अब जब मुझे यह समझ में आ गया है कि भावनात्मक पीड़ा – यानी आंतरिक अशांति – वास्तव में मेरी अपनी ही बनाई हुई होती है, और यह तब तक बनी रहती है जब तक मैं वास्तविकता का प्रतिरोध करता हूँ; विशेषकर तब, जब मैं उन चीज़ों पर ध्यान केंद्रित करता हूँ जो मेरे नियंत्रण से बाहर हैं, और उन्हें बदलने की इच्छा रखता हूँ – मैं जीवन को ठीक उसी रूप में स्वीकार करूँगा जैसा वह है। मैं उन सभी चीज़ों के साथ शांति स्थापित करने का चुनाव करूँगा जो मेरे नियंत्रण से बाहर हैं। भले ही मैं हमेशा यह नियंत्रित नहीं कर सकता कि मेरे जीवन में क्या होता है, लेकिन मैं हमेशा यह चुनने के लिए स्वतंत्र हूँ कि मैं अपने जीवन के प्रत्येक क्षण को कैसे अनुभव करता हूँ। अपने अवचेतन प्रतिरोध को दूर करने और जीवन को ठीक उसी रूप में स्वीकार करने में मदद करने के लिए, मैं 5 मिनट नियम लागू करूँगा (टाइमर सेट करूँगा और अपने भीतर स्वाभाविक रूप से उत्पन्न होने वाली किसी भी भावना को महसूस करने के लिए ख़ुद को पाँच मिनट दूँगा)। फिर, जब टाइमर बंद होगा, मैं बस यह कहूँगा, "इसे बदला नहीं जा सकता" ताकि मैं इस बात को स्वीकार कर सकूँ और ख़ुद को याद दिला सकूँ कि, चूँकि मैं समय में पीछे जाकर जो कुछ हुआ उसे बदल नहीं सकता, तो मेरा एकमात्र तर्कसंगत विकल्प यही है कि मैं इसे स्वीकार करूँ और उस चीज़ के साथ शांति स्थापित करूँ जिसे मैं बदल नहीं सकता, ताकि मैं आंतरिक स्वतंत्रता का अनुभव कर सकूँ।

याद रखें, स्वीकार करना ही वह कुंजी है, जो आंतरिक स्वतंत्रता के द्वार को खोलती है।

अंत में, मैं याद रखूँगा कि किसी चीज़ के साथ शांति में होने का मतलब यह नहीं है कि मैं उससे ख़ुश हूँ। लेकिन शुक्र है कि शांति चेतना की एक ऐसी स्थिति है, जो किसी भी अल्पकालिक भावना से कहीं ज़्यादा शक्तिशाली और टिकाऊ है। शांति भावनात्मक रूप से तटस्थ है, और उस स्थिति से, मैं ख़ुश, आभारी या कोई अन्य स्थिति चुन सकता हूँ, जो मेरे लिए लाभकारी हो।

B : प्रत्येक क्षण के लिए आभारी रहें

एक बार जब मैंने वास्तविकता को ठीक उसी रूप में स्वीकार करने का चयन कर लिया है और इस प्रकार, आंतरिक स्वतंत्रता की अवस्था में हमेशा उपलब्ध शांति का अनुभव करने की अनुमति दी है, तब मैं केवल स्वीकृति तक सीमित नहीं रहूँगा, बल्कि प्रत्येक क्षण के लिए वास्तव में आभारी रहने का चयन करने के लिए प्रतिबद्ध रहूँगा।

मैं समझता हूँ कि कृतज्ञता वह माध्यम है, जिसके द्वारा मैं अपने जीवन के हर क्षण को अनुभव करने और उसका आनंद लेने का चयन कर सकता हूँ, यहाँ तक कि कठिन क्षणों को भी। जब मैं कठिन समय से गुज़र रहा होता हूँ, तब भी मैं इस बात के लिए आभारी रहने का चयन कर सकता हूँ कि इन चुनौतियों का सामना करने और उन्हें सकारात्मक मानसिकता के साथ पार करने से मिलने वाले सबक और सुधार मुझे अपने स्वयं के एक बेहतर, अधिक सक्षम संस्करण में बदलने में मदद करेंगे।

मैं यह स्वीकार करता हूँ कि प्रत्येक क्षण अपनी मूलभूत पूर्णता की स्थिति में अस्तित्व में है, और मुझे यह चुनने का अवसर प्राप्त है कि मैं प्रत्येक क्षण को कैसे अनुभव करता हूँ। मैं यह समझता हूँ कि मेरा जीवन वर्तमान क्षण में निहित है, इसलिए मैं स्वयं को प्रत्येक क्षण के लिए वास्तविक, हृदय से उपजी कृतज्ञता महसूस करने की अनुमति देता हूँ। याद रखें, कृतज्ञता ही आनंद का द्वार है।

C : अपनी सर्वोत्तम चेतना की अवस्था चुनें

जहाँ भावनाएँ अक्सर स्वाभाविक और क्षणिक होती हैं, वहीं चेतना की अवस्थाएँ जीवन को अनुभव करने का मूलभूत तरीक़ा होती हैं। नकारात्मक अवस्थाओं, जैसे कि अपराधबोध, शर्म, भय, या क्रोध में बने रहने से मैं अनावश्यक रूप से कष्ट उठाता हूँ और प्रेम, आनंद, शांति, कृतज्ञता और प्रसन्नता जैसी अवस्थाओं का अनुभव करने से वंचित रह जाता हूँ।

मेरी पसंदीदा स्थायी अवस्था आंतरिक स्वतंत्रता है, क्योंकि यह मुझे उन चीज़ों के साथ शांति से रहने की अनुमति देती है, जिन्हें मैं बदल नहीं सकता, ताकि मैं यह तय कर सकूँ कि मैं अपने जीवन के प्रत्येक क्षण को कैसे अनुभव करना चाहता हूँ। चाहे कुछ भी हो जाए, भले ही मेरी परिस्थितियाँ कठिन या पीड़ादायक हों, मैं शांति और कृतज्ञता को चुनता हूँ ताकि मैं इस एकमात्र जीवन का आनंद ले सकूँ, जो मुझे जीने के लिए मिला है। यही मेरी मिरेकल लाइफ़ है।

अपनी चेतना को ऊँचा उठाना कोई एक बार की घटना नहीं है। यह एक सतत प्रक्रिया है, जो निरंतर अभ्यास के माध्यम से पूरी होती है, ठीक वैसे ही जैसे शारीरिक शक्ति को निरंतर व्यायाम के माध्यम से बढ़ाया जाता है। मैं आपको पूरी दृढ़ता से प्रोत्साहित करता हूँ कि आप अपनी 30-दिन की यात्रा के शेष दिनों के दौरान इन सकारात्मक कथनों को प्रतिदिन पढ़ें, और फिर तब तक जारी रखें जब तक कि आपकी चेतना इस प्रकार ढल नहीं जाए कि आंतरिक स्वतंत्रता आपकी स्वाभाविक अवस्था बन जाए।

आप इन सकारात्मक कथनों को अपनी मिरेकल मॉर्निंग के दौरान पढ़ या दोहरा सकते हैं, जिससे आप अपने दिन की शुरुआत अपनी चेतना की सर्वोत्तम अवस्था में कर सकें। साथ ही, यह आपके लिए लाभदायक हो सकता है कि आप इन्हें अपनी मिरेकल ईवनिंग के दौरान फिर से पढ़ें, ताकि आप स्वयं को यह याद दिला सकें कि आपके पास जीवन को वैसा ही स्वीकार करने की क्षमता है, जैसा वह है; हर क्षण के लिए कृतज्ञ रहने

की योग्यता है; और निद्रा की तैयारी करते समय अपनी चेतना की सर्वोत्तम अवस्था चुनने की शक्ति है।

मैं आपको अपनी कुछ पसंदीदा पुस्तकों की सूची देना चाहता हूँ, जिन्हे मैंने चेतना को ऊँचा उठाने के बारे में सीखने के लिए सबसे अधिक सहायक पाया है। आप इन्हें अपनी पठन सूची में शामिल कर सकते हैं। ये मेरी कुछ पसंदीदा पुस्तकें हैं (जिन्हें मैंने अपनी मिरेकल मॉर्निंग के दौरान पहली बार पढ़ा था और आज भी रात में सोने से पहले अपनी रेखांकित की हुई पंक्तियाँ दोहराता हूँ, ताकि शांति का अनुभव कर सकूँ) :

- *द अनटेथर्ड सोल ऐंड लिविंग अनटेथर्ड* – माइकल सिंगर
- *लविंग वाट इज़* – बायरन केटी
- *पीस इज़ एवरी स्टेप* – थिच न्हात हान
- *द इनर वर्क* – मैथ्यू मिशेलेटी और ऐशली कॉटरेल
- *अवेयरनेस* – एंथनी डी मेलो

मिरेकल लाइफ़ पर अंतिम विचार

मिरेकल लाइफ़ हम सभी के लिए उपलब्ध है, लेकिन केवल वही इसे जीते हैं जो जीवन को ठीक वैसे ही स्वीकार करने के लिए तैयार होते हैं, जैसा वह है; प्रत्येक क्षण में कृतज्ञ होते हैं; और अपनी चेतना की सर्वोत्तम अवस्था को सचेत रूप से चुनते हैं।

मैं व्यक्तिगत रूप से जानता हूँ कि परिस्थितियाँ कितनी कठिन और कष्टदायक हो सकती हैं। मैं यह भी जानता हूँ कि हम स्वयं यह चुन सकते हैं कि हम प्रत्येक क्षण की व्याख्या और अनुभव कैसे करें। हम शांति में रह सकते हैं और यहाँ तक कि अपने जीवन के सबसे कठिन समय में भी सबसे अधिक ख़ुश और कृतज्ञ महसूस कर सकते हैं। यदि हम स्वयं को अभी शांति और कृतज्ञता का अनुभव करने की अनुमति नहीं देते, तो हमें क्यों लगता है कि भविष्य कुछ अलग होगा?

चाहे जीवन आपके सामने जो कुछ भी लाए, आप यह चुन सकते हैं कि आप प्रत्येक क्षण को कैसे अनुभव करेंगे। आप शांति में रहने का चुनाव

कर सकते हैं। आप कृतज्ञ होने का चुनाव कर सकते हैं। आप ख़ुश रहने का चुनाव कर सकते हैं। आप इस एकमात्र जीवन के प्रत्येक क्षण का आनंद लेने का चुनाव कर सकते हैं, जिसको जीने का सौभाग्य आपको मिला है। आप मिरेकल लाइफ़ जीने का चुनाव कर सकते हैं।

निष्कर्ष

आज का दिन ऐसा हो कि
आप वह होना छोड़ दें जो अब तक थे,
ताकि वह बन सकें जो आप बन सकते हैं।

''हर दिन, जब तुम जागो, यह सोचो, 'आज मैं भाग्यशाली हूँ कि मैं जागा, मैं जीवित हूँ, मुझे एक अनमोल मानव जीवन मिला है, मैं इसे व्यर्थ नहीं जाने दूँगा। मैं अपनी समस्त ऊर्जा का उपयोग स्वयं को विकसित करने के लिए करूँगा, दूसरों के प्रति अपने हृदय के द्वार खोलूँगा। मैं यथासंभव दूसरों को लाभ पहुँचाने का प्रयास करूँगा।'

– दलाई लामा

''चीज़ें नहीं बदलतीं। हम बदलते हैं।''

– हेनरी डेविड थॉरो

जहाँ तुम आज हो, वह इस बात का परिणाम है कि तुम पहले कौन थे, लेकिन तुम कहाँ पहुँचोगे, यह पूरी तरह इस पर निर्भर करता है कि तुम इस क्षण से आगे कैसा बनने का चुनाव करते हो।

यह तुम्हारा समय है। उस ख़ुशी, स्वास्थ्य, संपत्ति, सफलता और प्रेम से भरपूर जीवन–को बनाने और अनुभव करने को किसी और दिन के लिए मत टालो, जिसे तुम वास्तव में चाहते हो और जिसके तुम पूर्णतः योग्य हो। जैसा कि मेरे मार्गदर्शक केविन ब्रेसी हमेशा कहते थे : ''महान बनने के लिए इंतज़ार मत करो।'' अगर तुम अपने जीवन को बेहतर बनाना चाहते हो, तो

पहले ख़ुद को बेहतर बनाना होगा। अपनी मिरेकल मॉर्निंग 30-दिवसीय यात्रा को पूरा करने के लिए प्रतिबद्ध रहो, ताकि तुम वह व्यक्ति बन सको जो अपने जीवन में सबकुछ बना सके जो तुम चाहते हो और दूसरों की भी इसमें सहायता कर सको।

हम मिलकर मानवता की चेतना को ऊँचा उठा रहे हैं

जब मैंने पहली बार मिरेकल मॉर्निंग का अभ्यास शुरू किया, तो वह एक स्वार्थी प्रयास था। मैं आर्थिक रूप से संघर्ष कर रहा था और मुझे एक समाधान चाहिए था। मैं किसी और के बारे में नहीं सोच रहा था।

हालाँकि, बीते वर्षों के दौरान, और विशेष रूप से हमारे माता-पिता बनने के बाद, मैंने महसूस किया कि मिरेकल मॉर्निंग करना उतना ही दूसरों के लिए महत्त्वपूर्ण है जितना कि यह मेरे लिए है।

हर दिन की शुरुआत S.A.V.E.R.S. से करने से मैं एक बेहतर पिता, बेहतर पति, और समग्र रूप से एक बेहतर इंसान बन पाता हूँ। यह मुझे अधिक धैर्यवान, प्रेमपूर्ण, और हर कार्य में अधिक उद्देश्यपूर्ण बनने में मदद करता है। उदाहरण के लिए, मैंने अपने सबसे महत्त्वपूर्ण रिश्तों के लिए पुष्टि वाक्य बनाए हैं-जैसे कि ''सुपर ऑसम फ़न डैड,'' जो मुझे याद दिलाते हैं कि मैं अपने बच्चों के सामने कैसा दिखना चाहता हूँ। इसी तरह, मैं हर दिन ''उर्सुला के सपनों का पति'' वाले पुष्टि वाक्य पढ़ता हूँ, जो यह स्पष्ट करते हैं कि मैं अपनी पत्नी के लिए किस तरह से प्रस्तुत होना चाहता हूँ। इसी तरह, मैंने सभी लोगों के साथ अपने संबंधों को बेहतर बनाने के लिए भी पुष्टि वाक्य बनाए हैं।

इसलिए, जब तुम अपनी मिरेकल मॉर्निंग यात्रा शुरू करो और S.A.V.E.R.S. को अपने दैनिक जीवन में शामिल करो, तो इसे ध्यान में रखो। यह सोचो कि तुम इसमें अपने प्रियजनों और जिनका तुम नेतृत्व करते हो, उन्हें कैसे शामिल कर सकते हो। यह भी विचार करो कि तुम्हारे सर्वश्रेष्ठ रूप में विकसित होने से दूसरों पर कैसा प्रभाव पड़ेगा।

और एक बड़े स्तर पर सोचो-दुनिया भर में लाखों लोग अगर ऐसा करने लगें, तो इसका क्या असर होगा? याद रखें, मिरेकल मॉर्निंग मिशन

का उद्देश्य है, मानवता की चेतना को ऊँचा उठाना-एक सुबह (और एक व्यक्ति) के माध्यम से। हर सुबह, वह व्यक्ति तुम हो। जब तुम अपनी चेतना को ऊँचा उठाते हो-अपने विचारों, शब्दों और कार्यों के प्रभाव को अधिक जागरूकता और उद्देश्य के साथ अपनाते हो-तो तुम वास्तव में पूरी मानवता की चेतना को ऊँचा उठा रहे हो।

अपने और दूसरों की भलाई के लिए हर दिन जागने और अपने संभावित सर्वश्रेष्ठ रूप को प्राप्त करने के लिए समय देने के लिए धन्यवाद।

प्रेम और कृतज्ञता के साथ,

हैल

आभार

कम से कम अंतिम दो पैराग्राफ़ ज़रूर पढ़ें (वे आपके लिए हैं)। यह किताब लिखने का सबसे चुनौतीपूर्ण हिस्सा हो सकता है। इसलिए नहीं कि मेरे पास आभार व्यक्त करने के लिए लोगों की कमी है, बल्कि इसके बिलकुल विपरीत। बहुत से लोगों ने मेरे जीवन और इस किताब पर गहरा प्रभाव डाला है, और मुझे नहीं लगता कि अगले कुछ पन्नों में, मैं उन सभी का धन्यवाद कर पाऊँगा। वास्तव में, ऐसा करने में शायद पूरी एक किताब लग जाए। इस किताब का अगला भाग द *मिरेकल मॉर्निंग : आभार व्यक्त करना* हो सकता है। मुझे नहीं पता कि कितने लोग इसे ख़रीदेंगे, लेकिन मुझे इसे लिखने में ज़रूर मज़ा आएगा।

सबसे पहले, मैं उस अद्भुत महिला का दिल से धन्यवाद करना चाहता हूँ, जिन्होंने मुझे साढ़े नौ महीने तक अपने अंदर रखा और मुझे जीवन का उपहार दिया–मेरी माँ, जूली विल्सन। माँ, मैं तुमसे बहुत प्यार करता हूँ! मुझ पर हमेशा विश्वास करने और मुझे सही मार्ग दिखाने के लिए धन्यवाद। (ठीक है, मुझे अब भी तुम्हारी सख़्ती की ज़रूरत है।) ओह, और तुम्हें मुझसे मिलने अधिक बार आना चाहिए!

मेरे पिता, मार्क एलरॉड के लिए। पापा, मेरे सभी सबसे अच्छे दोस्तों में, आप मेरे सबसे अच्छे दोस्त हो। आज मैं जो भी इंसान हूँ, वह आपके कारण हूँ, क्योंकि आपने मेरे पूरे जीवन में मेरे लिए जो कुछ किया है, उसने मुझे एक बेहतर इंसान बनाया है। आपने मुझमें जो जीवन–मूल्य और गुण भरे हैं, अब मैं उनके लिए और भी अधिक आभारी हूँ, क्योंकि मुझे पता है कि मैं उन्हें अपने बच्चों तक पहुँचाऊँगा। आई लव यू, डैड।

हेले, तुम अब तक की सबसे बेहतरीन बहन हो। इसमें कोई शक नहीं, कोई मुक़ाबला नहीं। लेकिन तुम सिर्फ़ एक शानदार बहन ही नहीं हो, बल्कि मेरी सबसे अच्छी दोस्तों में से भी एक हो।

तुम सच्ची, सहायक, दयालु हो, और लगभग उतनी ही मज़ाक़िया हो जितना मैं! सच में, मैं बहुत आभारी हूँ कि तुम मेरी बहन हो। मैं इससे बेहतर कोई और बहन सोच भी नहीं सकता।

मेरी छोटी बहन और हमारी परी, एमरी, जो स्वर्ग से हमें देख रही है। मुझे तुम्हारी बहुत याद आती है, बहन। हम सबका ख़याल रखने के लिए धन्यवाद।

मेरी जीवनसंगिनी, उर्सुला। आज भी मैं इस बात पर हैरान होता हूँ कि तुम मेरे लिए कितनी आदर्श हो, और मैं इससे ज़्यादा आभारी नहीं हो सकता कि हम साथ में अपना जीवन बना और जी रहे हैं। और हमारे प्यारे बच्चों के बारे में क्या कहूँ, है ना? सोफिया और हाल्स्टन के रूप में जीवन में इतना सुंदर उपहार देने के लिए धन्यवाद। तुम्हारे साथ, मुझे पता है कि हमारा परिवार हमेशा प्यार और ख़ुशियों से भरा रहेगा।

मेरी बेटी, सोफ़िया (उर्फ़ सोफ़िनेटर)। मैं तुमसे बहुत प्यार करता हूँ!!! तुम वैसी ही हो जैसा मैंने अपनी बेटी के लिए कभी सोचा था, और हर दिन मेरे जीवन में जो ख़ुशी और आनंद तुम लाती हो, मैं उसके लिए बेहद आभारी हूँ। तुम दयालु, होशियार, रचनात्मक और बहुत मज़ाक़िया हो! और मैं बहुत भाग्यशाली हूँ कि मैं तुम्हारा पापा हूँ!

मेरे बेटे, हॉल्स्टन (उर्फ़ हॉल्स्टीनो), तुम सबसे दयालु, सबसे प्यार करने वाले और सबसे उदार इंसान हो, जिनसे मैं कभी मिला हूँ। जब से तुम दो साल के थे और बोलना सीख रहे थे, तबसे तुम हमेशा दूसरों की भलाई के बारे में सोचते आए हो। मैं हमेशा कहता हूँ कि ऐसा लगता है जैसे तुम पहले से ही उन मूल्यों को लेकर पैदा हुए हो, जिन्हें सीखने में मुझे पूरी ज़िंदगी लग गई। मैं तुमसे बहुत प्यार करता हूँ, बेटे!

मेरे सभी चाचा, चाची, मामा, मौसी, भाई-बहन और दादा-दादी के लिए, मैं उस अपार प्रेम और समर्थन के लिए बेहद आभारी हूँ, जो आप

सभी ने हमेशा मुझे दिया है। मेरी सबसे ख़ूबसूरत यादों में से कुछ आपके साथ बिताए गए पल हैं। मैं आप सभी से बहुत प्यार करता हूँ!

मेरे ससुरालवालों–मारेक, मरिला, स्टीव, लिंडा, एडम, और अनिया के लिए, मैं आपके परिवार का हिस्सा बनकर आभारी हूँ।

टिफ़नी हैमंड, द मिरेकल मॉर्निंग की चीफ़ ऑपरेशंस ऑफ़िसर। तुम परिवार हो। तुम सबसे दयालु, वफ़ादार, निःस्वार्थ, सहनशील और मेहनती इंसानों में से एक हो, जिनसे मैं कभी मिला हूँ। कौन सोच सकता था कि यार्ड हाउस में हुई एक आकस्मिक मुलाक़ात लगभग एक दशक तक साथ काम करने में बदल जाएगी?! मेरे जीवन, मेरे परिवार के जीवन, और हमारे सामूहिक मिरेकल मॉर्निंग मिशन में जो योगदान तुमने दिया है, उसके लिए धन्यवाद। तुम मेरे लिए जिस तरह से हमेशा साथ खड़ी रही हो, वैसे कोई और कभी नहीं रहा। मैं तुम्हें बहुत प्यार करता हूँ, टिफ़!

ब्रिआना ग्रीन्स्पैन, ओ.जी. एमएमर! तुम मेरे लिए एक फ़रिश्ता हो। तुम ना केवल मिरेकल मॉर्निंग की शुरुआत से ही सबसे समर्पित पक्षधर और समर्थक रही हो, बल्कि तुम मेरी सबसे अच्छी दोस्तों में से भी एक हो। 2012 में उन ''मिरेकल मॉर्निंग मूवमेंट मेकर'' कॉल्स से लेकर, मेरी कैंसर यात्रा के दौरान मेरा साथ देने, मेरे परिवार के लिए मौजूद रहने, और जब भी मुझे ज़रूरत होती है (और हम दोनों जानते हैं कि मुझे अकसर ज़रूरत होती है), तब मुझे बेहतरीन सलाह देने तक–तुम मेरे जीवन के सबसे महत्त्वपूर्ण लोगों में से एक हो। हाल ही में, तुमने ख़ुद को द *मिरेकल मॉर्निंग इन स्कूल्स* प्रोग्राम को विकसित करने के लिए समर्पित किया है और शिक्षक एवं युवाओं के जीवन पर गहरा प्रभाव डाल रही हो, जिस बारे में मैंने केवल सपना देखा था। शब्द यह नहीं बता सकते कि मैं तुम्हें कितना प्यार और सराहना करता हूँ, ब्रि!

ऑनरे कोर्डर (जिन्हें ''बुक व्हिस्परर'' के नाम से भी जाना जाता है), इन वर्षों में तुमने मेरी जो मदद की है, उसके लिए मैं तुम्हारा जितना धन्यवाद करूँ, वह कम है। मिरेकल मॉर्निंग को किताबों की इस शृंखला के माध्यम से अनगिनत लोगों तक पहुँचाने में तुमने महत्त्वपूर्ण भूमिका निभाई, और मैं ख़ुद को सौभाग्यशाली मानता हूँ कि हमारे रास्ते मिले। तुम सच में दुनिया की सबसे बेहतरीन लोगों में से एक हो, जो दूसरों को यह सिखाने में

माहिर हैं कि कैसे वे अपनी किताबें लिखें, प्रकाशित करें और उनसे कमाई करें! और जबकि तुमने मिरेकल मॉर्निंग मिशन में बहुत योगदान दिया है, मैं व्यक्तिगत रूप से सबसे अधिक आभारी हूँ कि तुमने मुझे तब सहारा दिया, जब मुझे कैंसर का पता चला। तुम्हारे प्यार, समर्थन और दोस्ती के लिए बहुत धन्यवाद, ऑनरे। मैं तुमसे बहुत प्यार करता हूँ और हमेशा के लिए तुम्हारा आभारी रहूँगा!

जोश आइडनबर्ग, मिरेकल मॉर्निंग मिशन में अपने आप को इतनी गहराई से समर्पित करने और हमेशा यह सोचते रहने के लिए धन्यवाद कि हम मिरेकल मॉर्निंग समुदाय की और बेहतर सेवा कैसे कर सकते हैं। मुझे बार-बार प्रोत्साहित करने और मुझे यह स्वीकार करने के लिए मजबूर करने के लिए धन्यवाद कि मिरेकल मॉर्निंग ऐप को आख़िरकार बनाया जाए, जो अब हर दिन दसियों हज़ार लोगों को उनकी चेतना को ऊँचा उठाने में मदद कर रहा है। जोश, तुम जितने प्रतिभाशाली और रचनात्मक हो, उतने ही दयालु और उदार भी हो, और मैं तुम्हारे साथ मिलकर मानव चेतना को ऊँचा उठाने का कार्य करने के लिए गहराई से आभारी और सौभाग्यशाली महसूस करता हूँ।

स्टेफ़नी ब्लैकबर्ड, मिरेकल मॉर्निंग कम्युनिटी का समर्थन और मध्यस्थता करने के प्रति तुम्हारी वर्षों की अडिग प्रतिबद्धता अद्भुत से कम नहीं है। तुम अत्यंत निष्ठावान हो और हमेशा सेवा करने के लिए अपनी सीमाओं से परे गई हो। बहुत-बहुत धन्यवाद। मैं तुमसे बहुत प्यार करता हूँ, स्टेफ़!

वेरोनिका विएलमा और ज़ैक आइकलर, मिरेकल मॉर्निंग मिशन में तुम्हारे योगदान अमूल्य रहे हैं। तुम्हारी मेहनत के कारण, हम पहले से कहीं अधिक लोगों तक पहुँच पा रहे हैं। हमारी टीम और कम्युनिटी के लिए जो कुछ भी तुम करते हो, उसके लिए मैं तुम्हारा तहे दिल से आभार व्यक्त करता हूँ।

सेलेस्टे फ़ाइन, मुझे नहीं पता कि तुम एक फ़रिश्ता हो, एक जिन्न हो, या कुछ और, लेकिन तुमने मेरे जीवन में असंख्य चमत्कार किए हैं। कई बार, मैंने एक लक्ष्य या सपना लिखा, जो इतना बड़ा था कि मुझे यह भी नहीं पता था कि मैं इसे कैसे पूरा करूँगा। और फिर, अचानक, तुम मेरे

जीवन में आई और उसे पूरा करने के साधन लेकर आई। और तुम यह प्रेम और सच्ची नीयत से करती हो, हमेशा मेरे सर्वोत्तम हित को ध्यान में रखते हुए। सेलेस्टे, मैं तुम्हारी बेहद सराहना करता हूँ!

स्कॉट हॉफ़मैन, मिरेकल मॉर्निंग और मुझ पर विश्वास करने के लिए धन्यवाद। मुझे अटूट विश्वास है कि हम मिलकर और भी अधिक जीवनों को सकारात्मक रूप से प्रभावित करेंगे।

ग्लेन येफ़ेथ, बेनबेला के सीईओ और इस पुस्तक के मुख्य संपादक, इस पांडुलिपि को अपडेट करने में आपके साथ काम करना एक बहुत ही सुखद अनुभव रहा, और आपकी वजह से यह पुस्तक मेरी कल्पना से भी कहीं अधिक बेहतर बनी है।

द *मिरेकल मॉर्निंग* के प्रत्येक सह-लेखक का धन्यवाद, जिन्होंने इस पुस्तक शृंखला में अपना प्रेम और ज्ञान समर्पित किया। आइए, हम जितने अधिक लोगों की मदद कर सकते हैं, उतनी करें।

एमिली क्लेन, एलिजाबेथ प्रैट, एलेन पोफ़ेल्ड्ट और जूली स्ट्रॉस-मेरी प्रतिभाशाली संपादन टीम, मेरे विचारों को इस तरह संप्रेषित करने में मदद करने के लिए धन्यवाद, जो निश्चित रूप से पाठकों के हृदय तक पहुँचेगा। यह पुस्तक आपकी अद्वितीय प्रतिभा और दृष्टिकोण के कारण कहीं अधिक स्पष्ट रूप से पढ़ी जा सकती है।

डिनो मरीनो, जब से ऑनरी ने हमारा परिचय कराया, आप असाधारण रूप से दयालु और सहायक रहे हैं। ग्राफ़िक डिजाइन में अपनी प्रतिभा का उपयोग करके आपने मिरेकल मॉर्निंग को अधिक आकर्षक बनाया, ताकि अधिक से अधिक लोग इसके लाभों का अनुभव कर सकें। आपका योगदान अमूल्य और असीमित है।

मेरे सबसे क़रीबी दोस्तों *-मेरा प्रभाव क्षेत्र-* कोई भी व्यक्ति भाग्यशाली होगा अगर उसके जीवन में आपमें से कोई एक भी हो, और मैं सौभाग्य से आप सभी के साथ हूँ! हमने एक साथ कई बेहतरीन पल साझा किए हैं, लेकिन उससे भी बढ़कर, *आप जैसे लोग* मुझे और बेहतर बनने के लिए प्रेरित करते हैं। अगर यह सच है कि हम उन पाँच लोगों का औसत होते हैं जिनके साथ हम सबसे अधिक समय बिताते हैं, तो मुझे बिलकुल चिंता करने की ज़रूरत नहीं है! आपकी आजीवन मित्रता के लिए, मैं आप सभी

को प्यार करता हूँ– जेरेमी केटन, मैट रिकोर, जॉन ब्रोमन, जॉन बर्गहॉफ़, जेसी लेविन, ब्रैड वाइमर्ट, जेरेमी ''ब्रोथा जेम्स'' रीसिग, जॉन रूहलिन, जस्टिन डोनाल्ड, डेविड ओसबॉर्न और माइक मैकार्थी। और मेरे सभी अन्य दोस्तों, जिनका मैंने यहाँ उल्लेख नहीं किया, यह इसलिए नहीं कि मैं आपसे प्यार नहीं करता, बल्कि इसलिए कि मैं लिखते समय आपको भूल गया!

मेरे कटको और वेक्टर के विस्तारित परिवार को, मैं आप सभी का पर्याप्त धन्यवाद नहीं कर सकता, आपने मेरे जीवन में जो अद्भुत योगदान दिए हैं, वे मेरे लिए अमूल्य हैं। आज मैं जो कुछ भी हूँ और इस पुस्तक में जो कुछ भी मैंने लिखा है, वह सब कुछ संभव नहीं होता यदि आपने मुझे वह अवसर ना दिया होता।

मेरी प्रतिभाशाली मित्र और BookMama.com की निर्माता, लिंडा सिवर्टसेन, आप अत्यंत प्रतिभाशाली हैं और किसी भी लेखक की पुस्तक को बेस्टसेलिंग कृति में बदलने की अद्भुत क्षमता रखती हैं। इस पुस्तक में अपनी प्रतिभा का योगदान देने के लिए धन्यवाद!

केविन ब्रेसी, मैं आपके सेमिनार में बैठा था, ठीक कुछ दिन पहले मेरी पहली मिरेकल मॉर्निंग हुई थी, और आपके शब्द मेरे उस सीमित विश्वास को तोड़ने का कारण बने कि मैं एक सुबह उठने वाला व्यक्ति नहीं हूँ। जब मैं हार मानने वाला था, तब आपकी बुद्धिमत्ता से भरी बातों ने मुझे याद दिलाया कि ''अगर आप चाहते हैं कि आपका जीवन बदले, तो आपको पहले कुछ अलग करने के लिए तैयार रहना होगा।'' अगर आप ना होते, तो शायद मैंने कभी सुबह 5 बजे उठने की कोशिश भी नहीं की होती – और यह पुस्तक लिखना तो बहुत दूर की बात थी।

जेम्स मालिंचक, जब मैंने पहली बार आपसे मिरेकल मॉर्निंग को साझा किया, आप वास्तव में उत्साहित थे, और आपने मुझे यह दिखाया कि यह कितना बड़ा हो सकता है : ''हल, मुझे नहीं लगता कि तुम्हें यह भी अंदाज़ा है कि यह कितना बड़ा बनने वाला है, और यह कितने लोगों को प्रभावित करेगा!'' आपने मुझे और दसियों हज़ार लेखकों, वक्ताओं और कोचों को प्रेरित किया कि हम अपने संदेश पर विश्वास करें, उसे और बड़ा देखें, और अधिक लोगों को प्रभावित करें। आपने मेरे लिए यह किया, और मैं आपका जितना धन्यवाद करूँ, उतना कम है!

जे. ब्रैड ब्रिटन, आपने मुझे सबसे मूल्यवान शिक्षाओं में से एक सिखाई, जिसे मैं आज भी अपने जीवन में अपनाता हूँ और हर उस व्यक्ति से साझा करता हूँ, जो सुनने को तैयार होता है – *सही काम करो, आसान काम नहीं।* आप सिर्फ़ इसे सिखाते ही नहीं, बल्कि इसे जीते भी हैं। मेरे भीतर सर्वश्रेष्ठ को बाहर लाने के लिए धन्यवाद, जैसा कि आपने हमेशा दूसरों के लिए भी किया है।

उन सभी लोगों के लिए जिन्होंने 2012 में इस पुस्तक के मूल प्रकाशन के समय इसका समर्थन किया, आपका निःस्वार्थ भाव और मिरेकल मॉर्निंग से प्राप्त लाभों को आगे बाँटने के प्रति आपकी प्रतिबद्धता ने मुझे नि:शब्द कर दिया है। सबसे पहले, मैं मिरेकल मॉर्निंग लॉन्च टीम का धन्यवाद करना चाहता हूँ, आपके साथ इस पुस्तक को प्रचारित करने में काम करना एक शानदार अनुभव था। मैं हमेशा आपका आभारी और ऋणी रहूँगा। विशेष धन्यवाद : काइल स्मिथ, आइजैक स्टेगमैन, जेरी अज़िंगर, मार्क एन्साइन, कोलीन इलियट लिंडर, दशमा, मार्क हार्टली, डेव पाउडर्स, जॉन बर्गहॉफ़, जॉन व्रोमन, जेरेमी कातेन, रयान व्हिटेन, ब्रिआना ग्रीन्स्पैन, रॉबर्ट गोंजालेज, कैरी स्मोलेन्स्की, रयान केसी, पीटर वूग्ड और ग्रेग स्ट्राइन।

अंत में, आप सभी को और हमारे संपूर्ण मानव परिवार के हर सदस्य को, मेरा मानना है कि हमारे पास अपरिमित समानताएँ हैं, जो उन कृत्रिम मतभेदों से कहीं अधिक महत्त्वपूर्ण हैं, जिनसे बहुत से लोग अनावश्यक रूप से जुड़े रहते हैं। एक परिवार के हिस्से के रूप में, मैं आपसे जितना प्रेम और सराहना करता हूँ, आप उसकी कल्पना भी नहीं कर सकते।

अब समय आ गया है, पढ़ना बंद करने और निर्माण शुरू करने का। कभी समझौता नहीं करें। उस जीवन का निर्माण करें, जिसके आप हक़दार हो, और दूसरों की भी इसमें मदद करो।

लेखक के बारे में

हैल एलरॉड सबसे पहले एक पारिवारिक व्यक्ति हैं, अपनी पत्नी के साथ 14 वर्षों से विवाहित और अपने दो बच्चों के समर्पित पिता।

वह इस बात के जीवंत प्रमाण हैं कि हममें से हर कोई किसी भी कठिनाई को पार कर सकता है, अपनी पूरी क्षमता को प्राप्त कर सकता है, अपने मनचाहे जीवन का निर्माण कर सकता है और दूसरों की भी इसमें मदद कर सकता है।

20 वर्ष की आयु में, हैल की कार को एक नशे में धुत ड्राइवर ने 70 मील प्रति घंटे की रफ़्तार से सामने से टक्कर मार दी। उन्हें घटनास्थल पर मृत पाया गया। उनका हृदय छह मिनट तक बंद रहा, 11 हड्डियाँ टूट गईं, उन्हें मस्तिष्क में स्थायी क्षति हुई, और डॉक्टरों ने कहा कि वह कभी चल नहीं पाएँगे।

फिर, 37 वर्ष की आयु में, वह लगभग दूसरी बार मरने की कगार पर पहुँच गए, जब उनका हृदय, फेफड़े और गुर्दे काम करना बंद कर रहे थे, और उन्हें एक अत्यंत दुर्लभ एवं आक्रामक क़िस्म का कैंसर (एक्यूट लिम्फ़ोब्लास्टिक ल्यूकेमिया) हो गया। डॉक्टरों ने सिर्फ़ 20–30% जीवित रहने की संभावना बताई, लेकिन हैल ने एक बार फिर असंभव को संभव कर दिखाया और कैंसर को हरा दिया।

कई बार मृत्यु को हराने और अपनी पुस्तकों व भाषणों के माध्यम से लाखों लोगों के जीवन पर प्रभाव डालने के बाद, अब हैल मानवता की चेतना को ऊपर उठाने के मिशन पर हैं– एक सुबह और एक व्यक्ति के माध्यम से। एक अंतरराष्ट्रीय कीनोट स्पीकर, अचीव योर गोल्स पॉडकास्ट

के होस्ट, द *मिरेकल मॉर्निंग* डॉक्यूमेंट्री के कार्यकारी निर्माता, और 37 भाषाओं में अनुवादित और 30 लाख से अधिक प्रतियाँ बिक चुकी, दर्जनों पुस्तकों के लेखक के रूप में वे अपने मिशन को साकार कर रहे हैं।

हैल ने *द टुडे शो* में अपना अनुभव साझा किया है, 'सक्सेस' मैगज़ीन में छपे हैं, और Entrepreneur.com के लिए लिखा है।

अधिक जानने या हैल को अपने इवेंट में बुलाने के लिए, HalElrod.com पर जाएँ।